HEART OF ACCOUNTING

hoa:

무료 동영상 강의를 제공하는

전산회계
운용사

2급 실기

SD에듀
(주)시대고시기획

PREFACE

머리말

안녕하세요.

전산회계운용사 2급 실기시험의 특징은 다음과 같습니다.

첫 째, 전산회계운용사 2급 실기시험은 한국채택국제회계기준(K-IFRS)을 적용한 필기시험에 합격한 자에 한하여 실기시험에 응시할 수 있는 자격시험입니다.

둘 째, 전산회계운용사 2급 실기시험은 문제은행 방식으로 출제됩니다. 대한상공회의소 자격평가사업단에서 공개형 모의고사만 제공하고 있으며 기출문제는 공개되지 않습니다.

셋 째, 전산회계운용사 시험은 타 시험과 달리 상시시험으로 시행합니다.

본 교재는 전산회계운용사 2급 실기 모의고사를 최다 수록하여 다양한 유형의 문제를 풀어볼 수 있도록 알차게 구성하였습니다. 또한 본 교재는 유튜브 채널 [박명희 세무회계]를 통해 저자의 강의를 들으며 학습할 수 있도록 무료 동영상 강의를 제공하고 있습니다.

본 교재를 출간하는 데 도움을 주신 SD에듀 출판관계자분들과 그 외 도움주신 분들께 감사의 말씀을 드립니다. 전산회계운용사 2급 실기시험에 도전하는 누군가에게 본 교재가 친절하고 명확한 길을 제시해 줄 수 있기를 바랍니다. 감사합니다.

with G. 박명희 저자

전산회계운용사 자격시험 안내 INFORMATION

◇ 종목소개

방대한 회계정보의 체계적인 관리 필요성이 높아짐에 따라 전산회계운용 전문가에 대한 기업 현장의 수요도 증가하고 있습니다. 전산회계운용사 2급은 고등학교 졸업 또는 대학 중급 수준의 회계원리와 원가회계에 관한 지식을 갖추고 대기업의 회계실무자 또는 중소기업의 회계책임자로서 회계정보시스템을 이용하여 회계업무를 처리할 수 있는 능력의 유무를 평가합니다.

◇ 응시자격 ┃ 제한없음

◇ 시험과목 및 평가방법

등 급		시험과목	출제형태	시험시간	합격기준(100점 만점)
1급	필 기	재무회계 원가관리회계 세무회계	객관식 60문항	80분	과목당 40점 이상이고 전체 평균 60점 이상
	실 기	회계시스템의 운용	컴퓨터 작업형	100분	70점 이상
2급	필 기	재무회계 원가회계	객관식 40문항	60분	과목당 40점 이상이고 전체 평균 60점 이상
	실 기	회계시스템의 운용	컴퓨터 작업형	80분	70점 이상
3급	필 기	회계원리	객관식 25문항	40분	60점 이상
	실 기	회계시스템의 운용	컴퓨터 작업형	60분	70점 이상

※ 계산기는 일반계산기만 지참 가능하며, 실기프로그램은 CAMP sERP, New sPLUS 중 택 1

◇ 시험일정 및 접수방법

구 분	내 용
시험일	상시(시험개설 여부는 시험장 상황에 따라 다름)
접수기간	개설일로부터 4일 전까지 인터넷 접수 또는 방문 접수
합격발표	대한상공회의소 자격평가사업단 홈페이지(license.korcham.net) 또는 고객센터(02-2102-3600) • 필기 : 시험일 다음 날 오전 10시 • 실기 : 시험일이 속한 주를 제외한 2주 뒤 금요일
검정수수료	필기 : 17,000원 / 실기 : 22,000원 ※ 인터넷 접수 시 수수료 1,200원 별도 부과

◇ 자격특전

구 분	내 용
공무원 채용 가산점	지역인재 9급 수습직원(회계 · 세무 · 관세) : 2%~4%
학점은행제 학점인정	1급 : 18학점 / 2급 : 14학점

※ 상기 내용은 각 주관처의 사정에 따라 변경될 수 있으므로 각 주관처의 확정공고를 확인하시기 바랍니다.

◇ 전산회계운용사 2급 실기 출제기준

주요항목	세부항목	세세항목
전표관리	회계상 거래 인식	• 회계상 거래와 일상생활에서의 거래를 구분할 수 있다. • 회계상 거래를 구성 요소별로 파악하여 거래의 결합관계를 차ㆍ대변 요소로 구분할 수 있다. • 회계상 거래의 결합관계를 통해 거래 종류별로 구별할 수 있다. • 거래의 이중성에 따라서 기입된 내용의 분석을 통해 대차평균의 원리를 파악할 수 있다.
	전표 작성	• 회계상 거래를 현금거래 유무에 따라 사용되는 입금전표, 출금전표, 대체전표로 구분할 수 있다. • 현금의 수입(지출) 거래를 파악하여 입금(출금) 전표를 작성할 수 있다. • 현금의 수입과 지출이 없는 거래를 파악하여 대체 전표를 작성할 수 있다.
	증빙서류 관리	• 발생한 거래에 따라 필요한 관련 서류 등을 확인하여 증빙여부를 검토할 수 있다. • 발생한 거래에 따라 관련 규정을 준수하여 증빙서류를 구분ㆍ대조할 수 있다. • 증빙서류 관련 규정에 따라 제 증빙자료를 관리할 수 있다.
자금관리	현금시재 관리	• 규정에 따라 현금 입ㆍ출금 관리 및 소액현금 업무를 처리할 수 있다. • 규정에 따라 입ㆍ출금 전표 및 현금출납부를 작성할 수 있다. • 규정에 따라 현금 시재를 일치시키는 작업을 할 수 있다.
	예금 관리	• 규정에 따라 예ㆍ적금 업무를 처리할 수 있다. • 자금운용을 위한 예ㆍ적금 계좌를 예치기관별ㆍ종류별로 구분ㆍ관리할 수 있다. • 은행업무시간 종료 후 회계 관련 규정에 따라 은행잔고를 확인할 수 있다. • 은행잔고의 차이 발생 시 그 원인을 규명할 수 있다.
	법인카드 관리	• 규정에 따라 금융기관에 법인카드를 신청할 수 있다. • 규정에 따라 법인카드 관리대장 작성 업무를 처리할 수 있다. • 법인카드의 사용범위를 파악하고 결제일 이전에 대금이 정산될 수 있도록 회계처리할 수 있다.
	어음ㆍ수표 관리	• 관련 규정에 따라 어음ㆍ수표를 발행ㆍ수령할 때 회계처리할 수 있다. • 관련 규정에 따라 수령한 어음ㆍ수표의 예치 업무 및 어음ㆍ수표의 분실처리 업무를 할 수 있다. • 관련 규정에 따라 어음관리대장에 기록하여 관리할 수 있다.
결산처리	결산준비	• 회계의 순환과정을 파악할 수 있다. • 회계 관련 규정에 따라 시산표, 재고조사표 및 정산표를 작성할 수 있다.
	결산분개	• 손익 관련 결산분개를 할 수 있다. • 자산ㆍ부채계정에 관한 결산정리사항을 분개할 수 있다. • 손익 계정을 집합계정에 대체할 수 있다.
	장부마감	• 규정에 따라 주요장부 및 보조장부를 마감할 수 있다. • 규정에 따라 각 장부의 오류를 수정할 수 있다. • 자본거래를 파악하여 자본의 증감여부를 확인할 수 있다.
재무제표 작성	재무상태표 작성	• 자산ㆍ부채ㆍ자본을 회계관련 규정에 맞게 회계처리할 수 있다. • 재무상태표를 양식에 맞게 작성할 수 있다.
	손익계산서 작성	• 수익ㆍ비용을 회계관련 규정에 맞게 회계처리할 수 있다. • 손익계산서를 양식에 맞게 작성할 수 있다.
회계정보 시스템 운용	DB 마스터 관리	• 매뉴얼에 따라 계정과목 및 거래처를 관리할 수 있다. • 매뉴얼에 따라 비유동자산의 변경 내용 및 개정된 회계 규정을 적용하여 관리할 수 있다.
	프로그램 운용	• 매뉴얼에 따라 프로그램 운용에 필요한 기초 정보 및 정보 산출에 필요한 자료를 처리할 수 있다. • 매뉴얼에 따라 기간별ㆍ시점별로 작성한 각종 장부 및 작업 후 재무제표를 검색할 수 있다.
	회계정보 산출	• 회계정보를 활용하여 재무 안정성을 판단할 수 있는 자료를 산출할 수 있다. • 회계정보를 활용하여 수익성과 위험도를 판단할 수 있는 자료를 산출할 수 있다. • 경영진 요청 시 회계정보를 제공할 수 있다.
원가계산	원가요소 분류	• 규정에 따라 원가와 비용을 구분할 수 있다. • 규정에 따라 제조원가의 계정흐름에 대해 분개할 수 있다. • 규정에 따라 원가를 다양한 관점으로 분류할 수 있다.
	원가배부	• 원가계산 대상에 따라 직접원가와 간접원가를 구분할 수 있다. • 원가계산 대상에 따라 합리적인 원가배부기준을 적용할 수 있다. • 보조부문의 개별원가와 공통원가를 집계ㆍ배부할 수 있다.
	원가계산	• 원가계산시스템의 종류에 따라 원가계산방법을 선택할 수 있다. • 업종 특성에 따라 개별원가계산 및 종합원가계산을 할 수 있다.

이 책의 구성과 특징 STRUCTURES

STEP 1

추후에 대금으로 회수해야 할 매출채권으로 어음상의 만기일자, 어음번호 등을 화
와 동시에 관리해야 한다.

받을어음 수취	(차) 받을어음 ⑧ 어음관리	XXX	(대) 상품매출 등
받을어음 할인 등	(차) 현금 등 ⑧ 어음관리	XXX	(대) 받을어음 ⑧ 어음관리

※ 받을어음이 대변에 처리되는 사례 : 할인, 배서, 만기, 부도 등
※ 1.자수(직접 받은 어음), 2.타수(배서 받은 어음)

① 받을어음 수취

입력예제
4월 10일

(주)미래제화로부터 외상매출금 1,000,000원을 동사가 발행한 약속어음으로 받는다.

약 속 어 음

나눔제화(주) 귀하   가리3569…

금 일백만원정 1,000,000원

위의 금액을 귀하 또는 귀하의 지시인에게 이 약속어음과 상환하여 지급하겠습니다.

지급기일 2024년 7월 10일   발행일 2024년 4월 10일
지 급 지 국민은행   발행지 서울특별시 종로구 계동2길 11
지급장소 역삼지점   주 소
                              발행인 (주)미래제화

입력방법

받을어음을 입력한 라인을 클릭하고 ⑧자금관리 키를 누르면 화면 하단에 받을어음 관리
활성화된다. 어음상태 [1.보관], 어음종류, 어음번호, 만기 등을 직접 입력한다.

입력화면

하단부 ⑧ 받을어음 관리

예제를 통한 실기 이론 완벽 정리

STEP 2

제15회 모의고사

문제1. 재무회계 ☞ 까꿍신발(주) [회사코드 : 5151]
문제2. 원가회계 ☞ (주)소라전자 [회사코드 : 5152]

문제1 재무회계

지시사항 : '까꿍신발(주)'의 거래자료이며 회계연도는 2024.1.1 ~ 12.31이다.

01 다음에 제시되는 기준정보를 입력하시오. (4점)

(1) 다음의 신규 거래처를 등록하시오. (각 1점)

거래처(명)	거래처분류(구분)	거래처코드	대표자	사업자등록번호	업태/종목
(주)엘칸토	매입처	02006	고미영	109-81-12345	제조/제화
(주)소라제화	매출처	03010	박삼식	110-86-62909	도소매/신발등

(2) 다음의 신규 상품(품목)을 등록하시오. (2점)

품목코드	품목(품명)	(상세)규격	품목종류(자산)	기본단위(단위명)
5004	키높이구두	5cm	상 품	EA

적중률 높은 모의고사 15회 수록

STEP 3

결산자료입력

결산일자 2024 년 01 월 부터 2024 년 12 월 까지

과	목	결산분개금액
1. 매출액		
상품매출		
2. 매출원가		
상품매출원가		
(1). 기초 상품 재고액		
(2). 당기 상품 매입액		
(10).기말 상품 재고액		
3. 매출총이익		
4. 판매비와 일반관리비		
1). 종업원급여 외		
종업원급여		
2). 퇴직급여(전입액)		
3). 퇴직연금충당금전입액		
4). 감가상각비		
차량운반구		
비품		
5). 대손상각		
외상매출금		
받을어음		
6). 무형고정자산상각		
특허권		
5. 영업이익		
2). 기타의 대손상각비		
단기대여금		
8. 법인세차감전이익		
9. 법인세 등		
2). 법인세 계상		

New Splus 화면을 통한 직관적 해설

STEP 4

무료 동영상 강의 제공

이 책의 차례 CONTENTS

이 책의 차례 CONTENTS

PART 1

재무회계

지식에 대한 투자가 가장 이윤이 많이 남는 법이다.

– 벤자민 프랭클린 –

프로그램 및 DB 설치

01 New Splus 프로그램 설치방법

(1) SD에듀 홈페이지에 접속하여 회원가입을 합니다.

홈페이지 주소 : https://www.sdedu.co.kr

(2) SD에듀 홈페이지에서 아래 경로를 따라 이동하여 실기프로그램 설치파일을 다운로드합니다.

경로 : [학습 자료실] 클릭 → [프로그램 자료실] 클릭 → [전산회계운용사 2급 실기] 조회 → [2024
전산회계운용사 2급 실기 New Splus 프로그램 및 백데이터] 클릭 → 링크를 통해 설치파일 다운로드

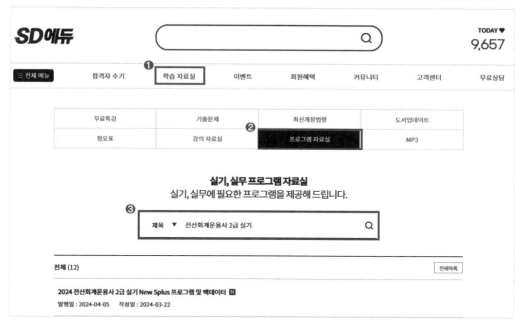

(3) 다운로드한 파일을 실행하면 다음과 같이 설치가 진행됩니다.

파일명 : 2024 전산회계운용사 실기프로그램(New Splus) 설치파일.EXE

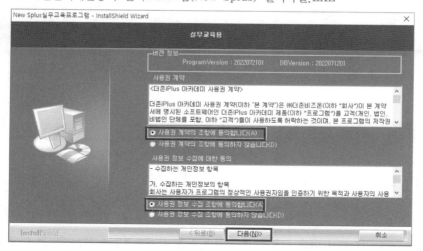

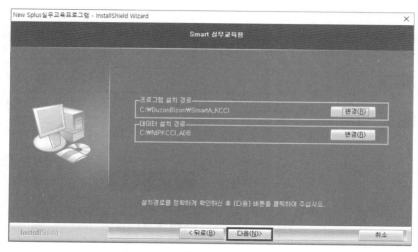

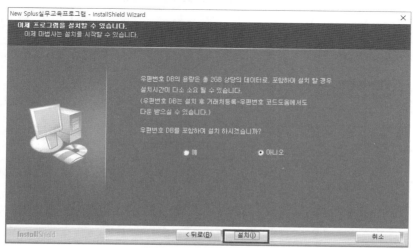

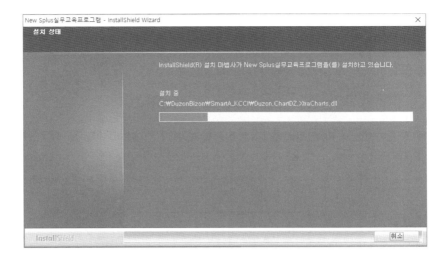

(4) 설치가 완료된 후 바탕화면에 생성된 아이콘( )을 더블클릭하면 프로그램이 실행됩니다.

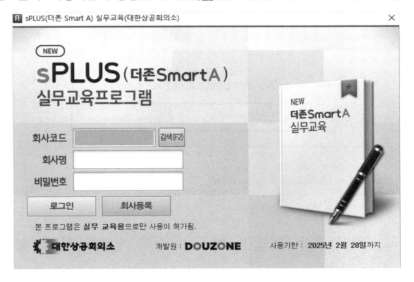

02　실기 백데이터 실행방법

(1) SD에듀 홈페이지에 접속하여 회원가입을 합니다.

홈페이지 주소 : https://www.sdedu.co.kr

(2) SD에듀 홈페이지에서 아래 경로를 따라 이동하여 실기 백데이터 파일을 다운로드합니다.

경로 : [학습 자료실] 클릭 → [프로그램 자료실] 클릭 → [전산회계운용사 2급 실기] 조회 → [2024 전산회계운용사 2급 실기 New Splus 프로그램 및 백데이터] 클릭 → 링크를 통해 백데이터 다운로드

(3) 다운로드한 파일의 압축을 풀어준 후 아래 파일을 실행하여 백데이터를 설치합니다.

파일명 : 2024 전산회계운용사 2급 실기 백데이터 설치파일.EXE

(4) 교재 12 페이지를 참고하여 '회사등록'을 선행한 후 로그인을 해야 합니다.

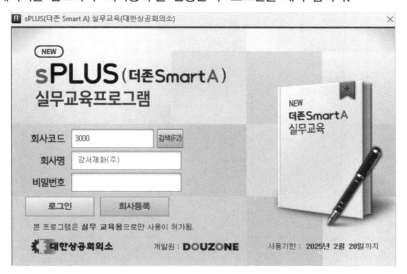

(5) [재무회계] → [데이터관리] → [백업데이터 복구] 메뉴를 실행합니다.

(6) 복구하고자 하는 회사를 선택하여 하단에 [복구하기]를 실행합니다.

※ 백데이터의 압축풀기 경로를 임의로 변경하신 경우 프로그램의 데이터경로란 우측의 선택 버튼을 클릭하여 압축을 푸신 폴더를 선택하여야 합니다.

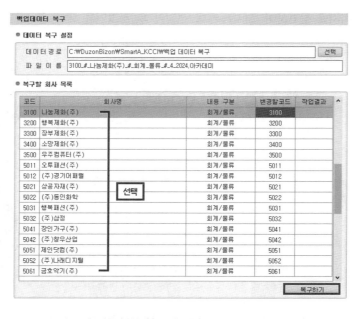

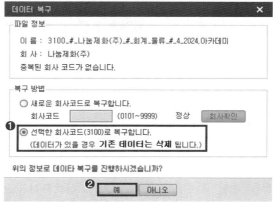

(7) 좌측 상단의 회사버튼을 클릭한 후 원하는 회사코드를 선택하여 재로그인합니다.

※ [Shift] + [F1] 버튼으로도 회사를 변경할 수 있습니다.

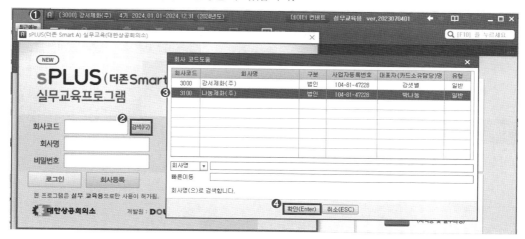

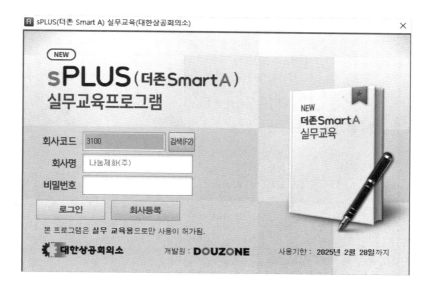

기초정보관리

01 회사등록

회계 모듈 → 기초정보관리 → 회사등록

회사등록은 회사의 기본사항을 입력하는 메뉴이다.

처음 프로그램을 시작할 때에는 회사등록 을 눌러 신규등록을 한 뒤, 회사의 정보(사업자등록증 등)를 입력하여 회사등록을 수행한다.

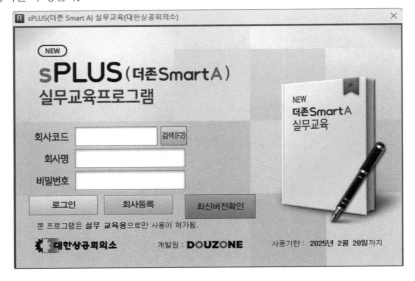

〈회사등록 메뉴 설명〉

회사코드	등록할 회사의 회사코드를 부여하며, 0101 ~ 9999까지 사용이 가능하다. 회사코드는 입력하면 자동으로 저장된다. 단, 회사코드를 삭제하는 경우에는 자판의 Ctrl + F5를 두 번 입력한다.
회사명	사업자등록증에 기재된 상호명을 입력한다.
구 분	법인의 경우는 '0'(자동), 개인의 경우는 '1'을 선택한다.
사용여부	기본이 '0.사용'으로 되어 있다. 미사용 체크 시 회사코드도움에 나타나지 않는다.
회계연도	작업할 회사의 기수와 회계기간을 입력한다. 회계연도 기수를 1기로 하게 되면 전기이월 자료의 입력이 불가능하다.
사업자등록번호	○○○-○○-○○○○○ 사업자등록증상의 사업자등록번호를 입력한다. 사업자등록번호가 잘못될 경우에는 빨간색 바탕에 사업자등록번호가 표시된다. 이는 세무신고 시 각종 오류를 발생시킨다.
법인등록번호	○○○○○○-○○○○○○○ 사업자등록증상의 법인등록번호를 입력한다.
대표자명	사업자등록증상의 대표자를 입력한다. 대표자가 2인 이상일 경우 대표자 1명만을 입력하고 그 밖의 대표자는 '외 몇 명'으로 입력한다.
내외국인 구분	대표자의 내국인과 외국인 여부를 표시한다.
대표자주민번호	대표자의 주민등록번호를 입력한다.
사업장주소	우편번호 옆 ?를 클릭할 경우 보조화면이 나타나게 되고, 주소를 조회하여 입력한다. 사업장주소는 도로명주소나 지번주소 중 선택하여 입력이 가능하다.
업종코드	업종코드 옆 ?를 클릭하여 나타난 화면에서 업종세부를 선택하고 관련 업종을 검색하여 선택할 경우 '11.업태'와 '12.종목'에 관련 사항이 자동으로 입력된다.
업태와 종목	'10.업종코드'를 선택할 경우 자동으로 입력된다. 다만, 추가적인 사항이 있거나 직접 입력하는 경우 사업자등록증상에 기재된 업태 및 종목을 직접 입력한다.
사업장세무서	F2 코드도움 또는 ?를 눌러서 반드시 코드번호로 입력한다.
개업년월일	사업자등록증에 있는 법인의 '개업년월일'을 입력한다.

- 회사코드 : 3000번
- 설립년월일 : 개업년월일과 동일
- 업종코드 : 생 략
- 법인등록번호 : 110111-1111113

- 회사명 : 강서제화(주)
- 법인, 중소기업
- 회계연도 : 제4기 2024.01.01 ~ 2024.12.31
- 대표자주민번호 : 641010-1771111

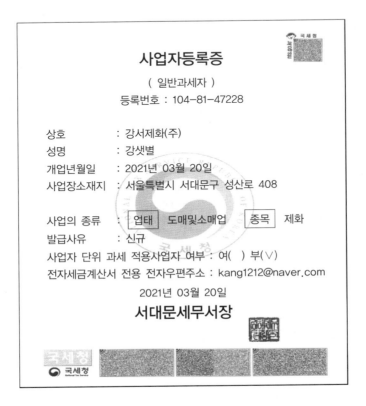

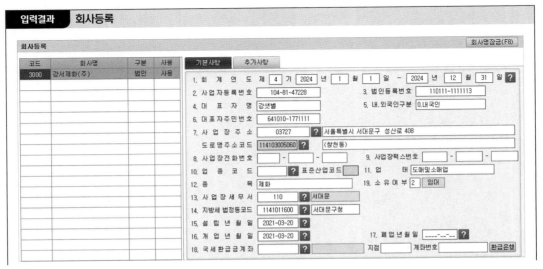

회사등록						회사명잠금(F8)
코드	회사명	구분	사용	기본사항	추가사항	
3000	강서제화(주)	법인	사용			

● 신고관련 추가정보
1. 법 인 구 분 1.내국 　　　2. 중소기업여부 0.중소기업
3. 종 류 별 구 분 주식회사　　　4. 지방소득세신고 21. 00 주식회사 [?]
5. 담당자 부서 / 직급 　　　　　　　6. 담 당 자 성 명
7. 담당자 E - Mail kang1212@naver.com

New Splus 프로그램 로그인하기

회사등록 이후 회사코드에서 강서제화(주)(회사코드 3000번)를 검색하여 선택한 뒤 [로그인]을 한다.

강서제화(주) (회사코드 : 3000)	▶ 회사변경 후 실무수행 연습하기

02　화면구성

등록한 회사로 로그인을 하면 프로그램 초기화면은 총 4개의 모듈('회계', '인사급여', '물류관리', '법인조정')로 이루어져 있다. 좌측의 모듈에 대한 아이콘을 클릭하면 해당 모듈이 나타나게 된다.

전산회계운용사 2급 시험은 회계 모듈, 물류관리 모듈만 출제된다(인사급여, 법인조정 모듈은 시험에 출제되지 않음).

〈회계 모듈〉

〈물류관리 모듈〉

회계 모듈 → 기초정보관리 → 환경설정

'전체' 탭에서 계정과목의 코드체계를 세목사용 여부를 결정하는 기능과 소수점관리에 대한 부분을 다루고 있다. '1.버림', '2.올림', '3.반올림'에 대한 부분을 선택하는 기능을 수행하고, '회계' 탭에서는 회계처리 하는 회사의 업종에 따라 매출과 매입의 기본계정을 설정하는 기능과 신용카드 분개 시의 입력방법 및 카드채권과 채무의 기본계정을 설정하는 기능을 수행한다.

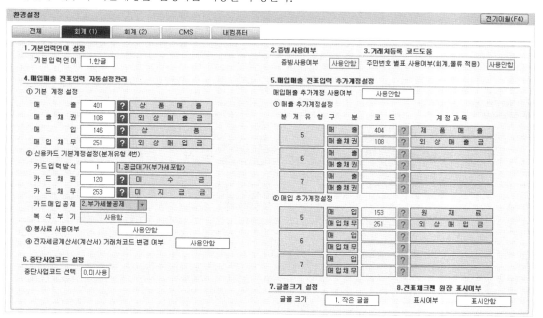

시험가이드

• 전산회계운용사 2급은 재무회계(상기업)와 원가회계(제조업)의 실무수행할 기업이 다르다.
  재무회계는 상기업의 실무프로세스를 수행하며, 원가회계는 제조업의 실무프로세스를 수행해야 한다.
• 프로그램의 환경설정 메뉴는 과목별 기본계정이 기등록되어 있으므로 수정할 필요가 없다.

실무수행	매출 계정	매입 계정
재무회계(상기업)	상품매출	상 품
원가회계(제조업)	제품매출	원재료

04 거래처등록

회계 모듈 → 기초정보관리 → 거래처등록

거래처등록 메뉴는 각 계정에 따른 거래처별명세서 및 자금관리 항목 등을 위하여 거래처코드를 부여하는 것으로 3가지 탭(일반, 금융, 카드)으로 구성되어 있다.

거래처등록에 입력된 거래처를 삭제하려면 화면 상단의 아이콘 🗑 삭제 를 클릭하면 가능하다.

① 일반 : "00101 ~ 97999"의 범위 내에서 코드를 부여한다.
② 금융 : "98000 ~ 99599"의 범위 내에서 코드를 부여한다.
③ 카드 : "99600 ~ 99999"의 범위 내에서 코드를 부여한다.

입력예제 거래처등록

① 일반

코 드	사업자번호	상 호	구 분	대표자	업태/종목	사업장주소
201	104-81-24017	(주)미래제화	매 출	송중미	도매/잡화	생 략
202	107-81-31220	(주)평택제화	매 입	손성구	제조/제화	생 략
203	217-81-15304	삼미가구	전 체	한미자	도매/가구	생 략

② 금융

은행등록 : 국민은행(코드 100), 하나은행(코드 200)

코 드	은행명	내 용
98001	국민은행	계좌번호 12541-244-24781, 역삼지점 (일반, 보통예금, 이자율 3%, 계좌개설일 2024.12.01)
98002	하나은행	계좌번호 254-36587-3511, 논현지점, 만기수령일 2025.1.31 (정기예금, 연 5%, 계좌개설일 2024.02.01 ~ 계좌해지일 2025.1.31)

③ 카드

코 드	카드명	내 용
99601	국민카드	• 카드번호 : 1111-2222-3333-4444 (매입) • 회사사업용카드, 결제일 25일, 결제계좌 : 국민은행 • 사용한도 : 500,000,000원, 유효기간 : 2022.02.10 ~ 2026.02.09
99602	국민카드사	• 가맹점번호 : 557211 (매출) • 입금계좌 : 국민은행, 수수료율 3% • 계약기간 : 2023.10.08 ~ 2027.10.07

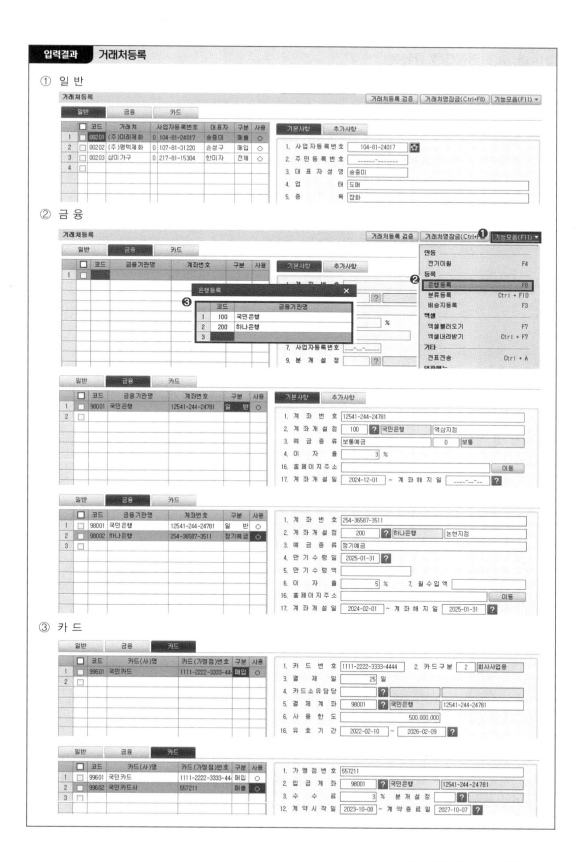

① 일 반

② 금 융

③ 카 드

회계 모듈 → 기초정보관리 → 계정과목및적요등록

프로그램에 기등록된 계정과목은 필요에 따라 등록 또는 수정하여 사용할 수 있다. 그러나 계정과목의 등록은 프로그램상의 코드체계에 따라 알맞게 설정하여야 회계기준에 적합한 결산재무제표를 도출하는데 왜곡이 없다.

계정과목및적요등록								재무제표 유형설정	기능모음(F11) ▼
코드	계정과목	구분	사용	과목	관계	관리항목	표준코드	표준재무제표항목
101	현 금	일 반	○	101		거래처,부서/사원	003	현금및현금성자산
102	당 좌 예 금	예 금	○	102		거래처,부서/사원,당좌	003	현금및현금성자산
103	보 통 예 금	예 금	○	103		거래처,부서/사원	003	현금및현금성자산
104	정 기 예 금	예 금	○	104		거래처,부서/사원	004	단기예금
105	정 기 적 금	예 금	○	105		거래처,부서/사원	004	단기예금
106	회 사 설 정 계 정 과 목	예 금	○	106		거래처,부서/사원	004	단기예금
107	당기손익-공정가치측정금융자산	유가증권	○	107		거래처,부서/사원	006	단기매매증권
108	외 상 매 출 금	일 반	○	108		거래처,부서/사원,미불	010	외상매출금
109	대 손 충 당 금	차 감	○	109	108	거래처,부서/사원		
110	받 을 어 음	일 반	○	110		거래처,부서/사원,받을	012	받을어음
111	대 손 충 당 금	차 감	○	111	110	거래처,부서/사원		
112	공 사 미 수 금	일 반	○	112		거래처,부서/사원	034	공사미수금
113	대 손 충 당 금	차 감	○	113	112	거래처,부서/사원		
114	단 기 대 여 금	일 반	○	114		거래처,부서/사원	029	기타단기대여금
115	대 손 충 당 금	차 감	○	115	114	거래처,부서/사원		
116	미 수 수 익	일 반	○	116		거래처,부서/사원	068	미수수익

(좌측 메뉴: 전체 / 자산 / 부채 / 자본 / 매출 / 매출원가 / 판관비 / 기타 / 제조 / 도급 / 분양)

(1) 계정 및 계정과목

- 재무상태표 계정 : 자산, 부채, 자본
- 손익계산서 계정 : 수익, 비용

(2) 적 요

적요란 거래내역을 간단하게 설명하는 부분이다. 적요등록 사항은 현금적요와 대체적요의 두 가지 부분으로 나누어져 있다. 현금적요는 현금수지를 동반하는 거래 즉, 전표에서 "1. 출금"이나 "2. 입금"으로 처리하는 경우에 나타나는 적요이며, 대체적요는 차변과 대변으로 구분하여 입력할 경우 나타나는 적요를 의미한다.

(3) 계정과목 신규등록

계정과목 코드는 101번 ~ 999번까지로 구성되어 있으며 계정과목의 신규등록은 기존의 프로그램에 없는 계정과목을 코드체계에 맞추어 설정하여야 한다. 정해진 코드 범위 내에서 계정과목명이 "회사설정계정과목"으로 되어 있는 란에 추가로 등록하여 사용한다.

(4) 계정과목 수정

일반적으로 계정과목의 색이 검정으로 표시된 부분은 바로 수정해서 사용할 수 있다. 다만 빨강으로 표시된 계정과목은 특수한 성격이 있어 원칙적으로 수정할 수가 없다. 만약 부득이한 경우에는 Ctrl + F1을 누른 후 수정이 가능하다.

06　부서등록

물류관리 모듈 → 기준정보관리 → 부서/사원등록

입력예제　부서등록

부서명	부서코드	제조/판관	부문구분
영업부	10	판 관	공 통
관리부	20	판 관	공 통
구매부	30	판 관	공 통

입력결과　부서등록

부서/사원등록

☐	코드	부서명	부서구분	참조부서	제조/판관	부문구분	사용
☐	10	영업부	부 서		판 관	공 통	여
☐	20	관리부	부 서		판 관	공 통	여
☐	30	구매부	부 서		판 관	공 통	여

07　품목등록

물류관리 모듈 → 기준정보관리 → 품목등록 및 품목초기이월

품목등록은 입고입력 메뉴와 출고입력 메뉴에서 사용하게 될 재고자산(상품)을 등록하는 메뉴이다. 상품을 입고 및 출고하는 과정을 통해 매입매출전표입력이 자동으로 작성되므로 품목등록은 매우 중요한 등록사항이다.

입력예제　품목등록 및 품목초기이월

① 품목등록

품목코드	품목(품명)	(상세)규격	품목 구분	기준단위
101	여성구두	5012	상 품	EA
202	남성구두	6017	상 품	EA
305	슬리퍼	6398	상 품	EA

② 품목초기이월

자 산	품목코드	품 명 / 규 격		수량 단위	단 가	금 액
여성구두	101	여성구두	5012	50EA	200,000	10,000,000
남성구두	202	남성구두	6017	60EA	210,000	12,600,000
슬리퍼	305	슬리퍼	6398	148EA	50,000	7,400,000

입력결과　품목등록 및 품목초기이월

① 품목등록

② 품목초기이월

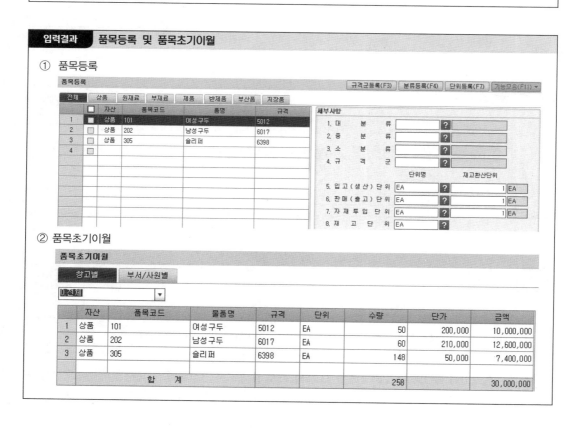

08 전기분 재무제표

시험가이드

전기분 재무제표 및 거래처별초기이월 실무수행은 시험에 출제되지 않는다. 회계 모듈 이해를 위해 '전기분 재무상태표'와 '전기분 손익계산서'를 입력하는 것이므로 입력을 생략해도 무방하다.

(1) 전기분 재무상태표

입력예제 전기분 재무상태표

재무상태표

회사명 : 강서제화(주) 제3기 2023.12.31 현재 (단위 : 원)

과 목	금 액		과 목	금 액
유 동 자 산		152,225,000	유 동 부 채	26,000,000
당 좌 자 산		122,225,000	외 상 매 입 금	15,000,000
현 금		20,000,000	지 급 어 음	8,000,000
당 좌 예 금		45,000,000	미 지 급 금	3,000,000
보 통 예 금		30,000,000	비 유 동 부 채	50,000,000
외 상 매 출 금	15,000,000		장 기 차 입 금	50,000,000
대 손 충 당 금	150,000	14,850,000	부채총계	76,000,000
받 을 어 음	12,500,000			
대 손 충 당 금	125,000	12,375,000	자 본 금	50,000,000
재 고 자 산		30,000,000	보 통 주 자 본 금	50,000,000
상 품		30,000,000	이 익 잉 여 금	42,425,000
비 유 동 자 산		16,200,000	미처분이익잉여금	42,425,000
투 자 자 산		0	(당기순이익 14,540,000)	
유 형 자 산		14,200,000	자본총계	92,425,000
차 량 운 반 구	15,000,000			
감가상각누계액	5,000,000	10,000,000		
비 품	5,000,000			
감가상각누계액	800,000	4,200,000		
무 형 자 산		2,000,000		
특 허 권		2,000,000		
기 타 비 유 동 자 산		0		
자산총계		168,425,000	부채와 자본총계	168,425,000

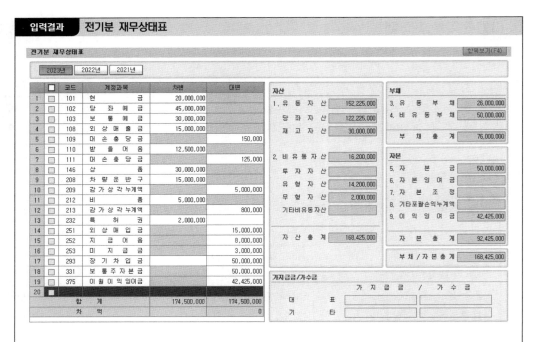

(1) 메뉴의 좌측에 코드와 해당 계정과목의 금액을 입력한다. 해당 계정과목의 코드를 모를 경우 툴바의 [코드조회]를 선택하거나 해당 계정과목명을 2자 이상 입력한 후 `Enter↵`를 누르면 계정과목코드도움 대화상자가 작동하게 된다.

(2) 금액의 입력은 단위금액이 1,000의 금액은 자판의 우측에 있는 `+`키를 누르면 "000"이 표시된다. 대손충당금과 감가상각누계액의 경우 같은 계정과목명이 여러 개 있으므로 해당 자산의 차감계정 코드 입력 시 주의해야 한다.

(3) 재무상태표의 미처분이익잉여금 42,425,000원은 전년도 기말 시점의 잉여금을 의미한다. 본 자료는 당해 연도 기초 시점에 전기분 자료를 입력하는 것이므로 미처분이익잉여금이 아닌 '375.이월이익잉여금'으로 계정과목을 입력해야 함을 주의해야 한다.

(4) 상품 30,000,000원은 기말재고자산으로 손익계산서의 상품매출원가를 계산하는 자료에 자동으로 반영되며 품목초기이월에서 입력한 상품의 재고자산 금액과 일치한다.

(2) 전기분 손익계산서

입력예제 전기분 손익계산서

손익계산서

회사명 : 강서제화(주)　　　　제3기 2023.1.1 ～ 2023.12.31　　　　　　　　(단위 : 원)

과 목	금 액	
Ⅰ. 매　출　액		100,000,000
상 품 매 출	100,000,000	
Ⅱ. 상 품 매 출 원 가		60,000,000
기 초 상 품 재 고 액	10,000,000	
당 기 상 품 매 입 액	80,000,000	
기 말 상 품 재 고 액	30,000,000	
Ⅲ. 매 출 총 이 익		40,000,000
Ⅳ. 판 매 비 와 관 리 비		25,000,000
종 업 원 급 여	12,000,000	
복 리 후 생 비	5,000,000	
여 비 교 통 비	2,500,000	
차 량 유 지 비	1,000,000	
소 모 품 비	900,000	
광 고 선 전 비	1,600,000	
감 가 상 각 비	2,000,000	
Ⅴ. 영 업 이 익		15,000,000
Ⅵ. 영 업 외 수 익		500,000
이 자 수 익	500,000	
Ⅶ. 영 업 외 비 용		300,000
이 자 비 용	300,000	
Ⅷ. 법인세차감전순이익		15,200,000
Ⅸ. 법 인 세 등		660,000
Ⅹ. 당 기 순 이 익		14,540,000

(1) 전기분 손익계산서는 각 계정과목과 금액은 입력하되 당기순손익의 입력은 우측 화면에 각 항목의 집계와 함께 자동으로 표시된다.

(2) 451.상품매출원가 계정과목을 선택하면 우측에 보조화면이 나타나게 된다. 화면에 기말상품재고액은 전기 분 재무상태표의 상품 30,000,000원이 자동으로 표시되므로 손익계산서의 상품매출원가의 '기말상품재 고액 30,000,000원'은 직접 입력하지 않는다.

(3) 거래처별초기이월

거래처별초기이월

계정과목	거래처명	금액(원)	비 고
외상매출금	(주)미래제화	10,000,000	
	(주)평택제화	5,000,000	
받을어음	(주)미래제화	12,500,000	어음번호 : 가나12123333 발행인 : (주)미래제화, 자수 만기일자 : 2024.05.30 발행일자 : 2023.12.10 거래일자 : 2023.12.10 약속어음(일반), 국민은행 역삼지점
보통예금	국민은행	30,000,000	
미지급금	삼미가구	3,000,000	

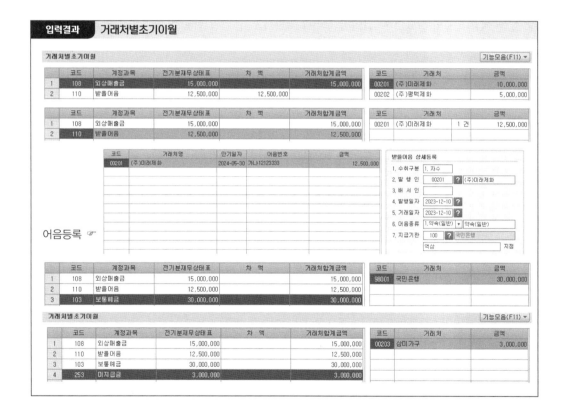

왼쪽 메뉴에 계정과목을 입력하면 전기분 재무상태표의 금액이 자동으로 반영된다. 해당 계정과목의 거래처를 조회(F2)하여 거래처별 잔액을 직접 입력한다. 또는 기능모음(F11)의 불러오기(F3)를 하여 재무상태표 전체 금액을 불러오는 방법도 가능하다.

PART 1 재무회계

전표입력

나눔제화(주) (회사코드 : 3100)   ▶ 회사변경 후 실무수행 연습하기

01 일반전표입력

[일반전표입력]은 부가가치세신고와 관련된 거래를 제외한 모든 거래 자료를 입력하는 곳이다. 통상적으로 부가가치세를 제외한 금융거래, 급여지급 등의 경비지출, 채권의 회수 및 채무의 상환 등에 대한 거래가 이루어진다.

〈일반전표입력 메뉴〉

월/일	거래일자를 직접 입력한다.
번 호	전표번호를 말하는데 자동으로 부여된다. 동일한 전표번호는 하나의 거래를 의미하므로 차대변이 일치하여 하나의 거래가 완료되면 번호가 자동 생성된다. 입·출금전표는 하나의 번호가 부여되며, 대체전표는 대차의 합계액이 일치되면 다음 번호가 부여된다.
구 분	전표의 유형을 입력하는 란이다.<table><tr><td>현금전표</td><td>1. 출금전표</td><td>2. 입금전표</td></tr><tr><td>대체전표</td><td>3. 차변전표</td><td>4. 대변전표</td></tr><tr><td>결산전표</td><td>5. 결산차변전표</td><td>6. 결산대변전표</td></tr></table>
계정과목 및 거래처	계정과목과 거래처의 입력은 해당 코드를 알고 있을 경우 해당 코드를 입력하고 [Enter↵] 키를 누르면 계정과목명과 거래처명까지 자동으로 입력된다. 만일 코드명을 모를 경우 더블클릭하거나 F2를 누르면 코드도움 대화상자가 나타나게 되며, 해당 계정과목과 거래처를 찾아 클릭한 후 확인 버튼을 누르면 된다.
전표삭제기능	삭제하고자 하는 전표를 클릭하고 F5 또는 🗑 삭제(화면 상단 삭제 버튼)을 누른다.
거래처코드등록	거래처등록 메뉴를 사용하지 않고 전표입력 시 거래처코드란에 ⊞ 키를 누르거나 숫자 '000000'을 입력하여 전표를 입력하면서 거래처등록을 바로 할 수 있다.

유의사항	① 전표선택
	  입금전표와 출금전표는 대체전표를 선택하여 입력해도 결과는 동일하므로 어떤 전표를 선택하느냐는 답안작성에 상관이 없다(단, 입금전표를 선택하면 차변에 자동으로 현금이 기록되고, 출금전표를 선택하면 대변에 자동으로 현금이 기록되는 편리함이 있음).
	② 계정과목 코드
	  판매비와관리비에 해당하는 계정과목은 조회 시 판관비(코드 800번대)와 제조원가(코드 500번대) 등으로 조회된다. 본 시험은 상기업의 회계처리를 하므로 반드시 '판매비와관리비'로 구분되는 '800번대'의 비용만 선택하여 회계처리해야 함을 주의한다.

예 복리후생비

③ 거래처
    채권, 채무, 예금, 적금 등의 계정과목은 거래처 관리가 중요한 과목이므로 '거래처코드'를 필수로
    입력하여야 한다.
④ 어음관리[F3]
    받을어음과 지급어음은 회계처리 시 하단에 '어음관리[자금관리(F3)]'를 입력해야 한다. 수취, 반제,
    발행, 결제 등의 원인별로 어음번호, 만기일자 등을 하단에 기록하여 관리한다.

⑤ 적요(전표입력 시 적요는 생략)
⑥ 결차/결대(미사용)
    전표 유형 중 결차/결대는 결산차변/결산대변을 입력할 때 사용하는 유형이다. 자동으로 전표가
    생성되거나 특별히 결산분개를 일반분개와 구분하기 위해 사용하는 것인데 특별한 기능은 없으므로
    수험생이 해당 유형을 사용할 필요는 없다.

(1) 출금전표

입력예제	2월 15일 (주)평택제화의 외상매입금 200,000원을 현금으로 지급하다.
입력방법	구분란에 출금전표 '1번'을 선택하고 차변에 외상매입금, (주)평택제화(거래처코드), 금액 200,000원을 입력하면 대변에 계정과목 현금과 금액 200,000원이 자동 반영된다.

구분	코드	계정과목	코드	거래처	적요	차변	대변
출금	251	외상매입금	00202	(주)평택제화		200,000	현금

(입력화면)

(2) 입금전표

입력예제	2월 18일 (주)미래제화의 외상매출금 500,000원을 현금으로 받다.
입력방법	구분란에 입금전표 '2번'을 선택하고 대변에 외상매출금, (주)미래제화(거래처코드), 금액 500,000원을 입력하면 차변에 계정과목 현금과 금액 500,000원이 자동 반영된다.

구분	코드	계정과목	코드	거래처	적요	차변	대변
입금	108	외상매출금	00201	(주)미래제화		현금	500,000

(입력화면)

(3) 대체전표

입력예제	2월 20일 (주)미래제화에 상품을 판매하기로 계약을 맺고, 계약금 100,000원을 보통예금(국민은행)으로 받다.
입력방법	구분란에 차변 '3번'을 선택하여 보통예금, 국민은행(거래처코드), 금액 100,000원을 입력하고, 다음 줄에 대변 '4번'을 선택하여 선수금, (주)미래제화(거래처코드), 금액 100,000원을 입력한다.

구분	코드	계정과목	코드	거래처	적요	차변	대변
차변	103	보통예금	98001	국민은행(보통)		100,000	
대변	259	선수금	00201	(주)미래제화			100,000

(입력화면)

NO.	월/일	거 래
1	3월 1일	업무와 관련하여 다음에 해당하는 비용을 지출하다. **지출결의서** 2024년 3월 1일 결재 / 계: 대 한 / 과장: 상 공 / 부장: 회 의 	번 호	적 요	금액(원)	비 고	 |---|---|---|---|
1	불우이웃돕기 성금	200,000	현금 지급
2	영업용 차량 유류대	100,000	현금 지급
3	사무실 전화요금	80,000	현금 지급
합 계		380,000		
2	3월 2일	이사회 결의에 의하여 보통주 신주 10,000주(액면금액 @₩5,000, 발행금액 @₩8,000)를 발행하고, 주식발행수수료 ₩1,500,000을 차감한 금액을 당좌예금(우리은행) 계좌로 납입받다.
3	3월 3일	안성산업(주)에 토지와 건물을 매각하는 계약을 하고 계약금 ₩30,000,000을 당좌예금(우리은행) 계좌로 입금받다. **당좌예금 통장 거래 내역** 우리은행 | 번 호	날 짜	내 용	출금액	입금액	잔 액 | |---|---|---|---|---|---|
1	2024-3-3	토지, 건물 매각 계약금		30,000,000	***	
4	3월 4일	장기투자목적으로 알루전자(주) 발행의 주식 1,000주(액면금액 @₩5,000)를 1주당 ₩12,000에 구입하고, 매입수수료 ₩200,000을 포함한 대금은 당좌예금(우리은행) 계좌에서 이체하다. 단, 공정가치 변동은 기타포괄손익으로 표시한다.
5	3월 5일	단기투자목적으로 보유하고 있던 주식 전부(1,000주, 취득금액 @₩12,000)를 1주당 ₩15,000에 처분하고 대금은 보통예금(국민은행) 계좌로 입금받다.
6	3월 6일	정기예금(신한은행) 50,000,000원이 만기가 되어 원금과 예금이자가 보통예금(국민은행) 계좌로 이체되다. **보통예금 통장 거래 내역** 국민은행 | 번 호	날 짜	내 용	출금액	입금액	잔 액 | |---|---|---|---|---|---|
1	2024-3-6	정기예금 원리금 입금		53,000,000	***	
7	3월 7일	자기주식(액면금액 @₩5,000, 취득금액 @₩20,000) 1,000주 중 400주를 @₩25,000에 처분하고 대금은 당좌예금(우리은행) 계좌로 입금받다.
8	3월 8일	하이로전자(주)로부터 복사기 1대를 6개월간 렌트하고, 월 렌탈료 ₩400,000을 현금으로 지급하다. 단, 비용으로 처리한다.

9	3월 9일	당월 종업원급여 ₩59,000,000 중 소득세 등 ₩5,100,000을 차감한 잔액을 보통예금(국민은행) 계좌에서 이체하다.

급여대장

3월분   나눔제화(주)

번호	사원명	급 여	국민연금	건강보험	소득세 등	지방소득세	차감총액	실지불액
1	홍길동	2,500,000	112,500	87,500	75,000	7,500	282,500	2,395,350
2	김길순	2,700,000	121,050	94,500	81,000	8,100	304,650	2,395,350
– 중 략 –								
합 계		59,000,000	1,810,000	1,288,000	1,820,000	182,000	5,100,000	53,900,000

10	3월 10일	전월 급여 지급 시 원천징수한 소득세 등(근로자부담 건강보험료 포함) 금액 ₩24,400,000과 회사부담 건강보험료 ₩5,800,000을 당좌예금(우리은행) 계좌에서 지급하다.

※ 입금전표와 출금전표를 대체전표(차변과 대변 직접 입력)를 선택하여 입력해도 결과는 동일하므로 어떤 전표를 선택하느냐는 답안작성에는 상관이 없다.

※ 교재 답안은 대체전표인 차변(3번)과 대변(4번)으로 입력하는 방식으로 입력되어있다.

NO.	월/일	거 래

NO. 1 — 3월 1일

구분	코드	계정과목	코드	거래처	적요	차변	대변
차변	933	기부금				200,000	
차변	822	차량유지비				100,000	
차변	814	통신비				80,000	
대변	101	현금					380,000

NO. 2 — 3월 2일

구분	코드	계정과목	코드	거래처	적요	차변	대변
대변	331	보통주자본금					50,000,000
차변	102	당좌예금	98000	우리은행(당좌)		78,500,000	
대변	341	주식발행초과금					28,500,000

자본금은 액면금액으로 계상하고, 주식발행수수료는 주식발행초과금에서 차감

NO. 3 — 3월 3일

구분	코드	계정과목	코드	거래처	적요	차변	대변
차변	102	당좌예금	98000	우리은행(당좌)		30,000,000	
대변	259	선수금	00101	안성산업(주)			30,000,000

NO. 4 — 3월 4일

구분	코드	계정과목	코드	거래처	적요	차변	대변
차변	178	기타포괄손익-공정가치측정금융자산(비유동)				12,200,000	
대변	102	당좌예금	98000	우리은행(당좌)			12,200,000

기타포괄손익-공정가치측정금융자산의 취득 시 부대비용은 취득원가에 포함한다. 단, 당기손익-공정가치측정금융자산의 취득 시 수수료의 경우에는 기타비용(영업외비용)으로 처리한다.

NO. 5 — 3월 5일

구분	코드	계정과목	코드	거래처	적요	차변	대변
차변	103	보통예금	98001	국민은행(보통)		15,000,000	
대변	107	당기손익-공정가치측정금융자산					12,000,000
대변	906	당기손익-공정가치측정금융자산처분이익					3,000,000

NO. 6 — 3월 6일

구분	코드	계정과목	코드	거래처	적요	차변	대변
차변	103	보통예금	98001	국민은행(보통)		53,000,000	
대변	104	정기예금	98003	신한은행(정기)			50,000,000
대변	901	이자수익					3,000,000

NO. 7 — 3월 7일

구분	코드	계정과목	코드	거래처	적요	차변	대변
차변	102	당좌예금	98000	우리은행(당좌)		10,000,000	
대변	383	자기주식					8,000,000
대변	343	자기주식처분이익					2,000,000

NO. 8 — 3월 8일

구분	코드	계정과목	코드	거래처	적요	차변	대변
차변	819	임차료				400,000	
대변	101	현금					400,000

NO. 9 — 3월 9일

구분	코드	계정과목	코드	거래처	적요	차변	대변
차변	802	종업원급여				59,000,000	
대변	254	예수금					5,100,000
대변	103	보통예금	98001	국민은행(보통)			53,900,000

NO. 10 — 3월 10일

구분	코드	계정과목	코드	거래처	적요	차변	대변
차변	254	예수금				24,400,000	
차변	811	복리후생비				5,800,000	
대변	102	당좌예금	98000	우리은행(당좌)			30,200,000

받을어음과 지급어음의 회계처리를 하는 경우에는 반드시 해당 어음의 정보를 전표 하단에 입력해야 하는데 이때 어음관리를 할 때 자금관리(어음관리) 기능키(F3)를 사용하여 어음의 정보를 입력한다.

(1) 받을어음

받을어음은 추후에 대금으로 회수해야 할 매출채권으로 어음상의 만기일자, 어음번호 등을 회계처리와 동시에 관리해야 한다.

받을어음 수취	(차) 받을어음 F3 어음관리	XXX	(대) 상품매출 등	XXX
받을어음 할인 등	(차) 현금 등	XXX	(대) 받을어음 F3 어음관리	XXX
	※ 받을어음이 대변에 처리되는 사례 : 할인, 배서, 만기, 부도 등 ※ 1.자수(직접 받은 어음), 2.타수(배서 받은 어음)			

① 받을어음 수취

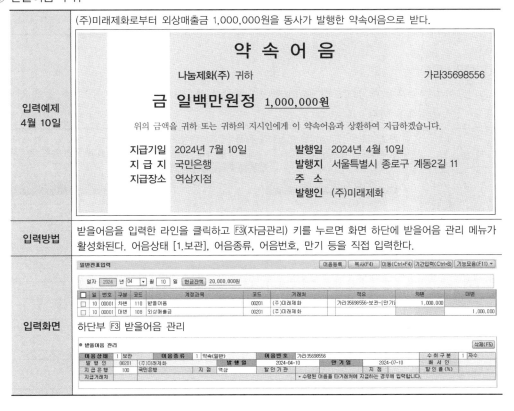

입력예제 4월 10일	(주)미래제화로부터 외상매출금 1,000,000원을 동사가 발행한 약속어음으로 받다.
입력방법	받을어음을 입력한 라인을 클릭하고 F3(자금관리) 키를 누르면 화면 하단에 받을어음 관리 메뉴가 활성화된다. 어음상태 [1.보관], 어음종류, 어음번호, 만기 등을 직접 입력한다.

② 받을어음 반제

입력예제 5월 11일	(주)미래제화로부터 받은 어음 1,000,000원(어음번호 : 가라35698556, 만기일자 : 2024년 7월 10일, 지급은행 : 국민은행, 역삼지점)을 만기가 되기 전에 국민은행에서 할인하고 할인료를 제외한 금액이 보통예금(국민은행) 계좌에 입금되다(단, 어음의 할인은 매각거래로 처리한다).

보통예금 통장 거래 내역

국민은행

번 호	날 짜	내 용	출금액	입금액	잔 액
1	20240511	할인 입금		970,000	***

입력방법	받을어음을 입력한 라인을 클릭하고 F3(자금관리) 키를 누르면 화면 하단에 받을어음 관리 메뉴가 활성화되어 어음정보를 입력한다. 어음상태 [2.할인], 어음번호는 F2 조회하여 해당 어음을 선택한다.

입력화면	

(2) 지급어음

지급어음은 추후에 대금으로 결제해야 할 매입채무로 어음상의 만기일자, 어음번호 등을 회계처리와 동시에 관리해야 한다.

어음책등록	은행으로부터 교부받은 어음책을 등록 [전표입력 상단에 '어음등록'] 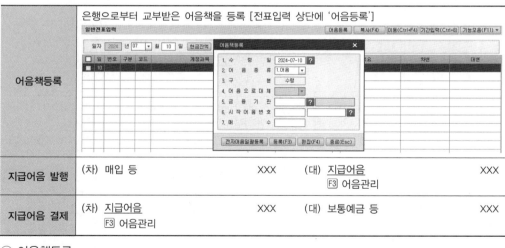
지급어음 발행	(차) 매입 등 XXX (대) 지급어음 XXX F3 어음관리
지급어음 결제	(차) 지급어음 XXX (대) 보통예금 등 XXX F3 어음관리

① 어음책등록

어음거래 6월 10일	국민은행(역삼지점)으로부터 교부받은 어음책(어음번호 : 아차12341111 ~ 아차12341115, 5매, 수령일 : 당일)을 등록하시오.
입력방법	어음등록은 상단 우측에 있는 어음등록 키를 클릭한다. 어음등록은 언제든지 발행하여 지급할 수 있는 어음을 미리 등록해두는 것이며 전표입력과는 무관하다.

입력화면	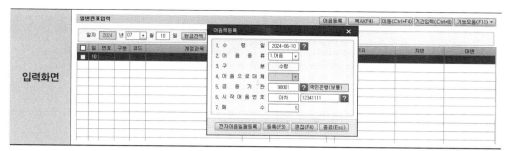

② 지급어음 발행

입력예제 6월 20일	(주)평택제화의 외상매입금 3,000,000원을 결제하기 위해 어음을 발행하다(어음번호 : 아차 12341111, 만기일자 : 2024년 10월 20일). **약 속 어 음** (주)평택제화 귀하 아차1341111 금 **삼백만원정** 3,000,000원 위의 금액을 귀하 또는 귀하의 지시인에게 이 약속어음과 상환하여 지급하겠습니다. 지급기일 2024년 10월 20일 발행일 2024년 6월 20일 지 급 지 국민은행 발행지 서울시 서대문구 성산로 408 지급장소 역삼지점 주 소 발행인 (주)나눔제화
입력방법	지급어음 라인을 클릭하고 F3(자금관리)키를 누르면 화면 하단에 받을어음 관리 메뉴가 활성화된다. 어음상 태 [2.발행], 어음번호는 조회(F2)하여 당일 발행한 어음번호를 선택하고 만기일자를 직접 입력한다.
입력화면	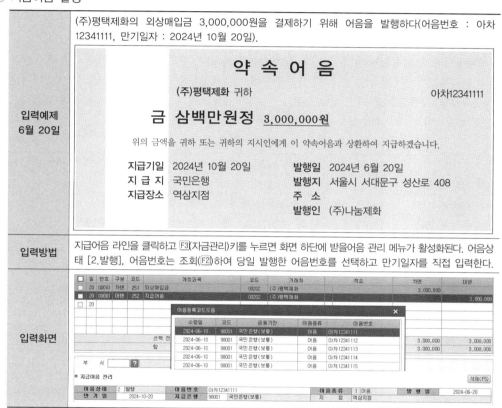

③ 지급어음 결제

입력예제 10월 20일	(주)평택제화에 발행(6월 20일)한 어음이 만기가 되어 3,000,000원이 보통예금(국민은행) 계좌에서 인출되다. **보통예금 통장 거래 내역** 국민은행

번호	날짜	내용	출금액	입금액	잔액
1	20241020	어음결제	3,000,000		***

입력방법	지급어음 라인을 클릭하고 F3(자금관리) 키를 누르면 화면 하단에 받을어음 관리 메뉴가 활성화된다. 어음상태 [3.결제], 어음번호는 조회(F2)하여 해당 어음을 선택한다.

입력화면	☐ 일 번호 구분 코드 계정과목 코드 거래처 적요 차변 대변
	☐ 20 00001 차변 252 지급어음 00202 (주)평택제화 3,000,000
	☐ 20 00001 대변 103 보통예금 98001 국민은행(보통) 3,000,000
	☐ 20

지급어음 어음번호 코드도움 ✕

발행일	코드	거래처명	어음번호	만기일	발행금액	구분
2024 06 20	00202	(주)평택제화	아차12341111	2024 10 20	3,000,000	1 어음

삭제(F5)

● 지급어음 관리

어음상태	3	결제	어음번호	아차12341111		어음종류	1 어음	발행일	2024-06-20
만 기 일		2024-10-20	지급은행	98001 국민은행(보통)		지 점	역삼지점		

03 고정자산등록

고정자산이라 함은 유형자산(토지와 건설중인자산은 제외)과 무형자산을 의미하며 가치의 감소분을 비용으로 인식하고 있다. 감가상각비의 계산은 실무에서는 고정자산등록 메뉴에 자산을 등록하고 감가상각요소(취득원가, 내용연수 등)를 입력하면 감가상각비가 자동으로 계산되며 결산 시 '원가경비별감가상각명세서'를 조회하여 결산자료입력에 반영한다.

〈고정자산등록 메뉴〉

1. 기초가액	전기말 현재의 취득가액을 입력한다. 단, 무형자산의 경우에는 전기말 장부가액을 입력한다.
2. 전기말 상각누계액	전기말 감가상각누계액을 입력한다.
3. 전기말 장부가액	입력된 기초가액 – 전기말 상각누계액이 자동으로 계산된다.
4. 신규취득및증가	당기 중에 취득한 유·무형자산의 취득원가(부대비용 포함)를 입력한다.
9. 상각방법	0.정률법, 1.정액법 중에서 선택한다(단, 건물, 구축물의 경우에는 1.정액법으로 고정되어 있음).
10. 내용연수(상각률)	해당 자산의 내용연수를 입력하면 상각률은 자동 계산되어 표시된다.
19. 당기상각범위액	당기분 감가상각비로 자동 계산된다.
20. 회사계상상각비	당기분 감가상각비로 자동 계산된다. 단, '사용자수정'을 클릭하여 당해 연도 감가상각비를 직접 입력(수정)할 수 있다.
23. 당기말 상각누계액	전기말 상각누계액과 당기분 감가상각비의 합계액이 자동 표시된다.
24. 당기말 장부가액	기초가액에서 당기말 상각누계액을 차감한 금액이 자동 표시된다.
하단2. 경비구분	고정자산의 용도에 따른 감가상각비 해당 경비의 구분을 위한 선택이며, 선택번호 0.800번대(판매비와관리비), 1.500번대(제조경비), 2.600번대(도급경비), 3.700번대(분양경비) 중 해당 번호를 입력한다.
하단3. 전체양도일자	고정자산을 양도한 경우 당해 일자를 입력한다.

(1) 기중에 취득하는 경우

입력예제 9월 20일	자산코드	계정과목 (자산계정)	자산명	수 량	취득일	취득가액	내용 연수	상각 방법
		상품운반용 트럭을 다음과 같이 현금으로 구입하다. 일반전표입력과 고정자산등록을 하시오.						
	1200	차량운반구	운반트럭	1대	2024.9.20	₩12,000,000	5년	정액법

입력결과 : 일반전표입력	

구분	코드	계정과목	코드	거래처	적요	차변	대변
차변	208	차량운반구				12,000,000	
대변	101	현금					12,000,000

입력결과 :
고정자산등록

차량운반구 당기분 감가상각비 : 800,000원(고정자산계정과목 '차량운반구' 선택, 당기 중에 신규 취득한 자산이므로 [4.신규취득및증가]란에 취득원가 12,000,000원 입력함)

(2) 전기 이전에 취득한 경우

입력예제	계정과목	코 드	자산명	취득일자	취득원가	전기말 상각누계액	상각 방법	내용 연수
	비품	300	난방기	2022.1.5	16,000,000	6,845,000	정률법	5년
	특허권	500	특허권	2023.1.8	10,000,000	2,000,000	정액법	5년

입력결과 :
고정자산등록

• 비품 당기분 감가상각비 : 4,128,905원(유형자산의 기초가액에는 취득원가를 입력함)

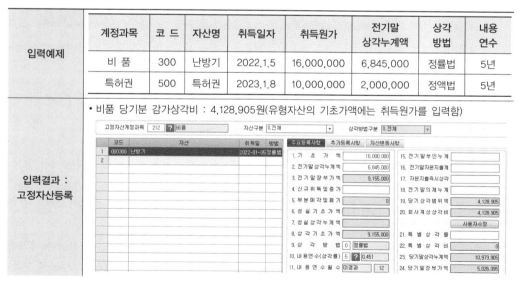

- 특허권 당기분 상각비 : 2,000,000원(무형자산은 직접법에 의해 상각하므로 1.기초가액에 입력하는 금액은 취득원가가 아닌 전기말 장부가액 즉, 잔존가액을 입력함)

(3) 원가경비별감가상각명세서

[원가경비별감가상각명세서]를 조회하면 유형자산과 무형자산의 감가상각내역을 확인할 수 있으며, 결산 시 당기분 감가상각비를 조회하여 결산작업을 수행할 수 있다.

	경비구분	계정	기초가액	당기증감	기말잔액	전기말상각누…	상각대상금액	당기상각비	당기말상각누…	미상각잔액	상각방법
1	800 번대	차량운반구		12,000,000	12,000,000		12,000,000	600,000	600,000	11,200,000	정액법
2	800 번대	비품	16,000,000		16,000,000	6,845,000	9,155,000	4,128,905	10,973,905	5,026,095	정률법
3		800번대 경비소계	16,000,000	12,000,000	28,000,000	6,845,000	21,155,000	4,928,905	11,773,905	16,226,095	
4		합계	16,000,000	12,000,000	28,000,000	6,845,000	21,155,000	4,928,905	11,773,905	16,226,095	

	경비구분	계정	취득원가	기초가액	당기증가	당기감소	당기상각비	미상각잔액	상각방법	비고
1	800 번대	특허권	10,000,000	8,000,000			2,000,000	6,000,000	정액법	
2		800번대 경비소계	10,000,000	8,000,000			2,000,000	6,000,000		
3		합계	10,000,000	8,000,000			2,000,000	6,000,000		

04 매입매출전표입력

(1) 부가가치세 이해

부가가치세(Value Added Tax)는 소비자가 물건 등을 소비하는 것에 대하여 과세되는 세금이다. 사업자는 재화나 용역을 매입 또는 매출할 때 실제 물건가액의 10%만큼을 부가가치세라는 항목으로 부과하여 부가가치세를 포함한 금액을 상대방으로부터 수취 또는 지급한 뒤, 해당 부가가치세는 신고납부일에 사업자가 국가에 납부해야 한다.

사업자는 매출 시 부가가치세를 소비자로부터 징수하여 국가에 납부하고, 매입 시 부담한 매입세액을 공제받는다. 부가가치세는 면세품목으로 열거되지 않은 매입매출거래가 발생할 때 10%만큼 부과된다. 또한 부가가치세를 과세함을 증명하는 법정증빙이 세금계산서이며, 법인사업자는 전자세금계산서를 발급할 의무가 있다. 세금계산서를 대신하여 신용카드매출전표, 현금영수증을 발급하거나 수취하기도 하며, 면세품목의 경우에는 계산서를 발급 또는 수취한다.

상품매출	(차) 현금 등	1,100	(대) 상품매출	1,000
			부가가치세예수금(부채)	100
상품매입	(차) 상 품	600	(대) 현금 등	660
	부가가치세대급금(자산)	60		

(2) 부가가치세 과세 유형

부가가치세란 상품(재화)의 거래나 서비스(용역)의 제공과정에서 얻어지는 부가가치(이윤)에 대하여 과세하는 세금으로 부가가치세 과세대상 사업자는 상품을 판매하거나 서비스를 제공할 때 거래금액에 10%의 부가가치세를 징수하여 납부해야한다. 단, 기초생필품 또는 국민후생용역과 관련하여 최종소비자의 세부담을 줄이기 위한 제도로 면세제도를 두고 있으며, 수출 등의 거래 시 영세율(0%) 제도를 두고 있다.

즉, 사업자가 공급하거나 공급받는 재화나 용역의 모든 거래가 10%가 부과되는 것이 아니다. 재화나 용역의 거래는 면세거래로 인해 부가세가 없거나, 0%이 적용되는 거래의 경우 발행되는 증빙이 다르므로 이를 구분하여 매입매출전표에 입력해야 한다.

〈과세 유형별 재화 또는 용역 구분〉

과세 유형	해당 재화 또는 용역
면 세	• 국내외 식용으로 제공되는 농, 수, 축, 임산물 • 국내 비식용으로 제공되는 농, 수, 축, 임산물 • 수돗물, 시내버스, 지하철 등 여객운송용역(단, 택시, 항공기는 과세) • 교육용역, 금융용역, 보험용역, 의료용역 • 도서, 신문, 잡지 등(단, 광고는 과세) • 토지의 공급 * 시험에 주로 출제되는 품목만 일부 열거함
10%	면세 이외의 재화와 용역
0%	수출 등 외화획득 재화와 용역

(3) 매입매출전표 유형

매입매출전표는 부가가치세신고와 관련한 거래를 입력하는 전표이다. '상품'의 매입매출거래는 입고입력과 출고입력을 한 뒤 매입매출전표로 전표를 추가하여 자동 생성시킨다.

〈주의〉

[입고입력]과 [출고입력]은 '상품'의 수량과 단가를 파악하여 기말재고자산과 매출원가를 계산하기 위해 입력하는 메뉴이다. 따라서 상품 이외의 매입매출거래는 [매입매출전표]에 직접 입력한다.

① 매출 유형

매출 유형	발행증빙과 과세 유형	
11.과세	세금계산서 발행 매출	10%
12.영세	세금계산서 발행 매출	0%
13.면세	계산서 발행 매출	면세
14.건별	증빙없는 매출	10%
16.수출	직수출 매출	0%
17.카과	신용카드 발행 매출	10%
18.카면	신용카드 발행 매출	면세
19.카영	신용카드 발행 매출	0%
20.면건	증빙없는 매출	면세
21.전자	전자적 매출거래	10%
22.현과	현금영수증 발행 매출	10%
23.현면	현금영수증 발행 매출	면세
24.현영	현금영수증 발행 매출	0%

② 매입 유형

매입 유형	수취증빙과 과세 유형	
51.과세	세금계산서 수취 & 매입세액 공제가능	10%
52.영세	세금계산서 수취 매입	0%
53.면세	계산서 수취 매입	면세
54.불공	세금계산서 수취 & 매입세액 불공제	10%
55.수입	수입세금계산서 수취 매입	10%
57.카과	신용카드 수취 매입	10%
58.카면	신용카드 수취 매입	면세
59.카영	신용카드 수취 매입	0%
60.면건	증빙없는 매입	면세
61.현과	현금영수증 수취 매입	10%
62.현면	현금영수증 수취 매입	면세

9월 5일   (주)평택제화로부터 건물신축용 토지를 구입하고 전자계산서를 발급받다. 매매대금은 보통예금(국민은행) 계좌에서 지급하다.

전자계산서			(공급받는자 보관용)		승인번호	20240905-XXXX0154

공급자	등록번호	107-81-31220			공급받는자	등록번호	104-81-47228		
	상호	(주)평택제화	성명(대표자)	한대한		상호	나눔제화(주)	성명(대표자)	박나눔
	사업장주소	서울시 중구 서소문로 10				사업장주소	서울특별시 서대문구 성산로408		
	업태	제조	종사업장번호			업태	도소매	종사업장번호	
	종목	제화				종목	제화		
	E-Mail	woori@kcci.com				E-Mail	space@kcci.com		

작성일자	2024.09.05	공급가액	30,000,000

비고							
월	일	품목명	규격	수량	단가	공급가액	비고
09	05	토지				30,000,000	

합계금액	현금	수표	어음	외상미수금	이 금액을	◉ 영수 ○ 청구	함
30,000,000	30,000,000						

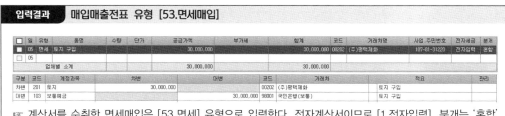

	일	유형	품명	수량	단가	공급가액	부가세	합계	코드	거래처명	사업.주민번호	전자세금	분개
■	05	면세	토지 구입			30,000,000		30,000,000	00202	(주)평택제화	107-81-31220	전자입력	혼합
□	05												
		업체별 소계				30,000,000		30,000,000					

구분	코드	계정과목	차변	대변	코드	거래처	적요	관리
차변	201	토지	30,000,000		00202	(주)평택제화	토지 구입	
대변	103	보통예금		30,000,000	98001	국민은행(보통)	토지 구입	

☞ 계산서를 수취한 면세매입은 [53.면세] 유형으로 입력한다. 전자계산서이므로 [1.전자입력], 분개는 '혼합' 선택, 하단부 회계처리 시 '상품'을 '토지'로, 보통예금의 거래처를 '국민은행'으로 수정한다.

9월 7일　삼성상사로부터 업무용 도서를 현금으로 구입하고 현금영수증을 발급받다.

현금영수증

● 거래정보

거래일시	2024-9-7
승인번호	41235634
거래구분	승인거래(지출증빙)
발급수단번호	104-81-47228

● 거래금액

품 목	공급가액	부가세	봉사료	총거래금액
도 서	60,000	0	0	60,000

● 가맹점 정보

상 호	삼성상사
사업자번호	217-81-15304
대표자명	오대림
주 소	서울특별시 도봉구 도봉로 413

	일	유형	품명	수량	단가	공급가액	부가세	합계	코드	거래처명	사업.주민번호	전자세금	분개
■	07	현면	도서			60,000		60,000	00103	삼성상사	217-81-15304		혼합
□	07												
			업체별 소계			60,000		60,000					

구분	코드	계정과목	차변	대변	코드	거래처	적요	관리
차변	826	도서인쇄비	60,000		00103	삼성상사	도서	
대변	101	현금		60,000	00103	삼성상사	도서	

🖙 현금영수증을 수취한 면세(도서)매입은 [62.현면] 유형으로 입력한다. 하단부 회계처리 시 '상품'을 '도서인 쇄비'(판관비)로 수정한다.

매입매출전표 유형 [61.현과매입]

9월 9일   삼성상사로부터 복사용지를 현금으로 구입하고 현금영수증을 발급받다(단, 복사용지는 비용으로 처리하시오).

현금영수증

● 거래정보

거래일시	2024-9-9
승인번호	12341234
거래구분	승인거래(지출증빙)
발급수단번호	104-81-47228

● 거래금액

품 목	공급가액	부가세	봉사료	총거래금액
복사용지	400,000	40,000	0	440,000

● 가맹점 정보

상 호	삼성상사
사업자번호	217-81-15304
대표자명	오대림
주 소	서울특별시 도봉구 도봉로 413

입력결과 **매입매출전표 유형 [61.현과매입]**

□	일	유형	품명	수량	단가	공급가액	부가세	합계	코드	거래처명	사업.주민번호	전자세금	분개
■	09	현과	복사용지			400,000	40,000	440,000	00103	삼성상사	217-81-15304		혼합
□	09												
		업체별 소계				400,000	40,000	440,000					

구분	코드	계정과목	차변	대변	코드	거래처	적요	관리
차변	135	부가가치세대급금	40,000		00103	삼성상사	복사용지	
차변	830	소모품비	400,000		00103	삼성상사	복사용지	
대변	101	현금		440,000	00103	삼성상사	복사용지	

☞ 현금영수증을 수취한 과세매입은 [61.현과] 유형으로 입력한다. 공급가액란에 금액을 입력할 때는 440,000원(부가세포함)을 입력하면 공급가액 400,000원, 부가세 40,000원이 자동으로 분리되도록 환경설정이 되어있으나 잘못 입력하였을 경우에는 수정하면 된다. 하단부 회계처리 시 '상품'을 '소모품비(판관비)'로 수정한다.

입력예제 | 매입매출전표 유형 [58.카면매입]

9월 20일   신문구독료를 법인신용카드로 결제하다.

단말기번호	4523188308	전표번호	
카드종류	국민카드		
회원번호	11111-2222-3333-4444		
유효기간		거래일시	취소시당초거래일
		2024.9.20	
거래유형	승인	품 명	신문구독료

결제방법	일시불	금 액(AMOUNT)	150,000
매장명		부가세(VAT)	
판매자		봉사료(S/C)	
대표자	강민국	합 계(TOTAL)	150,000
알림/NOTICE		승인번호	34452311
가맹점주소	서울특별시 마포구 마포대로 108		
가맹점번호	7012345881		
사업자등록번호	119-90-46145		

가맹점명	대한신문

문의전화/HELP DESK TEL : 1544-4700 (회원용)	서명/SIGNATURE (주)나눔제화

입력결과 | 매입매출전표 유형 [58.카면매입]

	일	유형	품명	수량	단가	공급가액	부가세	합계	코드	거래처명	사업.주민번호	전자세금	분개
■	20	카면	신문구독료			150,000		150,000	00104	대한신문	119-90-46145		카드
□	20												
		업체별 소계									카드 : [99601] 국민카드		

구분	코드	계정과목	차변	대변	코드	거래처	적요	관리
대변	253	미지급금		150,000	99601	국민카드	신문구독료	
차변	826	도서인쇄비	150,000		00104	대한신문	신문구독료	

☞ 신용카드매출전표를 수취한 면세(신문구독료)매입은 [58.카면] 유형으로 입력한다. 거래처는 대한신문으로 입력하고, 하단부 미지급금의 거래처는 '국민카드'로 수정해야한다(신용카드사 팝업창에서 카드사 입력 후 분개 유형을 4.카드로 선택할 경우 입력한 카드사가 미지급금 거래처로 자동 입력됨). 또한 신문구독료는 '도서인쇄비(판관비)'로 처리한다.

9월 28일　당사 영업부 직원들에게 선물할 선물세트를 전액 현금으로 구입하고 전자세금계산서를 받다.

전자세금계산서			(공급받는자 보관용)		승인번호		20240928-XXXX0151	

공급자	등록번호	217-81-15304			공급받는자	등록번호	104-81-47228		
	상호	삼성상사	성명 (대표자)	오대림		상호	나눔제화(주)	성명 (대표자)	박나눔
	사업장 주소	서울특별시 중구 서소문로 101				사업장 주소	서울특별시 서대문구 성산로408		
	업태	도소매	종사업장번호			업태	도소매	종사업장번호	
	종목	잡화				종목	제화		
	E-Mail	hongseongdf@naver.com				E-Mail	space@kcci.com		

작성일자	2024.09.28.	공급가액	2,000,000	세 액	200,000
비고					

월	일	품목명	규격	수량	단가	공급가액	세액	비고
9	28	종합선물세트				2,000,000	200,000	

합계금액	현금	수표	어음	외상미수금	이 금액을	○ 영수 ◉ 청구	함
2,200,000	2,200,000						

☐	일	유형	품명	수량	단가	공급가액	부가세	합계	코드	거래명	사업.주민번호	전자세금	분개
☐	28	과세	직원선물			2,000,000	200,000	2,200,000	00103	삼성상사	217-81-15304	전자입력	혼합

구분	코드	계정과목	차변	대변	코드	거래처	적요	관리
차변	135	부가가치세대급금	200,000		00103	삼성상사	종합선물세트	
차변	811	복리후생비	2,000,000		00103	삼성상사	종합선물세트	
대변	101	현금		2,200,000	00103	삼성상사	종합선물세트	

☞ 세금계산서를 수취한 직원 복리후생 관련 매입세액은 공제가능하다. 매입세액 공제 가능한 세금계산서를 수취한 매입거래는 [51.과세] 유형으로 입력하고, 전자세금계산서 수취거래이므로 [1.전자입력] 입력한다.

9월 30일   매출거래처의 직원들에게 선물할 선물세트를 전액 현금으로 구입하고 전자세금계산서를 받다.

전자세금계산서			(공급받는자 보관용)			승인번호	20240930-XXXX0151	

공급자	등록번호	217-81-15304			공급받는자	등록번호	104-81-47228	
	상호	삼성상사	성명(대표자)	오대림		상호	나눔제화(주)	성명(대표자) 박나눔
	사업장주소	서울특별시 중구 서소문로 101				사업장주소	서울특별시 서대문구 성산로408	
	업태	도소매	종사업장번호			업태	도소매	종사업장번호
	종목	잡화				종목	제화	
	E-Mail	hongseongdf@naver.com				E-Mail	space@kcci.com	

작성일자	2024.09.30.	공급가액	1,000,000	세 액	100,000

비고								

월	일	품목명	규격	수량	단가	공급가액	세액	비고
9	30	종합선물세트				1,000,000	100,000	

합계금액	현금	수표	어음	외상미수금	이 금액을	○ 영수 ◉ 청구	함
1,100,000	1,100,000						

☞ 부가세법상 접대 관련 매입세액은 세금계산서를 수취하더라도 매입세액 공제를 받을 수 없도록 하고 있다. 본 거래는 세금계산서를 수취한 과세매입거래 중 접대비 관련 매입세액으로 분류되어 [54.불공] 유형으로 입력한다. 불공제사유 선택에서 '9.접대비 관련 매입세액'을 선택, 전자세금계산서 수취거래이므로 [1.전자입력] 입력한다. 또한 하단부 회계처리 시 부가가치세대급금 계정은 생성되지 않으므로(매입세액 공제 불가능) 부가세 포함 1,100,000원 전액을 접대비로 처리한다.

상품의 매입(입고)과 매출(출고)거래는 물류관리 모듈에서 상품을 입고(출고)시킨 뒤에 해당 자료를 재무회계 모듈 메뉴인 매입매출전표로 전송하여 전표를 자동으로 생성시킨다.

| 물류관리
[입고입력], [출고입력] | ⇨ | 재무회계
[매입매출전표] |

- 물류관리의 [입고입력], [출고입력]은 재고자산(상품)의 입출고를 입력하는 메뉴이다.
- 물류관리의 [입고입력], [출고입력]은 재고자산의 매출원가와 기말재고자산을 계산하기 위한 기초자료를 입력하는 메뉴이다.
- 물류관리의 [입고입력], [출고입력]을 한 뒤에는 반드시 [매입매출전표]로 전송을 해야 전표가 생성되어 장부에 반영된다.

---

(1) 입고입력

입고입력은 재고자산(상품, 원재료)의 매입거래만 입력하는 메뉴이다. 따라서 상품 이외의 비품, 소모품 등의 매입은 [일반전표입력] 또는 [매입매출전표]에서 직접 입력한다.

① 입고입력 상단 입력방법

NO	☐	일	처리구분	참조문서	코드	거래처명	코드	부서/사원명	납기일자	입고번호	지급구분	전송	수정
1	☐	04	건별과세	2.건별 1.과세							외상		

처리구분	2.건별 1.과세	10%, 세금계산서 수취한 매입, 매입세액 공제
	2.건별 2.영세	0%, 세금계산서 수취한 매입
	2.건별 3.면세	면세, 계산서 수취한 매입
	2.건별 4.불공	10%, 세금계산서 수취한 매입, 매입세액 불공제
	2.건별 5.수입	10%, 수입세금계산서 수취한 매입
	2.건별 6.금전	사용하지 않음
	2.건별 7.카과	10%, 신용카드 수취한 매입
	2.건별 8.카면	면세, 신용카드 수취한 매입
	2.건별 9.카영	0%, 신용카드 수취한 매입
	2.건별 10.면건	면세, 증빙없는 매입
	2.건별 11.현과	10%, 현금영수증 수취한 매입
	2.건별 12.현면	면세, 현금영수증 수취한 매입
거래처명	매입 거래처를 조회(F2)하여 입력	
부서/사원명	생 략	
납기일자/입고번호	자동 생성	

지급구분	1.외상 : 상품을 전액 외상으로 매입한 경우
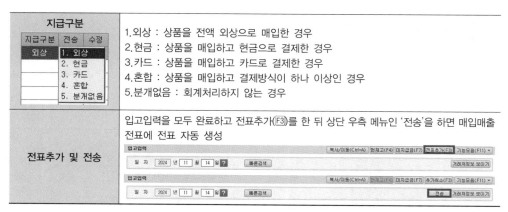	2.현금 : 상품을 매입하고 현금으로 결제한 경우
	3.카드 : 상품을 매입하고 카드로 결제한 경우
	4.혼합 : 상품을 매입하고 결제방식이 하나 이상인 경우
	5.분개없음 : 회계처리하지 않는 경우

전표추가 및 전송	입고입력을 모두 완료하고 전표추가(F3))를 한 뒤 상단 우측 메뉴인 '전송'을 하면 매입매출 전표에 전표 자동 생성

② 입고입력 품목 입력방법

NO	☐	자산	품목코드	품목명	규격	단위	수량	단가	공급가액
1	☐		1. 상품						
			2. 원재료						
			3. 부재료						

자 산	1.상품 : 재무회계 실무수행 모듈은 '상품' 입력한다. (단, 원가회계 실무수행 모듈에서는 주로 '원재료' 입력)
품목코드 /수량/단가	조회(F2)하여 세금계산서에 기재된 품목/수량/단가를 입력하면 공급가액과 부가세(10%)가 자동으로 계산되어 반영된다.
창고명	'상품'의 경우에는 문제에서 제시하지 않는 한 생략한다. (단, 원가회계 실무수행 모듈에서는 창고명 입력은 필수임)

③ 입고입력 하단 결제방법

현금	수표(당좌수표)	어음	예금	카드	선수금(선급금)	외상	할인금액	합계	프로젝트명

입고입력 하단에 금액을 구분하여 입력하면 매입매출전표에 자동으로 분개된다. 또한 입고입력 하단에 입력하는 금액이 세금계산서 하단에 기재된 내용과 다를 수 있다.

예 예금으로 결제하거나, 선급금이 있다 하더라도 세금계산서에는 모두 현금란에 기재되지만 분개하는 계정과목은 보통예금, 선급금으로 구분하여 입력해야 함

입고입력 하단	계정과목	결제방법
현 금	현 금	현금, 자기앞수표, 타인발행 당좌수표 등으로 결제한 경우
수표(당좌수표)	당좌예금	당점이 당좌수표를 발행하여 결제한 경우
어 음	지급어음	지급어음을 발행하여 결제하는 경우
예 금	보통예금	보통예금으로 결제하는 경우
카 드	미지급금	신용카드로 결제하는 경우 〈주의〉 상품매입은 신용카드로 결제하더라도 매입채무인 '외상매입금'으로 처리해야 하므로, '외상'란에 입력해도 된다.
선수금(선급금)	선급금	상품을 매입하기 전 계약금(선급금)이 있는 경우
외 상	외상매입금	상품을 외상으로 매입한 경우

(2) 입고입력과 매입매출전표

입고입력 및 매입매출전표 (11월 11일)

상품을 매입하고 다음의 전자세금계산서를 발급받다.

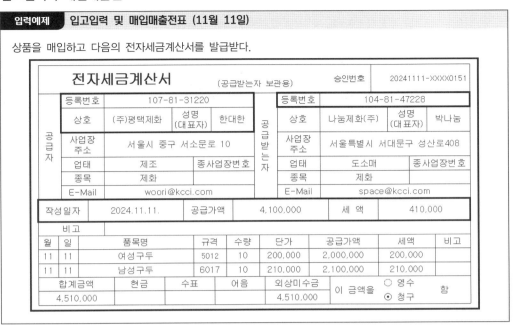

입고입력 및 매입매출전표 (11월 11일)

입고입력 11월 11일	• 처리구분 : [2.건별 + 1.과세], 지급구분 : [1.외상] 　(참조문서, 부서/사원명은 생략함, 납기일자, 입고번호는 자동 생성) • 전표추가(F3) → 전송 → 매입매출전표 자동 생성 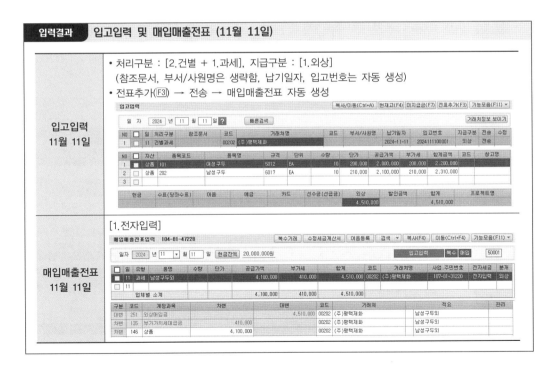
매입매출전표 11월 11일	

상품을 매입하고 다음의 전자세금계산서를 발급받다. 대금 중 ₩2,000,000은 현금으로 지급하고 잔액은 약속어음(어음번호 : 아차12341112, 만기일 : 2025년 2월 4일, 지급은행 : 국민은행)을 발행하여 지급하다.

전자세금계산서				(공급받는자 보관용)		승인번호	20241112-XXXX0151	

공급자 / 공급받는자 전자세금계산서:

공급자	등록번호	107-81-31220			공급받는자	등록번호	104-81-47228	
	상호	(주)평택제화	성명(대표자)	한대한		상호	나눔제화(주) 성명(대표자)	박나눔
	사업장주소	서울시 중구 서소문로 10				사업장주소	서울특별시 서대문구 성산로408	
	업태	제조	종사업장번호			업태	도소매	종사업장번호
	종목	제화				종목	제화	
	E-Mail	woori@kcci.com				E-Mail	space@kcci.com	

작성일자	2024.11.12.	공급가액	4,000,000	세 액	400,000
비고					

월	일	품목명	규격	수량	단가	공급가액	세액	비고
11	12	여성구두	5012	20	200,000	4,000,000	400,000	

합계금액	현금	수표	어음	외상미수금	이 금액을	○ 영수 ⦿ 청구	함
4,400,000	2,000,000		2,400,000				

입고입력 11월 12일	• 처리구분 : [2.건별 + 1.과세], 지급구분 : [4.혼합] 현금 2,000,000원, 어음 2,400,000원을 구분입력 • 전표추가(F3) → 전송 → 매입매출전표 자동 생성 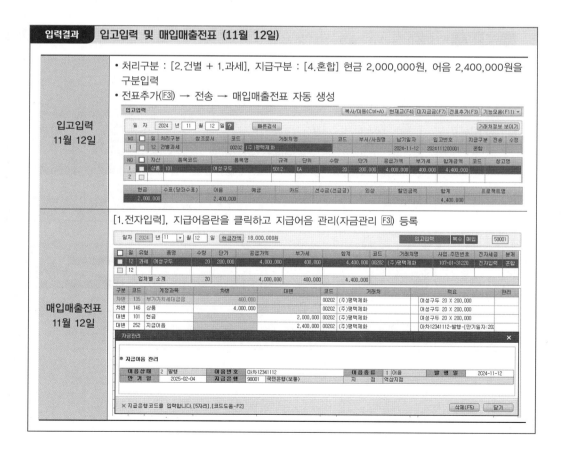
매입매출전표 11월 12일	[1.전자입력], 지급어음란을 클릭하고 지급어음 관리(자금관리 F3) 등록

입고입력 및 매입매출전표 (11월 13일)

상품을 매입하고 다음의 전자세금계산서를 발급받다. 대금 중 ₩3,000,000은 보통예금(국민은행)에서 지급하고 잔액은 자기앞수표로 지급하다.

전자세금계산서

(공급받는자 보관용)　승인번호　20241113-XXXX0151

공급자	등록번호	107-81-31220			공급받는자	등록번호	104-81-47228		
	상호	(주)평택제화	성명 (대표자)	한대한		상호	나눔제화(주)	성명 (대표자)	박나눔
	사업장 주소	서울시 중구 서소문로 10				사업장 주소	서울특별시 서대문구 성산로408		
	업태	제조	종사업장번호			업태	도소매	종사업장번호	
	종목	제화				종목	제화		
	E-Mail	woori@kcci.com				E-Mail	space@kcci.com		

작성일자	2024.11.13.	공급가액	4,000,000	세 액	400,000

비고							

월	일	품목명	규격	수량	단가	공급가액	세액	비고
11	13	여성구두	5012	20	200,000	4,000,000	400,000	

합계금액	현금	수표	어음	외상미수금	이 금액을	○ 영수	함
4,400,000	4,400,000					● 청구	

입고입력 및 매입매출전표 (11월 13일)

입고입력 11월 13일	• 처리구분 : [2.건별 + 1.과세], 지급구분 : [4.혼합] 현금 1,400,000원, 예금 3,000,000원을 구분 입력 • 전표추가(F3) → 전송 → 매입매출전표 자동 생성 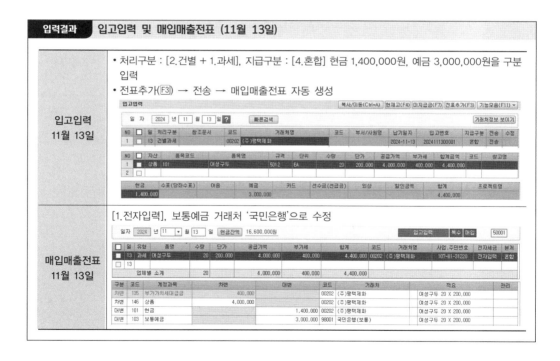
매입매출전표 11월 13일	[1.전자입력], 보통예금 거래처 '국민은행'으로 수정

PART 1

상품(여성구두 10개 개당 @200,000원)을 매입하고 신용카드(국민카드)로 결제하고 신용카드매출전표를 수취하다.

단말기번호	4523188308	전표번호	
카드종류	국민카드		
회원번호	11111-2222-3333-4444		
유효기간		거래일시	취소시당초거래일
		2024.11.14	
거래유형	승인	품 명	여성구두
			10개 @200,000

결제방법	일시불	금 액(AMOUNT)	2,000,000
매장명		부가세(VAT)	200,000
판매자		봉사료(S/C)	
대표자	한대한	합 계(TOTAL)	2,200,000
알림/NOTICE		승인번호	34452311
가맹점주소	서울특별시 중구 서소문로 10		
가맹점번호	1234560215		
사업자등록번호	107-81-31220		

가맹점명	(주)평택제화

문의전화/HELP DESK	서명/SIGNATURE
TEL : 1544-4700	(주)나눔제화
(회원용)	

입고입력 11월 14일	• 처리구분 : [2.건별 + 7.카과], 신용카드 거래처 : 국민카드, 지급구분 : 외상, 혼합, 카드 중 선택하여 입력. 상품매입의 카드결제는 매입채무 '외상매입금'으로 처리하므로 '1.외상'을 선택해도 된다. • 전표추가(F3) → 전송 → 매입매출전표 자동 생성 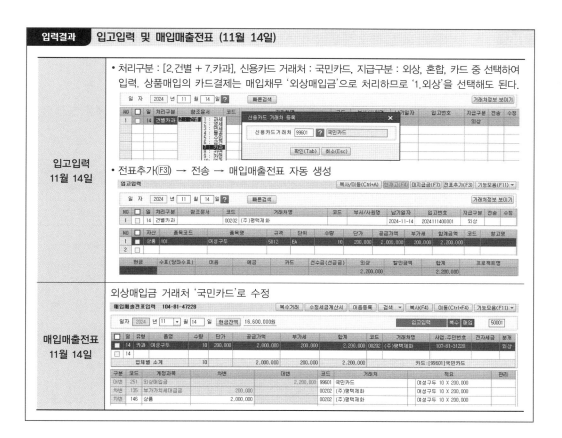
매입매출전표 11월 14일	외상매입금 거래처 '국민카드'로 수정

(1) 출고입력

출고입력은 재고자산(상품, 제품)의 매출거래를 입력하는 메뉴이다. 따라서 상품(제품)매출 이외의 매출이 있다면 [일반전표입력] 또는 [매입매출전표]에서 직접 입력한다.

① 출고입력 상단 입력방법

NO		일	처리구분	참조문서	코드	거래처명	코드	부서/사원명	납기일자	출고번호	수금구분	전송	수정
1			02	건별과세	건별	과세								

	2.건별 1.과세	10%, 세금계산서 발행한 매출
	2.건별 2.영세	0%, 세금계산서 발행한 매출
	2.건별 3.면세	면세, 계산서 발행한 매출
	2.건별 4.건별	10%, 증빙없는 매출
	2.건별 5.종합	사용하지 않음
처리구분	2.건별 6.수출	0%, 직수출한 매출
	2.건별 7.카과	10%, 신용카드 발행한 매출
	2.건별 8.카면	면세, 신용카드 발행한 매출
	2.건별 9.카영	0%, 신용카드 발행한 매출
	2.건별 10.면건	면세, 증빙없는 매출
	2.건별 11.전자	전자 매출거래
	2.건별 12.현과	10%, 현금영수증 발행한 매출
	2.건별 13.현면	면세, 현금영수증 발행한 매출
	2.건별 14.현영	0%, 현금영수증 발행한 매출
거래처명	매출 거래처를 조회(F2)하여 반드시 입력	
부서/사원명	생 략	
납기일자/출고번호	자동 생성	
수금구분	1.외상 : 상품을 전액 외상으로 매출한 경우 2.현금 : 상품을 매출하고 현금으로 결제받은 경우 3.카드 : 상품을 매출하고 카드로 결제받은 경우 4.혼합 : 상품을 매출하고 결제방식이 하나 이상인 경우 5.분개없음 : 회계처리하지 않는 경우	
전표추가 및 전송	출고입력을 모두 완료하고 전표추가(F3)를 한 뒤 상단 우측 메뉴인 '전송'을 하면 매입매출전표에 전표 자동 생성	

② 출고입력 품목 입력방법

NO	☐	자산		코드	출고품목명	규격	단위	수량	단가	공급가액	부가세	합계금액	코드	창고명
1	☐	상품	1. 상품 2. 원재료 3. 부재료 4. 제품											

자 산	1.상품 : 재무회계 실무수행 모듈은 '상품' 입력한다. (단, 원가회계 실무수행 모듈에서는 주로 '제품' 입력)
품목코드/ 수량/단가	조회(F2)하여 세금계산서에 기재된 품목/수량/단가를 입력하면 공급가액과 부가세(10%)가 자동으로 계산되어 반영된다.
창고명	'상품'의 경우에는 문제에서 제시하지 않는 한 생략한다. (단, 원가회계 실무수행 모듈에서는 창고명 입력은 필수임)

③ 출고입력 하단 결제방법

현금	수표(당좌수표)	어음	예금	카드	선수금(선급금)	외상	할인금액	합계	프로젝트명

출고입력 하단에 금액을 구분하여 입력하면 매입매출전표에 자동으로 분개된다. 또한 출고입력 하단에 입력하는 금액이 세금계산서 하단에 기재된 내용과 다를 수 있다.

예 예금으로 수취하거나, 선수금이 있다 하더라도 세금계산서에는 모두 현금란에 기재되지만 분개하는 계정과목은 보통예금, 선수금으로 구분하여 입력해야 함

출고입력 하단	계정과목	결제방법
현 금	현 금	현금, 자기앞수표, 타인발행 당좌수표 등으로 수취한 경우
수표(당좌수표)	현 금	타인발행 당좌수표로 수취하는 경우(출고입력 하단에 수표로 기재하면 매입매출전표에는 '현금'으로 자동 생성됨)
어 음	받을어음	받을어음으로 수취한 경우
예 금	보통예금	보통예금으로 수취한 경우
카 드	미수금	신용카드로 결제받는 경우 〈주의〉 상품매출은 신용카드로 결제받더라도 매출채권인 '외상매출금'으로 처리해야 하므로, '외상'란에 입력해도 된다.
선수금(선급금)	선수금	상품을 매출하기 전 계약금(선수금)이 있는 경우
외 상	외상매출금	상품을 외상으로 매출한 경우

(2) 출고입력과 매입매출전표

〈상품 출고입력 실무수행순서〉

① [물류관리] → [판매관리] → [출고입력]

상품 출고입력을 한 뒤, 전표추가(F3)를 하여 매입매출전표로 자동 전송한다.

② [재무회계] → [전표입력] → [매입매출전표입력]

전표 생성을 확인하고 전자세금계산서 여부 및 회계처리 중 수정사항을 반영한다.

상품을 매출하고 다음의 전자세금계산서를 발급하다. 대금 중 2,000,000원은 현금으로 지급하고, 잔액은
외상으로 하다.

전자세금계산서 (공급자 보관용)

	승인번호	20241120-XXXX0253

공급자				공급받는자			
등록번호	104-81-47228			등록번호	104-81-24017		
상호	나눔제화(주)	성명(대표자)	박나눔	상호	(주)미래제화	성명(대표자)	김한국
사업장주소	서울특별시 서대문구 성산로408			사업장주소	서울시 종로구 계동2길 11		
업태	도소매	종사업장번호		업태	도매	종사업장번호	
종목	제화			종목	제화		
E-Mail	space@kcci.com			E-Mail	water@kcci.com		

작성일자	2024.11.20.	공급가액	8,800,000	세 액	880,000
비고					

월	일	품목명	규격	수량	단가	공급가액	세액	비고
11	20	여성구두	5012	20	300,000	6,000,000	600,000	
11	20	슬리퍼	6398	40	70,000	2,800,000	280,000	

합계금액	현금	수표	어음	외상미수금	이 금액을	○ 영수 / ◉ 청구	함
9,680,000	2,000,000			7,680,000			

출고입력 11월 20일

- 처리구분 : [2.건별 + 1.과세], 수금구분 : [4.혼합] 현금 2,000,000원, 외상 7,680,000원
- 전표추가([F3]) → 전송 → 매입매출전표 자동 생성

매입매출전표 11월 20일

[1.전자입력]

출고입력 및 매입매출전표 (11월 22일)

상품을 매출하고 다음의 전자세금계산서를 발급하다. 대금 중 ₩1,000,000은 보통예금(국민은행)에 입금 되었고, 3,000,000원은 약속어음(어음번호 : 라바98987777, 만기일 : 2025년 2월 15일, 지급은행 : 국 민은행)을 수취하고, 나머지 5,680,000원은 다음 달에 받기로 하다.

전자세금계산서				(공급자 보관용)			승인번호		20241122-XXXX0253		
공급자	등록번호	104-81-47228				공급받는자	등록번호	104-81-24017			
	상호	나눔제화(주)	성명(대표자)	박나눔			상호	(주)미래제화	성명(대표자)	김한국	
	사업장주소	서울특별시 서대문구 성산로408					사업장주소	서울시 종로구 계동2길 11			
	업태	도소매		종사업장번호			업태	도매		종사업장번호	
	종목	제화					종목	제화			
	E-Mail	space@kcci.com					E-Mail	water@kcci.com			
작성일자		2024.11.22.		공급가액		8,800,000		세 액		880,000	
비고											

월	일	품목명	규격	수량	단가	공급가액	세액	비고
11	22	여성구두	5012	20	300,000	6,000,000	600,000	
11	22	슬리퍼	6398	40	70,000	2,800,000	280,000	

합계금액	현금	수표	어음	외상미수금	이 금액을	○ 영수 / ◉ 청구	함
9,680,000	1,000,000		3,000,000	5,680,000			

출고입력 및 매입매출전표 (11월 22일)

- 처리구분 : [2.건별 + 1.과세], 수금구분 : [4.혼합]
- 전표추가(F3) → 전송 → 매입매출전표 자동 생성

출고입력 11월 22일

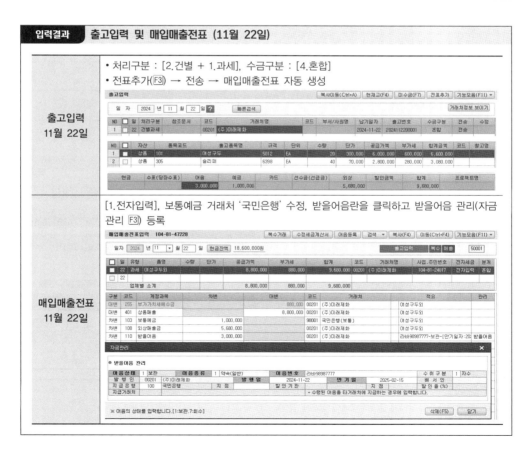

매입매출전표 11월 22일

[1.전자입력], 보통예금 거래처 '국민은행' 수정, 받을어음란을 클릭하고 받을어음 관리(자금 관리 F3) 등록

(주)미래제화에 상품(여성구두 2개 개당 @150,000원 부가세 별도)을 판매하고 현금영수증을 발행해 주다. 대금은 즉시 보통예금(국민은행)에 입금된다.

현금영수증

● 거래정보

거래일시	2024-11-23
승인번호	12341235
거래구분	승인거래(소득공제)
발급수단번호	010-1234-1234

● 거래금액

품 목	수 량	공급가액	부가세	봉사료	총거래금액
여성구두	2	300,000	30,000	0	330,000
합 계					330,000

● 가맹점 정보

상 호	나눔제화(주)
사업자번호	104-81-47228
대표자명	박나눔
주 소	서울특별시 서대문구 성산로 408

입력결과 출고입력 및 매입매출전표 (11월 23일)

출고입력 11월 23일

- 처리구분 : [2.건별 + 12.현과], 수금구분 : [4.혼합] 예금란 입력
- 전표추가(F3) → 전송 → 매입매출전표 자동 생성

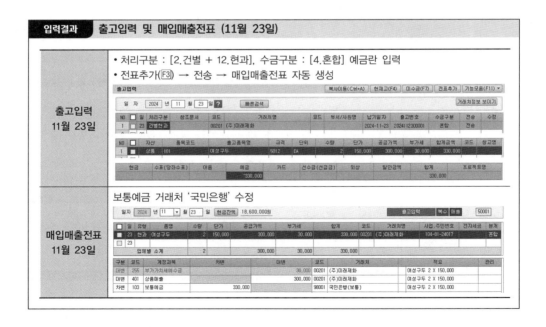

매입매출전표 11월 23일

보통예금 거래처 '국민은행' 수정

출고입력 및 매입매출전표 (11월 25일)

(주)미래제화에 상품(남성구두 10개 개당 @300,000원)을 매출하고 신용카드(국민카드)로 결제받고 신용
카드매출전표를 발행하다.

단말기번호	4523188308		전표번호	
카드종류	국민카드			
회원번호	9654-7841-8585-7411			
유효기간		거래일시	취소시당초거래일	
		2024.11.25		
거래유형	승인	품 명	남성구두	
			10개 @300,000	

결제방법	일시불	금 액(AMOUNT)	3,000,000
매장명		부가세(VAT)	300,000
판매자		봉사료(S/C)	
대표자	박나눔	합 계(TOTAL)	3,300,000
알림/NOTICE		승인번호	34452311
가맹점주소	서울특별시 서대문구 성산로 408		
가맹점번호	557211		
사업자등록번호	104-81-47228		

가맹점명	(주)나눔제화

문의전화/HELP DESK	서명/SIGNATURE
TEL : 1544-4700	(주)미래제화
(회원용)	

입력결과 **출고입력 및 매입매출전표 (11월 25일)**

- 처리구분 : [2.건별 + 7.카과], 수금구분 : [1.외상]
- 전표추가(F3) → 전송 → 매입매출전표 자동 생성

출고입력
11월 25일

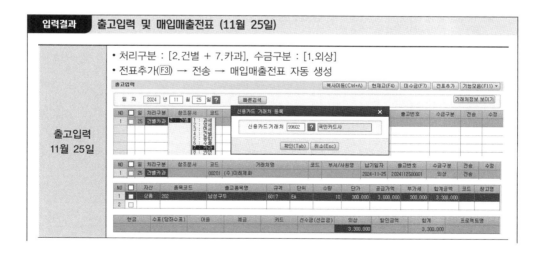

외상매출금 거래처 '국민카드사' 수정												

매입매출전표입력 104-81-4722B [복수거래] [수정세금계산서] [어음등록] [검색 ▼] [복사(F4)] [이동(Ctrl+F4)] [기능모음(F11) ▼]

일자 2024 년 11 월 25 일 [현금잔액] 18,600,000원 [울고입력] [복수] 매출 50001

□	일	유형	품명	수량	단가	공급가액	부가세	합계	코드	거래처명	사업·주민번호	전자세금	분개
■	25	카과	남성구두	10	300,000	3,000,000	300,000	3,300,000	00201	(주)미래제화	104-81-2401?		외상
			업체별 소계	10		3,000,000	300,000	3,300,000			카드:[99602]국민카드사		

구분	코드	계정과목	차변	대변	코드	거래처	적요	관리
차변	108	외상매출금	3,300,000		99602	국민카드사	남성구두 10 X 300,000	
대변	255	부가가치세예수금		300,000	00201	(주)미래제화	남성구두 10 X 300,000	
대변	401	상품매출		3,000,000	00201	(주)미래제화	남성구두 10 X 300,000	

매입매출전표
11월 25일

07 유의사항

(1) 수수료비용

코드	계정과목명
531	수수료비용
631	수수료비용
731	수수료비용
831	수수료비용
946	수수료비용

• 사용하는 계정과목 코드
: 800번대(판매비와관리비), 900번대(영업외비용)
• 사용하지 않는 계정과목 코드
: 500번대, 600번대, 700번대

• 동일한 계정과목이지만 코드가 다른 이유는 해당 비용을 처리하는 항목이 다르기 때문이다. 본 시험은 상기업의 회계처리를 수행하므로 제조원가(500번대)와 같은 원가항목의 코드는 사용하지 않는다.
• 수수료비용(코드 946 영업외비용)은 당기손익-공정가치측정금융자산의 취득 시 수수료의 경우 사용함

(2) 유가증권 : 유동과 비유동 분류

코드	계정과목명	코드	계정과목명
124	상각후원가측정금융자산(유동)	123	기타포괄손익-공정가치 측정금융자산(유동)
181	상각후원가측정금융자산(비유동)	178	기타포괄손익-공정가치 측정금융자산(비유동)

• 지분증권과 채무증권의 단기보유(유동자산)인 경우 : 124, 123
• 지분증권과 채무증권의 장기보유(비유동자산)인 경우 : 181, 178

(3) 거래처코드 입력

채권, 채무, 예·적금 등의 계정과목에는 반드시 거래처코드를 입력하여야 한다.

(4) 어음의 자금관리 입력

받을어음과 지급어음은 자금관리(F3) 입력을 반드시 해야 한다.

(5) 판매비와관리비 계정과목 정리

판매비와관리비	비 고
종업원급여	임직원에게 근로의 대가로 지급하는 금액
상여금	월급이 아닌 상여금
잡 급	일용직 사원의 급여
퇴직급여	퇴직 시 지급하는 퇴직금, 퇴직급여충당부채 설정 시 대체액
복리후생비	임직원 식대, 임직원 경조사비, 건강보험료 회사부담분(50%) 등 복리후생을 위해 지급하는 비용
접대비	사업상 지출되는 거래처 식대, 선물대금, 경조사비 등
여비교통비	업무 관련 버스비, 택시비, 출장비, 숙박비, 항공료 등
통신비	전화, 우편, 팩스, 핸드폰요금, 인터넷요금 등
수도광열비	수도료, 전기료, 가스료, 난방비 등
세금과공과	재산세, 자동차세, 사업소세, 상공회의소회비, 국민연금보험료 회사부담분(50%), 과태료 및 가산세 등(단, 취득과 관련한 세금(취득세 등)은 자산의 취득원가에 포함)
감가상각비	결산 시 계상되는 유형자산의 가치감소를 측정한 금액
임차료	건물, 토지, 복사기 등을 빌리고 지급하는 월세 및 사용료
수선비	건물, 비품, 기계장치 등의 수리비(유형자산의 수익적지출)
차량유지비	차량주유비, 엔진오일교환, 타이어교환, 주차요금, 기타 차량수선비 등(유형자산 중 차량운반구의 수익적지출)
교육훈련비	종업원 교육훈련에 관련된 비용, 위탁교육비, 외부강사료, 학원비 등
광고선전비	홍보비용, TV·신문 광고료, 광고물제작·배포비, 간판제작 등
보험료	산재보험료, 자동차보험료, 화재보험료, 고용보험료 회사부담분 등
운반비	매출 관련 운임, 탁송료, 퀵서비스, 택배비 등(단, 상품 매입 시 운임은 상품의 취득원가에 포함)
도서인쇄비	신문, 잡지, 도서, 복사비, 명함인쇄비 등
소모품비	사무용 장부, 복사용지 등 사무용품 및 소모자재 등의 구입비용(소모품의 사용액)
수수료비용	용역을 제공받고 지급하는 수수료, 기장료, 경비용역비, 송금수수료 등(단, 당기손익-공정가치측정금융자산의 취득 시 수수료의 경우에는 판관비의 수수료비용이 아닌 '영업외비용(코드 946번 수수료비용)'으로 처리해야 함)
경상연구개발비	연구비, 미래 경제적 효익을 기대할 수 없는 경상적 개발비
무형자산상각비	무형자산의 가치감소를 측정하여 비용으로 처리
대손상각비	결산 시 매출채권에 대한 대손예상액 또는 기중 회수불능액(단, 기타채권에 대한 대손의 경우에는 '영업외비용(기타의대손상각비)'으로 처리)
잡 비	소액으로 지급하는 기타 비용

CHAPTER 04

결 산

01 결산방법

결산작업은 일반전표에서 직접 결산정리분개를 입력하는 수동 결산방법과 프로그램상의 필요한 자료를 입력하면 결산정리분개가 자동으로 이루어져 일반전표에 추가하는 자동 결산방법이 있다. 두 방법 모두 결산 재무제표 결과의 차이는 없다.

수동 결산은 결산일 시점에 일반전표에 직접 분개하여 입력하는 것이며, 자동 결산은 매출원가(기말재고), 감가상각비, 대손상각비, 퇴직급여충당부채 등 6가지 항목에 대해 결산자료입력 메뉴에 결산에 반영할 금액을 입력하면 자동으로 일반전표에 분개가 생성되는 방법이다.

단, 자동 결산으로 결산을 수행하지 않고 수동 결산(일반전표 직접 입력)으로 결산을 수행해도 상관없다. 결산하는 방법을 선택하는 것의 차이일 뿐이다.

결산 순서 : 수동 결산 → 자동 결산	
	12월 31일 일반전표입력 직접 입력
1. 수동 결산	(1) 기간미경과된 비용을 선급비용(자산)으로 이연 (2) 기간미경과된 수익은 선수수익(부채)으로 이연 (3) 기간경과된 수익을 미수수익(자산)으로 발생 (4) 기간경과된 비용을 미지급비용(부채)으로 발생 (5) 소모품(미사용액)과 소모품비(사용액)의 대체 (6) 당기손익-공정가치측정금융자산 공정가치 평가 당기손익 인식 (7) 기타포괄손익-공정가치측정금융자산 공정가치 평가 기타포괄손익 인식 (8) 미결산 계정인 가지급금과 가수금 정리 (9) 현금과부족 잔액의 계정 대체 (10) 부가가치세 계정 대체 (11) 장기차입금의 유동성장기부채로 대체 (12) 유형자산의 공정가치 재평가
2. 자동 결산	[결산자료입력] → 전표추가(F3) → 12월 31일 일반전표입력 자동 생성
	(1) 기말재고자산(상품) 금액 입력(재고자산수불부 마감) (2) 매출채권 대손충당금(보충법) 설정금액 입력 (3) 유형자산 감가상각비 입력 (4) 무형자산 상각비 입력 (5) 퇴직급여충당부채(보충법) 설정금액 입력 (6) 법인세 미납세액 입력
3. 재무제표 마감	손익계산서 조회 → 이익잉여금처분계산서 조회 후 전표추가(F3) → 재무상태표 조회

02 수동 결산

수동 결산은 결산일 시점(12월 31일)에 일반전표에 직접 분개하여 결산수정사항을 장부에 반영하는 것이다.

(1) 선급비용

기중 보험료 등 비용의 발생 시 비용계정으로 계상한 경우, 결산일 현재 기간이 미경과한 비용을 자산으로 처리하여 비용을 이연시키는 정리분개를 하게 된다.

(차) 선급비용	XXX	(대) 보험료 등	XXX

(2) 선수수익

기중 수입임대료 등 수익의 발생 시 수익계정으로 계상한 경우, 결산일 현재 기간이 미경과한 수익을 부채로 처리하여 수익을 이연시키는 정리분개를 하게 된다.

(차) 임대료 등	XXX	(대) 선수수익	XXX

(3) 미수수익

결산 시 실제 수익(이자수익 등)은 당기에 기간이 경과되어 발생되었으나 현금 등으로 수령하지 않은 경우에 경과된 수익을 당기수익으로 처리하고 차후에 수령할 자산으로 인식하는 정리분개를 한다.

(차) 미수수익	XXX	(대) 이자수익 등	XXX

(4) 미지급비용

결산 시 실제 비용(이자비용 등)은 당기에 기간이 경과되어 발생되었으나 현금 등으로 지급하지 않은 경우에 경과된 비용을 당기비용으로 처리하고 차후에 지급할 부채로 인식하는 정리분개를 한다.

(차) 이자비용 등	XXX	(대) 미지급비용	XXX

(5) 소모품과 소모품비

결산일 현재 소모품에 대한 정리분개는 2가지 방법이 존재한다. 기중 소모품 구입 시 비용(소모품비)으로 처리하였을 때와 자산(소모품)으로 처리하였을 경우로 구분된다.

• 기중에 비용(소모품비)으로 처리했다면, 기말 현재 자산(소모품)의 재고를 파악한 후 정리분개

(차) 소모품	XXX	(대) 소모품비	XXX

- 기중에 자산(소모품)으로 처리했다면, 기말 현재 비용(소모품비)을 파악한 후 정리분개

| (차) 소모품비 | XXX | (대) 소모품 | XXX |

(6) 당기손익-공정가치측정금융자산 공정가치 평가

당기손익-공정가치측정금융자산은 기말 장부가액을 공정가치로 평가하며 이를 당기손익에 반영한다.

장부가액 < 공정가치	(차) 당기손익-공정가치측정 금융자산	XXX	(대) 당기손익-공정가치측정 금융자산평가이익	XXX
장부가액 > 공정가치	(차) 당기손익-공정가치측정 금융자산평가손실	XXX	(대) 당기손익-공정가치측정 금융자산	XXX

(7) 기타포괄손익-공정가치측정금융자산 공정가치 평가

기타포괄손익-공정가치측정금융자산의 공정가치 평가손익은 전기에 기타포괄손익누계액 잔액이 있는 경우 상계한 후 처리한다.

장부가액 < 공정가치 (평가손실 잔액 있는 경우)	(차) 기타포괄손익-공정가치 측정금융자산	XXX	(대) 기타포괄손익-공정가치 측정금융자산평가손실 기타포괄손익-공정가치 측정금융자산평가이익	XXX XXX
장부가액 > 공정가치 (평가이익 잔액 있는 경우)	(차) 기타포괄손익-공정가치 측정금융자산평가이익 기타포괄손익-공정가치 측정금융자산평가손실	XXX XXX	(대) 기타포괄손익-공정가치 측정금융자산	XXX

(8) 가지급금과 가수금

기말 시점에 미결산계정(가지급금, 가수금)의 원인을 파악하여 정리한다.

가지급금	(차) 원인파악계정	XXX	(대) 가지급금	XXX
가수금	(차) 가수금	XXX	(대) 원인파악계정	XXX

(9) 현금과부족 정리

현금과부족 임시계정이 존재할 경우 결산일 현재 원인을 파악하여 이에 대한 정리분개를 하여야 한다. 다만, 결산일 현재 현금이 과부족한 경우에는 즉시 잡이익(잡손실)로 처리한다.

현금과부족 잔액이 차변에 있는 경우	(차) 잡손실	XXX	(대) 현금과부족	XXX
현금과부족 잔액이 대변에 있는 경우	(차) 현금과부족	XXX	(대) 잡이익	XXX
결산일 현재 현금이 부족한 경우	(차) 잡손실	XXX	(대) 현 금	XXX
결산일 현재 현금이 과잉인 경우	(차) 현 금	XXX	(대) 잡이익	XXX

(10) 부가가치세예수금과 부가가치세대급금 정리

제2기 확정신고기간의 부가가치세예수금 100원, 부가가치세대급금 60원인 경우					
기말 대체 (납부세액)	(차) 부가가치세예수금	100	(대) 부가가치세대급금 미지급세금		60 40

제2기 확정신고기간의 부가가치세예수금 100원, 부가가치세대급금 160원인 경우					
기말 대체 (환급세액)	(차) 부가가치세예수금 미수금	100 60	(대) 부가가치세대급금		160

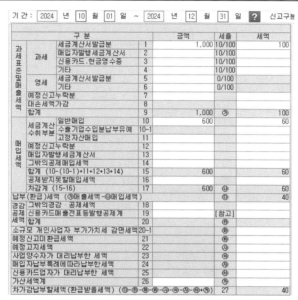

기간 : 2024 년 10 월 01 일 ~ 2024 년 12 월 31 일 [?] 신고구분

	구 분		금액	세율	세액
과세표준및매출세액	과세	세금계산서발급분	1	1,000	10/100	100
		매입자발행세금계산서	2		10/100	
		신용카드·현금영수증	3		10/100	
		기타	4		10/100	
	영세	세금계산서발급분	5		0/100	
		기타	6		0/100	
	예정신고누락분		7			
	대손세액가감		8			
	합계		9	1,000	㉮	100
매입세액	세금계산수취부분	일반매입	10	600		60
		수출기업수입분납부유예	10-1			
		고정자산매입	11			
	예정신고누락분		12			
	매입자발행세금계산서		13			
	그밖의공제매입세액		14			
	합계 (10-(10-1)+11+12+13+14)		15	600		60
	공제받지못할매입세액		16			
	차감계 (15-16)		17	600	㉯	60
납부(환급)세액 (㉮매출세액 -㉯매입세액)					㉰	40
경감공제세액	그밖의경감·공제세액		18			
	신용카드매출전표등발행공제계		19		[참고]	
	합계		20		㉱	
소규모 개인사업자 부가가치세 감면세액			20-1		㉲	
예정신고미환급세액			21		㉳	
예정고지세액			22		㉴	
사업양수자가 대리납부한 세액			23		㉵	
매입자납부특례에따라납부한세액			24		㉶	
신용카드업자가 대리납부한 세액			25		㉷	
가산세액계			26		㉸	
차가감납부할세액(환급받을세액) (㉰-㉱-㉲-㉳-㉴-㉵-㉶-㉷+㉸)			27			40

부가가치세신고서(10월 ~ 12월)를 조회하여 관련 잔액을 확인한다.

법인사업자는 3개월 단위로 부가가치세를 신고하고 납부하는 것이 원칙이다. 제2기 확정신고기간은 10월 ~ 12월까지이며 이를 신고, 납부하는 일자는 익년 1월 25일이 된다. 기업은 10월 ~ 12월까지의 매입 시 부가가치세 부담액과 매출 시 부가가치세 예수액을 차기로 이월시키지 않고 결산 시 잔액을 대체하여 납부세액은 미지급세금(부채) 계정으로, 환급세액은 미수금(자산) 계정으로 처리한다.

(11) 장기차입금 유동성 대체 정리

장기차입금 등의 비유동부채 항목이 차기에 만기가 돌아와 유동성 대체를 해야 할 경우 다음과 같이 정리분개 한다.

(차) 장기차입금	XXX	(대) 유동성장기부채	XXX

(12) 유형자산(토지 등) 공정가치 재평가

유형자산을 공정가치모형에 의해 재평가하는 경우에 장부가액보다 공정가치가 증가하면 재평가잉여금으로 처리하며 이를 기타포괄손익 계정으로 분류한다. 만약, 공정가치가 하락하는 경우에는 재평가손실(당기손익)에 반영하되 해당 재평가잉여금 잔액은 제거하고 인식한다.

	1) 토지 장부가액 100원, 기말 공정가치 120원				
기타포괄손익	(차) 토 지	20	(대) 재평가잉여금	20
	2) 토지 장부가액 100원, 기말 공정가치 90원				
당기손익	(차) 재평가손실	10	(대) 토 지	10

(13) 외화채권(채무) 기말환율평가

결산일 현재 외화로 보유하고 있는 채권, 채무의 장부상 원화금액을 결산일 현재 환율로 평가한 원화금액으로 평가한다.

외화채권 환율 상승	(차) (외화)채권	XXX	(대) 외화환산이익	XXX
외화채권 환율 하락	(차) 외화환산손실	XXX	(대) (외화)채권	XXX
외화채무 환율 상승	(차) 외화환산손실	XXX	(대) (외화)채무	XXX
외화채무 환율 하락	(차) (외화)채무	XXX	(대) 외화환산이익	XXX

03 자동 결산

> 64페이지 ~ 70페이지 입력예제 전까지의 New Splus 화면은 프로그램에 입력된 자료가 아닙니다. 70페이지 예제를 풀기 위해 자동결산의 과정을 눈으로 익히며 학습하여 주시기 바랍니다.

자동 결산은 [결산자료입력] 메뉴에 결산에 반영할 금액을 입력하여 자동으로 결산정리분개 전표를 발생시키는 방법이다. 일반전표에 수동으로 직접 분개하는 방법이 아니므로 수동 결산에 비해 수월하게 결산작업을 수행할 수 있다.

(1) 결산자료입력 메뉴 실행

결산자료입력 메뉴를 실행하고 결산일자(1월 ~ 12월)를 입력하면 아래 화면의 박스가 나타난다. '매출원가 및 경비선택'은 회사의 업종에 따라 선택이 달라지게 된다. 상기업의 경우에는 아래 그림과 같이 451.상품매출원가만 입력한다(원가경비는 입력하지 않음).

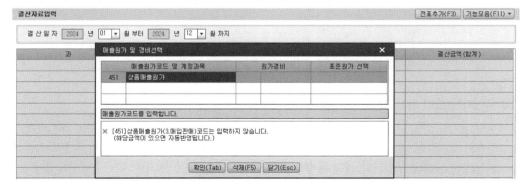

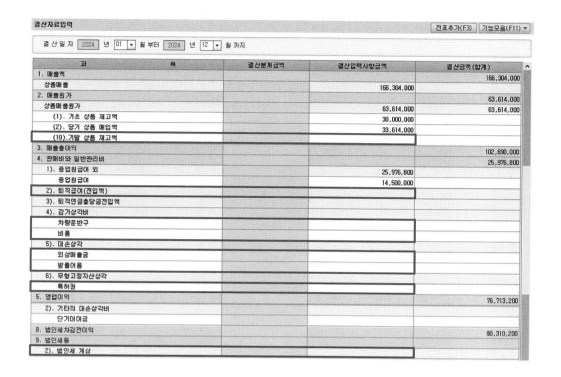

(2) 결산자료입력 항목

① 기말재고자산 금액 입력

〈순서 1〉

[물류관리] − [재고관리] − [재고자산수불부] 메뉴에서 12월 31일 현재 재고자산을 마감한다.
재고자산평가방법은 선입선출법을 적용하며, 마감(F3)은 일괄마감을 선택한다.

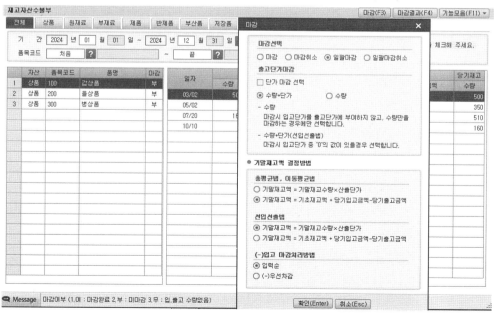

〈순서 2〉

[물류관리] – [재고관리] – [재고자산명세서] 메뉴에서 12월 조회하여 재고금액을 확인한다.

〈순서 3〉

결산자료입력 메뉴 2.매출원가의 (10)기말상품재고액란에 금액을 입력하고 상단 우측의 전표추가(F3) 를 한 뒤, 12월 31일 일반전표를 확인하면 상품매출원가 대체 분개가 자동으로 생성된다.

결산일자 2024 년 01 ▼ 월 부터 2024 년 12 ▼ 월 까지

과	목	결산분개금액	결산입력사항금액	결산금액(합계)
1. 매출액				166,304,000
상품매출			166,304,000	
2. 매출원가				63,614,000
상품매출원가			63,614,000	63,614,000
(1). 기초 상품 재고액			30,000,000	
(2). 당기 상품 매입액			33,614,000	
(10).기말 상품 재고액				

(차) 상품매출원가	XXX	(대) 상 품	XXX

② 매출채권 대손충당금(보충법) 설정금액 입력

〈순서 1〉

합계잔액시산표를 조회하여 채권 잔액과 채권별 대손충당금 잔액을 조회하여 대손충당금 보충액을 직접 계산한다.

계산식 : (채권 잔액 × 대손율) – 설정 전 대손충당금 잔액 = 보충설정액

〈순서 2〉

결산자료입력 메뉴 판매비와관리비 중 5)대손상각의 외상매출금과 받을어음란에 대손충당금 보충액을 직접 입력하고 상단 우측의 전표추가(F3) 를 한 뒤 일반전표를 확인하면 다음과 같은 분개가 자동으로 생성된다.

결산일자 2024 년 01 ▼ 월 부터 2024 년 12 ▼ 월 까지

과	목	결산분개금액	결산입력사항금액	결산금액(합계)
5). 대손상각				
외상매출금				
받을어음				

(차) 대손상각비	XXX	(대) 대손충당금(외)	XXX
		대손충당금(받)	XXX

③ 유형자산 감가상각비 입력

〈순서 1〉

[고정자산등록] – [원가경비별감가상각명세서] 메뉴에서 유형자산의 당기분 감가상각비를 조회한다.

〈순서 2〉

결산자료입력 메뉴에 직접 입력한다. 상단 우측의 전표추가(F3) 를 한 뒤 일반전표를 확인하면 다음과 같은 분개가 자동으로 생성된다.

결산일자 2024 년 01 ▼ 월 부터 2024 년 12 ▼ 월 까지

과	목	결산분개금액	결산입력사항금액	결산금액(합계)
4). 감가상각비				
차량운반구				
비품				

(차) 감가상각비	XXX	(대) 감가상각누계액(자산차감)	XXX

④ 무형자산상각비 입력

〈순서 1〉

[고정자산등록] – [원가경비별감가상각명세서] 메뉴에서 무형자산의 당기분 상각비를 조회한다.

〈순서 2〉

결산자료입력 메뉴에 직접 입력한다. 상단 우측의 전표추가(F3)를 한 뒤 일반전표를 확인하면 다음과 같은 분개가 자동으로 생성된다.

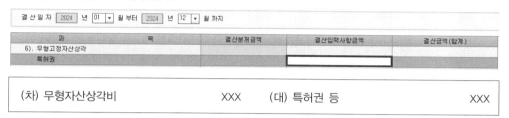

(차) 무형자산상각비	XXX	(대) 특허권 등	XXX

⑤ 퇴직급여충당부채 추가 보충설정 금액 입력

기말 퇴직급여충당부채를 추가로 설정하는 경우 금액을 입력한다. 전표추가(F3)를 한 뒤 일반전표를 확인하면 다음과 같은 분개가 자동으로 생성된다.

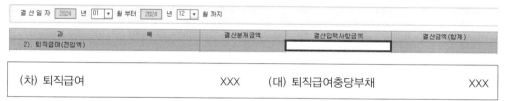

(차) 퇴직급여	XXX	(대) 퇴직급여충당부채	XXX

⑥ 법인세 미납세액 입력

기중에 납부한 선납세금(선급법인세)을 제외한 납부할 법인세등(지방소득세 포함)을 법인세 계상란에 입력한다. 전표추가(F3)를 한 뒤 일반전표를 확인하면 다음과 같은 분개가 자동으로 생성된다.

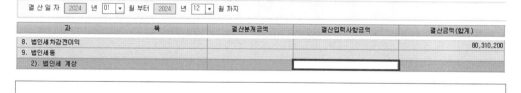

(차) 법인세등	XXX	(대) 미지급세금	XXX

〈주의〉

전표추가(F3) : 결산반영할 금액을 모두 마친 뒤 한 번만 수행하도록 한다.

04 재무제표 작성

결산자료입력(자동 결산)이 끝난 후 장부마감을 통해 결산 재무제표를 작성한다. 재무제표의 마감 순서는 다음과 같다.

> 손익계산서 → 이익잉여금처분계산서 → 재무상태표

(1) 손익계산서 조회

12월 말 손익계산서를 조회하여 당기순이익을 확인한 뒤, 당기순이익을 자동으로 이익잉여금처분계산서로 입력하기 위해 순서대로 작성해야 한다.

예 당기순이익 21,024,230원을 확인한다.

손익계산서 　　　　　　　　　　　　　　　　　　　　　　　　　　　　[기능모음(F11)]

기 간 2024 년 12 ▼ 월

[과목별] 제출용 표준(법인)용 포괄손익

과목	제 3(당)기 [2023/01/01 ~ 2023/12/31] 금액		제 2(전)기 [2022/01/01 ~ 2022/12/31] 금액	
Ⅰ. 매 출 액		65,530,000		100,000,000
상 품 매 출	65,530,000		100,000,000	
Ⅱ. 매 출 원 가		36,864,000		60,000,000
상 품 매 출 원 가		36,864,000		60,000,000
기 초 상 품 재 고 액	30,000,000		10,000,000	
당 기 상 품 매 입 액	21,414,000		80,000,000	
기 말 상 품 재 고 액	14,550,000		30,000,000	
Ⅲ. 매 출 총 이 익		28,666,000		40,000,000
Ⅳ. 판 매 비 와 관 리 비		10,871,770		25,000,000
Ⅶ. 영 업 외 비 용		1,620,000		300,000
이 자 비 용	1,600,000		0	
기 타 의 대 손 상 각 비	0		300,000	
수 수 료 비 용	10,000		0	
잡 손 실	10,000		0	
Ⅷ. 법 인 세 차 감 전 이 익		21,024,230		15,200,000
Ⅸ. 법 인 세 등		0		660,000
법 인 세 등	0		660,000	
Ⅹ. 당 기 순 이 익		21,024,230		14,540,000

(2) 이익잉여금처분계산서 조회

손익계산서의 조회가 끝난 후 이익잉여금처분계산서를 작성한다. 이익잉여금처분계산서 작성 시 주의할 사항은 "전에 입력된 데이터가 있습니다. 불러오시겠습니까?"라는 질문에 결산이 끝난 후가 아닌 경우에는 "예"를 누르지 말고 "아니오"를 선택하여 열어야 업데이트가 된 내용을 볼 수 있다. [전표추가(F3)] 를 클릭하면 이익잉여금처분계산서의 전표가 일반전표에 추가되며 이후에 재무상태표를 조회한다.

예 당기순이익 21,024,230원이 반영되었는지 확인한 뒤에 [전표추가(F3)]를 한다. 미처분이익잉여금 63,449,230원이 재무상태표에 반영된다.

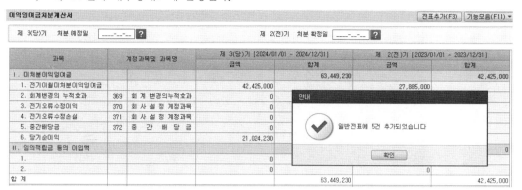

이익잉여금처분계산서 [전표추가(F3)] [기능모음(F11)▼]

제 3(당)기   처분 예정일 ----.--.-- [?]   제 2(전)기   처분 확정일 ----.--.-- [?]

과목	계정과목및 과목명	제 3(당)기 [2024/01/01 ~ 2024/12/31] 금액	합계	제 2(전)기 [2023/01/01 ~ 2023/12/31] 금액	합계
Ⅰ. 미처분이익잉여금			63,449,230		42,425,000
1. 전기이월미처분이익잉여금		42,425,000		27,885,000	
2. 회계변경의 누적효과	369 회계변경의누적효과	0		0	
3. 전기오류수정이익	370 회사설정계정과목	0			
4. 전기오류수정손실	371 회사설정계정과목	0			
5. 중간배당금	372 중간배당금	0			
6. 당기순이익		21,024,230			
Ⅱ. 임의적립금 등의 이입액					0
1.		0			
2.		0		0	
합 계			63,449,230		42,425,000

안내
✓ 일반전표에 5건 추가되었습니다
[확인]

[일반전표입력] 12월 31일 일반전표 자동 생성

차변	400	손익		당기순손익 잉여금에 대체	21,024,230	
대변	377	미처분이익잉여금		당기순손익 대체		21,024,230
차변	375	이월이익잉여금		미처분 이익잉여금에서 대체	42,425,000	
대변	377	미처분이익잉여금		미월이익잉여금에 대체		42,425,000
차변	377	미처분이익잉여금		이월이익잉여금에서 대체	63,449,230	
대변	375	이월이익잉여금		차기이월이익잉여금		63,449,230

(3) 재무상태표 조회

이익잉여금처분계산서의 작성과 [전표추가(F3)]가 끝난 후 결산 재무상태표를 조회하여야 오류없이 조회할 수 있다.

예 미처분이익잉여금 63,449,230원이 재무상태표에 반영되며 대차일치로 오류가 발생되지 않는다.

재무상태표 [기능모음(F11)▼]

[과목별] [제출용] [표준(법인)용]

기 간 2024 년 12 ▼ 월 2024년

과목	제 3(당)기[2023/01/01 ~ 2023/12/31] 금액	제 2(전)기[2022/01/01 ~ 2022/12/31] 금액
선 수 금	1,500,000	0
단 기 차 입 금	4,045,000	4,045,000
미 지 급 비 용	1,600,000	0
선 수 수 익	400,000	0
Ⅱ. 비 유 동 부 채	80,000,000	50,000,000
장 기 차 입 금	80,000,000	50,000,000
부 채 총 계	148,066,800	80,045,000
자 본		
Ⅰ. 자 본 금	50,000,000	50,000,000
보 통 주 자 본 금	50,000,000	50,000,000
Ⅱ. 자 본 잉 여 금	0	0
Ⅲ. 자 본 조 정	0	0
Ⅳ. 기 타 포 괄 손 익 누 계 액	0	0
Ⅴ. 이 익 잉 여 금	63,449,230	42,425,000
미 처 분 이 익 잉 여 금	63,449,230	42,425,000
(당 기 순 이 익)		
당기 : 21,024,230 원		
전기 : 14,540,000 원		
자 본 총 계	113,449,230	92,425,000
부 채 및 자 본 총 계	261,516,030	172,470,000

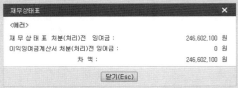

행복제화(주) (회사코드 : 3200)　　　　　　▶ 회사변경 후 실무수행 연습하기

입력예제　기말(12월 31일) 결산정리사항을 회계처리하고 마감하시오.

1. 수동 결산

(1) 결산일까지 현금과부족 계정 잔액에 대한 원인이 판명되지 않았다.

(2) 기말 현재 단기투자목적으로 보유 중인 주식의 결산일 현재 공정가치는 11,000,000원이다.

(3) 보험료 미경과분을 계상하다. 단, 월할계산한다.

(4) 가수금은 전액 고려제화(주)의 계약금을 수령한 것으로 밝혀지다.

(5) 당기 말 현재 소모품 미사용 잔액은 300,000원이다.

(6) 사채의 이자 미지급액 800,000원을 계상하다.

(7) 장기대여금에 대한 이자 미수액 700,000원을 계상하다.

(8) 외화장기차입금 $30,000에 대하여 평가하다. 단, 결산일 기준환율은 $1당 ₩1,200이다.

(9) 임대료 미경과분을 계상하다. 단, 월할계산한다.

(10) 토지를 60,000,000원으로 재평가하다.

(11) 제2기 확정신고기간의 부가가치세를 정리하다.

(12) 기말 현재 장기투자목적으로 보유 중인 기타포괄손익−공정가치측정금융자산의 공정가치는 3,500,000원이다(전기말에 공정가치로 평가함).

(13) 산업은행의 장기차입금 중 10,000,000원은 내년에 만기가 도래되어 유동 대체하다.

2. 자동 결산

(14) 매출채권 잔액에 대해 1%의 대손충당금(보충법)을 설정하다.

(15) 모든 비유동자산에 대한 감가상각비를 계상하다.

(16) 결산일 현재 전종업원이 퇴직할 경우 예상되는 퇴직급여액은 ₩20,000,000이다.

(17) 기말상품재고액을 입력하고 결산처리하다. 단, 재고평가는 선입선출법으로 한다.

(18) 당기 법인세(지방소득세 포함) 등 추산액은 ₩484,000이다(기중에 선납세금은 없음).

입력결과 **기말(12월 31일) 결산정리사항을 회계처리하고 마감하시오.**

1. 수동 결산 : 일반전표입력(12월 31일)

(1) [합계잔액시산표] 현금과부족 차변 잔액 20,000원을 확인하여 잡손실로 대체한다.

구분	코드	계정과목	코드	거래처	적요	차변	대변
차변	960	잡손실				20,000	
대변	141	현금과부족					20,000

(2) [합계잔액시산표] 당기손익-공정가치측정금융자산 차변 잔액 10,000,000원을 확인하고 결산일 현재 공정가치 11,000,000원으로 평가하여 1,000,000원 평가이익을 인식한다.

구분	코드	계정과목	코드	거래처	적요	차변	대변
차변	107	당기손익-공정가치측정금융자산				1,000,000	
대변	905	당기손익-공정가치측정금융자산평가이익					1,000,000

(3) [합계잔액시산표] 보험료 계정을 조회하여 미경과분(차기분)을 선급비용(자산)으로 대체한다.
보험료 미경과분 = 1,200,000원 × 7/12 = 700,000원 선급비용

날짜	코드	적요	코드	거래처명	차변	대변	잔액
08/01		자동차 보험료 1년분(2024.08.01~202			1,200,000		1,200,000

구분	코드	계정과목	코드	거래처	적요	차변	대변
차변	133	선급비용				700,000	
대변	821	보험료					700,000

(4) [합계잔액시산표] 가수금 대변 잔액 500,000원을 확인하여 선수금으로 대체한다.

구분	코드	계정과목	코드	거래처	적요	차변	대변
차변	257	가수금				500,000	
대변	259	선수금	00107	고려제화(주)			500,000

(5) [합계잔액시산표] 소모품비(비용) 차변 잔액 1,000,000원을 확인하고, 미사용 300,000원은 소모품(자산)으로 대체한다.

구분	코드	계정과목	코드	거래처	적요	차변	대변
차변	172	소모품				300,000	
대변	830	소모품비					300,000

(6)

구분	코드	계정과목	코드	거래처	적요	차변	대변
차변	931	이자비용				800,000	
대변	262	미지급비용					800,000

(7)

구분	코드	계정과목	코드	거래처	적요	차변	대변
차변	116	미수수익				700,000	
대변	901	이자수익					700,000

(8) [거래처원장] 외화장기차입금을 조회하여 거래처 신한은행과 금액을 확인하고, $30,000 × (발생일 환율 $1당 ₩1,000 − 결산일 환율 $1당 ₩1,200) = 6,000,000원 환산손실을 인식한다.

구분	코드	계정과목	코드	거래처	적요	차변	대변
차변	935	외화환산손실				6,000,000	
대변	305	외화장기차입금	98004	YB커피탈금융			6,000,000

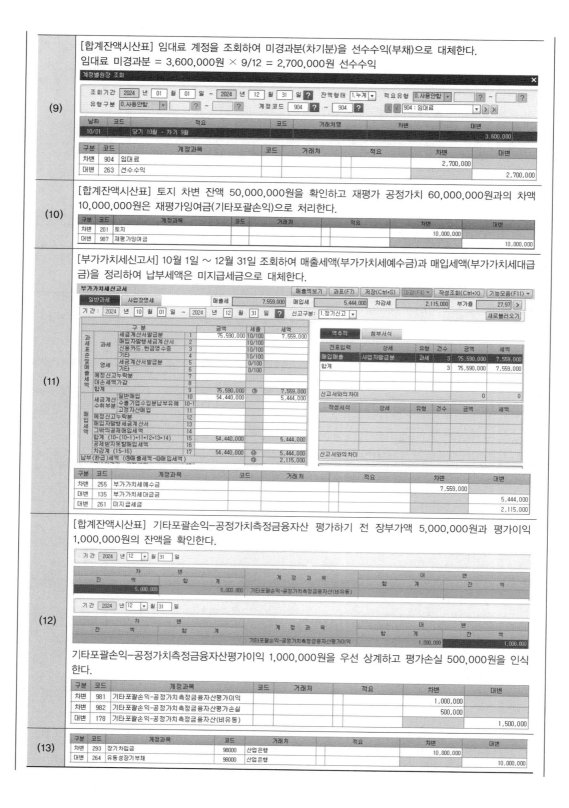

(9)	[합계잔액시산표] 임대료 계정을 조회하여 미경과분(차기분)을 선수수익(부채)으로 대체한다. 임대료 미경과분 = 3,600,000원 × 9/12 = 2,700,000원 선수수익

계정별원장 조회

조회기간 2024 년 01 월 01 일 ~ 2024 년 12 월 31 일 [?] 잔액형태 1.누계 적요유형 0.사용안함 ? ~ ?
유형구분 0.사용안함 ? ~ ? 계정코드 904 ? ~ 904 ? 904 : 임대료

날짜	코드	적요	코드	거래처명	차변	대변
10/01		당기 10월 ~ 차기 9월				3,600,000

구분	코드	계정과목	코드	거래처	적요	차변	대변
차변	904	임대료				2,700,000	
대변	263	선수수익					2,700,000

(10)	[합계잔액시산표] 토지 차변 잔액 50,000,000원을 확인하고 재평가 공정가치 60,000,000원과의 차액 10,000,000원은 재평가잉여금(기타포괄손익)으로 처리한다.

구분	코드	계정과목	코드	거래처	적요	차변	대변
차변	201	토지				10,000,000	
대변	987	재평가잉여금					10,000,000

(11)	[부가가치세신고서] 10월 1일 ~ 12월 31일 조회하여 매출세액(부가가치세예수금)과 매입세액(부가가치세대급금)을 정리하여 납부세액은 미지급세금으로 대체한다.

부가가치세신고서

매출액보기 과표(F7) 저장(Ctrl+S) 마감(F4) 작성조회(Ctrl+X) 기능모음(F11)

일반과세 사업장명세 매출세 7,559,000 매입세 5,444,000 차감세 2,115,000 부가율 27.97

기간 2024 년 10 월 01 일 ~ 2024 년 12 월 31 일 신고구분 1.정기신고

새로불러오기

		구 분		금액	세율	세액
과세표준및매출세액	과세	세금계산서발급분	1	75,590,000	10/100	7,559,000
		매입자발행세금계산서	2		10/100	
		신용카드.현금영수증	3		10/100	
		기타	4		10/100	
	영세	세금계산서발급분	5		0/100	
		기타	6		0/100	
	예정신고누락분		7			
	대손세액가감		8			
	합계		9	75,590,000	㉮	7,559,000
매입세액	세금계산서수취부분	일반매입	10	54,440,000		5,444,000
		수출기업수입분납부유예	10-1			
		고정자산매입	11			
	예정신고누락분		12			
	매입자발행세금계산서		13			
	그밖의공제매입세액		14			
	합계 (10-(10-1)+11+12+13+14)		15	54,440,000		5,444,000
	공제받지못할매입세액		16			
	차감계 (15-16)		17	54,440,000	㉯	5,444,000
납부(환급)세액 (㉮매출세액-㉯매입세액)					㉰	2,115,000

역추적 첨부서식

전표입력	상세	유형	건수	금액	세액
매입매출	사업자발급분	과세	3	75,590,000	7,559,000
합계			3	75,590,000	7,559,000
신고서와의차이				0	0

작성서식	상세	유형	건수	금액	세액
신고서와의차이					

구분	코드	계정과목	코드	거래처	적요	차변	대변
차변	255	부가가치세예수금				7,559,000	
대변	135	부가가치세대급금					5,444,000
대변	261	미지급세금					2,115,000

(12)	[합계잔액시산표] 기타포괄손익-공정가치측정금융자산 평가하기 전 장부가액 5,000,000원과 평가이익 1,000,000원의 잔액을 확인한다.

기간 2024 년 12 월 31 일

	차 변		계 정 과 목	대 변	
잔 액	합 계			합 계	잔 액
5,000,000	5,000,000		기타포괄손익-공정가치측정금융자산(비유동)		

기간 2024 년 12 월 31 일

	차 변		계 정 과 목	대 변	
잔 액	합 계			합 계	잔 액
			기타포괄손익-공정가치측정금융자산평가이익	1,000,000	1,000,000

기타포괄손익-공정가치측정금융자산평가이익 1,000,000원을 우선 상계하고 평가손실 500,000원을 인식한다.

구분	코드	계정과목	코드	거래처	적요	차변	대변
차변	981	기타포괄손익-공정가치측정금융자산평가이익				1,000,000	
차변	982	기타포괄손익-공정가치측정금융자산평가손실				500,000	
대변	178	기타포괄손익-공정가치측정금융자산(비유동)					1,500,000

(13)								

구분	코드	계정과목	코드	거래처	적요	차변	대변
차변	293	장기차입금	98000	산업은행		10,000,000	
대변	264	유동성장기부채	98000	산업은행			10,000,000

2. 자동 결산 : [결산자료입력] → 전표추가(F3) → 12월 31일 일반전표 자동 생성

전표추가(F3) : 결산자료입력을 모두 마친 후 한 번만 실행한다.

(14)	[합계잔액시산표] 채권 잔액과 대손충당금 잔액을 확인하여 보충설정액을 계산한다. • 외상매출금 대손충당금 보충설정액 : (214,681,500 × 1%) − 800,000 = 1,346,815원 • 받을어음 대손충당금 보충설정액 : (120,549,000 × 1%) − 150,000 = 1,055,490원 [결산자료입력] 대손상각의 외상매출금, 받을어음 각각 입력
(15)	[원가경비별감가상각명세서] 유형자산총괄, 무형자산총괄 조회 [결산자료입력] 유형자산의 감가상각비의 차량운반구, 비품 각각 입력 무형고정자산상각의 특허권, 개발비 상각비 입력
(16)	[합계잔액시산표] 퇴직급여부채 잔액을 확인하여 보충설정액을 계산한다. 퇴직급여 보충설정액 : 20,000,000원 − 5,000,000원 = 15,000,000원 [결산자료입력] 퇴직급여(전입액)란에 15,000,000원 입력

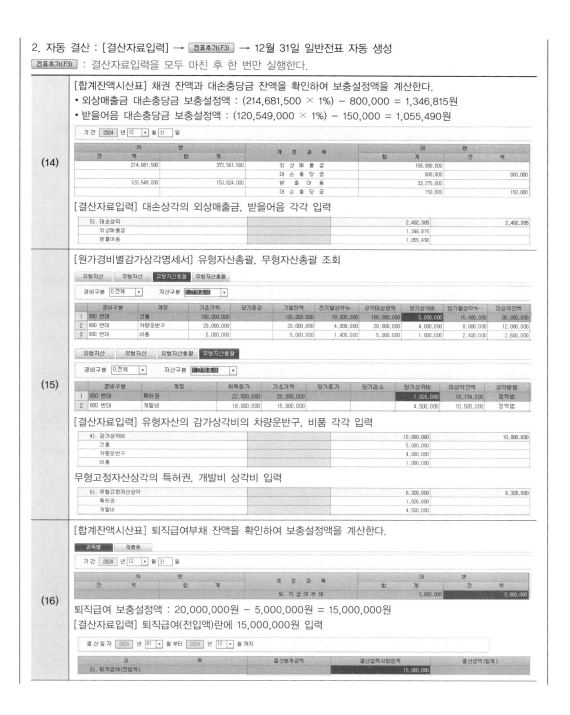

① 물류관리 – 재고자산수불부 – 마감(F3) 일괄마감

② 물류관리 – 재고자산명세서 – 재고금액 93,870,000원 확인

(17)

[결산자료입력] 기말상품재고액란에 93,870,000원 입력

[결산자료입력] 법인세계상란에 484,000원 입력

(18)

(14) ~ (18) 결산반영금액 입력 후 전표추가(F3) 일반전표 자동 생성 확인

3. 재무제표 마감
(1) 손익계산서 조회(당기순이익 94,152,495원 확인)

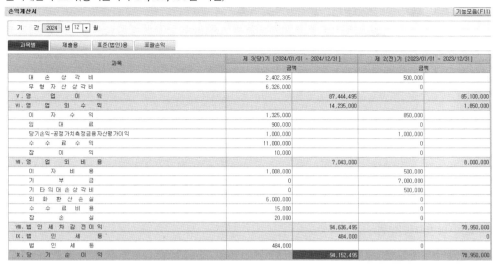

과목	제 3(당)기 [2024/01/01 ~ 2024/12/31] 금액	제 2(전)기 [2023/01/01 ~ 2023/12/31] 금액
대 손 상 각 비	2,402,305	500,000
무 형 자 산 상 각 비	6,326,000	0
Ⅴ. 영 업 이 익	87,444,495	85,100,000
Ⅵ. 영 업 외 수 익	14,235,000	1,850,000
이 자 수 익	1,325,000	850,000
임 대 료	900,000	0
당기손익-공정가치측정금융자산평가이익	1,000,000	1,000,000
수 수 료 수 익	11,000,000	0
잡 이 익	10,000	0
Ⅶ. 영 업 외 비 용	7,043,000	8,000,000
이 자 비 용	1,008,000	500,000
기 부 금	0	7,000,000
기 타 의 대 손 상 각 비	0	500,000
외 화 환 산 손 실	6,000,000	0
수 수 료 비 용	15,000	0
잡 손 실	20,000	0
Ⅷ. 법 인 세 차 감 전 이 익	94,636,495	78,950,000
Ⅸ. 법 인 세 등	484,000	0
법 인 세 등	484,000	0
Ⅹ. 당 기 순 이 익	94,152,495	78,950,000

(2) 이익잉여금처분계산서 조회 (저장된 데이터를 불러오시겠습니까? [아니오] 할 것)
→ [전표추가(F3)] (당기순이익 94,152,495원, 미처분이익잉여금 173,102,495원 확인)

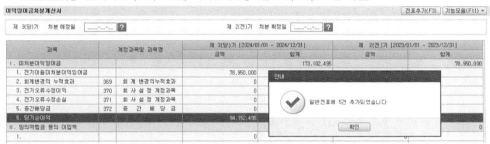

과목	계정과목및 과목명	제 3(당)기 [2024/01/01 ~ 2024/12/31] 금액	합계	제 2(전)기 [2023/01/01 ~ 2023/12/31] 금액	합계
Ⅰ. 미처분이익잉여금			173,102,495		78,950,000
1. 전기이월미처분이익잉여금		78,950,000			
2. 회계변경의 누적효과	369 회 계 변 경 의 누 적 효 과	0			
3. 전기오류수정이익	370 회 사 설 정 계 정 과 목	0			
4. 전기오류수정손실	371 회 사 설 정 계 정 과 목	0			
5. 중간배당금	372 중 간 배 당 금	0			
6. 당기순이익		94,152,495			
Ⅱ. 임의적립금 등의 이입액			0		0
1.		0			

안내
일반전표에 5건 추가되었습니다
[확인]

(3) 재무상태표 조회(미처분이익잉여금 173,102,495원, 대차일치 확인)

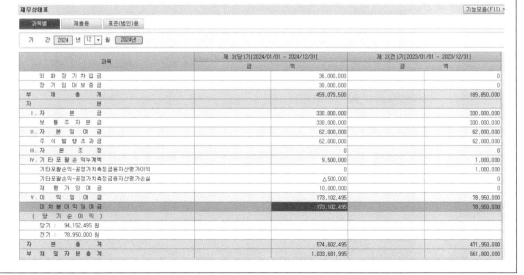

과목	제 3(당)기 [2024/01/01 ~ 2024/12/31] 금 액	제 2(전)기 [2023/01/01 ~ 2023/12/31] 금 액
외 화 장 기 차 입 금	36,000,000	0
장 기 임 대 보 증 금	30,000,000	0
부 채 총 계	459,079,500	189,850,000
자 본		
Ⅰ. 자 본 금	330,000,000	330,000,000
보 통 주 자 본 금	330,000,000	330,000,000
Ⅱ. 자 본 잉 여 금	62,000,000	62,000,000
주 식 발 행 초 과 금	62,000,000	62,000,000
Ⅲ. 자 본 조 정	0	0
Ⅳ. 기 타 포 괄 손 익 누 계 액	9,500,000	1,000,000
기타포괄손익-공정가치측정금융자산평가이익		1,000,000
기타포괄손익-공정가치측정금융자산평가손실	△500,000	0
재 평 가 잉 여 금	10,000,000	0
Ⅴ. 이 익 잉 여 금	173,102,495	78,950,000
미 처 분 이 익 잉 여 금	173,102,495	78,950,000
(당 기 순 이 익)		
당기 : 94,152,495 원		
전기 : 78,950,000 원		
자 본 총 계	574,602,495	471,950,000
부 채 및 자 본 총 계	1,033,681,995	661,800,000

CHAPTER 05

PART 1 재무회계

장부조회

장부조회는 회계프로그램 운용에 필요한 기초정보를 처리할 수 있도록 하고, 정보 산출에 필요한 자료를 처리할 수 있으며 기간별·시점별로 작성한 각종 장부를 검색할 수 있도록 하는 데 목적이 있다. 회계정보는 결산 작업 후 재무제표를 검색하며 회계 관련 규정에 따라 회계정보를 활용하여 재무 안정성, 수익성 등을 판단할 수 있는 자료를 산출한다.

〈장부조회 답안작성 방법〉

① 시험 메인화면의 단답형답안 버튼을 클릭하여 조회한 답안(숫자만 입력)을 입력합니다.

   : 단답형답안 버튼을 클릭하면 아래와 같은 입력창이 뜹니다.

② 입력창 시험문제에 제시한 내용을 숙지하고 순서대로 답안을 등록한 후 하단의 답안저장 버튼을 누릅니다.

답안 입력은 '숫자(소수점 입력은 가능)'만 입력한다.

숫자는 ₩, 원, 월, 단위구분자(,) 등을 생략하고 **숫자만 입력**한다.
소수점이 포함되어 있는 숫자의 경우에는 소수점을 입력한다.

- 옳은 입력 예시 ⇨ 54200(○), 54.251(○)
- 틀린 입력 예시 ⇨ ₩54,200(×), 54,200원(×), 5월(×), 500개(×), 50건(×)

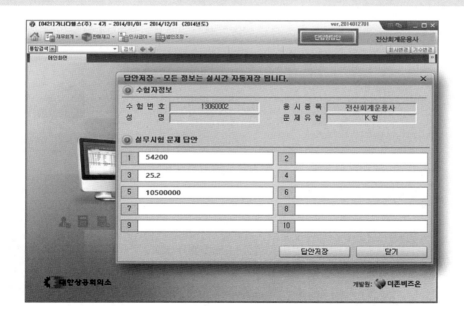

01　합계잔액시산표

합계잔액시산표는 입력된 전표(자료)의 오류를 검증하는 기능이 있다. 따라서 결산 전 또는 결산 후 시산표를 작성하여 정확성을 확인할 수 있다. 이 메뉴는 '과목별'과 '제출용'으로 구성되어 있다. 차이점은 외상매출금과 받을어음이 매출채권 계정으로, 외상매입금과 지급어음이 매입채무 계정으로 통합되는가 등의 여부에 따른다.

(1) 5월 말 현재 보통예금 잔액은 얼마인가?

⇨ 248,118,000원(합계잔액시산표 '과목별' 5월 31일 조회)

(2) 6월 20일 현재 매입채무 잔액은 얼마인가?

⇨ 208,348,000원(합계잔액시산표 '제출용' 6월 20일 조회)

(3) 8월 15일 현재 현금및현금성자산의 잔액은 얼마인가?

⇨ 383,683,800원(합계잔액시산표 '제출용' 8월 15일 조회)

특정기간의 현금 및 기타 거래에 대한 변동을 조회할 수 있다. 합계잔액시산표의 경우에는 월말을 기준으로 누적된 정보를 조회할 수 있으나 일/월계의 경우에는 일정기간의 구간을 정해 해당 정보를 조회할 수 있다. 예를 들어 전기이월자료를 제외한 1월에서 6월까지의 외상매입금 발생액을 조회하고자 할 경우 계정별원장에서도 조회할 수 있지만 일/월계표에서 보다 더 쉽게 조회할 수 있다.

(1) 4월부터 6월까지 판매비와관리비의 합계는 얼마인가?

⇨ 66,130,000원(월계표 4월 ~ 6월 판매관리비의 차변 '계'란 조회)

| 일계표 | 월계표 |

조회기간 2024 년 04 월 ~ 2024 년 06 월

	차 변		계 정 과 목	대 변		
계	대 체	현 금		현 금	대 체	계
66,130,000	46,935,000	19,195,000	[판 매 관 리 비]			
25,200,000	25,200,000		종 업 원 급 여			
22,211,000	21,735,000	476,000	복 리 후 생 비			

(2) 4월부터 6월까지 판매비와관리비의 현금으로 지출된 금액은 얼마인가?

⇨ 19,195,000원(월계표 4월 ~ 6월 판매관리비의 차변 '현금'란 조회)

| 일계표 | 월계표 |

조회기간 2024 년 04 월 ~ 2024 년 06 월

	차 변		계 정 과 목	대 변		
계	대 체	현 금		현 금	대 체	계
66,130,000	46,935,000	19,195,000	[판 매 관 리 비]			
25,200,000	25,200,000		종 업 원 급 여			
22,211,000	21,735,000	476,000	복 리 후 생 비			

(3) 4월부터 6월까지 판매비와관리비가 가장 큰 달은 몇 월인가?

⇨ 5월(월계표 4월 ~ 4월, 5월 ~ 5월, 6월 ~ 6월 월별로 판매관리비의 차변 '계'란 조회)

4월 ~ 4월 : 20,883,000원

| 일계표 | 월계표 |

조회기간 2024 년 04 월 ~ 2024 년 04 월

	차 변		계 정 과 목	대 변		
계	대 체	현 금		현 금	대 체	계
20,883,000	9,535,000	11,348,000	[판 매 관 리 비]			
8,400,000	8,400,000		종 업 원 급 여			
1,135,000	1,135,000		복 리 후 생 비			

5월 ~ 5월 : 29,358,000원

| 일계표 | 월계표 |

조회기간 2024 년 05 월 ~ 2024 년 05 월

	차 변		계 정 과 목	대 변		
계	대 체	현 금		현 금	대 체	계
29,358,000	29,000,000	358,000	[판 매 관 리 비]			
8,400,000	8,400,000		종 업 원 급 여			
20,600,000	20,600,000		복 리 후 생 비			

6월 ～ 6월 : 15,889,000원

	차	변		계 정 과 목	대	변	
계	대 체	현 금			현 금	대 체	계
15,889,000	8,400,000	7,489,000		[판 매 관 리 비]			
8,400,000	8,400,000			종 업 원 급 여			
476,000		476,000		복 리 후 생 비			

03 현금출납장

현금의 수입과 지출과 관련된 전표를 기록, 계산하는 보조기입장으로 입출금의 거래내역이 날짜순으로 기록된 장부이다. 계정별원장 중에서 현금과 관련된 부분만을 조회할 수 있는 장부이며, 합계잔액시산표상의 현금 계정을 더블클릭하여도 조회할 수 있다. 현금출납장에서 조회되는 자료는 총계정원장에서도 조회 가능하다.

04 거래처원장

매입채무, 매출채권과 관련한 채권·채무관리를 위하여 작성하는 거래처장부가 거래처원장이다. 거래처원 장은 잔액, 내용, 총괄로 구성되어 있다.

(1) 9월 15일 현재 대현제화(주)에 대한 외상매출금 잔액은 얼마인가?

⇨ 72,720,000원(거래처원장 1월 1일 ～ 9월 15일, 외상매출금, 대현제화(주)의 잔액 조회)

(2) 1월 1일부터 7월 31일까지 외상매출금 잔액이 가장 큰 거래처의 잔액은 얼마인가?

⇨ 138,350,000원(거래처원장 1월 1일 ~ 7월 31일, 외상매출금, 거래처는 처음부터 끝까지 조회)

(3) 4월 1일부터 11월 30일까지 외상매출금이 가장 많이 회수된 거래처의 회수금액은 얼마인가?

⇨ 140,000,000원(거래처원장 4월 1일 ~ 11월 30일, 외상매출금, 거래처는 처음부터 끝까지 조회하여 '대변' 금액이 가장 큰 거래처의 금액 조회)

05 지급어음, 받을어음현황

(1) 5월 1일부터 12월 31일까지 (주)서울제화에 발행한 지급어음은 얼마인가?

⇨ 30,000,000원(지급어음현황 또는 거래처원장 5월 1일 ~ 12월 31일, 지급어음, (주)서울제화 발행금액 조회)

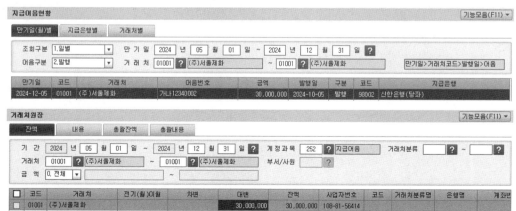

(2) 4월 1일부터 7월 31일까지 강남제화(주)로부터 받은 받을어음의 만기도래된 금액은 얼마인가?

⇨ 3,000,000원(받을어음현황 또는 거래처원장 4월 1일 ~ 7월 31일, 받을어음, 강남제화(주)의 만기
　　도래된 금액 조회)

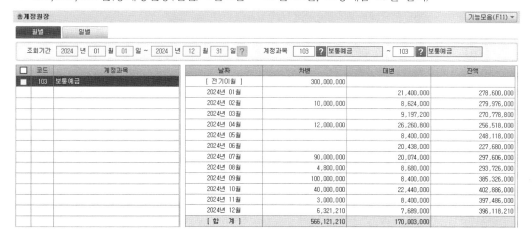

06　총계정원장

기업의 모든 계정에 대한 증감 변화가 기록되는 중요 장부로써 자세한 내역은 각 계정별원장에 표기된다.
본프로그램은 각 계정의 증감 변동을 일별, 월별로 표시하고 있다. 총계정원장에서 조회하는 계정과목은
매출의 월별 변동이나 현금수지의 월별 변동같은 자료를 확인할 수 있다. 계정별원장은 각 계정의 거래내
역을 일자별로 기록한 장부로 총계정원장의 보조부라고 할 수 있으며 총계정원장은 계정별원장의 집약체
라고 할 수 있다.

(1) 1년 중 보통예금의 잔액이 가장 큰 달의 금액은 얼마인가?

⇨ 402,886,000원(총계정원장(월별) 1월 1일 ~ 12월 31일, 보통예금 10월 잔액)

총계정원장　　　　　　　　　　　　　　　　　　　　　　　　　　　　　　　　기능모음(F11) ▼

코드	계정과목		날짜	차변	대변	잔액
☐ 103	보통예금		[전기이월]	300,000,000		
			2024년 01월		21,400,000	278,600,000
			2024년 02월	10,000,000	8,624,000	279,976,000
			2024년 03월		9,197,200	270,778,800
			2024년 04월	12,000,000	26,260,800	256,518,000
			2024년 05월		8,400,000	248,118,000
			2024년 06월		20,438,000	227,680,000
			2024년 07월	90,000,000	20,074,000	297,606,000
			2024년 08월	4,800,000	8,680,000	293,726,000
			2024년 09월	100,000,000	8,400,000	385,326,000
			2024년 10월	40,000,000	22,440,000	402,886,000
			2024년 11월	3,000,000	8,400,000	397,486,000
			2024년 12월	6,321,210	7,689,000	396,118,210
			[합　계]	566,121,210	170,003,000	

(2) 하반기(7월 ~ 12월) 상품매출이 가장 많이 발생된 달은 몇 월인가?

⇨ 9월(총계정원장(월별) 1월 1일 ~ 12월 31일 조회, 상품매출, 7월 ~ 12월 대변 비교)

코드	계정과목	날짜	차변	대변	잔액
401	상품매출	[전기이월]			
		2024년 01월		38,500,000	38,500,000
		2024년 02월		53,500,000	92,000,000
		2024년 03월		82,200,000	174,200,000
		2024년 04월		70,800,000	245,000,000
		2024년 05월		60,000,000	305,000,000
		2024년 06월		40,000,000	345,000,000
		2024년 07월		46,000,000	391,000,000
		2024년 08월		61,600,000	452,600,000
		2024년 09월		74,800,000	527,400,000
		2024년 10월		64,600,000	592,000,000
		2024년 11월		49,000,000	641,000,000
		2024년 12월	641,000,000		
		[합 계]	641,000,000	641,000,000	

(3) 1년 중 현금 지출이 가장 많은 월의 현금 지출 금액은 얼마인가?

⇨ 11,348,000원(총계정원장(월별) 1월 1일 ~ 12월 31일, 현금, 대변 금액 비교)

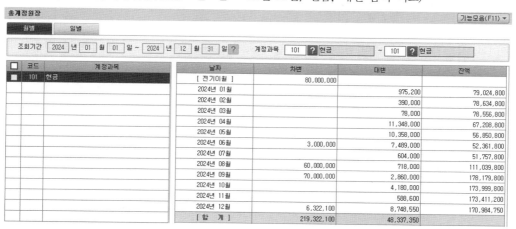

코드	계정과목	날짜	차변	대변	잔액
101	현금	[전기이월]	80,000,000		
		2024년 01월		975,200	79,024,800
		2024년 02월		390,000	78,634,800
		2024년 03월		78,000	78,556,800
		2024년 04월		11,348,000	67,208,800
		2024년 05월		10,358,000	56,850,800
		2024년 06월	3,000,000	7,489,000	52,361,800
		2024년 07월		604,000	51,757,800
		2024년 08월	60,000,000	718,000	111,039,800
		2024년 09월	70,000,000	2,860,000	178,179,800
		2024년 10월		4,180,000	173,999,800
		2024년 11월		588,600	173,411,200
		2024년 12월	6,322,100	8,748,550	170,984,750
		[합 계]	219,322,100	48,337,350	

(1) 8월 31일 현재 'B상품'의 재고 수량은 몇 개인가?

⇨ 93개(재고자산수불부 1월 1일 ~ 8월 31일 조회, B상품의 재고수량 조회)

(2) 1월부터 12월까지 'C상품'을 가장 많이 판매한 거래처의 판매수량은 몇 개인가?

⇨ 101개(거래처별 판매현황 1월 1일 ~ 12월 31일, 거래처는 처음부터 끝까지, 품목코드 C 상품)

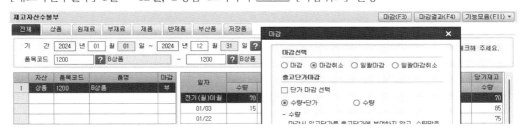

(3) 6월 30일 현재 'B상품'의 재고금액은 얼마인가?

⇨ 4,400,000원(순서 : B상품의 12월 마감취소 실행 → B상품의 6월 마감 재실행)

〈순서 1〉

[재고자산수불부] 1월 ~ 12월, B상품 조회하여 마감(F3) [마감취소] 실행

〈순서 2〉

[재고자산수불부] 1월 ~ 6월, B상품 조회하여 [마감(F3)] [마감] 실행

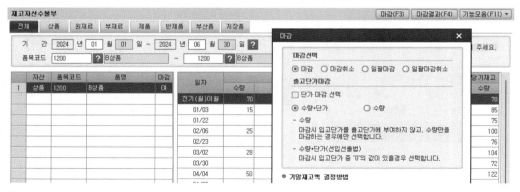

〈순서 3〉

[재고자산명세서] 6월까지 조회하여 품목코드 'B상품'의 재고금액 조회 4,400,000원

	자산	품목코드	품명	규격	단위	재고수량	재고단가	재고금액
1	상품	1200	B상품	BB	EA	88	50,000	4,400,000
2	상품		[자산별 합계]			88		4,400,000

(4) 7월 15일 현재 'A상품'의 재고수량은 몇 개인가?

⇨ 131개(재고자산수불부 1월 1일 ~ 7월 15일 조회, A상품의 재고수량 조회)

〈기간 조회 시 ? 클릭하여 기간선택을 7월 15일로 선택〉

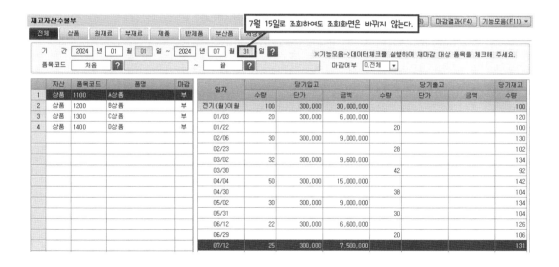

08 부가가치세신고서

부가가치세신고서를 조회하면 각 신고기간에 부가가치세 매출세액, 매입세액, 납부(환급)세액을 조회할 수 있다. 또한 '납부(환급)세액'과 '차가감납부할(환급받을)세액'은 다르므로 조회 시 주의해야 한다.

$$매출세액 \, > \, 매입세액 \, = \, 납부세액(+)$$
$$매출세액 \, < \, 매입세액 \, = \, 환급세액(-)$$

신고납부기간	조회기간
1기 예정신고기간	1월 1일 ~ 3월 31일
1기 확정신고기간	4월 1일 ~ 6월 30일
2기 예정신고기간	7월 1일 ~ 9월 30일
2기 확정신고기간	10월 1일 ~ 12월 31일

(1) 제1기 부가가치세 확정신고 시 납부(환급)세액은 얼마인가?

⇨ 11,684,000원(부가가치세신고서 4월 1일 ~ 6월 30일 조회, 납부(환급)세액란 조회)

〈참고〉 과세표준 170,800,000원, 매출세액 17,080,000원, 매입세액 5,396,000원

(2) 제2기 부가가치세 예정신고 시 납부(환급)세액은 얼마인가?

⇨ -3,000,000원(부가가치세신고서 7월 1일 ~ 9월 30일 조회, 납부(환급)세액란 조회)

〈답안 입력 시 주의할 점〉

조회된 금액이 환급세액인 경우에는 마이너스(-)로 조회된다. 답안 입력을 할 때에는 마이너스를 표시하여 입력하도록 하고 있다. [입력예시 : -3,000,000]

(3) 제2기 부가가치세 확정신고 시 '차가감납부할세액'은 얼마인가?

⇨ 4,937,000원(부가가치세신고서 10월 1일 ~ 12월 31일 조회, 차가감납부할세액[27번란] 조회)

〈주의〉

부가가치세신고서 조회 시 '저장된 내용이 있습니다. 불러오시겠습니까?'라는 메시지가 있는 경우에는 '**예**'를 하고 부가가치세신고서를 조회하여야 한다. 해당 문제에서 '예'를 하면 예정신고미환급세액이 조회되지만, '아니오'를 하면 예정신고미환급세액이 조회되지 않기 때문이다.

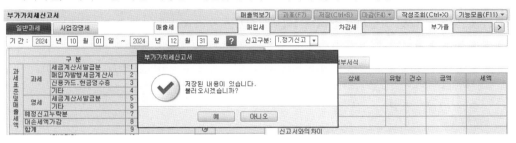

납부세액은 7,947,000원이지만, 전자신고세액공제 10,000원과 예정신고미환급세액 3,000,000원이 납부세액에서 차감되므로 차가감납부할세액[27번란]은 4,937,000원으로 조회된다.

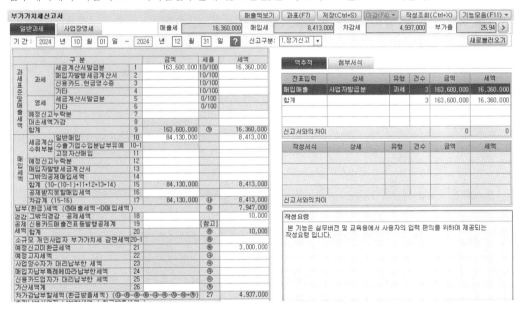

K-IFRS 재무제표

K-IFRS 손익계산서는 수익과 비용의 입력된 자료를 조회하고, K-IFRS 재무상태표는 자산, 부채, 자본을 조회한다. 재무제표는 전기분과 당기분이 비교형식으로 작성되므로 전기말 잔액 및 전년도 당기순이익과 당기분 자료를 비교하기에도 활용도가 높다. 국제회계기준에 의한 양식은 K-IFRS 재무제표를 조회하여 관련 회계정보를 산출한다.

(1) 1월 1일부터 12월 31일까지 한국채택국제회계기준(K-IFRS)에 의한 포괄손익계산서에 표시되는 기타비용은 얼마인가?

⇨ 138,000원(K-IFRS 포괄손익계산서 12월로 조회하여 Ⅴ.기타비용 조회)

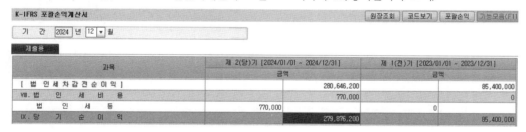

(2) 1월 1일부터 12월 31일까지 한국채택국제회계기준(K-IFRS)에 의한 포괄손익계산서에 표시되는 당기순이익은 얼마인가?

⇨ 279,876,200원(K-IFRS 포괄손익계산서 12월로 조회하여 Ⅸ.당기순이익 조회)

(3) 12월 31일 현재 한국채택국제회계기준(K-IFRS)에 의한 재무상태표에 표시되는 유동자산의 금액은 얼마인가?

⇨ 1,213,292,200원(K-IFRS 재무상태표 12월로 조회하여 Ⅰ.유동자산 조회)

(4) 12월 31일 현재 한국채택국제회계기준(K-IFRS)에 의한 재무상태표에 표시되는 유형자산은 얼마인가?

⇨ 85,200,000원(K-IFRS 재무상태표 12월로 조회하여 (1)유형자산 조회)

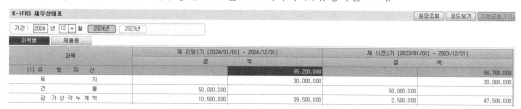

(5) 3월 31일 현재 한국채택국제회계기준(K-IFRS)에 의한 재무상태표에 표시되는 '매출채권및기타채권'은 얼마인가?

⇨ 340,120,000원(K-IFRS 재무상태표 3월, 제출용으로 조회하여 (2)매출채권및기타채권 조회)

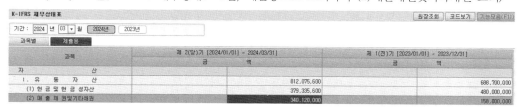

입력예제　　**장부조회**

(1) 5월 1일부터 8월 31일까지 현금으로 지출한 판매관리비가 가장 많은 월은 몇 월인가?

(2) 3월 1일부터 9월 30일까지 현금 지출액이 가장 많은 월은 몇 월인가?

(3) 5월 31일 현재 외상매입금 잔액은 얼마인가?

(4) 7월 1일부터 9월 30일까지 보통예금 인출액은 얼마인가?

(5) 6월 30일 현재 슬리퍼의 재고수량은 몇 개인가?

(6) 1월 1일부터 5월 31일까지 남성스니커즈의 매입금액(부가가치세 제외)은 얼마인가?

(7) 1월 1일부터 6월 30일까지 가장 많이 판매된 상품(품목)의 판매수량은 몇 개인가?

(8) 7월 15일 현재 소담제화(주)에 대한 외상매출금 잔액은 얼마인가?

(9) 1월 1일부터 9월 30일까지 (주)누리제화의 외상매입금 결제 금액은 얼마인가?

(10) 제2기 부가가치세 예정신고 시 납부세액 또는 환급세액은 얼마인가?

(11) 제1기 부가가치세 확정신고 시 차가감납부할세액은 얼마인가?

(12) 12월 31일 현재 한국채택국제회계기준(K-IFRS)에 의한 재무상태표에 표시되는 납입자본의 금액은 얼마인가?

(13) 1월 1일부터 12월 31일까지 한국채택국제회계기준(K-IFRS)에 의한 포괄손익계산서에 표시되는 법인세비용 차감전(순)이익은 얼마인가?

(14) 12월 31일 현재 한국채택국제회계기준(K-IFRS)에 의한 재무상태표에 표시되는 비유동자산의 금액은 얼마인가?

(15) 1월 1일부터 12월 31일까지 한국채택국제회계기준(K-IFRS)에 의한 포괄손익계산서에 표시되는 기타수익은 얼마인가?

(1)
- 정답 : 6월
- 조회 : [월계표] 판매관리비 차변 '현금'란 월별 금액 조회(5월 ~ 5월 : 358,000원, 6월 ~ 6월 : 5,328,000원, 7월 ~ 7월 : 144,000원, 8월 ~ 8월 : 483,000원)

(2)
- 정답 : 5월
- 조회 : [총계정원장] 월별, 현금, 3월부터 9월까지의 대변 금액 조회

(3)
- 정답 : 215,291,200원
- 조회 : [합계잔액시산표] 외상매입금 대변 잔액 조회

(4)
- 정답 : 37,164,000
- 조회 : [월계표 또는 총계정원장] 7월 ~ 9월, 보통예금 대변 금액(인출액) 조회

(5)
- 정답 : 94개
- 조회 : [재고자산수불부] 1월 ~ 6월, 슬리퍼의 재고수량 조회

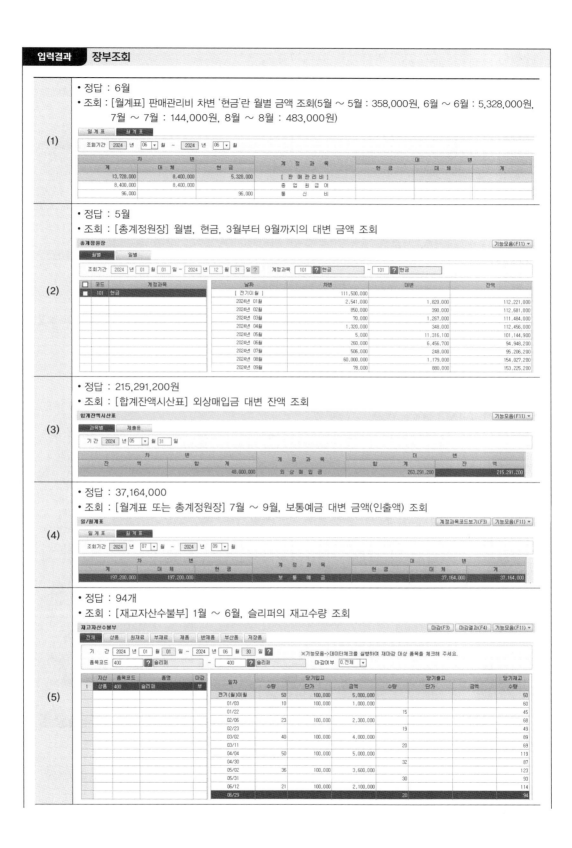

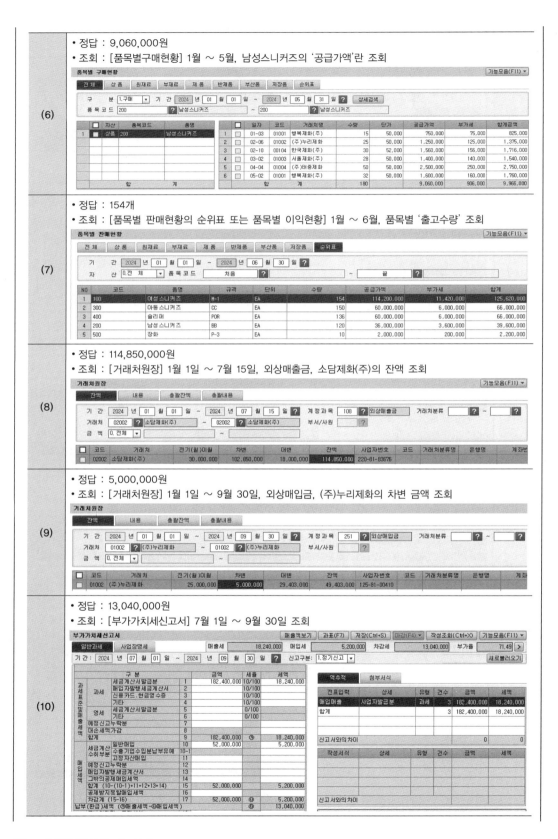

(6)
- 정답 : 9,060,000원
- 조회 : [품목별구매현황] 1월 ~ 5월, 남성스니커즈의 '공급가액'란 조회

(7)
- 정답 : 154개
- 조회 : [품목별 판매현황의 순위표 또는 품목별 이익현황] 1월 ~ 6월, 품목별 '출고수량' 조회

(8)
- 정답 : 114,850,000원
- 조회 : [거래처원장] 1월 1일 ~ 7월 15일, 외상매출금, 소담제화(주)의 잔액 조회

(9)
- 정답 : 5,000,000원
- 조회 : [거래처원장] 1월 1일 ~ 9월 30일, 외상매입금, (주)누리제화의 차변 금액 조회

(10)
- 정답 : 13,040,000원
- 조회 : [부가가치세신고서] 7월 1일 ~ 9월 30일 조회

- (11)
  - 정답 : 11,174,000원
  - 조회 : [부가가치세신고서] 4월 1일 ~ 6월 30일, 27번란의 차가감납부할세액 조회

- (12)
  - 정답 : 349,520,000원
  - 조회 : [K-IFRS 재무상태표] 12월, 납입자본 조회

- (13)
  - 정답 : 288,514,540원
  - 조회 : [K-IFRS 포괄손익계산서] 12월, 법인세차감전순이익 조회

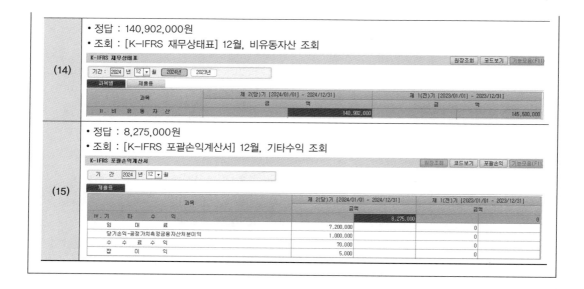

(14)
- 정답 : 140,902,000원
- 조회 : [K-IFRS 재무상태표] 12월, 비유동자산 조회

K-IFRS 재무상태표

기간 : 2024 년 12 ▼ 월 2024년 2023년

과목	제 2(당)기 [2024/01/01 - 2024/12/31] 금액	제 1(전)기 [2023/01/01 - 2023/12/31] 금액
Ⅱ. 비 유 동 자 산	140,902,000	145,500,000

(15)
- 정답 : 8,275,000원
- 조회 : [K-IFRS 포괄손익계산서] 12월, 기타수익 조회

K-IFRS 포괄손익계산서

기 간 2024 년 12 ▼ 월

제출용

과목	제 2(당)기 [2024/01/01 - 2024/12/31] 금액	제 1(전)기 [2023/01/01 - 2023/12/31] 금액
Ⅳ. 기 타 수 익	8,275,000	0
임 대 료	7,200,000	0
당기손익-공정가치측정금융자산처분이익	1,000,000	0
수 수 료 수 익	70,000	0
잡 이 익	5,000	0

PART 2

원가회계

아이들이 답이 있는 질문을 하기 시작하면
그들이 성장하고 있음을 알 수 있다.

- 존 J. 플롬프 -

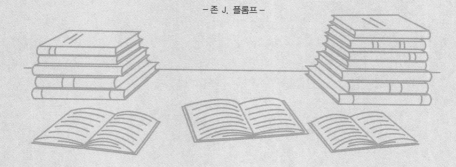

PART 2 원가회계

기준정보등록

우주컴퓨터(주) (회사코드 : 3500)　　　　　　▶ 회사변경 후 실무수행 연습하기

01　회사등록

원가회계는 제조기업의 재료비, 노무비, 제조경비 등의 제조원가 계정을 재공품 계정으로 집계하고, 제조간접비의 적절한 배부를 통하여 최종적으로 제품의 원가를 산출하는 회계분야이다. 프로그램의 물류관리 모듈에서 원가회계 실무수행을 하므로 원가회계 실무수행은 제조업을 기준으로 살펴본다.

입력예제　업종코드 등록

회사등록 메뉴의 업종코드를 [300100 컴퓨터 제조업]으로 등록하시오.

입력결과　업종코드 등록

회사등록　　　　　　　　　　　　　　　　　　　　　　　회사명잠금(F8)

코드	회사명	구분	사용
3000	강서제화(주)	법인	사용
3100	나눔제화(주)	법인	사용
3200	행복제화(주)	법인	사용
3300	장부제화(주)	법인	사용
3400	소망제화(주)	법인	사용
3500	우주컴퓨터(주)	법인	사용

기본사항　추가사항

1. 회 계 연 도　제 4 기 2024 년 01 월 01 일 ~ 2024 년 12 월 31 일 ?
2. 사업자등록번호　104-81-24017　　　3. 법인등록번호　110111-1111113
4. 대 표 자 명　박상신　　　5. 내 .외국인구분　0.내국인
6. 대표자주민번호　641010-1771111
7. 사 업 장 주 소　04376　? 서울특별시 용산구 새창로 213
　　도로명주소코드　111703005018 ?　(한강로2가)
8. 사업장전화번호　 - -　　　9. 사업장팩스번호　 - -
10. 업 종 코 드　300100 ? 표준산업코드 C26 11. 업　태 제조업
12. 종　　목　컴퓨터 제조업　　　19. 소 유 여 부 2　임대
13. 사 업 장 세 무 서　106　? 용산
14. 지방세 법정동코드　1117012500 ? 용산구청

회사의 각 조직을 부서별로 등록하여 각종 자료를 관리하고, 검색을 통하여 입력된 자료를 부서별로 조회할 수 있는 등록 메뉴이다. 부서코드는 두 자리 숫자(10 ~ 99) 범위 내에서 입력이 가능하다.
부서등록은 원가(재료비, 노무비, 경비)가 발생하여 전표를 입력할 때 반드시 입력하여야 한다. 그 이유는 직접원가와 제조간접원가로 구분되어 원가를 계산하는 기준이 되기 때문이다. 단, 사원등록은 생략한다.

입력예제 | **부서등록**

코 드	부서명	부서구분	참조부서	제조/판관	부문구분		사 용
10	생산1부	부 서		제 조	직 접		여
20	생산2부	부 서		제 조	직 접		여
30	수선부	부 서		제 조		간 접	여
40	동력부	부 서		제 조		간 접	여
80	제1작업장	작업장	생산1부	제 조	직 접		여
81	제2작업장	작업장	생산2부	제 조	직 접		여

입력결과 | **부서등록**

03 창고등록

원재료 창고는 원재료를 구매하여 저장하고 제품제조를 위해 출고되어 재공품으로 소비되는 과정을 확인할 수 있는 창고로서 원재료 재고자산의 수량을 체크하는 기능을 한다. 제품 창고는 제품이 완성되어 저장되고 판매 시 출고수량을 체크하는 기능을 하는 창고이다.

입력예제 　창고등록

코 드	부서명
10	원재료 창고
20	제품 창고

입력결과 　창고등록

창고등록

	☐	코드	창고명	담당자	전화번호	내선	주소
1	☐	10	원재료 창고				
2	☐	20	제품 창고				

04 품목등록

품목등록은 입고입력 메뉴와 출고입력 메뉴에서 사용하게 될 재고자산(원재료, 제품)의 항목을 등록하는 메뉴이다.

입력예제 　품목등록

자 산	코 드	품 명	규 격	단 위	재고단위	적정재고량	입출고창고
원재료	201	자재 A	B-001	EA	1	100	원재료 창고
원재료	202	자재 B	F-001	EA	1	100	원재료 창고
원재료	203	자재 C	R-001	EA	1	100	원재료 창고

자 산	코 드	품 명	규 격	단 위	재고단위	적정재고량	입출고창고	원가구분
제 품	400	갑 제품	WH-200	EA	1	50	제품 창고	종합원가
제 품	500	을 제품	BL-400	EA	1	50	제품 창고	개별원가

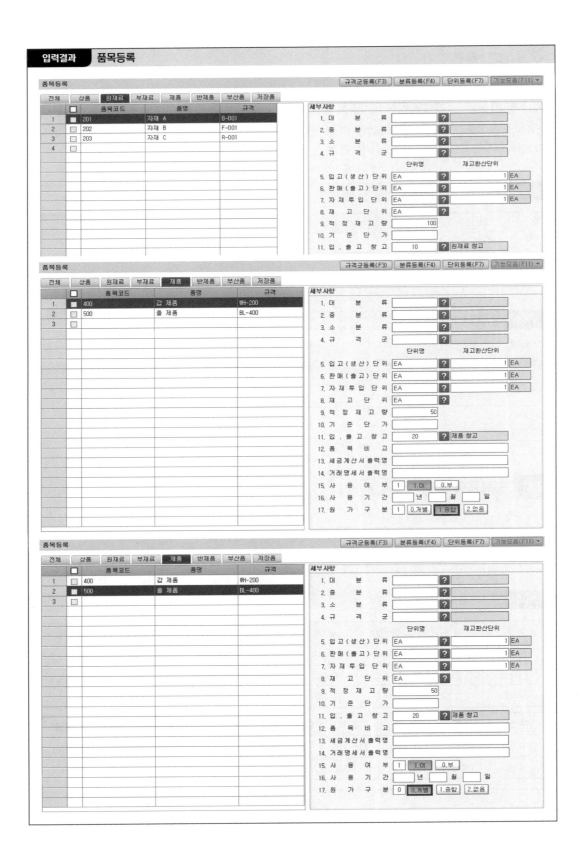

물류관리

01 원가계산 작업순서

(1) 원가의 흐름

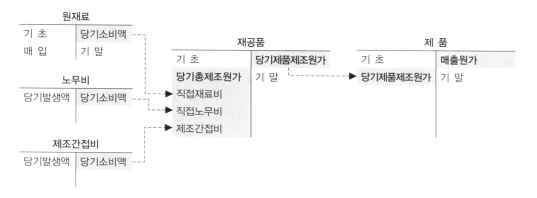

(2) 원가계산 작업순서

New Splus 프로그램의 [물류관리] 원가계산 프로세스는 다음과 같다.

생산/재고관리

기준정보관리	구매관리	판매관리	생산관리
환경설정 회사등록 부서/사원등록 거래처등록 창고등록 품목등록 품목초기이월	입고입력 발주서 구매일(월)보 품목별 구매현황 거래처별 구매현황 부서/사원별 구매현황	출고입력 수주서 견적서 판매일(월)보 품목별 판매현황 거래처별 판매현황 부서/사원별 판매현황 품목별 이익현황 거래처별 이익현황	생산(작업)지시서 자재출고입력 생산입고입력 생산(월)보 생산(작업)지시서 처리현황 제품별 생산현황 제품별 자재투입현황 자재출고현황

재고관리	원가관리(원가기준정보)	원가관리(원가계산)	데이터관리
재고자산수불부 재고자산명세서	배부기준등록 작업진행율등록	기초재공품계산 직접재료비계산 직접노무비계산 제조간접비계산(부문별) 제조간접비계산(보조부문) 제조간접비계산(제조부문) 완성품원가조회 결산자료입력 제조원가명세서 손익계산서 재무상태표	데이터백업 백업데이터복구

1단계		작업지시서 등록
2단계	생산관리	자재출고입력 : 원재료 출고
3단계		생산입고입력 : 제품 생산입고
4단계		원가기준정보 : 배부기준등록, 작업진행율등록
5단계	원가관리	원가계산 : 원가마감 후 완성품원가조회
6단계		원가계산 : 결산자료입력
7단계		원가계산 : 제조원가명세서

02 제조원가 입력

제조원가의 3요소는 원재료, 노무비, 제조경비이다. 제조원가는 직접비와 간접비로 분류하며 입력 시 부서 및 창고등록을 하여 입출고 및 원가를 분류한다.

(1) 원재료

기업이 제품생산에 소비할 목적으로 외부로부터 구입한 원료나 재료, 부품 등을 원재료라고 하며, 구입한 원재료 중에서 당해 제조과정에 투입하여 소비된 원재료의 원가를 원재료비라 한다.

원재료비 중 특정 제품과 직접 관련되어 소비된 부분을 직접재료비라 하며, 특정 제품과 직접 관련 없이 여러 제품에 공통으로 소비된 부분을 간접재료비라 한다. 직접재료비는 재공품 계정으로 대체되고, 간접재료비는 제조간접비 계정으로 대체된다.

입력예제 **원재료 입고**

입고입력	⇨	물류관리 : 재고관리 [재고자산수불부, 재고자산명세서]
	⇨	회계관리 : 전표관리 [매입매출전표입력]

9월 1일　　(주)대한상사에서 자재(원재료)를 외상으로 매입하고 전자세금계산서를 발급받다.

전자세금계산서

(공급받는자 보관용)　　승인번호　20240901-XXXX0151

공급자	등록번호	107-81-31220			공급받는자	등록번호	104-81-24017	
	상호	(주)대한상사	성명(대표자)	한대한		상호	우주컴퓨터(주)	성명(대표자) 박상신
	사업장주소	서울시 중구 서소문로 10				사업장주소	서울특별시 용산구 새창로213	
	업태	제조	종사업장번호			업태	제조	종사업장번호
	종목	부품				종목	컴퓨터	
	E-Mail	woori@kcci.com				E-Mail	space@kcci.com	

작성일자	2024.9.1.	공급가액	2,550,000	세 액	255,000
비고					

월	일	품목명	규격	수량	단가	공급가액	세액	비고
9	1	자재 A	B-001	200	2,000	400,000	40,000	
9	1	자재 B	F-001	250	4,000	1,000,000	100,000	
9	1	자재 C	R-001	230	5,000	1,150,000	115,000	

합계금액	현금	수표	어음	외상미수금	이 금액을	○ 영수	함
2,805,000				2,805,000		◉ 청구	

9월 2일   (주)우상전자에서 자재(원재료)를 현금으로 매입하고 전자세금계산서를 발급받다.

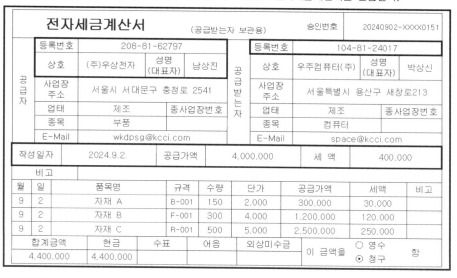

전자세금계산서 (공급받는자 보관용)

| | 승인번호 | 20240902-XXXX0151 |

공급자
등록번호	208-81-62797
상호	(주)우상전자	성명(대표자)	남상진
사업장주소	서울시 서대문구 충정로 2541
업태	제조	종사업장번호	
종목	부품
E-Mail	wkdpsg@kcci.com

공급받는자
등록번호	104-81-24017
상호	우주컴퓨터(주)	성명(대표자)	박상신
사업장주소	서울특별시 용산구 새창로213
업태	제조	종사업장번호	
종목	컴퓨터
E-Mail	space@kcci.com

| 작성일자 | 2024.9.2. | 공급가액 | 4,000,000 | 세 액 | 400,000 |
| 비고 | | | | | |

월	일	품목명	규격	수량	단가	공급가액	세액	비고
9	2	자재 A	B-001	150	2,000	300,000	30,000	
9	2	자재 B	F-001	300	4,000	1,200,000	120,000	
9	2	자재 C	R-001	500	5,000	2,500,000	250,000	

합계금액	현금	수표	어음	외상미수금	이 금액을	○ 영수 ● 청구	함
4,400,000	4,400,000						

입력결과　**원재료 입고**

〈입고입력〉

9월 1일   [입고입력] 전표추가(F3) 이후 전송한다.

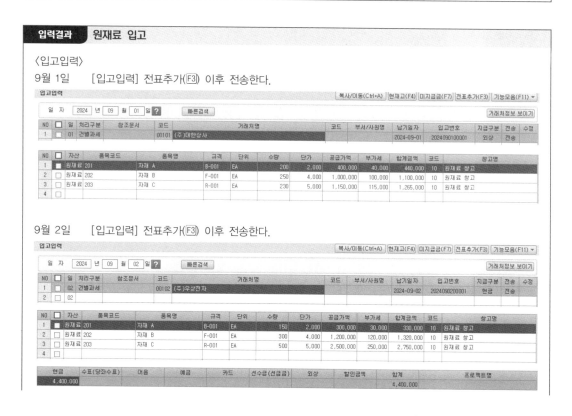

9월 2일   [입고입력] 전표추가(F3) 이후 전송한다.

〈매입매출전표〉

9월 1일   [매입매출전표] 조회하여 전자세금란에 [1.전자입력] 입력한다.

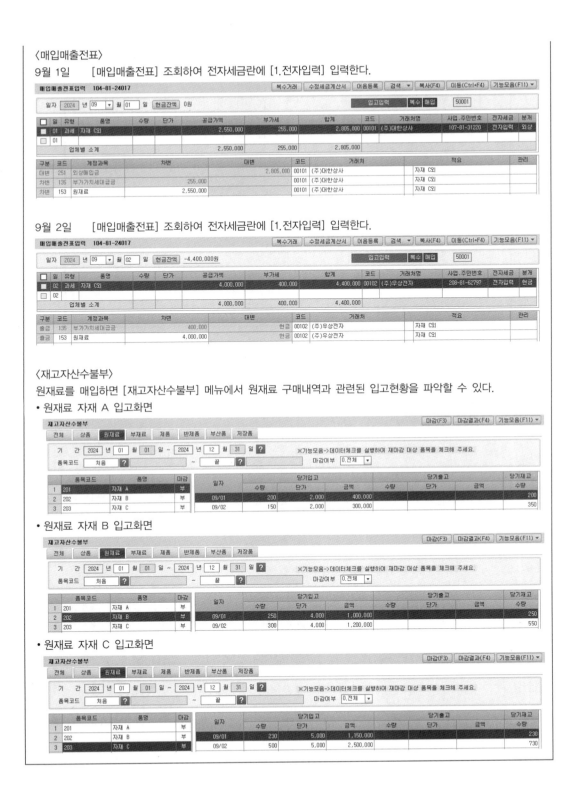

9월 2일   [매입매출전표] 조회하여 전자세금란에 [1.전자입력] 입력한다.

〈재고자산수불부〉

원재료를 매입하면 [재고자산수불부] 메뉴에서 원재료 구매내역과 관련된 입고현황을 파악할 수 있다.

• 원재료 자재 A 입고화면

• 원재료 자재 B 입고화면

• 원재료 자재 C 입고화면

(2) 노무비

기업이 제품생산을 위해 근로자에게 지불한 근로의 대가를 임금이라 하며, 임금 중에서 당해 제조과정에 투입하여 소비된 노동력의 가치를 노무비라 한다.

노무비 중 특정 제품과 직접 관련되어 소비된 부분을 직접노무비라 하며, 특정 제품과 직접 관련 없이 여러 제품에 공통으로 소비된 부분을 간접노무비라 한다. 직접노무비는 재공품 계정으로 대체되고, 간접노무비는 제조간접비 계정으로 대체된다.

입력예제   **노무비**

9월 25일   생산부문별(작업장별) 임금 지급내역은 다음과 같다. 소득세 등의 공제내역을 차감한 잔액을 국민은행 보통예금에서 계좌이체하여 지급하다.

부 서	임금총액	공제내역(소득세 등)	차인지급액
생산1부	2,000,000	250,000	1,750,000
생산2부	2,400,000	330,000	2,070,000
수선부	1,500,000	400,000	1,100,000
동력부	1,800,000	450,000	1,350,000
합 계	7,700,000	1,430,000	6,270,000

입력결과   **노무비(임금을 입력 시 부서를 반드시 입력해야 함)**

[부서/사원등록] 메뉴의 [부문구분]에서 직접비와 간접비로 구분하였으므로 임금은 전표입력 시 반드시 부서를 입력해야 한다.

임금(제조 관련 제조경비 코드 504)을 입력 시 하단 부서란에 해당 부서를 꼭 등록하여야 한다. 생산1부와 생산2부 임금은 직접노무비로 분류되며, 수선부와 동력부의 임금은 간접노무비로 분류된다.

(3) 제조경비

재료비와 노무비를 제외하고 해당 기간에 제품제조에 발생한 원가를 제조경비라 하며, 추적가능성에 따라 직접제조경비와 간접제조경비로 구분된다.

제조경비 중 특정 제품과 직접 관련되어 소비된 부분 즉, 특정 제품의 설계비와 특정 제품의 특허권사용료 등을 직접제조경비라 하며, 특정 제품과 직접 관련 없이 여러 제품에 공통으로 소비된 부분 즉, 복리후생비, 가스수도료, 전력비, 소모품비 등을 간접제조경비라 한다.

직접제조경비는 재공품 계정으로 대체되고, 간접제조경비는 제조간접비 계정으로 대체된다.

9월 28일   부서별 복리후생비와 소모품비를 보통예금(국민은행)으로 2,000,000원 지출하다.

경비항목	사용부문	금 액
복리후생비	생산1부	800,000
	생산2부	700,000
소모품비	수선부	300,000
	동력부	200,000

9월 28일   부서별 가스수도료와 전력비를 당좌예금(하나은행)으로 지출하다.

경비항목	사용부문	금 액
가스수도료	생산1부	500,000
	생산2부	600,000
전력비	수선부	1,200,000
	동력부	1,500,000

입력결과 제조경비

[부서/사원등록] 메뉴의 [부문구분]에서 직접비와 간접비로 구분하였으므로 제조경비는 전표입력 시 반드시 부서를 입력해야 한다.
제조경비(제조관련 제조경비 코드 500번대)를 입력 시 하단 부서란에 해당 부서를 꼭 등록하여야 한다. 생산1부와 생산2부의 복리후생비등의 경비는 직접제조경비로 분류되며, 수선부와 동력부의 소모품비등은 간접제조경비로 분류된다.

CHAPTER **03**

생산관리

실무수행순서 : 생산(작업)지시서 → 자재출고입력 → 생산입고입력

01 생산(작업)지시서

생산청구에 의해 계획된 수량을 작업지시에 적용하여 생산하도록 지시하는 메뉴이다.

입력예제 작업지시서 발행

9월 5일   다음과 같이 제품 생산을 지시하고 각 작업장별로 작업지시서를 발행하다.

지시일자	제품명	작업장	작업지시량	작업기간
9월 5일	갑 제품	제1작업장	150(EA)	2024년 9월 5일 ~ 2024년 10월 5일
9월 5일	을 제품	제2작업장	100(EA)	2024년 9월 5일 ~ 2024년 9월 30일

입력결과 작업지시서 발행

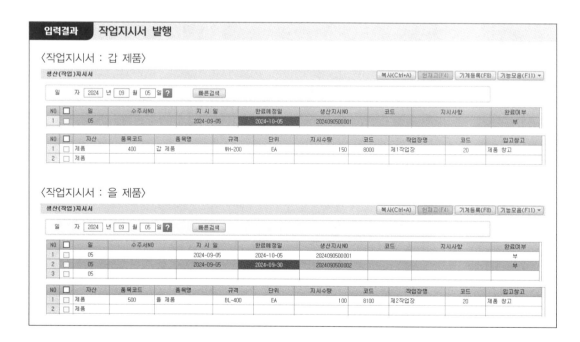

제품을 생산하기 위해 자재를 공장으로 출고시키는 메뉴이다. 원재료는 감소하고 재공품은 증가한다.

입력예제 **자재출고입력**

9월 5일   작업지시서에 따라 주요자재를 출고하다.

출고일자	제품명	자재	출고량	작업장
9월 5일	갑 제품	자재 A	150(EA)	제1작업장
		자재 B	150(EA)	
		자재 C	300(EA)	
9월 5일	을 제품	자재 A	100(EA)	제2작업장
		자재 B	100(EA)	
		자재 C	200(EA)	

입력결과 **자재출고입력**

생산지시번호란에서 F2 키를 클릭하면 팝업창에 이미 입력한 [생산(작업)지시서] 내역이 자동으로 조회된다. 해당 지시서번호를 클릭하고 [자재출고입력] 하단에 자재출고내역과 작업장을 입력한다.

〈자재출고입력 : 갑 제품〉

〈자재출고입력 : 을 제품〉

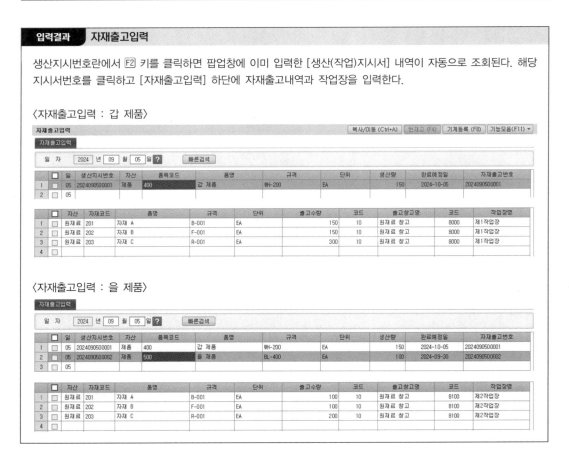

03 생산입고입력

[생산(작업)지시서]에 따라 특정 일자까지 생산 완료된 제품과 미완성된 재공품을 등록하는 메뉴이다.

입력예제 | **생산입고입력**

9월 30일   9월 5일에 발행된 작업지시서에 대한 생산자료는 다음과 같다.

품 목	완성량 (생산량)	재공품		작업(투입) 시간	작업장
		월말 수량	작업진행율(완성도)		
갑 제품	130(EA)	20(EA)	60%	230시간	제1작업장
을 제품	100(EA)			250시간	제2작업장

입력결과 | **생산입고입력**

생산지시번호란에서 F2 키를 클릭하여 [생산지시서 번호 코드도움] 팝업창에 이미 입력된 [생산(작업)지시서] 내역이 자동으로 조회되면 해당 지시번호를 클릭하여 생산량과 투입시간을 입력한다.

⟨주의⟩
하단부에 생산단가와 생산금액란은 원가를 모두 마감한 뒤 입력하므로 생산입고입력하는 시점에는 빈칸으로 둔다.
작업진행율은 [원가관리(원가기준정보)] – [작업진행율등록] 메뉴에서 등록한다.

⟨생산입고입력 : 갑 제품⟩

⟨생산입고입력 : 을 제품⟩

PART 2

PART 2 원가회계

원가관리

실무수행순서 : 배부기준등록 → 작업진행율등록 → 기초재공품계산 → 재고자산(원재료) 마감 후 직접재료비계산 → 직접노무비계산 → 제조간접비계산(부문별) → 제조간접비계산(보조부문) → 제조간접비계산(제조부문) → 완성품원가조회 → 결산자료입력(전표추가(F3)) → 제조원가명세서 작성

원가관리 (원가기준정보)	원가관리 (원가계산)
배부기준등록 작업진행율등록	기초재공품계산 직접재료비계산 직접노무비계산 제조간접비계산(부문별) 제조간접비계산(보조부문) 제조간접비계산(제조부문) 완성품원가조회 결산자료입력 제조원가명세서 손익계산서 재무상태표

01 원가기준정보

원가부문은 원가요소를 분류하여 집계하는 계산상의 구분으로 '제조부문'과 '보조부문'으로 구분한다. 제조부문은 제품의 생산과 직접 관련이 있으므로 제조부문의 원가는 제품과 관련하여 직접적으로 추적이 가능하기 때문에 제조직접비로 분류한다. 보조부문은 제품의 생산과 직접 관련이 없으므로 보조부문의 원가는 제품과 관련하여 직접적으로 추적할 수 없기 때문에 제조간접비로 분류한다.

(1) 노무비 배부기준등록

노무비 배부기준은 작업부서의 총 임금을 부서별 총근무시간으로 나누어 시간당 임률을 산출한다.

입력예제 배부기준등록

9월의 노무비 배부기준은 다음과 같다.

관련부문	생산1부	생산2부
총근무시간	280	320

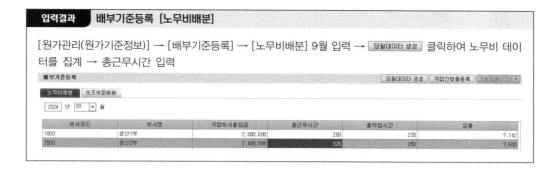

[원가관리(원가기준정보)] → [배부기준등록] → [노무비배분] 9월 입력 → 당월데이터 생성 클릭하여 노무비 데이터를 집계 → 총근무시간 입력

(2) 보조부문비 배부기준등록

보조부문비의 배부기준은 인과관계에 따라 제조부문에 배부되며, 배부방법은 직접배부법, 단계배부법, 상호배부법으로 구분한다. 배부기준등록은 보조부문비를 제조부문에 배부하기 위한 배부율을 등록하는 것이다.

입력예제   배부기준등록(보조부문비배분)

9월의 보조부문비 배부기준은 다음과 같다.

관련부문	생산1부	생산2부
수선부	40%	60%
동력부	65%	35%

입력결과   보조부문배분(배부기준등록)

[원가관리(원가기준정보)] → [배부기준등록] → [보조부문배분] → 보조부문 가져오기 하여 배부율을 입력한다.

배부기준등록   보조부문 가져오기   작업진행율등록   기능모음(F11) ▼

제조부문→ 보조부문↓	생산1부	생산2부	비고
수선부	40	60	
동력부	65	35	

(3) 작업진행율(완성도)등록

재공품이란 제조과정이 완료되지 않고 아직 공정 중에 있는 상태의 재고자산을 말한다. 작업진행율(완성도)을 등록함으로써 완성되지 않은 재공품재고액을 환산할 수 있다. 또한 제조원가를 재공품 계정에 투입되어 당기에 제품이 완성되었을 때 당기제품제조원가를 제품 계정으로 대체된다.

| 입력예제 | 작업진행율등록 |

9월의 작업진행율(완성도)은 다음과 같다.

품 목	완성량	재공품		작업(투입)시간	작업장
		월말 수량	작업진행율(완성도)		
갑 제품	130(EA)	20(EA)	60%	230시간	제1작업장
을 제품	100(EA)			250시간	제2작업장

| 입력결과 | 작업진행율등록 |

[원가관리(원가기준정보)] → [작업진행율등록] 갑 제품 월말 재공품 수량 20(EA)의 작업진행율(완성도) 60%를 입력한다.

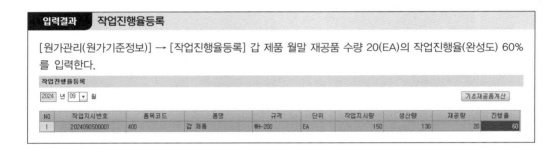

---

02 원가계산

원가계산의 종류에는 생산형태에 따라 개별원가계산, 종합원가계산으로 분류하며, 원가측정방법에 따라 실제원가계산, 정상원가계산, 표준원가계산으로 분류한다. 또한 원가계산 범위에 따라 전부원가계산, 변동원가계산으로 분류한다.

본 시험(교재)은 생산형태에 따른 개별원가계산과 종합원가계산의 원가계산을 마감하며, 원가계산은 이미 입력된 제조원가를 조회하여 마감하는 실무수행이므로 입력보다는 원가계산의 순서를 이해하는 것이 중요하다.

(1) 기초재공품계산

전기의 재공품이 있는 경우 [전기분 재무상태표]의 재공품 계정으로 입력된 금액을 자동으로 반영한다.

〈주의〉

본 시험에서는 전월에서 이월된 사항이 없으므로 기초재공품은 표기되지 않는다.

(2) 직접재료비계산

직접재료비를 계산하기 위해서는 우선 [재고자산수불부]에서 원가계산을 하는 해당 월의 원재료를 [일괄마감]을 해야 한다. 원재료의 재고평가를 완료한 다음 실제발생액으로 [직접재료비계산]을 한다.

① 직접재료비계산 : 9월

재고자산(원재료)의 재고평가를 하기 전이므로 [직접재료비계산] 하단에 단가와 금액란이 공란으로 나타난다. ☞ 재고자산수불부에서 원재료를 해당 월로 마감해야 자동 반영되는 것임!

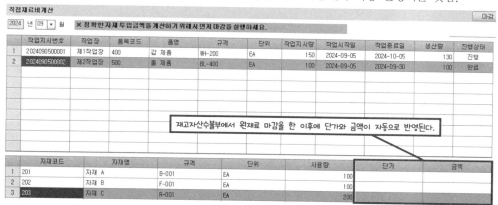

② 재고자산수불부 조회 : 9월 ~ 9월 또는 1월 ~ 9월

[직접재료비계산] 메뉴 상단의 [마감]을 클릭하면 [재고자산수불부] 메뉴로 연동된다. 원재료의 [일괄마감]을 하면 직접재료비 소비액과 기말원재료재고액이 평가되어 원가반영작업이 제대로 이루어진다.

품목별로 입·출고의 수량, 단가, 금액 및 재고수량이 선입선출법으로 계산된다.

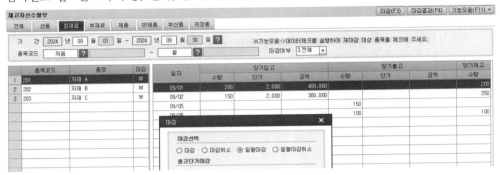

※ 기간 조회

원재료 입고와 출고를 마감하는 경우 입고와 출고 모두 9월에만 존재한다면 9월 ~ 9월로 마감하여도 된다. 그러나 9월 이전에 원재료 입고가 있다면 1월 ~ 9월로 마감하도록 해야 한다.

본 예제는 9월 ~ 9월로 마감하여 실무수행을 하였으나, 1월 ~ 9월로 마감하여 실무수행을 하여도 결과는 동일하다.

③ 재고자산수불부 마감 : 9월 ~ 9월 또는 1월 ~ 9월

〈자재 A 재고자산수불부〉

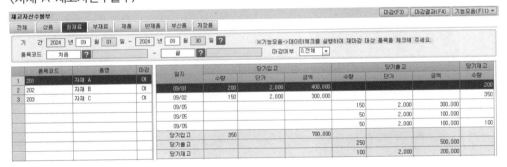

〈자재 B 재고자산수불부〉

〈자재 C 재고자산수불부〉

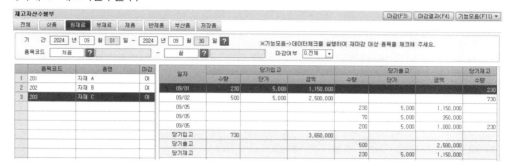

④ 원재료 9월 재고액 조회

[재고자산명세서] → 9월 30일 원재료 재고금액 2,550,000원

이후 제조원가명세서를 작성할 때 기말원재료재고액란으로 자동 반영된다.

⑤ 직접재료비계산 : 9월 단가 및 금액 반영

재고평가 이후 직접재료비계산 9월로 입력하면 마감된 자재 A, B, C의 단가가 자동으로 적용된다.

〈갑 제품의 자재 단가 및 금액 자동 반영〉

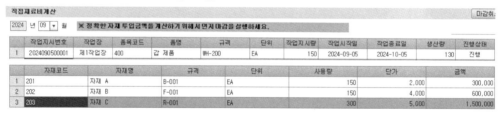

〈을 제품의 자재 단가 및 금액 자동 반영〉

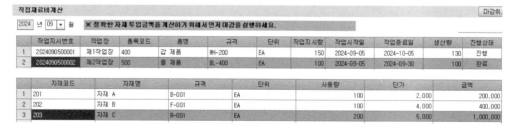

(3) 직접노무비계산 : 9월

실제로 소비한 직접노무비를 반영하여 실제원가를 계산한다. 투입시간과 임율에 의해 직접노무비가 자동 계산되어 자동 반영된다.

직접노무비계산

2024년 09월

제조간접비(부문별)

NO	작업지시번호	품목코드	품명	부서코드	부서명	투입시간	임율	직접노무비
1	2024090500001	400	갑 제품	1000	생산1부	230	7,142	1,642,660
2	2024090500002	500	을 제품	2000	생산2부	250	7,500	1,875,000

(4) 제조간접비계산

실제로 소비된 제조간접비(실제조업도 × 실제배부율)를 반영하여 실제원가를 계산한다.

제조간접비계산을 위해서는 제조간접비계산(부문별 현황), 제조간접비계산(보조부문), 제조간접비계산(제조부문)을 순서대로 실행하여 집계한다.

① 제조간접비계산(부문별) : 9월

제조간접비계산(부문별)

2024년 09월

제조간접비(보조부문)

계정코드	계정명	제조부문		보조부문		합계
		생산1부	생산2부	수선부	동력부	
51100	복리후생비	800,000	700,000			1,500,000
51500	가스수도료	500,000	600,000			1,100,000
51600	전력비			1,200,000	1,500,000	2,700,000
53000	소모품비			300,000	200,000	500,000
BBB	간접노무비	357,340	525,000	1,500,000	1,800,000	4,182,340

② 제조간접비계산(보조부문) : 9월

제조간접비계산(보조부문)

2024년 09월

제조간접비(제조부문)

부서코드	부서명	제조부문		합계
		생산1부	생산2부	
3000	수선부	1,200,000	1,800,000	3,000,000
4000	동력부	2,275,000	1,225,000	3,500,000

③ 제조간접비계산(제조부문) : 9월, 1.투입시간(제조부문비 배부기준)

※ 교육용 프로그램에서는 투입시간을 기준으로 제조간접비가 계산된다.

제조간접비계산(제조부문)

2024년 09월 제조부문비 배부기준 1.투입시간

완성품원가조회

작업지시번호	제품코드	제품명	규격	단위	제조부문		합계
					생산1부	생산2부	
2024090500002	500	을 제품	BL-400	EA		4,850,000	4,850,000
*	400	갑 제품	WH-200	EA	5,132,340		5,132,340

(5) 완성품원가조회

완성품의 생산형태에 따라 원가를 계산하는 방법은 개별원가계산과 종합원가계산으로 분류한다.

개별원가계산은 개별 작업별로 원가를 산출하며, 종합원가계산은 공정별로 원가를 계산한다. 종합원가계산은 물량흐름에 따라 기초재공품의 완성도를 무시하고 모두 당기에 착수한 것으로 간주하는 평균법과 기초재공품부터 먼저 완성시키는 선입선출법으로 나누며, 투입시점이 다르기 때문에 재료비와 가공비로 구분한다.

① 완성품원가조회

원가조회 시 원가계산방법(종합)은 1.평균법을 적용한다.

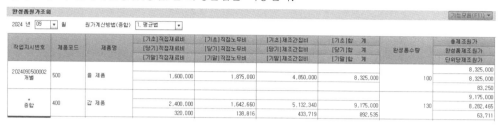

〈완성품원가 및 기말재공품〉

구 분	을 제품	갑 제품	Total
계산방법	개별원가계산	종합원가계산	
총제조원가	₩8,325,000	₩9,175,000	₩17,500,000
완성품제조원가	₩8,325,000	₩8,282,465	₩16,607,465
완성품수량	100개	130개	
단위당제조원가	@83,250	@63,711	
기말재공품(미완성)	없 음	₩892,535 20개(60%)	₩892,535

② 단위당 제조원가 입력

[생산관리] → [생산입고입력] 메뉴를 실행하여 [완성품원가조회]에서 각 제품에 해당하는 단위당 제조원가를 입력한다. 단, 단위당 제조원가는 원 미만 버림으로 처리한다.

☞ 단, 실제 시험에서는 생략하고 있으므로 입력하지 않아도 무방함

〈갑 제품의 생산단가 입력〉: ₩63,711

〈을 제품의 생산단가 입력〉: ₩83,250

(1) 결산자료입력

[결산자료입력] 메뉴에서 완성품의 원가와 기말원재료재고액, 기말재공품재고액을 자동으로 반영하여 제조업의 원가를 반영한 결산을 완료할 수 있다.

① 매출원가코드 및 계정과목

결산일자 : 9월 ~ 9월, [매출원가 및 경비선택] 팝업창에 '455.제품매출원가, 원가경비 1.500번대'를 입력하고 [확인(Tab)] 키를 클릭한다.

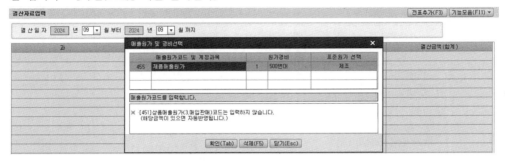

> ※ 결산자료입력 기간 조회
> 원재료 입고와 출고를 마감하는 경우 입고와 출고 모두 9월에만 존재한다면 9월 ~ 9월로 마감하여도 된다. 그러나 9월 이전에 원재료 입고가 있다면 1월 ~ 9월로 마감하도록 해야 한다.
> 본 예제는 9월 ~ 9월로 마감하여 실무수행을 하였으나, 1월 ~ 9월로 마감하여 실무수행을 하여도 결과는 동일하다.

② 결산자료입력

[결산자료입력] 메뉴 우측 상단 기능모음(F11) ▼ → [기말재고반영]을 클릭하면 기말원재료재고액 2,550,000원과 기말재공품재고액 892,535원이 자동 반영된다.

[결산자료입력] 메뉴 우측 상단의 전표추가(F3) 를 클릭하여 [일반전표입력] 9월 30일자로 결산분개를 자동으로 생성시킨다.

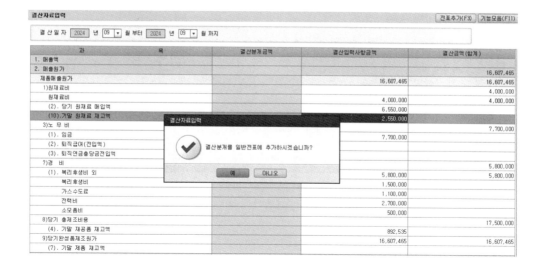

[일반전표입력] 제조원가 결산분개가 완료된 9월 30일자 전표를 확인한다.

(2) 제조원가명세서 조회

제조원가명세서는 완성된 제품의 제조원가를 상세히 나타내기 위한 보고서로서, 재무상태표의 원재료, 재공품, 제품 등의 정보와 포괄손익계산서의 제품매출원가의 당기제품제조원가에 해당하는 원가정보를 제공한다.

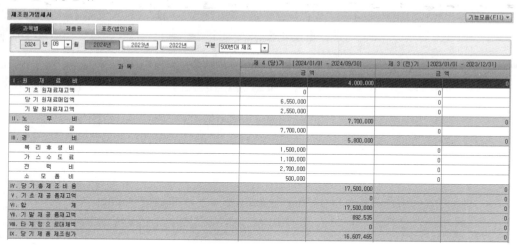

과 목	제 4 (당)기 [2024/01/01 ~ 2024/09/30] 금 액	제 3 (전)기 [2023/01/01 ~ 2023/12/31] 금 액
I. 원 재 료 비	4,000,000	0
기 초 원재료재고액	0	0
당 기 원재료매입액	6,550,000	0
기 말 원재료재고액	2,550,000	0
II. 노 무 비	7,700,000	0
임 금	7,700,000	0
III. 경 비	5,800,000	0
복 리 후 생 비	1,500,000	0
가 스 수 도 료	1,100,000	0
전 력 비	2,700,000	0
소 모 품 비	500,000	0
IV. 당 기 총 제 조 비 용	17,500,000	0
V. 기 초 재 공 품 재 고 액	0	0
VI. 합 계	17,500,000	0
VII. 기 말 재 공 품 재 고 액	892,535	0
VIII. 타 계 정 으 로 대 체 액	0	0
IX. 당 기 제 품 제 조 원 가	16,607,465	0

PART 3

모의고사

배우기만 하고 생각하지 않으면 얻는 것이 없고,
생각만 하고 배우지 않으면 위태롭다.

-공자-

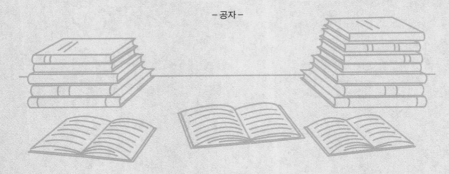

제1회 모의고사

문제1. 재무회계 ☞ 오투패션(주) [회사코드 : 5011]
문제2. 원가회계 ☞ (주)경기어패럴 [회사코드 : 5012]

문제1 재무회계

지시사항 : '오투패션(주)'의 거래자료이며 회계연도는 2024.1.1 ～ 12.31이다.

01 다음에 제시되는 기준정보를 입력하시오. 〈4점〉

(1) 다음의 신규 거래처를 등록하시오. (각 1점)

거래처(명)	거래처분류(구분)	거래처코드	대표자	사업자등록번호	업태/종목
포래스타일(주)	매입처(일반)	02005	김기수	101-81-12341	제조/의류
오메가패션(주)	매출처(일반)	03005	권하늘	211-81-70124	도소매/의류

(2) 다음의 신규 상품(품목)을 등록하시오. (2점)

품목코드	품목(품명)	(상세)규격	품목종류(자산)	기본단위(단위명)
5004	작업복	M2	상 품	EA

02 다음 거래를 매입매출전표에 입력하시오. 〈16점/각 4점〉

(단, 채권 · 채무 및 금융 거래는 거래처코드를 입력하고 각 문항별 한 개의 전표번호로 입력한다)

(1) 12월 2일　컴퓨터를 수리하고 전자세금계산서를 발급받다. 단, 수익적지출로 처리한다.

전자세금계산서(공급받는자 보관용)				승인번호	20241202-XXXX0224		

공급자	등록번호	106-81-55568			공급받는자	등록번호	220-81-10101	
	상호	성공전자㈜	성명(대표자)	윤성공		상호	오투패션㈜	성명(대표자)	김종대
	사업장주소	서울특별시 용산구 백범로 319				사업장주소	서울특별시 강남구 테헤란로 101	
	업태	도소매	종사업장번호			업태	도소매	종사업장번호
	종목	전자제품				종목	의류	
	E-Mail	viccom@naver.com				E-Mail	abc123@exam.com	

작성일자	2024.12.02.	공급가액	250,000	세 액	25,000
비고					

월	일	품목명	규격	수량	단가	공급가액	세액	비고
12	02	메인보드교체	ATX	1	250,000	250,000	25,000	

합계금액	현금	수표	어음	외상미수금	이 금액을	◉ 영수	함
275,000	275,000					○ 청구	

(2) 12월 3일　직원들의 단합대회 관련 물품을 구입하고 법인신용카드로 결제하다.

단말기번호	2925188345	전표번호
카드종류	비씨카드	
회원번호	1122-2233-3344-5577	
유효기간	거래일시	취소시당초거래일
	2024.12.03	
거래유형	승인　　　　품 명	잡화

결제방법	일시불	금 액(AMOUNT)	340,000
매장명		부가세(VAT)	34,000
판매자		봉사료(S/C)	
대표자	최우수	합 계(TOTAL)	374,000
알림/NOTICE		승인번호	40122311
가맹점주소	수원시 장안구 창룡대로 153	
가맹점번호	4051231241	
사업자등록번호	135-25-65675	

가맹점명	우수마트

문의전화/HELP DESK TEL : 1544-4700 (회원용)	서명/SIGNATURE 오투패션(주)

(3) 12월 10일 상품을 매입하고 전자세금계산서를 발급받다. 대금 중 ₩3,000,000은 보통예금(기업은행) 계좌에서 이체하고 잔액은 외상으로 하다.

전자세금계산서(공급받는자 보관용)　승인번호　20241210-XXXX0128

공급자					공급받는자				
등록번호	101-81-10343				등록번호	220-81-10101			
상호	한라어패럴㈜	성명(대표자)	이한라		상호	오투패션㈜	성명(대표자)	김종대	
사업장주소	서울특별시 종로구 종로66가길 13				사업장주소	서울특별시 강남구 테헤란로 101			
업태	제조		종사업장번호		업태	도소매		종사업장번호	
종목	의류				종목	의류			
E-Mail	avc123@kcci.com				E-Mail	abc123@exam.com			

작성일자	2024.12.10.	공급가액	10,500,000	세 액	1,050,000

| 비고 | |

월	일	품목명	규격	수량	단가	공급가액	세액	비고
12	10	남성 점퍼	M1	50	110,000	5,500,000	550,000	
12	10	아동 점퍼	C1	50	100,000	5,000,000	500,000	

합계금액	현금	수표	어음	외상미수금	이 금액을	○ 영수	함
11,550,000	3,000,000			8,550,000		◉ 청구	

(4) 12월 28일 상품을 매출하고 전자세금계산서를 발급하다.

전자세금계산서(공급자 보관용)　승인번호　20241228-XXXX0128

공급자					공급받는자				
등록번호	220-81-10101				등록번호	113-81-35556			
상호	오투패션㈜	성명(대표자)	김종대		상호	유성패션㈜	성명(대표자)	오유성	
사업장주소	서울특별시 강남구 테헤란로 101				사업장주소	서울특별시 영등포구 국회대로 547			
업태	도소매		종사업장번호		업태	도소매		종사업장번호	
종목	의류				종목	의류			
E-Mail	abc123@exam.com				E-Mail	aabbcc@kcci.com			

작성일자	2024.12.28.	공급가액	39,400,000	세 액	3,940,000

| 비고 | |

월	일	품목명	규격	수량	단가	공급가액	세액	비고
12	28	남성 점퍼	M1	100	220,000	22,000,000	2,200,000	
12	28	여성 점퍼	F1	60	290,000	17,400,000	1,740,000	

합계금액	현금	수표	어음	외상미수금	이 금액을	○ 영수	함
43,340,000	5,000,000			38,340,000		◉ 청구	

03 다음 거래를 일반전표에 입력하시오. 〈20점/각 4점〉

(단, 채권·채무 및 금융 거래는 거래처코드를 입력하고 각 문항별 한 개의 전표번호로 입력한다)

(1) 12월 3일   11월 29일 보통예금(기업은행) 계좌에 입금된 원인 불명액은 거래처 강남패션(주)의 매출 계약금으로 확인되다.

(2) 12월 4일   거래처 동강어패럴(주)의 외상 대금 ₩27,000,000을 결제하기 위하여 보관 중인 강남패션(주) 발행 약속어음(어음번호 : 마바20000602, 발행일 : 2024년 10월 16일, 만기일 : 2025년 1월 16일, 지급은행 : 국민은행)을 배서양도하고 나머지는 현금으로 지급하다.

(3) 12월 17일   본사 건물의 증축을 튼튼건설(주)에 의뢰하고, 공사 계약금은 약속어음을 발행하여 지급하다.

약 속 어 음

튼튼건설(주) 귀하   가나12225507

금 일천만원정 10,000,000원

위의 금액을 귀하 또는 귀하의 지시인에게 이 약속어음과 상환하여 지급하겠습니다.

지급기일 2025년 3월 17일   **발행일**   2024년 12월 17일
지 급 지 국민은행   **발행지**   서울시 강남구 테헤란로 101
지급장소 ○○지점   **주 소**
                                    발행인   오투패션(주)

---

(4) 12월 30일   상장사인 (주)코참의 3년 만기 회사채(액면금액 : ₩15,000,000, 액면이자율 : 10%, 유효이자율 : 12%, 만기일 : 2027년 12월 30일, 이자지급일 : 매년 12월 30일)를 만기까지 보유할 목적으로 ₩13,590,000에 구입하고 대금은 보통예금(기업은행) 계좌에서 이체하여 지급하다. 계약상 현금흐름 수취만 목적이다.

(5) 12월 31일   정기예금(기업은행)을 만기 해지하여 원금과 이자를 입금받다.

보통예금 통장 거래 내역

계좌번호 011-1234-1254 오투패션(주)   기업은행

번호	날 짜	내 용	출금액	입금액	잔 액	거래점
1	2024-12-31	정기예금 만기해지		20,300,000	***	***
		이하 생략				

04 다음 기말(12월 31일) 결산정리사항을 회계처리하고 마감하시오. 〈28점/각 4점〉

(1) 기말 현재 소모품 사용액은 ₩650,000이다.

(2) 장기대여금에 대한 6개월 분 이자 미수액(연 이자 5%)을 계상하다. 단, 월할계산에 의한다.

(3) 8월 3일 장기투자목적으로 구입한 주식을 1주당 공정가치 ₩11,000으로 평가하다.

(4) 자동차 보험료 미경과분을 계상하다. 단, 월할계산에 의한다.

(5) 매출채권 잔액에 대해 1%의 대손충당금(보충법)을 설정하다.

(6) 모든 비유동자산에 대한 감가상각비를 계상하다.

(7) 기말상품재고액을 입력하고 결산처리하다. 단, 재고평가는 선입선출법으로 한다.

05 다음 사항을 조회하여 번호 순서대로 단답형 답안에 등록하시오. 〈12점/각 2점〉

(1) 1월 1일부터 4월 30일까지 여성 점퍼의 매입 수량은 몇 개인가?

(2) 5월 1일부터 7월 31일까지 당좌예금의 인출액은 얼마인가?

(3) 10월 31일 현재 유성패션(주)의 매출채권 미회수액은 얼마인가?

(4) 2024년 제1기 부가가치세 확정신고 시 납부(환급)세액은 얼마인가?

(5) 12월 31일 현재 한국채택국제회계기준(K-IFRS)에 의한 재무상태표에 표시되는 비유동자산의 금액은 얼마인가?

(6) 1월 1일부터 12월 31일까지 한국채택국제회계기준(K-IFRS)에 의한 포괄손익계산서(기능별)에 표시되는 매출총이익은 얼마인가?

지시사항 : '(주)경기어패럴'의 거래자료이며 회계연도는 2024.1.1. ~ 12.31이다.

01 다음의 6월 원가계산 과정을 순서대로 처리하시오. 단, 임금 및 제조경비는 주어진 기초자료에 이미 처리되어 있다. 〈20점/각 4점〉

(1) 6월 13일 다음의 작업지시서를 발행하고, 같은 날 주요자재를 출고하다.

① 작업지시서 내용

지시일자	제품명	작업장	작업지시량(EA)	작업기간
6월 13일	갑제품	제1작업장	300(EA)	6월 13일 ~ 6월 30일
6월 13일	을제품	제2작업장	400(EA)	6월 13일 ~ 7월 13일

② 자재사용(출고)등록

갑제품 작업지시서 : 자재A 450단위 (제1작업장)

을제품 작업지시서 : 자재B 400단위 (제2작업장)

(2) 6월 30일 작업지시서(6월 13일 발행)에 대해 다음과 같이 생산자료를 등록하다.

품 목	완성량(EA)	재공품		작업(투입)시간	작업장
		월말 수량(EA)	작업진행률(완성도, %)		
갑제품	300	–	–	100	제1작업장
을제품	360	40	60	160	제2작업장

(3) 6월의 원가기준정보를 다음과 같이 등록하다.

① 노무비배부기준등록(총근무시간)

관련부문	절단부	조립부
총근무시간	200	250

② 보조부문비배부기준등록

관련부문	절단부	조립부
동력부	20	80
수선부	40	60

③ 작업진행률등록 [을제품 : 60%]

(4) 6월의 실제원가계산을 작업하시오.

① 기초재공품계산

② 직접재료비계산

③ 직접노무비계산

④ 제조간접비계산

⑤ 보조부문비배부

⑥ 제조부문비배부(투입시간기준)

⑦ 개별원가계산

⑧ 종합원가계산(평균법)

⑨ 원가반영작업

(5) 6월의 원가계산 마감한 후 제조원가명세서를 조회하시오. 단, 원 미만은 버림으로 처리한다.

제2회 모의고사

문제1. 재무회계 ☞ 상공자재(주) [회사코드 : 5021]
문제2. 원가회계 ☞ (주)동인화학 [회사코드 : 5022]

문제1 재무회계

지시사항 : '상공자재(주)'의 거래자료이며 회계연도는 2024.1.1 ~ 12.31이다.

01 다음에 제시되는 기준정보를 입력하시오. 〈4점〉

(1) 다음의 신규 거래처를 등록하시오. (각 1점)

거래처(명)	거래처분류(구분)	거래처코드	대표자	사업자등록번호	업태/종목
(주)동서판넬	매입처	00306	정동명	106-81-10028	제조/건축용판재
(주)강남건설	매출처	00406	박수창	214-81-22238	건설/종합건설

(2) 다음의 신규 상품(품목)을 등록하시오. (2점)

품목코드	품목(품명)	(상세)규격	품목종류(자산)	기본단위(단위명)
5004	난연판넬	50T	상 품	EA

02 다음 거래를 매입매출전표에 입력하시오. 〈16점/각 4점〉

(단, 채권·채무 및 금융 거래는 거래처코드를 입력하고 각 문항별 한 개의 전표번호로 입력한다)

(1) 12월 3일　상품을 매입하고 대금 중 ₩5,000,000은 약속어음(어음번호 : 라마90112111, 만기일 : 2025년 2월 27일, 지급은행 : 국민은행)을 발행하여 지급하고 잔액은 외상으로 하다.

전자세금계산서					(공급받는자 보관용)		승인번호		20241203-XXXX0128	
공급자	등록번호	112-04-29725			공급받는자	등록번호		143-81-31207		
	상호	삼일판넬㈜	성명 (대표자)	정수일		상호	상공자재㈜	성명 (대표자)	진나라	
	사업장 주소	서울특별시 서초구 강남대로 156-1				사업장 주소	경기도 화성시 송산면 개매기길 103			
	업태	제조		종사업장번호		업태	도매 및 상품중개업		종사업장번호	
	종목	판넬				종목	조립식건축물및구조재			
	E-Mail	qwe45@kcci.com				E-Mail	abc123@exam.com			
작성일자		2024.12.03	공급가액		10,900,000		세 액		1,090,000	
비고										

월	일	품목명	규격	수량	단가	공급가액	세액	비고
12	3	EPS판넬	50T	100	10,000	1,000,000	100,000	
12	3	메탈판넬	50T	200	27,000	5,400,000	540,000	
12	3	그라스울판넬	50T	300	15,000	4,500,000	450,000	

합계금액	현금	수표	어음	외상미수금	이 금액을	○ 영수 ◉ 청구	함
11,990,000			5,000,000	6,990,000			

(2) 12월 11일　상품을 매출하고 대금 중 ₩450,000은 현금으로 받아 우리은행 보통예금 계좌로 이체받고 잔액은 외상으로 하다.

전자세금계산서					(공급자 보관용)		승인번호		20241211-XXXX0128	
공급자	등록번호	143-81-31207			공급받는자	등록번호		107-81-21310		
	상호	상공자재㈜	성명 (대표자)	진나라		상호	대양건설산업㈜	성명 (대표자)	김우진	
	사업장 주소	경기도 화성시 송산면 개매기길 103				사업장 주소	서울특별시 송파구 동남로 100			
	업태	도매 및 상품중개업		종사업장번호		업태	건설업		종사업장번호	
	종목	조립식건축물및구조재				종목	종합건설			
	E-Mail	abc123@exam.com				E-Mail	panel123@kcci.com			
작성일자		2024.12.11.	공급가액		4,500,000		세 액		450,000	
비고										

월	일	품목명	규격	수량	단가	공급가액	세액	비고
12	11	EPS판넬	50T	100	15,000	1,500,000	150,000	
12	11	그라스울판넬	50T	150	20,000	3,000,000	300,000	

합계금액	현금	수표	어음	외상미수금	이 금액을	○ 영수 ◉ 청구	함
4,950,000	450,000			4,500,000			

(3) 12월 13일 업무 관련 마케팅 서적을 대한문고에서 구입하고 법인신용카드로 결제하다.

단말기번호	4523188307	전표번호	
카드종류	삼성카드		
회원번호	6184-8874-1154-6633		
유효기간		거래일시	취소시당초거래일
		2024.12.13	
거래유형	승인	품 명	서적
결제방법	일시불	금 액(AMOUNT)	150,000
매장명		부가세(VAT)	
판매자		봉사료(S/C)	
대표자	김대한	합 계(TOTAL)	150,000
알림/NOTICE		승인번호	34452311
가맹점주소	서울특별시 마포구 마포대로 108		
가맹점번호	7012345881		
사업자등록번호	104-81-24017		
가맹점명	대한문고		
문의전화/HELP DESK TEL : 1544-4700 (회원용)		서명/SIGNATURE 상공자재(주)	

(4) 12월 22일 개인 강소라에게 상품(메탈판넬 2개, 개당 단가 @₩30,000)을 판매하고 신용카드매출전표를 발행해 주다.

단말기번호	4523188308	전표번호	
카드종류	현대카드		
회원번호	3652-4141-5222-6331		
유효기간		거래일시	취소시당초거래일
		2024.12.22	
거래유형	승인	품 명	책장
결제방법	일시불	금 액(AMOUNT)	60,000
매장명		부가세(VAT)	6,000
판매자		봉사료(S/C)	
대표자	김대한	합 계(TOTAL)	66,000
알림/NOTICE		승인번호	34452311
가맹점주소	서울특별시 마포구 마포대로 110-1		
가맹점번호	1234560215		
사업자등록번호	143-81-31207		
가맹점명	상공자재(주)		
문의전화/HELP DESK TEL : 1544-4700 (회원용)		서명/SIGNATURE 강소라	

03 다음 거래를 일반전표에 입력하시오. 〈20점/각 4점〉

(단, 채권·채무 및 금융 거래는 거래처코드를 입력하고 각 문항별 한 개의 전표번호로 입력한다)

(1) 12월 3일   보유 중인 본사건물의 추가 증축을 완료하고 (주)민영설비에 대금 ₩15,000,000을 법인
BC카드로 결제하다(단, 자본적지출이며, 건물과 관련하여 고정자산등록에 해당 내용을
입력할 것).

(2) 12월 6일   6월 20일에 차입한 차입금의 만기가 도래하여 원금과 이자 ₩20,000을 포함한 전액을
우리은행 보통예금 계좌에서 이체하다.

보통예금 통장 거래 내역

우리은행

번 호	날 짜	내 용	출금액	입금액	잔 액	거래점
	계좌번호 503-456789-123 상공자재(주)					
1	20241206	흥국상호금융(주)	15,020,000		***	***
이하 생략						

(3) 12월 10일 출장에서 돌아온 직원으로부터 11월 30일에 지급한 여비 개산액에 대하여 다음과 같이
정산하고 잔액을 경리과에 현금으로 반납하다.

여비정산서

소 속	영업부	직 위	사 원	성 명	정동석

출장일정	일 시	2024년 12월 1일 ~ 2024년 12월 3일			
	출장지	코엑스 박람회			
지급받은 금액	₩500,000	사용금액	₩460,000	반납금액	₩40,000
사용내역					
숙박비	₩250,000	식 대	₩60,000	항공료	₩150,000
이하 생략					

(4) 12월 13일 장기투자목적으로 (주)한남 발행의 주식 500주를 주당 ₩12,500에 구입하고 구입제비용
₩120,000을 포함한 대금은 우리은행 보통예금 계좌에서 이체하다. 단, 공정가치 변동은
기타포괄손익으로 표시한다.

(5) 12월 15일 당사의 주식 800주(액면 @₩10,000)를 주당 ₩20,000에 구입하여 즉시 소각하다. 구
입대금은 우리은행 보통예금 계좌에서 이체하다.

04 다음 기말(12월 31일) 결산정리사항을 회계처리하고 마감하시오. 〈28점/각 4점〉

(1) 단기보유목적으로 보유 중인 주식 300주의 공정가치가 1주당 ₩15,000으로 평가되다.

(2) 보험료 선급분을 계상하다. 단, 월할계산에 의한다.

(3) 소모품 미사용액 ₩560,000을 계상하다.

(4) 장기차입금에 대한 미지급이자 ₩1,600,000을 계상하다.

(5) 매출채권 잔액에 대해 1%의 대손충당금(보충법)을 설정하다.

(6) 모든 비유동자산에 대한 감가상각비를 계상하다.

(7) 기말상품재고액을 입력하고 결산처리하다. 단, 재고평가는 선입선출법으로 한다.

05 다음 사항을 조회하여 번호 순서대로 단답형 답안에 등록하시오. 〈12점/각 2점〉

(1) 5월 15일 현재 EPS판넬의 재고수량은 몇 개인가?

(2) 4월 1일부터 6월 30일까지 판매비와관리비 현금 지출 총액은 얼마인가?

(3) 6월 30일 현재 (주)장미목재의 외상매출금 잔액은 얼마인가?

(4) 제1기 부가가치세 확정신고 시 납부(환급)세액은 얼마인가?

(5) 12월 31일 현재 한국채택국제회계기준(K-IFRS)에 의한 재무상태표에 표시되는 현금및현금성자산의 금액은 얼마인가?

(6) 1월 1일부터 12월 31일까지 한국채택국제회계기준(K-IFRS)에 의한 포괄손익계산서에 표시되는 금융원가는 얼마인가?

지시사항 : '(주)동인화학'의 거래자료이며 회계연도는 2024.1.1 ~ 12.31이다.

01 다음의 8월 원가계산 과정을 순서대로 처리하시오. 단, 임금 및 제조경비는 주어진 기초자료에 이미 처리되어 있다. 〈20점/각 4점〉

(1) 8월 8일 다음의 작업지시서를 발행하고, 같은 날 주요자재를 출고하다.

① 작업지시서 내용

지시일자	제품명	작업장	작업지시량(EA)	작업기간
8월 8일	갑제품	제1작업장	450	8월 8일 ~ 9월 9일
8월 8일	을제품	제2작업장	400	8월 8일 ~ 8월 31일

② 자재사용(출고)등록

갑제품 작업지시서 : A원재료 450(EA) (제1작업장)

B원재료 150(EA) (제1작업장)

을제품 작업지시서 : C원재료 400(EA) (제2작업장)

D원재료 800(EA) (제2작업장)

(2) 8월 31일 작업지시서(8월 8일 발행)에 대해 다음과 같이 생산자료를 등록하다.

품 목	완성량(EA)	재공품		작업(투입)시간	작업장
		월말 수량(EA)	작업진행률(완성도, %)		
갑제품	400	50	45%	510	제1작업장
을제품	400	–	–	400	제2작업장

(3) 8월의 원가기준정보를 다음과 같이 등록하다.

① 노무비배부기준등록(총근무시간)

관련부문	생산1부	생산2부
총근무시간	520	410

② 보조부문비배부기준등록

관련부문	생산1부	생산2부
바이오부문	20	80
설비부문	50	50

③ 작업진행률등록 [갑제품 : 45%]

(4) 8월의 실제원가계산을 작업하시오.

    ① 기초재공품계산

    ② 직접재료비계산

    ③ 직접노무비계산

    ④ 제조간접비계산

    ⑤ 보조부문비배부

    ⑥ 제조부문비배부(투입시간기준)

    ⑦ 개별원가계산

    ⑧ 종합원가계산(평균법)

    ⑨ 원가반영작업

(5) 8월의 원가계산 마감한 후 제조원가명세서를 조회하시오. 단, 원 미만은 버림으로 처리한다.

제3회 모의고사

문제1. 재무회계 ☞ 행복패션(주) [회사코드 : 5031]
문제2. 원가회계 ☞ 삼정(주) [회사코드 : 5032]

문제1 재무회계

지시사항 : '행복패션(주)'의 거래자료이며 회계연도는 2024.1.1 ～ 12.31이다.

01 다음에 제시되는 기준정보를 입력하시오. 〈4점〉

(1) 다음의 신규 거래처를 등록하시오. (각 1점)

거래처(명)	거래처분류(구분)	거래처코드	대표자	사업자등록번호	업태/종목
제이피어패럴(주)	매입처(일반)	02005	조정복	101-81-12341	제조/의류
삼양무역(주)	매출처(일반)	03005	백동길	211-81-70124	도소매/의류

(2) 다음의 신규 상품(품목)을 등록하시오. (2점)

품목코드	품목(품명)	(상세)규격	품목종류(자산)	기본단위(단위명)
5004	슈 트	H2	상 품	EA

PART 3

02 다음 거래를 매입매출전표에 입력하시오. 〈16점/각 4점〉

(단, 채권·채무 및 금융 거래는 거래처코드를 입력하고 각 문항별 한 개의 전표번호로 입력한다)

(1) 12월 4일   당사 화물차 부품 교환주기에 맞추어 소모성부품을 교체하고 현금영수증을 발급받다. 대금은 전액 현금결제하다. 단, 수익적지출로 처리하시오.

현금영수증

● 거래정보

거래일시	2024-12-04
승인번호	12300234
거래구분	승인거래
거래용도	지출증빙
발급수단번호	220-81-10101

● 거래금액

품 목	공급가액	부가세	봉사료	총거래금액
오일필터	150,000	15,000		165,000

● 가맹점 정보

상 호	최고카센터(주)
사업자번호	135-81-32127
대표자명	강최고
주 소	경기도 수원시 장안구 경수대로 774

(2) 12월 15일 상품을 매입하고 전자세금계산서를 발급받다. 대금 중 일부는 약속어음(어음번호 : 가나 12225506, 만기일 : 2025년 3월 15일, 지급은행 : 국민은행)을 발행하여 지급하고, 잔액은 보관 중인 자기앞수표로 지급하다.

전자세금계산서(공급받는자 보관용)				승인번호	20241215-XXXX0128			
공급자	등록번호	220-81-18699		공급받는자	등록번호	220-81-10101		
	상호	설악어패럴㈜	성명(대표자) 양설악		상호	행복패션㈜	성명(대표자)	이성욱
	사업장주소	서울특별시 강서구 까치산로 100			사업장주소	서울특별시 강남구 테헤란로 101		
	업태	제조	종사업장번호		업태	도소매	종사업장번호	
	종목	의류			종목	의류		
	E-Mail	avc123@kcci.com			E-Mail	abc123@exam.com		

작성일자	2024.12.15.	공급가액	15,700,000	세 액	1,570,000
비고					

월	일	품목명	규격	수량	단가	공급가액	세액	비고
12	15	남성 점퍼	M1	70	110,000	7,700,000	770,000	
12	15	아동 점퍼	C1	80	100,000	8,000,000	800,000	

합계금액	현금	수표	어음	외상미수금	이 금액을	⊙ 영수	함
17,270,000	7,270,000		10,000,000			○ 청구	

(3) 12월 16일 상품을 매출하고 전자세금계산서를 발급하다. 대금 중 일부는 거래처 발행 당좌수표로 받고, 잔액은 약속어음(어음번호 : 마바22022123, 만기일 : 2025년 3월 16일, 발행인 : 강남패션(주), 지급은행 : 국민은행)으로 받다.

전자세금계산서(공급자 보관용)							승인번호	20241216-XXXX0128	
공급자	등록번호	220-81-10101			공급받는자	등록번호	105-81-38154		
	상호	행복패션㈜	성명(대표자)	이성욱		상호	강남패션㈜	성명(대표자)	김강남
	사업장주소	서울특별시 강남구 테헤란로 101				사업장주소	서울특별시 종로구 낙산5길 17-14		
	업태	도소매	종사업장번호			업태	도소매	종사업장번호	
	종목	의류				종목	의류		
	E-Mail	abc123@exam.com				E-Mail	aabbcc@kcci.com		

작성일자	2024.12.16.	공급가액	38,150,000	세 액	3,815,000
비고					

월	일	품목명	규격	수량	단가	공급가액	세액	비고
12	16	여성 점퍼	F1	80	280,000	22,400,000	2,240,000	
12	16	아동 점퍼	C1	75	210,000	15,750,000	1,575,000	

합계금액	현금	수표	어음	외상미수금	이 금액을	◉ 영수 / ○ 청구	함
41,965,000		1,965,000	40,000,000				

(4) 12월 17일 업무 관련 서적을 구입하고 전자계산서를 발급받다.

전자계산서		(공급받는자 보관용)				승인번호	20241217-XXXX0111	
공급자	등록번호	123-12-12345		공급받는자	등록번호	220-81-10101		
	상호	배움문고	성명(대표자) 주배움		상호	행복패션㈜	성명(대표자)	이성욱
	사업장주소	서울특별시 강남구 개포로82길 7			사업장주소	서울특별시 강남구 테헤란로 101		
	업태	소매	종사업장번호		업태	도소매	종사업장번호	
	종목	서적			종목	의류		
	E-Mail	baewoombook@daum.net			E-Mail	abc123@exam.com		

작성일자	2024.12.17	공급가액	80,000
비고			

월	일	품목명	규격	수량	단가	공급가액	비고
12	17	2024귀속 연말정산 해설		1	80,000	80,000	

합계금액	현금	수표	어음	외상미수금	이 금액을	◉ 영수 / ○ 청구	함
80,000	80,000						

03 다음 거래를 일반전표에 입력하시오. 〈20점/각 4점〉

(단, 채권·채무 및 금융 거래는 거래처코드를 입력하고 각 문항별 한 개의 전표번호로 입력한다)

(1) 12월 3일   출장에서 돌아온 직원으로부터 11월 30일에 지급한 출장여비에 대하여 다음과 같이 정산하고 잔액은 현금으로 회수하다.

여비정산서

소 속	영업부	직 위	사 원	성 명	민성일

출장일정	일 시	2024년 11월 30일 ∼ 2024년 12월 02일			
	출장지	전라남도 해남군			
지급받은 금액	₩800,000	사용금액	₩690,000	반납금액	₩110,000
사용내역					
교통 및 숙박비	₩560,000		거래처 선물구입비	₩130,000	

이하 생략

(2) 12월 19일   임시 주주총회의 유상증자 결의에 따라 보통주 3,000주(액면금액 @₩10,000)를 1주당 ₩13,000에 발행하고, 발행 제비용 ₩63,000을 제외한 대금은 당좌예금(국민은행) 계좌에 입금하다.

(3) 12월 21일   장기 투자자금 확보를 위하여 액면금액 ₩30,000,000(액면이자율 : 9%, 유효이자율 : 7%, 만기일 : 2027년 12월 20일, 이자지급일 : 매년 12월 20일)의 사채를 ₩31,621,200에 발행하고 대금은 전액 보통예금(기업은행) 계좌에 입금하다.

(4) 12월 26일   튼튼건설(주)에 의뢰한 신축 매장 1동이 완공되어 7월 2일에 지급한 계약금을 제외한 대금 ₩135,000,000은 2025년 1월말에 지급하기로 하다. 단, 유형자산을 등록하시오.

계정과목(과목명)	자산(코드)	자산(명)	내용연수	상각방법
건 물	6005	판매매장	20	정액법

(5) 12월 29일 보유 중인 토지 전체를 ₩48,000,000에 처분하다. 대금은 중개수수료 ₩1,200,000을 제외한 금액을 계좌로 입금받다.

보통예금 통장 거래 내역

계좌번호 011-1234-1254 행복패션(주)   기업은행

번호	날 짜	내 용	출금액	입금액	잔 액	거래점
1	2024-12-29	토지처분대금		46,800,000	***	***
			이하 생략			

04 다음 기말(12월 31일) 결산정리사항을 회계처리하고 마감하시오. 〈28점/각 4점〉

(1) 자동차 보험료 미경과분을 계상하다. 단, 월할계산에 의한다.

(2) 기말 현재 현금의 장부상 잔액보다 실제 보유액이 ₩12,000 부족하다. 원인은 판명되지 않았다.

(3) 장기투자목적으로 구입한 주식을 1주당 공정가치 ₩9,000으로 평가하다.

(4) 기말 현재 소모품 사용액은 ₩820,000이다.

(5) 매출채권 잔액에 대해 1%의 대손충당금(보충법)을 설정하다.

(6) 모든 비유동자산에 대한 감가상각비를 계상하다.

(7) 기말상품재고액을 입력하고 결산처리하다. 단, 재고평가는 선입선출법으로 한다.

05 다음 사항을 조회하여 번호 순서대로 단답형 답안에 등록하시오. 〈12점/각 2점〉

(1) 2월 1일부터 5월 31일까지 보통예금 예입액은 얼마인가?

(2) 2024년 제1기 부가가치세 예정신고 시 납부(환급)세액은 얼마인가?

(3) 6월 30일 현재 아동점퍼의 재고수량은 몇 개인가?

(4) 1월 1일부터 11월 30일까지 수정패션(주)의 외상매출금 회수액은 얼마인가?

(5) 12월 31일 현재 한국채택국제회계기준(K-IFRS)에 의한 재무상태표에 표시되는 비유동자산의 금액은 얼마인가?

(6) 1월 1일부터 12월 31일까지 한국채택국제회계기준(K-IFRS)에 의한 포괄손익계산서(기능별)에 표시되는 기타수익은 얼마인가?

문제2 ｜ 원가회계

> 지시사항 : '(주)삼정'의 거래자료이며 회계연도는 2024.1.1 ~ 12.31이다.

01 다음의 6월 원가계산 과정을 순서대로 처리하시오. 단, 임금 및 제조경비는 주어진 기초자료에 이미 처리되어 있다. 〈20점/각 4점〉

(1) 6월 14일 다음의 작업지시서를 발행하고, 같은 날 주요자재를 출고하다.

① 작업지시서 내용

지시일자	제품명	작업장	작업지시량(EA)	작업기간
6월 14일	갑제품	제1작업장	400(EA)	6월 14일 ~ 6월 30일
6월 14일	을제품	제2작업장	500(EA)	6월 14일 ~ 7월 13일

② 자재사용(출고)등록
갑제품 작업지시서 : 자재A 500단위 (제1작업장)
을제품 작업지시서 : 자재B 600단위 (제2작업장)

(2) 6월 30일 작업지시서(6월 14일 발행)에 대해 다음과 같이 생산자료를 등록하다.

품 목	완성량(EA)	재공품		작업(투입)시간	작업장
		월말 수량(EA)	작업진행률(완성도, %)		
갑제품	400	–	–	300	제1작업장
을제품	400	100	60	400	제2작업장

(3) 6월의 원가기준정보를 다음과 같이 등록하다.

① 노무비배부기준등록(총근무시간)

관련부문	절단부	조립부
총근무시간	500	500

② 보조부문비배부기준등록

관련부문	절단부	조립부
동력부	50	50
수선부	40	60

③ 작업진행률등록 [을제품 : 50%]

(4) 6월의 실제원가계산을 작업하시오.

　① 기초재공품계산
　② 직접재료비계산
　③ 직접노무비계산
　④ 제조간접비계산
　⑤ 보조부문비배부
　⑥ 제조부문비배부(투입시간기준)
　⑦ 개별원가계산
　⑧ 종합원가계산(평균법)
　⑨ 원가반영작업

(5) 6월의 원가계산 마감한 후 제조원가명세서를 조회하시오. 단, 원 미만은 버림으로 처리한다.

제4회 모의고사

문제1. 재무회계 ☞ 장인가구(주) [회사코드 : 5041]
문제2. 원가회계 ☞ (주)창우산업 [회사코드 : 5042]

문제1 재무회계

지시사항 : '장인가구(주)'의 거래자료이며 회계연도는 2024.1.1 ～ 12.31이다.

01 다음에 제시되는 기준정보를 입력하시오. 〈4점〉

(1) 다음의 신규 거래처를 등록하시오. (각 1점)

거래처(명)	거래처분류(구분)	거래처코드	대표자	사업자등록번호	업태/종목
울릉가구(주)	매출처	02005	김정민	129-81-67897	도소매/사무용가구
파주가구(주)	매입처	03007	박동수	110-81-00664	제조/플라스틱가구

(2) 다음의 신규 상품(품목)을 등록하시오. (2점)

품목코드	품목(품명)	(상세)규격	품목종류(자산)	기본단위(단위명)
404	3단책장	GLS	상 품	EA

02 다음 거래를 매입매출전표에 입력하시오. 〈16점/각 4점〉

(단, 채권·채무 및 금융 거래는 거래처코드를 입력하고 각 문항별 한 개의 전표번호로 입력한다)

(1) 12월 15일 상품을 매입하고 전자세금계산서를 발급받다. 대금 중 ₩45,000,000은 약속어음(어음번호 : 가차90216611, 만기일 : 2025년 2월 22일, 지급은행 : 신한은행)을 발행하여 지급하고, 잔액은 외상으로 하다.

전자세금계산서(공급받는자 보관용)				승인번호	20241215-XXXX02111		
공급자	등록번호	110-81-55742		공급받는자	등록번호	110-81-12345	
	상호	행운가구㈜	성명(대표자) 이행운		상호	장인가구(주)	성명(대표자) 김경영
	사업장주소	서울특별시 서대문구 가좌로 111			사업장주소	서울특별시 구로구 가마산로 134	
	업태	제조	종사업장번호		업태	도매 및 상품중개업	종사업장번호
	종목	가구			종목	캐비넷/일반가구	
	E-Mail	avc123@kcci.com			E-Mail	abc123@exam.com	

작성일자	2024.12.15.	공급가액	54,500,000	세액	5,450,000
비고					

월	일	품목명	규격	수량	단가	공급가액	세액	비고
12	15	강화유리책상	M1	170	250,000	42,500,000	4,250,000	
12	15	철재캐비넷	F1	150	80,000	12,000,000	1,200,000	

합계금액	현금	수표	어음	외상미수금	이 금액을	○ 영수 / ◉ 청구	함
59,950,000			45,000,000	14,950,000			

(2) 12월 22일 상품을 매출하고 전자세금계산서를 발급하다. 대금은 하나카드로 결제받다.

전자세금계산서(공급자 보관용)				승인번호	20241222-XXXX0128		
공급자	등록번호	110-81-12345		공급받는자	등록번호	204-81-13483	
	상호	장인가구(주)	성명(대표자) 김경영		상호	㈜용산사무가구	성명(대표자) 안용산
	사업장주소	서울특별시 구로구 가마산로 134			사업장주소	서울특별시 동대문구 왕산로 26	
	업태	도매 및 상품중개업	종사업장번호		업태	도소매	종사업장번호
	종목	캐비넷/일반가구			종목	가구	
	E-Mail	abc123@exam.com			E-Mail	aabbcc@kcci.com	

작성일자	2024.12.22.	공급가액	37,600,000	세액	3,760,000
비고					

월	일	품목명	규격	수량	단가	공급가액	세액	비고
12	22	중역용의자	C1	90	240,000	21,600,000	2,160,000	
12	22	철재캐비넷	F1	100	160,000	16,000,000	1,600,000	

합계금액	현금	수표	어음	외상미수금	이 금액을	○ 영수 / ◉ 청구	함
41,360,000				41,360,000			

(3) 12월 26일 박솔미에게 상품(강화유리책상 1개)을 판매하고 신용카드매출전표를 발행해 주다.

단말기번호	4523188308	전표번호	
카드종류	현대카드		
회원번호	1234-1234-1234-1234		
유효기간		거래일시	취소시당초거래일
		2024.12.26	
거래유형	승인	품 명	책장
결제방법	일시불	금 액(AMOUNT)	280,000
매장명		부가세(VAT)	28,000
판매자		봉사료(S/C)	
대표자	강대한	합 계(TOTAL)	308,000
알림/NOTICE		승인번호	34452311
가맹점주소	서울특별시 구로구 가마산로 134		
가맹점번호	1234560215		
사업자등록번호	110-81-12345		
가맹점명	대한문고		
문의전화/HELP DESK TEL : 1544-4700 (회원용)		서명/SIGNATURE 박솔미	

(4) 12월 29일 대륙부동산(주)에서 창고 건물 ₩50,000,000(부가세 별도)을 외상으로 구입하고 전자세금계산서를 수령하다. 단, 유형자산을 등록하시오.

자산(코드)	자산(명)	취득수량	내용연수	상각방법
102	창고건물	1	20년	정액법

전자세금계산서(공급받는자 보관용) 승인번호 20241229-XXXX02111

	등록번호	606-81-07362					등록번호	110-81-12345		
공급자	상호	대륙부동산(주)	성명 (대표자)	이대숙		공급받는자	상호	장인가구(주)	성명 (대표자)	김경영
	사업장 주소	서울특별시 서대문구 가좌로 111					사업장 주소	서울특별시 구로구 가마산로 134		
	업태	도소매업	종사업장번호				업태	도매 및 상품중개업	종사업장번호	
	종목	부동산					종목	캐비넷/일반가구		
	E-Mail	78932@kcci.com					E-Mail	abc123@exam.com		

작성일자	2024.12.29.	공급가액	50,000,000	세 액	5,000,000
비고					

월	일	품목명	규격	수량	단가	공급가액	세액	비고
12	29	건물				50,000,000	5,000,000	

합계금액	현금	수표	어음	외상미수금	이 금액을	○ 영수 ● 청구	함
55,000,000				55,000,000			

03 다음 거래를 일반전표에 입력하시오. 〈20점/각 4점〉

(단, 채권·채무 및 금융 거래는 거래처코드를 입력하고 각 문항별 한 개의 전표번호로 입력한다)

(1) 12월 5일 주주총회 결의에 따라 보통주 5,000주(액면금액 @₩5,000)를 1주당 ₩7,000에 매입하여 소각하고 대금은 기업은행 보통예금 계좌에서 이체하다.

(2) 12월 6일 장기투자를 목적으로 유가증권시장에 상장된 (주)네오의 주식 8,000주(액면금액 @₩5,000)를 1주당 ₩4,000에 취득하고, 거래수수료 ₩200,000을 포함한 대금은 기업은행 보통예금 계좌에서 이체하다. 단, 공정가치 변동은 기타포괄손익으로 표시한다.

(3) 12월 14일 (주)그림가구의 어음(어음번호 : 다카91027465, 발행일 : 2024년 11월 13일, 만기일 : 2025년 3월 12일, 지급은행 : 신한은행)을 신한은행에서 할인하고, 할인료 ₩150,000을 제외한 대금은 신한은행 당좌예금 계좌에 입금받다. 단, 차입거래로 처리한다.

(4) 12월 19일 상품을 매출하기로 하고 계약금 ₩6,000,000을 기업은행 보통예금 계좌에 입금받다.

No.

견 적 서

2024 년 12 월 19 일

기쁨가구(주)   귀하

아래와 같이 견적합니다.

공급자	등록번호	110-81-12345		
	상호(법인명)	장인가구(주)	성 명	김 경 영 ㉑
	사업장주소	서울특별시 구로구 가마산로 134		
	업 태	도매 및 상품중개업	종 목	캐비넷/ 일반가구
	전화번호			

합 계 금 액	사천구백오십만원整(₩49,500,000)				
품 명	규 격	수 량	단 가	공급가액	세 액
강화유리책상	SGT	100EA	450,000	45,000,000	4,500,000

이하 생략

(5) 12월 20일 당월 종업원급여 ₩59,000,000 중 소득세 등 ₩5,100,000을 차감한 잔액을 기업은행 보통예금 계좌에서 이체하다.

급여대장

2024년 12월분   장인가구(주)

번 호	사원명	급 여	국민연금	건강보험료	소득세	지방소득세	차감총액	실지불액
1	홍길동	2,500,000	112,500	87,500	75,000	7,500	282,500	2,395,350
2	김길순	2,700,000	121,050	94,500	81,000	8,100	304,650	2,395,350
				– 중 략 –				
합 계		59,000,000	1,810,000	1,288,000	1,820,000	182,000	5,100,000	53,900,000
				이하 생략				

04 다음 기말(12월 31일) 결산정리사항을 회계처리하고 마감하시오. 〈28점/각 4점〉

(1) 자동차 보험료 선급분을 계상하다. 단, 월할계산에 의한다.

(2) 장기대여금에 대한 이자 미수분 ₩250,000을 계상하다.

(3) 단기시세차익을 목적으로 보유 중인 주식의 결산일 현재 공정가치는 ₩12,500,000이다.

(4) 퇴직급여부채를 계상하다. 전체 임직원 퇴직 시 필요한 퇴직금은 ₩53,000,000이며, 퇴직연금에 가입하지 않았다.

(5) 매출채권 잔액에 대해 1%의 대손충당금(보충법)을 설정하다.

(6) 모든 비유동자산에 대한 감가상각비를 계상하다.

(7) 기말상품재고액을 입력하고 결산처리하다. 단, 재고평가는 선입선출법으로 한다.

05 다음 사항을 조회하여 번호 순서대로 단답형 답안을 등록하시오. 〈12점/각 2점〉

(1) 1월 1일부터 4월 30일까지 외상매입금 상환액은 얼마인가?

(2) 1월 1일부터 6월 30일까지 출고수량이 가장 많은 상품의 출고수량은 몇 개인가?

(3) 4월 1일부터 7월 31일까지 영업외비용이 가장 큰 월은 몇 월인가?

(4) 5월 31일 현재 전체 상품의 재고수량 합계는 몇 개인가?

(5) 12월 31일 현재 한국채택국제회계기준(K-IFRS)에 의한 재무상태표에 표시되는 비유동자산의 금액은 얼마인가?

(6) 1월 1일부터 12월 31일까지 한국채택국제회계기준(K-IFRS)에 의한 포괄손익계산서에 표시되는 기타 비용의 금액은 얼마인가?

문제2　원가회계

지시사항 : '(주)창우산업'의 거래자료이며 회계연도는 2024.1.1 ～ 12.31이다.

01 다음의 5월 원가계산 과정을 순서대로 처리하시오. 단, 임금 및 제조경비는 주어진 기초자료에 이미 처리되어 있다. 〈20점/각 4점〉

(1) 5월 10일 다음의 작업지시서를 발행하고, 같은 날 주요자재를 출고하였다.

① 작업지시서 내용

지시일자	제품명	작업장	작업지시량	작업기간
5월 10일	갑제품	제1작업장	240(EA)	5월 10일 ～ 5월 31일
5월 10일	을제품	제2작업장	300(EA)	5월 10일 ～ 6월 11일

② 자재사용(출고)등록

갑제품 작업지시서 : 재료X 100Kg, 재료Y 160Kg (제1작업장)
을제품 작업지시서 : 재료X 240Kg, 재료Z 160Kg (제2작업장)

(2) 5월 31일 작업지시서(5월 10일 발행)에 대해 다음과 같이 생산자료를 등록하다.

품 목	완성량(EA)	재공품		작업(투입)시간	작업장
		월말 수량(EA)	작업진행률(완성도, %)		
갑제품	240	–	–	240	제1작업장
을제품	200	100	40%	160	제2작업장

(3) 5월의 원가기준정보를 다음과 같이 등록하다.

① 노무비배부기준등록(총근무시간)

관련부문	생산1부	생산2부
총근무시간	320	200

② 보조부문비배부기준등록

관련부문	생산1부	생산2부
동력부	60	40
절단부	50	50

③ 작업진행률등록 [을제품 : 40%]

(4) 5월의 실제원가계산을 작업하시오.

① 기초재공품계산
② 직접재료비계산
③ 직접노무비계산
④ 제조간접비계산
⑤ 보조부문비배부
⑥ 제조부문비배부(투입시간기준)
⑦ 개별원가계산
⑧ 종합원가계산(평균법)
⑨ 원가반영작업

(5) 5월의 원가계산 마감한 후 제조원가명세서를 조회하시오. 단, 원 미만은 버림으로 처리한다.

제5회 모의고사

문제1. 재무회계 ☞ 제인닷컴(주) [회사코드 : 5051]
문제2. 원가회계 ☞ (주)나래디지털 [회사코드 : 5052]

문제1　재무회계

지시사항 : '제인닷컴(주)'의 거래자료이며 회계연도는 2024.1.1 ~ 12.31이다.

01　다음에 제시되는 기준정보를 입력하시오. 〈4점〉

(1) 다음의 신규 거래처를 등록하시오. (각 1점)

거래처(명)	거래처분류(구분)	거래처코드	대표자	사업자등록번호	업태/종목
(주)평화전자	매입처(일반)	01004	박수영	104-81-00015	제조업/전자제품
컴유즈(주)	매출처(일반)	02004	유동민	211-81-70124	도매및상품중개업/컴퓨터및주변장치

(2) 다음의 신규 상품(품목)을 등록하시오. (2점)

품목코드	품목(품명)	(상세)규격	품목종류(자산)	기본단위(단위명)
5004	빅타워PC	SIZ	상 품	EA

02 다음 거래를 매입매출전표에 입력하시오. 〈16점/각 4점〉

(단, 채권·채무 및 금융 거래는 거래처코드를 입력하고 각 문항별 한 개의 전표번호로 입력한다)

(1) 12월 3일 ㈜태백에서 상품을 매입하고 전자세금계산서를 발급받다. 대금은 소유하고 있던 매출처 한강(주) 발행의 약속어음(어음번호 : 마바51113333, 만기일 : 2025년 3월 24일, 지급은행 : 기업은행)을 배서양도하고 잔액은 자기앞수표로 지급하다.

<table>
<tr><td colspan="6" rowspan="2">전자세금계산서(공급받는자 보관용)</td><td>승인번호</td><td colspan="2">20241203-XXXX0128</td></tr>
<tr><td colspan="3"></td></tr>
<tr><td rowspan="6">공급자</td><td>등록번호</td><td colspan="3">504-81-56780</td><td rowspan="6">공급받는자</td><td>등록번호</td><td colspan="2">109-81-12345</td></tr>
<tr><td>상호</td><td>㈜태백</td><td>성명
(대표자)</td><td>신태백</td><td>상호</td><td>제인닷컴㈜</td><td>성명
(대표자)</td><td>이제인</td></tr>
<tr><td>사업장
주소</td><td colspan="3">대구광역시 중구 경상감영1길 10</td><td>사업장
주소</td><td colspan="3">서울특별시 서대문구 가재울로 12</td></tr>
<tr><td>업태</td><td colspan="2">제조업</td><td>종사업장번호</td><td>업태</td><td>도매 및 상품중개업</td><td>종사업장번호</td><td></td></tr>
<tr><td>종목</td><td colspan="3">전자제품</td><td>종목</td><td colspan="3">컴퓨터 및 주변장치</td></tr>
<tr><td>E-Mail</td><td colspan="3">avc123@kcci.com</td><td>E-Mail</td><td colspan="3">abc123@exam.com</td></tr>
<tr><td colspan="2">작성일자</td><td colspan="2">2024.12.03.</td><td>공급가액</td><td colspan="2">15,000,000</td><td>세 액</td><td>1,500,000</td></tr>
<tr><td colspan="2">비고</td><td colspan="7"></td></tr>
<tr><td>월</td><td>일</td><td></td><td>품목명</td><td>규격</td><td>수량</td><td>단가</td><td>공급가액</td><td>세액</td><td>비고</td></tr>
<tr><td>12</td><td>3</td><td></td><td>노트북</td><td>GR</td><td>15</td><td>600,000</td><td>9,000,000</td><td>900,000</td><td></td></tr>
<tr><td>12</td><td>3</td><td></td><td>일체형PC</td><td>PR</td><td>15</td><td>400,000</td><td>6,000,000</td><td>600,000</td><td></td></tr>
<tr><td colspan="2">합계금액</td><td colspan="2">현금</td><td>수표</td><td>어음</td><td>외상미수금</td><td colspan="3" rowspan="2">이 금액을　○ 영수　함
　　　　　　○ 청구</td></tr>
<tr><td colspan="2">16,500,000</td><td colspan="2">6,500,000</td><td></td><td>10,000,000</td><td></td></tr>
</table>

(2) 12월 5일   영업용자동차(경차)의 엔진오일을 교체하고 법인신용카드로 결제하다. 단, 일상적 유지와 관련된 지출이며 수익적지출로 처리한다.

단말기번호	5538140224	전표번호	
카드종류	국민카드		
회원번호	4001-1234-1258-4523		
유효기간		거래일시	취소시당초거래일
		2024.12.05	
거래유형	승인	품 명	엔진오일교환
결제방법	일시불	금 액(AMOUNT)	115,000
매장명		부가세(VAT)	11,500
판매자		봉사료(S/C)	
대표자	서서원	합 계(TOTAL)	126,500
알림/NOTICE		승인번호	71188541
가맹점주소	서울특별시 강남구 개포로 214		
가맹점번호	7447523189		
사업자등록번호	120-81-98767		
가맹점명	스피드자동차(주)		
문의전화/HELP DESK TEL : 1544-4700 (회원용)		서명/SIGNATURE 제인닷컴(주)	

(3) 12월 17일   상품을 매출하고 전자세금계산서를 발급하다. 대금 중 ₩18,000,000은 동점발행 당좌수 표로 받고, 잔액은 외상으로 하다.

전자세금계산서(공급자 보관용)   승인번호   20241217-XXXX0128

	등록번호	109-81-12345				등록번호	408-81-34566		
공급자	상호	제인닷컴㈜	성명(대표자)	이제인	공급받는자	상호	한강㈜	성명(대표자)	전한강
	사업장주소	서울특별시 서대문구 가재울로 12				사업장주소	서울특별시 동작구 국사봉10길 10		
	업태	도매 및 상품중개업	종사업장번호			업태	도매 및 상품중개업	종사업장번호	
	종목	컴퓨터 및 주변장치				종목	컴퓨터 및 주변장치		
	E-Mail	abc123@exam.com				E-Mail	aabbcc@kcci.com		

작성일자	2024.12.17.	공급가액	44,000,000	세 액	4,400,000
비고					

월	일	품목명	규격	수량	단가	공급가액	세액	비고
12	17	노트북	GR	30	1,200,000	36,000,000	3,600,000	
12	17	일체형PC	PR	10	800,000	8,000,000	800,000	

합계금액	현금	수표	어음	외상미수금	이 금액을	○ 영수	함
48,400,000		18,000,000		30,400,000		◉ 청구	

(4) 12월 21일 매출처 직원들에게 제공할 선물세트를 구입하고 전자세금계산서를 받다.

전자세금계산서(공급받는자 보관용)							승인번호	20241221-XXXX0141	
공급자	등록번호	104-81-45249			공급받는자	등록번호	109-81-12345		
	상호	홍성백화점㈜	성명(대표자)	최형배		상호	제인닷컴㈜	성명(대표자)	이제인
	사업장주소	서울특별시 중구 서소문로 101				사업장주소	서울특별시 서대문구 가재울로 12		
	업태	도소매	종사업장번호			업태	도매 및 상품중개업	종사업장번호	
	종목	잡화				종목	컴퓨터 및 주변장치		
	E-Mail	hongseongdf@naver.com				E-Mail	abc123@exam.com		
작성일자	2024.12.21.		공급가액	1,000,000		세액	100,000		
비고									

월	일	품목명	규격	수량	단가	공급가액	세액	비고
12	21	종합선물세트		5	200,000	1,000,000	100,000	

합계금액	현금	수표	어음	외상미수금	이 금액을	◉ 영수 ○ 청구	함
1,100,000	1,100,000						

03 다음 거래를 일반전표에 입력하시오. 〈20점/각 4점〉

(단, 채권·채무 및 금융 거래는 거래처코드를 입력하고 각 문항별 한 개의 전표번호로 입력한다)

(1) 12월 4일 11월 26일에 입금된 내용불명의 가수금 전액은 영산(주)의 상품 주문 계약금으로 밝혀지다.

(2) 12월 8일 본사사옥의 건물수리비 ₩400,000과 증축 공사 계약금 ₩8,000,000을 거래처인 상공(주)에 당좌수표(기업은행)를 발행하여 지급하다.

(3) 12월 10일 출장에서 돌아온 직원으로부터 11월에 지급한 여비 개산액에 대하여 다음과 같이 정산하고 차액은 현금으로 회수하다.

여비정산서

소 속	영업부	직 위	사 원	성 명	김성철

출장일정	일 시	2024년 12월 7일 ~ 12월 9일		
	출장지	킨텍스 박람회		
출장비	지급받은 금액	500,000원	실제소요 금액	430,000원

지출내역	금 액
숙박비	200,000
거래처 직원과의 식사비	230,000
이하 생략	

(4) 12월 24일 매출처에 대한 외상대금을 동사발행 약속어음으로 받다.

약 속 어 음

제인닷컴(주) 귀하

마바21119999

금 팔백만원정 8,000,000원

위의 금액을 귀하 또는 귀하의 지시인에게 이 약속어음과 상환하여 지급하겠습니다.

지급기일	2025년 3월 24일	발행일	2024년 12월 24일
지 급 지	기업은행	발행지	서울시 영등포구 대림로 100
지급장소	○○지점	주 소	
		발행인	영산(주)

(5) 12월 26일 임시주주총회 결과 증자를 의결하고 보통주 1,000주(액면금액 @₩10,000)를 1주당 ₩9,000에 발행하고 발행대금은 전액 당좌예금(기업은행) 계좌에 입금하다. 단, 주식발행과 관련한 자본잉여금이 존재한다.

04 다음 기말(12월 31일) 결산정리사항을 회계처리하고 마감하시오. 〈28점/각 4점〉

(1) 8월 1일 상공(주)에 지급한 이자비용 미경과분을 계상하다. 단, 월할계산에 의한다.

(2) 기말 현재 소모품 사용액은 ₩900,000이다.

(3) 현금과부족 계정 잔액 중 ₩300,000은 사회복지공동모금회 후원금 지급 기장이 누락되었고 잔액은 원인이 판명되지 않았다.

(4) 단기시세차익을 목적으로 보유 중인 우수전자(주) 발행 전체주식 200주를 1주당 공정가치 ₩5,000으로 평가하다.

(5) 매출채권 잔액에 대해 1%의 대손충당금(보충법)을 설정하다.

(6) 모든 비유동자산에 대한 감가상각비를 계상하다.

(7) 기말상품재고액을 입력하고 결산처리하다. 단, 재고평가는 선입선출법으로 한다.

05 다음 사항을 조회하여 번호 순서대로 단답형 답안을 등록하시오. 〈12점/각 2점〉

(1) 3월 1일부터 8월 31일까지 모니터의 출고수량은 몇 개인가?

(2) 3월 31일 현재 보통예금 잔액은 얼마인가?

(3) 4월 1일부터 6월 30일까지 대진(주)의 상품매출액은 얼마인가?

(4) 제2기 부가가치세 예정신고 시 납부(환급)세액은 얼마인가?

(5) 12월 31일 현재 한국채택국제회계기준(K-IFRS)에 의한 재무상태표에 표시되는 현금및현금성자산의 금액은 얼마인가?

(6) 1월 1일부터 12월 31일까지 한국채택국제회계기준(K-IFRS)에 의한 포괄손익계산서에 표시되는 매출원가는 얼마인가?

문제2   원가회계

지시사항 : '(주)나래디지털'의 거래자료이며 회계연도는 2024.1.1 ~ 12.31이다.

01 다음의 4월 원가계산 과정을 순서대로 처리하시오. 단, 임금 및 제조경비는 주어진 기초자료에 이미 처리되어 있다. 〈20점/각 4점〉

(1) 4월 23일 다음의 작업지시서를 발행하고, 같은 날 주요자재를 출고하였다.

① 작업지시서 내용

지시일자	제품명	작업장	작업지시량	작업기간
4월 23일	A제품	제1작업장	400(EA)	4월 23일 ~ 4월 30일
4월 23일	B제품	제2작업장	440(EA)	4월 23일 ~ 5월 24일

② 자재사용(출고)등록
　A제품 작업지시서 : 자재aa 400단위 (제1작업장)
　B제품 작업지시서 : 자재bb 440단위 (제2작업장)

(2) 4월 30일 작업지시서(4월 23일 발행)에 대해 다음과 같이 생산자료를 등록하다.

품 목	완성량(EA)	재공품		작업(투입)시간	작업장
		월말 수량(EA)	작업진행률(완성도, %)		
A제품	400	–	–	200	제1작업장
B제품	400	40	40	400	제2작업장

(3) 4월의 원가기준정보를 다음과 같이 등록하다.

① 노무비배부기준등록(총근무시간)

관련부문	생산1부	생산2부
총근무시간	400	480

② 보조부문비배부기준등록

관련부문	생산1부	생산2부
동력부	60	40
조립부	50	50

③ 작업진행률등록 [B제품 : 40%]

(4) 4월의 실제원가계산을 작업하시오.

① 기초재공품계산
② 직접재료비계산
③ 직접노무비계산
④ 제조간접비계산
⑤ 보조부문비배부
⑥ 제조부문비배부(투입시간기준)
⑦ 개별원가계산
⑧ 종합원가계산(평균법)
⑨ 원가반영작업

(5) 4월의 원가계산 마감한 후 제조원가명세서를 조회하시오. 단, 원 미만은 반올림으로 처리한다.

제6회 모의고사

문제1. 재무회계 ☞ 금호악기(주) [회사코드 : 5061]
문제2. 원가회계 ☞ (주)조선케미컬 [회사코드 : 5062]

문제1 | 재무회계

지시사항 : '금호악기(주)'의 거래자료이며 회계연도는 2024.1.1 ∼ 12.31이다.

01 다음에 제시되는 기준정보를 입력하시오. 〈4점〉

(1) 다음의 신규 거래처를 등록하시오. (각 1점)

거래처(명)	거래처분류(구분)	거래처코드	대표자	사업자등록번호	업태/종목
(주)영서악기	매입처	00707	안세영	106-81-11051	제조/전자악기
한솔산업	매출처	00808	최성민	113-45-45681	도소매/악기

(2) 다음의 신규 상품(품목)을 등록하시오. (2점)

품목코드	품목(품명)	(상세)규격	품목종류(자산)	기본단위(단위명)
5004	아코디언	20-9	상품	EA

02 다음 거래를 매입매출전표에 입력하시오. 〈16점/각 4점〉

（단, 채권·채무 및 금융 거래는 거래처코드를 입력하고 각 문항별 한 개의 전표번호로 입력한다）

(1) 12월 7일   상품을 매입하고 대금은 전액 약속어음(어음번호 : 라마90117474, 만기일 : 2025년 3월 15일, 지급은행 : 국민은행)을 발행하여 지급하다.

전자세금계산서					(공급받는자 보관용)		승인번호		20241207-XXXX0128	
공급자	등록번호	106-86-43373				공급받는자	등록번호	617-81-00068		
	상호	명성악기㈜	성명(대표자)	황소라			상호	금호악기㈜	성명(대표자)	박금호
	사업장주소	서울특별시 금천구 독산로 10					사업장주소	경기도 화성시 송산면 개매기길 103		
	업태	도소매		종사업장번호			업태	도매 및 상품중개업	종사업장번호	
	종목	악기					종목	조립식건축물및구조재		
	E-Mail	qwe45@kcci.com					E-Mail	abc123@exam.com		
작성일자	2024.12.07		공급가액	10,500,000			세액	1,050,000		
비고										

월	일	품목명	규격	수량	단가	공급가액	세액	비고
12	7	전자기타	11-3	25	270,000	6,750,000	675,000	
12	7	디지털피아노	12-7	25	150,000	3,750,000	375,000	

합계금액	현금	수표	어음	외상미수금	이 금액을	⊙ 영수 ○ 청구	함
11,550,000			11,550,000				

(2) 12월 8일   상품을 매출하고 대금 중 ₩600,000은 현금으로 받다. 나머지는 동사발행의 약속어음(어음번호 : 가마15859966, 만기일 : 2025년 3월 20일, 지급은행 : 우리은행)으로 받다.

전자세금계산서					(공급자 보관용)		승인번호		20241208-XXXX0128	
공급자	등록번호	617-81-00068				공급받는자	등록번호	137-16-78612		
	상호	금호악기㈜	성명(대표자)	박금호			상호	(주)한성악기	성명(대표자)	진양수
	사업장주소	경기도 화성시 송산면 개매기길 103					사업장주소	서울특별시 중구 남대문로 10		
	업태	도매 및 상품중개업		종사업장번호			업태	도소매	종사업장번호	
	종목	조립식건축물및구조재					종목	건축자재		
	E-Mail	abc123@exam.com					E-Mail	panel123@kcci.com		
작성일자	2024.12.8.		공급가액	6,000,000			세액	600,000		
비고										

월	일	품목명	규격	수량	단가	공급가액	세액	비고
12	8	전자기타		20	300,000	6,000,000	600,000	

합계금액	현금	수표	어음	외상미수금	이 금액을	⊙ 영수 ○ 청구	함
6,600,000	600,000		6,000,000				

(3) 12월 9일 화환을 구입하여 매출처에 접대하고 보통예금(우리은행)에서 이체지급하다.

| 전자계산서 | | | (공급받는자 보관용) | | 승인번호 | 2024120-XXXX0154 |

공급자	등록번호	201-81-01974			공급받는자	등록번호	143-81-31207		
	상호	예쁜꽃집	성명(대표자)	박상현		상호	금호악기㈜	성명(대표자)	박동신
	사업장주소	서울특별시 마포구 대흥로 102				사업장주소	경기도 화성시 송산면 개매기길 103		
	업태	서비스	종사업장번호			업태	도매 및 상품중개업	종사업장번호	
	종목	화환				종목	조립식건축물및구조재		
	E-Mail	qwe45@kcci.com				E-Mail	abc123@exam.com		

작성일자	2024.12.9	공급가액	500,000

비고							

월	일	품목명	규격	수량	단가	공급가액	비고
12	9	화환				500,000	

합계금액	현금	수표	어음	외상미수금	이 금액을	⦿ 영수 ○ 청구	함
500,000	500,000						

(4) 12월 11일 상품(전기하프 4개 개당 @250,000원)을 매입하고 법인신용카드로 결제하다.

단말기번호	4523188307	전표번호	
카드종류	국민카드		
회원번호	6184-8874-1154-6633		
유효기간		거래일시	취소시당초거래일
		2024.12.11	
거래유형	승인	품 명	전기하프 4개
결제방법	일시불	금 액(AMOUNT)	1,000,000
매장명		부가세(VAT)	100,000
판매자		봉사료(S/C)	
대표자	김대한	합 계(TOTAL)	1,100,000
알림/NOTICE		승인번호	34452311
가맹점주소	서울특별시 마포구 마포대로 108		
가맹점번호	7012345881		
사업자등록번호	119-90-46145		
가맹점명	한림악기		
문의전화/HELP DESK		서명/SIGNATURE	
TEL : 1544-4700		금호악기(주)	
(회원용)			

03 다음 거래를 일반전표에 입력하시오. 〈20점/각 4점〉

(단, 채권·채무 및 금융 거래는 거래처코드를 입력하고 각 문항별 한 개의 전표번호로 입력한다)

(1) 12월 3일   삼보악기(주)에 다음 상품을 판매하기로 계약을 체결하고 계약금 ₩500,000을 우리은행 보통예금 계좌로 이체받다.

보통예금 통장 거래 내역

우리은행

번 호	날 짜	내 용	출금액	입금액	잔 액	거래점
		계좌번호 503-456789-123 금호악기				
1	20241203	삼보악기(주)		500,000	***	***
이하 생략						

(2) 12월 4일   진영악기(주)으로부터 상품을 판매하고 받은 어음(어음번호 : 자차20235513, 만기일 : 2025년 2월 15일, 지급은행 : 우리은행)을 우리은행에서 할인하고 할인료 등 제비용을 차감한 잔액 ₩49,130,000은 우리은행 보통예금 계좌로 이체받다. 어음의 할인은 매각거래로 처리한다.

약 속 어 음

금호악기(주) 귀하   자차20235513

금 오천만원정 50,000,000원

위의 금액을 귀하 또는 귀하의 지시인에게 이 약속어음과 상환하여 지급하겠습니다.

지급기일 2025년 2월 15일   발행일 2024년 10월 16일
지 급 지 우리은행   발행지 서울시 성동구 고산자로 123
지급장소 화성지점   주 소
                               발행인 진영악기(주)

(3) 12월 10일 새로운 사업영역 등에 진출하기 위한 자금확보를 위하여 액면금액 ₩20,000,000인 사채(액면이자율 : 10%, 유효이자율 : 12%, 만기 : 2027년 12월 9일, 이자지급일 : 연 2회 5월, 12월)를 ₩19,313,800에 발행하고 대금은 전액 우리은행 보통예금 계좌에 입금하다.

(4) 12월 16일 서울전자(주) 발행의 회사채(만기일 : 2026년 10월 12일)를 ₩9,678,540에 구입하고 대금은 우리은행 보통예금 계좌에서 이체하다. 단, 이자획득을 목적으로만 구입한 것으로 한다.

(5) 12월 21일 영업부 직원들에게 마케팅과 관련한 교육을 실시하고 강사료 ₩1,200,000에 대하여 원천징수분 ₩105,600을 차감한 잔액은 우리은행 보통예금 계좌에서 이체하다.

04 다음 기말(12월 31일) 결산정리사항을 회계처리하고 마감하시오. 〈28점/각 4점〉

(1) 이자수익 선수분을 계상하다. 단, 월할계산에 의한다.

(2) 보험료 선급분을 계상하다. 단, 월할계산에 의한다.

(3) 장기투자목적의 주식은 모두 500주이며 1주당 ₩16,000으로 평가되다.(단, 보유 중인 주식은 직전 연도 결산 시 평가손익이 존재한다)

(4) 결산 당일 현재 장부상의 현금 잔액보다 실제 잔액이 ₩18,000이 부족하며, 원인은 밝혀지지 않았다.

(5) 매출채권 잔액에 대해 1%의 대손충당금(보충법)을 설정하다.

(6) 모든 비유동자산에 대한 감가상각비를 계상하다.

(7) 기말상품재고액을 입력하고 결산처리하다. 단, 재고평가는 선입선출법으로 한다.

05 다음 사항을 조회하여 번호 순서대로 단답형 답안에 등록하시오. 〈12점/각 2점〉

(1) 제1기 부가가치세 예정신고 시 납부(환급)세액은 얼마인가?

(2) 5월부터 9월 중 매출액이 가장 큰 달은 몇 월인가?

(3) 9월 10일 현재 강서악기(주)의 외상매입금 잔액은 얼마인가?

(4) 10월 15일 현재 전기하프의 재고수량은 몇 개인가?

(5) 12월 31일 현재 한국채택국제회계기준(K-IFRS)에 의한 재무상태표에 표시되는 유동부채의 금액은 얼마인가?

(6) 1월 1일부터 12월 31일까지 한국채택국제회계기준(K-IFRS)에 의한 포괄손익계산서에 표시되는 기타 비용은 얼마인가?

문제2　원가회계

지시사항 : '(주)조선케미컬'의 거래자료이며 회계연도는 2024.1.1 ～ 12.31이다.

01 다음의 7월 원가계산 과정을 순서대로 처리하시오. 단, 임금 및 제조경비는 주어진 기초자료에 이미 처리되어 있다. 〈20점/각 4점〉

(1) 7월 4일 다음의 작업지시서를 발행하고, 같은 날 주요자재를 출고하다.

① 작업지시서 내용

지시일자	제품명	작업장	작업지시량(EA)	작업기간
7월 4일	A제품	제1작업장	500	7월 4일 ～ 8월 5일
7월 4일	B제품	제2작업장	200	7월 4일 ～ 7월 31일

② 자재사용(출고)등록

A제품 작업지시서 : A원재료 500(EA) (제1작업장)

C원재료 1,000(EA) (제1작업장)

B제품 작업지시서 : B원재료 400(EA) (제2작업장)

(2) 7월 31일 작업지시서(7월 4일 발행)에 대해 다음과 같이 생산자료를 등록하다.

품 목	완성량(EA)	재공품		작업(투입)시간	작업장
		월말 수량(EA)	작업진행률(완성도, %)		
A제품	400	100	80%	200	제1작업장
B제품	200	–	–	400	제2작업장

(3) 7월의 원가기준정보를 다음과 같이 등록하다.

① 노무비배부기준등록(총근무시간)

관련부문	생산1부	생산2부
총근무시간	250	500

② 보조부문비배부기준등록

관련부문	생산1부	생산2부
바이오부문	20	80
설비부문	60	40

③ 작업진행률등록 [A제품 : 80%]

(4) 7월의 실제원가계산을 작업하시오.

    ① 기초재공품계산

    ② 직접재료비계산

    ③ 직접노무비계산

    ④ 제조간접비계산

    ⑤ 보조부문비배부

    ⑥ 제조부문비배부(투입시간기준)

    ⑦ 개별원가계산

    ⑧ 종합원가계산(평균법)

    ⑨ 원가반영작업

(5) 7월의 원가계산 마감한 후 제조원가명세서를 조회하시오. 단, 원 미만은 버림으로 처리한다.

제7회 모의고사

문제1 재무회계

지시사항 : '에이스가전(주)'의 거래자료이며 회계연도는 2024.1.1 ~ 12.31이다.

01 다음에 제시되는 기준정보를 입력하시오. 〈4점〉

(1) 다음의 신규 거래처를 등록하시오. (각 1점)

거래처(명)	거래처분류(구분)	거래처코드	대표자	사업자등록번호	업태/종목
스마트가전(주)	매출처	3007	김천석	109-81-11652	도소매/사무용가구
웨스턴가전(주)	매입처	2005	강구영	214-81-54327	제조/금속가구

(2) 다음의 신규 상품(품목)을 등록하시오. (2점)

품목코드	품목(품명)	(상세)규격	품목종류(자산)	기본단위(단위명)
5004	커피메이커	CR2	상 품	EA

02 다음 거래를 매입매출전표에 입력하시오. 〈16점/각 4점〉

(단, 채권·채무 및 금융 거래는 거래처코드를 입력하고 각 문항별 한 개의 전표번호로 입력한다)

(1) 12월 20일 상품을 매입하고 전자세금계산서를 발급받다. 대금 중 ₩40,000,000은 보관 중인 (주)고운가전 발행의 약속어음(어음번호 : 다카98742222, 발행일 : 2024년 11월 19일, 만기일 : 2025년 3월 15일, 지급은행 : 신한은행)을 배서양도하고, 잔액은 기업은행 보통예금계좌에서 현금으로 인출하여 지급하다.

전자세금계산서(공급받는자 보관용)					승인번호	20241220-XXXX02111		
공급자	등록번호	206-82-00400			공급받는자	등록번호	305-81-67899	
	상호	(주)다산가전	성명(대표자)	오세진		상호	에이스가전(주)	성명(대표자) 오미래
	사업장주소	경기도 고양시 덕양구 중앙로 110				사업장주소	서울특별시 구로구 가마산로 134	
	업태	제조	종사업장번호			업태	도매 및 상품중개업	종사업장번호
	종목	가구				종목	캐비넷/일반가구	
	E-Mail	avc123@kcci.com				E-Mail	abc123@exam.com	
작성일자	2024.12.20.	공급가액	44,000,000		세 액	4,400,000		

비고							
월	일	품목명	규격	수량	단가	공급가액	세액	비고
12	20	압력밥솥	SGT	200	120,000	24,000,000	2,400,000	
12	20	분쇄기	IRI	250	80,000	20,000,000	2,000,000	

합계금액	현금	수표	어음	외상미수금	이 금액을	● 영수 ○ 청구	함
48,400,000	8,400,000		40,000,000				

(2) 12월 22일 상품을 매출하고 전자세금계산서를 발급하다. 대금 중 ₩45,000,000은 현금으로 받아 신한은행 당좌예금 계좌에 입금하고, 잔액은 외상으로 하다.

전자세금계산서(공급자 보관용)					승인번호	20241222-XXXX0128		
공급자	등록번호	305-81-67899			공급받는자	등록번호	109-14-45432	
	상호	에이스가전(주)	성명(대표자)	오미래		상호	공주마트	성명(대표자) 이공주
	사업장주소	서울특별시 구로구 가마산로 134				사업장주소	서울특별시 은평구 은평로 10	
	업태	도매 및 상품중개업	종사업장번호			업태	소매	종사업장번호
	종목	캐비넷/일반가구				종목	가구	
	E-Mail	abc123@exam.com				E-Mail	aabbcc@kcci.com	
작성일자	2024.12.22.	공급가액	93,000,000		세 액	9,300,000		

비고							
월	일	품목명	규격	수량	단가	공급가액	세액	비고
12	22	압력밥솥	SGT	100	450,000	45,000,000	4,500,000	
12	22	미니오븐	CJR	200	240,000	48,000,000	4,800,000	

합계금액	현금	수표	어음	외상미수금	이 금액을	○ 영수 ● 청구	함
102,300,000	45,000,000			57,300,000			

(3) 12월 24일 사무실 에어컨을 구입하고 전자세금계산서를 발급받다. 대금은 보통예금(기업은행)으로 결제하다. 단, 유형자산을 등록하시오.

전자세금계산서(공급받는자 보관용)					승인번호	20241224-XXXX02111		
공급자	등록번호	105-21-52341			공급받는자	등록번호	305-81-67899	
	상호	(주)다음디지털	성명(대표자)	박영신		상호	에이스가전(주) 성명(대표자)	오미래
	사업장주소	경기도 고양시 덕양구 중앙로 110				사업장주소	서울특별시 구로구 가마산로 134	
	업태	제조	종사업장번호			업태	도매 및 상품중개업 종사업장번호	
	종목	전자제품				종목	캐비넷/일반가구	
	E-Mail	avc70@kcci.com				E-Mail	abc123@exam.com	
작성일자	2024.12.24.		공급가액	44,000,000		세액	4,400,000	

월	일	품목명	규격	수량	단가	공급가액	세액	비고
12	24	에어컨		1	2,000,000	2,000,000	200,000	

합계금액	현금	수표	어음	외상미수금	이 금액을	● 영수	함
2,200,000	2,200,000					○ 청구	

자산코드	자산(명)	내용연수	상각방법	취득수량
606	에어컨	5년	정률법	1대

(4) 12월 27일 거래처 이전을 축하하기 위하여 축하화환을 ₩1,200,000에 구입하고 대금은 현금영수증을 수취하다.

현금영수증

● 거래정보

거래일시	2024-12-27
승인번호	41235634
거래구분	승인거래(지출증빙)
발급수단번호	110-81-12345

● 거래금액

품 목	공급가액	부가세	봉사료	총거래금액
화 환	1,200,000	0	0	1,200,000

● 가맹점 정보

상 호	우리화원
사업자번호	119-90-46145
대표자명	김대림
주 소	서울특별시 마포구 마포대로 108

03 다음 거래를 일반전표에 입력하시오. 〈20점/각 4점〉

(단, 채권·채무 및 금융 거래는 거래처코드를 입력하고 각 문항별 한 개의 전표번호로 입력한다)

(1) 12월 4일   상법에서 정하는 절차에 따라 자기주식 3,000주(액면금액 @₩5,000)를 1주당 ₩7,000에 매입하고, 신한은행 당좌예금 계좌에서 이체하다.

(2) 12월 6일   단기투자를 목적으로 코스닥시장에 상장된 (주)대박의 주식 3,000주(액면금액 @₩1,000)를 1주당 ₩4,000에 취득하다. 거래수수료 ₩50,000을 포함한 대금은 기업은행 보통예금 계좌에서 이체하다.

(3) 12월 10일 지출결의서에 따라 해당 금액을 기업은행 보통예금 계좌에서 납부하다.

<table>
<tr><td colspan="2" rowspan="2" style="text-align:center">지출결의서
2023년 12월 10일</td><td rowspan="2">결
재</td><td>계</td><td>과 장</td><td>부 장</td></tr>
<tr><td>대 한</td><td>상 공</td><td>회 의</td></tr>
<tr><td>번 호</td><td>내 역</td><td colspan="2">금액(원)</td><td colspan="2">비 고</td></tr>
<tr><td>1</td><td>11월분 소득세 등·원천징수분</td><td colspan="2">4,420,000</td><td colspan="2">기업은행(보통) 인출</td></tr>
<tr><td>2</td><td>11월분 회사부담 건강보험료</td><td colspan="2">1,600,000</td><td colspan="2">기업은행(보통) 인출</td></tr>
<tr><td></td><td></td><td colspan="2"></td><td colspan="2"></td></tr>
<tr><td colspan="2" style="text-align:center">계</td><td colspan="2">6,020,000</td><td colspan="2"></td></tr>
</table>

이하 생략

(4) 12월 14일 대박부동산(주)으로부터 물류창고 부지를 구입하기로 하고 계약금을 국민은행 당좌예금 계좌에서 이체하다.

예금 통장 거래 내역

국민은행

번 호	날 짜	내 용	출금액	입금액	잔 액	거래점
1	2024-12-14	대박부동산(주)	25,000,000		***	***

이하 생략

(5) 12월 21일 직원 직무능력 향상을 위한 외부 강사료 ₩5,000,000 중 소득세 등 ₩440,000을 차감한 금액을 현금으로 지급하다.

04 다음 기말(12월 31일) 결산정리사항을 회계처리하고 마감하시오. 〈28점/각 4점〉

(1) 소모품 미사용액 ₩950,000을 계상하다.

(2) 임차료 선급분을 계상하다. 단, 월할계산에 의한다.

(3) 결산일 현재 장기투자목적으로 보유 중인 주식의 공정가치는 ₩42,000,000이다.

(4) 당해 연도 법인세등 총액 ₩8,800,000을 계상하다. 단, 이연법인세는 고려하지 않는다.

(5) 매출채권 잔액에 대해 1%의 대손충당금(보충법)을 설정하다.

(6) 모든 비유동자산에 대한 감가상각비를 계상하다.

(7) 기말상품재고액을 입력하고 결산처리하다. 단, 재고평가는 선입선출법으로 한다.

05 다음 사항을 조회하여 번호 순서대로 단답형 답안을 등록하시오. 〈12점/각 2점〉

(1) 1월 1일부터 6월 30일까지 외상매출금 잔액이 가장 큰 거래처의 금액은 얼마인가?

(2) 2월 1일부터 10월 31일까지 미니오븐의 매입 수량이 가장 많은 월은 몇 월인가?

(3) 제1기 부가가치세 확정신고 시 납부(환급)세액은 얼마인가?

(4) 4월 1일부터 6월 30일까지 현금으로 지출한 판매관리비가 가장 많은 월은 몇 월인가?

(5) 12월 31일 현재 한국채택국제회계기준(K-IFRS)에 의한 재무상태표에 표시되는 유동부채의 금액은 얼마인가?

(6) 1월 1일부터 12월 31일까지 한국채택국제회계기준(K-IFRS)에 의한 포괄손익계산서에 표시되는 매출총이익의 금액은 얼마인가?

지시사항 : '(주)고려상사'의 거래자료이며 회계연도는 2024.1.1 ～ 12.31이다.

01 다음의 11월 원가계산 과정을 순서대로 처리하시오. 단, 임금 및 제조경비는 주어진 기초자료에 이미 처리되어 있다. 〈20점/각 4점〉

(1) 11월 11일 다음의 작업지시서를 발행하고, 같은 날 주요자재를 출고하였다.

① 작업지시서 내용

지시일자	제품명	작업장	작업지시량	작업기간
11월 11일	갑제품	제1작업장	400(EA)	11월 11일 ～ 11월 30일
11월 11일	을제품	제2작업장	160(EA)	11월 11일 ～ 12월 6일

② 자재사용(출고)등록

갑제품 작업지시서 : 재료X 360Kg (제1작업장)

을제품 작업지시서 : 재료Y 200Kg (제2작업장)

재료Z 240Kg (제2작업장)

(2) 11월 30일 작업지시서(11월 11일 발행)에 대해 다음과 같이 생산자료를 등록하다.

품 목	완성량(EA)	재공품		작업(투입)시간	작업장
		월말 수량(EA)	작업진행률(완성도, %)		
갑제품	400	–	–	160	제1작업장
을제품	120	40	50%	200	제2작업장

(3) 11월의 원가기준정보를 다음과 같이 등록하다.

① 노무비배부기준등록(총근무시간)

관련부문	생산1부	생산2부
총근무시간	200	240

② 보조부문비배부기준등록

관련부문	생산1부	생산2부
동력부	60	40
절단부	80	20

③ 작업진행률등록 [을제품 : 50%]

(4) 11월의 실제원가계산을 작업하시오.

    ① 기초재공품계산

    ② 직접재료비계산

    ③ 직접노무비계산

    ④ 제조간접비계산

    ⑤ 보조부문비배부

    ⑥ 제조부문비배부(투입시간기준)

    ⑦ 개별원가계산

    ⑧ 종합원가계산(평균법)

    ⑨ 원가반영작업

(5) 11월의 원가계산 마감한 후 제조원가명세서를 조회하시오. 단, 원 미만은 버림으로 처리한다.

문제1. 재무회계 ☞ 대림어패럴(주) [회사코드 : 5081]
문제2. 원가회계 ☞ (주)전승어패럴 [회사코드 : 5082]

문제1 재무회계

지시사항 : '대림어패럴(주)'의 거래자료이며 회계연도는 2024.1.1 ~ 12.31이다.

01 다음에 제시되는 기준정보를 입력하시오. 〈4점〉

(1) 다음의 신규 거래처를 등록하시오. (각 1점)

거래처(명)	거래처분류(구분)	거래처코드	대표자	사업자등록번호	업태/종목
런던어패럴(주)	매입처(일반)	02005	천명진	101-81-12341	제조/의류
영네트웍스(주)	매출처(일반)	03005	강영수	211-81-70124	도소매/의류

(2) 다음의 신규 상품(품목)을 등록하시오. (2점)

품목코드	품목(품명)	(상세)규격	품목종류(자산)	기본단위(단위명)
5004	스카프	C2	상 품	EA

02 다음 거래를 매입매출전표에 입력하시오. 〈16점/각 4점〉

(단, 채권 · 채무 및 금융 거래는 거래처코드를 입력하고 각 문항별 한 개의 전표번호로 입력한다)

(1) 12월 1일   상품을 매입하고 전자세금계산서를 발급받다. 대금 중 ₩5,000,000은 11월 27일 계약금으로 선지급하였다.

전자세금계산서(공급받는자 보관용)					승인번호		20241201-XXXX0128	

공급자	등록번호	134-81-88235			공급받는자	등록번호	220-81-10101	
	상호	동강어패럴㈜	성명 (대표자)	유동강		상호	대림어패럴㈜	성명 (대표자)	민정수
	사업장 주소	서울특별시 구로구 경인로 100				사업장 주소	서울특별시 강남구 테헤란로 101	
	업태	제조	종사업장번호			업태	도소매	종사업장번호
	종목	의류				종목	의류	
	E-Mail	avc123@kcci.com				E-Mail	abc123@exam.com	

작성일자	2024.12.01.	공급가액	13,800,000	세 액	1,380,000

비고							
월	일	품목명	규격	수량	단가	공급가액	세액	비고
12	01	남성 점퍼	M1	80	110,000	8,800,000	880,000	
12	01	아동 점퍼	C1	50	100,000	5,000,000	500,000	

합계금액	현금	수표	어음	외상미수금	이 금액을	○ 영수 ● 청구	함
15,180,000	5,000,000			10,180,000			

(2) 12월 4일   상품을 매출하고 전자세금계산서를 발급하다. 대금 중 ₩2,000,000은 보통예금(기업은행) 계좌로 입금받다.

전자세금계산서(공급자 보관용)					승인번호		20241204-XXXX0128	

공급자	등록번호	220-81-10101			공급받는자	등록번호	210-81-68227	
	상호	대림어패럴㈜	성명 (대표자)	민정수		상호	수정패션㈜	성명 (대표자)	박수정
	사업장 주소	서울특별시 강남구 테헤란로 101				사업장 주소	서울특별시 도봉구 도당로 100	
	업태	도소매	종사업장번호			업태	도소매	종사업장번호
	종목	의류				종목	의류	
	E-Mail	abc123@exam.com				E-Mail	aabbcc@kcci.com	

작성일자	2024.12.04.	공급가액	22,875,000	세 액	2,287,500

비고							
월	일	품목명	규격	수량	단가	공급가액	세액	비고
12	04	남성 점퍼	M1	25	220,000	5,500,000	550,000	
12	04	여성 점퍼	F1	25	275,000	6,875,000	687,500	
12	04	아동 점퍼	C1	50	210,000	10,500,000	1,050,000	

합계금액	현금	수표	어음	외상미수금	이 금액을	○ 영수 ● 청구	함
25,162,500	2,000,000			23,162,500			

(3) 12월 14일 거래처 개업을 축하하기 위해서 화환을 구입하고 전자계산서를 발급받다.

전자계산서			(공급받는자 보관용)			승인번호	20241214-XXXX0128		
공급자	등록번호	135-25-65675			공급받는자	등록번호	220-81-10101		
	상호	우수마트	성명(대표자)	최우수		상호	대림어패럴㈜	성명(대표자)	민정수
	사업장주소	경기도 수원시 장안구 창룡대로 153				사업장주소	서울특별시 강남구 테헤란로 101		
	업태	소매업	종사업장번호			업태	도소매	종사업장번호	
	종목	종합, 문구, 잡화				종목	의류		
	E-Mail	woosoomart@daum.net				E-Mail	abc123@exam.com		
작성일자		2024.12.14		공급가액			100,000		
비고									

월	일	품목명	규격	수량	단가	공급가액	비고
12	14	개업축하화환		1	100,000	100,000	

합계금액	현금	수표	어음	외상미수금	이 금액을	⊙ 영수 ○ 청구	함
100,000	100,000						

(4) 12월 21일 소모품을 구입하고 전자세금계산서를 발급받다. 단, 비용으로 처리하시오.

전자세금계산서(공급받는자 보관용)				승인번호	20241221-XXXX0109		
공급자	등록번호	218-81-19448		공급받는자	등록번호	220-81-10101	
	상호	백두어패럴㈜	성명(대표자) 최백두		상호	대림어패럴㈜	성명(대표자) 민정수
	사업장주소	서울특별시 종로구 북촌로 102			사업장주소	서울특별시 강남구 테헤란로 101	
	업태	제조	종사업장번호		업태	도소매	종사업장번호
	종목	의류			종목	의류	
	E-Mail	backdoofas@naver.com			E-Mail	abc123@exam.com	
작성일자	2024.12.21.	공급가액	600,000	세액	60,000		
비고							

월	일	품목명	규격	수량	단가	공급가액	세액	비고
12	21	소모품				600,000	60,000	

합계금액	현금	수표	어음	외상미수금	이 금액을	⊙ 영수 ○ 청구	함
660,000	660,000						

03 다음 거래를 일반전표에 입력하시오. 〈20점/각 4점〉

(단, 채권·채무 및 금융 거래는 거래처코드를 입력하고 각 문항별 한 개의 전표번호로 입력한다)

(1) 12월 3일   튼튼건설(주)에 의뢰하여 건설 중인 매장의 1차 중도금을 이체하다.

보통예금 통장 거래 내역

계좌번호 011-1234-1254 대림어패럴(주)   기업은행

번 호	날 짜	내 용	출금액	입금액	잔 액	거래점
1	2024-12-03	중도금지급	₩15,000,000		***	***
이하 생략						

(2) 12월 5일   보관중인 약속어음을 국민은행에서 할인받고, 할인료 ₩396,000을 제외한 대금은 당좌예금(국민은행) 계좌로 이체받다. 단, 매각 거래로 처리한다.

약 속 어 음

대림어패럴(주) 귀하   마바20000603

금 **이천일백팔십육만원정** 21,860,000원

위의 금액을 귀하 또는 귀하의 지시인에게 이 약속어음과 상환하여 지급하겠습니다.

지급기일 2025년 2월 16일   발행일 2024년 11월 16일
지 급 지 국민은행   발행지 서울 종로구 낙산5길 17-14
지급장소 ○○지점   주 소
                                발행인 강남패션(주)

(3) 12월 16일 단기시세차익을 목적으로 (주)미림의 발행 주식 300주(액면금액 @₩5,000)를 1주당 ₩12,000에 구입하고, 구입수수료 ₩20,000을 포함한 대금은 당좌예금(국민은행) 계좌에서 이체하다.

(4) 12월 24일 액면금액 ₩10,000,000(액면이자율 : 10%, 유효이자율 : 12%, 만기일 : 2027년 12월 23일, 이자지급일 : 매년 12월 23일)의 사채를 ₩9,540,200에 발행하고 사채발행비 ₩90,000을 제외한 잔액은 보통예금(기업은행) 계좌에 입금하다.

(5) 12월 28일 튼튼건설(주)에서 임대 수익을 목적으로 오피스텔 1동을 ₩28,000,000에 구입하다. 대금 중 ₩15,000,000은 보통예금(기업은행) 계좌에서 이체하고, 잔액은 다음 달 말일까지 지급하기로 한다.

04 다음 기말(12월 31일) 결산정리사항을 회계처리하고 마감하시오. 〈28점/각 4점〉

(1) 기말 현재 소모품 사용액은 ₩1,230,000이다.

(2) 토지를 ₩38,000,000으로 재평가하다.

(3) 자동차 보험료 미경과분을 계상하다. 단, 월할계산에 의한다.

(4) 장기투자목적으로 구입한 주식을 ₩9,200,000으로 평가하다.

(5) 매출채권 잔액에 대해 1%의 대손충당금(보충법)을 설정하다.

(6) 모든 비유동자산에 대한 감가상각비를 계상하다.

(7) 기말상품재고액을 입력하고 결산처리하다. 단, 재고평가는 선입선출법으로 한다.

05 다음 사항을 조회하여 번호 순서대로 단답형 답안에 등록하시오. 〈12점/각 2점〉

(1) 1월 1일부터 6월 30일까지 남성 점퍼의 출고수량은 몇 개인가?

(2) 7월 1일부터 10월 31일까지 판매비와관리비의 현금지출액은 얼마인가?

(3) 2024년 제2기 부가가치세 예정신고 시 과세표준은 얼마인가?

(4) 11월 30일 현재 설악어패럴(주)에 대한 외상매입금 잔액은 얼마인가?

(5) 12월 31일 현재 한국채택국제회계기준(K-IFRS)에 의한 재무상태표에 표시되는 유동자산의 금액은 얼마인가?

(6) 1월 1일부터 12월 31일까지 한국채택국제회계기준(K-IFRS)에 의한 포괄손익계산서(기능별)에 표시되는 영업이익은 얼마인가?

지시사항 : '(주)전승어패럴'의 거래자료이며 회계연도는 2024.1.1 ~ 12.31이다.

01 다음의 6월 원가계산 과정을 순서대로 처리하시오. 단, 임금 및 제조경비는 주어진 기초자료에 이미 처리되어 있다. 〈20점/각 4점〉

(1) 6월 15일 다음의 작업지시서를 발행하고, 같은 날 주요자재를 출고하다.

① 작업지시서 내용

지시일자	제품명	작업장	작업지시량	작업기간
6월 15일	갑제품	제1작업장	200(EA)	6월 15일 ~ 6월 30일
6월 15일	을제품	제2작업장	500(EA)	6월 15일 ~ 7월 13일

② 자재사용(출고)등록

갑제품 작업지시서 : 자재A 200단위 (제1작업장)

을제품 작업지시서 : 자재B 500단위 (제2작업장)

(2) 6월 30일 작업지시서(6월 15일 발행)에 대해 다음과 같이 생산자료를 등록하다.

품목	완성량(EA)	재공품		작업(투입)시간	작업장
		월말 수량(EA)	작업진행률(완성도, %)		
갑제품	200	–	–	200	제1작업장
을제품	400	100	50	400	제2작업장

(3) 6월의 원가기준정보를 다음과 같이 등록하다.

① 노무비배부기준등록(총근무시간)

관련부문	절단부	조립부
총근무시간	400	400

② 보조부문비배부기준등록

관련부문	절단부	조립부
동력부	50	50
수선부	40	60

③ 작업진행률등록 [을제품 : 50%]

PART 3

(4) 6월의 실제원가계산을 작업하시오.

    ① 기초재공품계산

    ② 직접재료비계산

    ③ 직접노무비계산

    ④ 제조간접비계산

    ⑤ 보조부문비배부

    ⑥ 제조부문비배부(투입시간기준)

    ⑦ 개별원가계산

    ⑧ 종합원가계산(평균법)

    ⑨ 원가반영작업

(5) 6월의 원가계산 마감한 후 제조원가명세서를 조회하시오. 단, 원 미만은 버림으로 처리한다.

제9회 모의고사

문제1. 재무회계 ☞ 미래컴퓨터(주) [회사코드 : 5091]
문제2. 원가회계 ☞ (주)태능전자 [회사코드 : 5092]

문제1 재무회계

지시사항 : '미래컴퓨터(주)'의 거래자료이며 회계연도는 2024.1.1 ～ 12.31이다.

01 다음에 제시되는 기준정보를 입력하시오. 〈4점〉

(1) 다음의 신규 거래처를 등록하시오. (각 1점)

거래처(명)	거래처분류(구분)	거래처코드	대표자	사업자등록번호	업태/종목
(주)호금전자	매입처(일반)	01004	천일우	104-81-00015	제조업/전자제품
우주컴(주)	매출처(일반)	02004	선지경	211-81-70124	도매및상품중개업/컴퓨터및주변장치

(2) 다음의 신규 상품(품목)을 등록하시오. (2점)

품목코드	품목(품명)	(상세)규격	품목종류(자산)	기본단위(단위명)
5004	미니PC	SIZ	상 품	EA

02 다음 거래를 매입매출전표에 입력하시오. 〈16점/각 4점〉

　　(단, 채권·채무 및 금융 거래는 거래처코드를 입력하고 각 문항별 한 개의 전표번호로 입력한다)

(1) 12월 2일　소모품을 구입하고 전자세금계산서를 발급받다. 단, 소모품의 구입은 자산으로 처리한다.

전자세금계산서(공급받는자 보관용)								승인번호	20241202-XXXX0128	
공급자	등록번호	504-81-56780				공급받는자	등록번호	109-81-12345		
	상호	㈜태백	성명(대표자)	신태백			상호	미래컴퓨터㈜	성명(대표자)	천동양
	사업장주소	대구광역시 중구 경상감영 1길 10					사업장주소	서울특별시 서대문구 가재울로 12		
	업태	제조업	종사업장번호				업태	도매 및 상품중개업	종사업장번호	
	종목	전자제품					종목	컴퓨터 및 주변장치		
	E-Mail	taeback@naver.com					E-Mail	abc123@exam.com		
작성일자	2024.12.02.	공급가액		480,000		세액		48,000		
비고										

월	일	품목명	규격	수량	단가	공급가액	세액	비고
12	2	소모품				480,000	48,000	

합계금액	현금	수표	어음	외상미수금	이 금액을	⊙ 영수 / ○ 청구	함
528,000	528,000						

(2) 12월 7일　상품을 매입하고 전자세금계산서를 발급받다. 대금은 11월 29일에 지급한 계약금을 차감하고, 잔액은 약속어음(어음번호 : 가나11000006, 만기일 : 2025년 3월 7일, 지급은행 : 기업은행)을 발행하여 지급하다.

전자세금계산서(공급받는자 보관용)								승인번호	20241207-XXXX0128	
공급자	등록번호	218-81-19448				공급받는자	등록번호	109-81-12345		
	상호	㈜설악	성명(대표자)	민설악			상호	미래컴퓨터㈜	성명(대표자)	천동양
	사업장주소	경기 안산시 단원구 중앙대로 140					사업장주소	서울특별시 서대문구 가재울로 12		
	업태	제조업	종사업장번호				업태	도매 및 상품중개업	종사업장번호	
	종목	전자제품					종목	컴퓨터 및 주변장치		
	E-Mail	avc123@kcci.com					E-Mail	abc123@exam.com		
작성일자	2024.12.07.	공급가액		14,000,000		세액		1,400,000		
비고										

월	일	품목명	규격	수량	단가	공급가액	세액	비고
12	7	노트북	GR	10	600,000	6,000,000	600,000	
12	7	일체형PC	PR	10	400,000	4,000,000	400,000	
12	7	모니터	LR	20	200,000	4,000,000	400,000	

합계금액	현금	수표	어음	외상미수금	이 금액을	⊙ 영수 / ○ 청구	함
15,400,000	2,500,000		12,900,000				

(3) 12월 15일 상품을 매출하고 전자세금계산서를 발급하다. 대금 중 ₩15,000,000은 동점발행 당좌수
표로 받고, 잔액은 보통예금(국민은행) 계좌로 이체받다.

전자세금계산서(공급자 보관용)							승인번호	20241215-XXXX0128		
공급자	등록번호	109-81-12345				공급받는자	등록번호	104-81-12340		
	상호	미래컴퓨터㈜	성명(대표자)	천동양			상호	낙동㈜	성명(대표자)	이낙동
	사업장주소	서울특별시 서대문구 가재울로 12					사업장주소	서울특별시 중구 남대문로 10		
	업태	도매 및 상품중개업	종사업장번호				업태	도매 및 상품중개업	종사업장번호	
	종목	컴퓨터 및 주변장치					종목	컴퓨터 및 주변장치		
	E-Mail	abc123@exam.com					E-Mail	aabbcc@kcci.com		
작성일자		2024.12.15.	공급가액	36,000,000			세액	3,600,000		
비고										

월	일	품목명	규격	수량	단가	공급가액	세액	비고
12	15	노트북	GR	20	1,200,000	24,000,000	2,400,000	
12	15	모니터	LR	30	400,000	12,000,000	1,200,000	

합계금액	현금	수표	어음	외상미수금	이 금액을	● 영수	함
39,600,000	24,600,000	15,000,000				○ 청구	

(4) 12월 20일 당월분 사무실 임차료를 지급하고 전자세금계산서를 발급받다.

전자세금계산서(공급받는자 보관용)							승인번호	20241220-XXXX0077		
공급자	등록번호	220-81-43219				공급받는자	등록번호	109-81-12345		
	상호	영일유통㈜	성명(대표자)	이영일			상호	미래컴퓨터㈜	성명(대표자)	천동양
	사업장주소	서울특별시 관악구 문성로 100					사업장주소	서울특별시 서대문구 가재울로 12		
	업태	도소매	종사업장번호				업태	도매 및 상품중개업	종사업장번호	
	종목	건축자재					종목	컴퓨터 및 주변장치		
	E-Mail	youngil@naver.com					E-Mail	abc123@exam.com		
작성일자		2024.12.20.	공급가액	400,000			세액	40,000		
비고										

월	일	품목명	규격	수량	단가	공급가액	세액	비고
12	20	사무실 월세				400,000	40,000	

합계금액	현금	수표	어음	외상미수금	이 금액을	● 영수	함
440,000	440,000					○ 청구	

03 다음 거래를 일반전표에 입력하시오. 〈20점/각 4점〉

(단, 채권·채무 및 금융 거래는 거래처코드를 입력하고 각 문항별 한 개의 전표번호로 입력한다)

(1) 12월 4일 현금과부족의 원인이 다음과 같이 잘못 처리한 것으로 밝혀지다.

통신비 ₩250,000을 ₩50,000으로 잘못 입력 영업부 직원 회식비 ₩150,000 지급 기장 누락

(2) 12월 10일 단기시세차익을 목적으로 보유하고 있던 우수전자(주) 발행의 잔여 주식 200주를 1주당 ₩15,000에 처분하고 매도수수료 ₩18,000을 제외한 대금은 보통예금(국민은행) 계좌로 입금되다.

(3) 12월 14일 상공(주)에 보유하고 있는 건물 증축 공사를 의뢰하고 공사 계약금을 이체하여 지급하다.

보통예금 통장 거래 내역

계좌번호 321-65-987 미래컴퓨터(주)   국민은행

번 호	날 짜	내 용	출금액	입금액	잔 액	거래점
1	2024-12-14	상공(주)	2,000,000		***	***
이하 생략						

(4) 12월 17일 매출처 영산(주) 발행의 약속어음(어음번호 : 마바21116666, 발행일 : 2024년 9월 17일, 만기일 : 2024년 12월 17일, 지급은행 : 기업은행) ₩10,000,000이 만기가 되어 당좌예금(기업은행) 계좌에 입금되다.

(5) 12월 26일 12월 업무와 관련하여 다음에 해당하는 비용을 지출하다.

지출결의서 2024년 12월 26일		결 재	계	과 장	부 장
			대 한	상 공	회 의

번 호	적 요	금액(원)	비 고
1	연말 불우이웃돕기 성금	340,000	현금 지급
2	신문 광고료	1,500,000	현금 지급
합 계		1,840,000	
이하 생략			

04 다음 기말(12월 31일) 결산정리사항을 회계처리하고 마감하시오. 〈28점/각 4점〉

(1) 기말 현재 소모품 미사용액은 ₩200,000이다.

(2) 보험료 선급분을 계상하다. 단, 월할계산에 의한다.

(3) 정기예금(신한은행)에 대한 이자 미수분을 계상하다. 단, 월할계산에 의한다.

(4) 장기투자목적으로 보유 중인 미래건설(주) 발행 주식 500주(장부금액 @₩10,000)를 1주당 공정가치 ₩14,000으로 평가하다.

(5) 매출채권 잔액에 대해 1%의 대손충당금(보충법)을 설정하다.

(6) 모든 비유동자산에 대한 감가상각비를 계상하다.

(7) 기말상품재고액을 입력하고 결산처리하다. 단, 재고평가는 선입선출법으로 한다.

05 다음 사항을 조회하여 번호 순서대로 단답형 답안을 등록하시오. 〈12점/각 2점〉

(1) 4월 30일 현재 노트북의 재고수량은 몇 개인가?

(2) 1월 1일부터 5월 31일까지 (주)금강의 외상매입금 발생액은 얼마인가?

(3) 2월 1일부터 5월 31일까지 당좌예금 인출액은 얼마인가?

(4) 제2기 부가가치세 예정신고 시 과세표준은 얼마인가?

(5) 12월 31일 현재 한국채택국제회계기준(K-IFRS)에 의한 재무상태표에 표시되는 유동자산의 금액은 얼마인가?

(6) 1월 1일부터 12월 31일까지 한국채택국제회계기준(K-IFRS)에 의한 포괄손익계산서에 표시되는 판매비와관리비는 얼마인가?

지시사항 : '(주)태능전자'의 거래자료이며 회계연도는 2024.1.2 ~ 12.31이다.

01 다음의 4월 원가계산 과정을 순서대로 처리하시오. 단, 임금 및 제조경비는 주어진 기초자료에 이미 처리되어 있다. 〈20점/각 4점〉

(1) 4월 10일 다음의 작업지시서를 발행하고, 같은 날 주요자재를 출고하였다.

① 작업지시서 내용

지시일자	제품명	작업장	작업지시량	작업기간
4월 10일	A제품	제1작업장	250(EA)	4월 10일 ~ 4월 30일
4월 10일	B제품	제2작업장	200(EA)	4월 10일 ~ 5월 4일

② 자재사용(출고)등록

A제품 작업지시서 : 자재aa 250단위 (제1작업장)

B제품 작업지시서 : 자재bb 200단위 (제2작업장)

(2) 4월 30일 작업지시서(4월 10일 발행)에 대해 다음과 같이 생산자료를 등록하다.

품 목	완성량(EA)	재공품		작업(투입)시간	작업장
		월말 수량(EA)	작업진행률(완성도, %)		
A제품	250	–	–	200	제1작업장
B제품	150	50	50	200	제2작업장

(3) 4월의 원가기준정보를 다음과 같이 등록하다.

① 노무비배부기준등록(총근무시간)

관련부문	생산1부	생산2부
총근무시간	400	400

② 보조부문비배부기준등록

관련부문	생산1부	생산2부
동력부	20	80
조립부	40	60

③ 작업진행률등록 [B제품 : 50%]

(4) 4월의 실제원가계산을 작업하시오.

    ① 기초재공품계산

    ② 직접재료비계산

    ③ 직접노무비계산

    ④ 제조간접비계산

    ⑤ 보조부문비배부

    ⑥ 제조부문비배부(투입시간기준)

    ⑦ 개별원가계산

    ⑧ 종합원가계산(평균법)

    ⑨ 원가반영작업

(5) 4월의 원가계산 마감한 후 제조원가명세서를 조회하시오. 단, 원 미만은 버림으로 처리한다.

제10회 모의고사

문제1. 재무회계 ☞ 다람거울(주) [회사코드 : 5101]
문제2. 원가회계 ☞ (주)광동전자 [회사코드 : 5102]

문제1 | 재무회계

지시사항 : '다람거울(주)'의 거래자료이며 회계연도는 2024.1.1 ~ 12.31이다.

01 다음에 제시되는 기준정보를 입력하시오. 〈4점〉

(1) 다음의 신규 거래처를 등록하시오. (각 1점)

거래처(명)	거래처분류(구분)	거래처코드	대표자	사업자등록번호	업태/종목
(주)미래거울	매입처	02008	김나래	109-81-12345	제조/유리및거울
(주)반짝거울	매출처	03008	이시진	110-86-62909	도소매/거울

(2) 다음의 신규 상품(품목)을 등록하시오. (2점)

품목코드	품목(품명)	(상세)규격	품목종류(자산)	기본단위(단위명)
5004	5단 거울	EOP	상 품	EA

02 다음 거래를 매입매출전표에 입력하시오. 〈16점/각 4점〉

(단, 채권·채무 및 금융 거래는 거래처코드를 입력하고 각 문항별 한 개의 전표번호로 입력한다)

(1) 12월 6일   (주)경기거울로부터 다음 상품을 매입하고 전자세금계산서를 발급받다. 대금 중 ₩5,000,000은 약속어음을 발행(어음번호 : 나다94965233, 만기일 : 2025.03.13, 지급은행 : 신한은행)하여 지급하고, 잔액은 외상으로 하다.

전자세금계산서(공급받는자 보관용)				승인번호		20241206-XXXX0128	
공급자	등록번호	112-04-29725		공급받는자	등록번호	741-81-54552	
	상호	㈜경기거울	성명(대표자) 장미란		상호	다람거울㈜	성명(대표자) 한겨울
	사업장주소	인천광역시 중구 개항로 10			사업장주소	서울특별시 서대문구 가재울로 12	
	업태	제조업	종사업장번호		업태	도소매	종사업장번호
	종목	전자제품			종목	거울등	
	E-Mail	avc123@kcci.com			E-Mail	abc123@exam.com	
작성일자	2024.12.06.		공급가액	10,000,000	세 액	1,000,000	
비고							

월	일	품목명	규격	수량	단가	공급가액	세액	비고
12	6	손거울	DOL	300	20,000	6,000,000	600,000	
12	6	전신거울	WOF	100	40,000	4,000,000	400,000	

합계금액	현금	수표	어음	외상미수금	이 금액을	● 영수	함
11,000,000			5,000,000	6,000,000		○ 청구	

(2) 12월 9일   업무 관련 도서를 구입하고 전자계산서를 발급받고 당좌수표(우리은행)를 발행하여 지급하다.

전자계산서			(공급받는자 보관용)		승인번호	20241209-XXXX0154	
공급자	등록번호	217-81-15304		공급받는자	등록번호	741-81-54552	
	상호	가나문고	성명(대표자) 오대림		상호	다람거울㈜	성명(대표자) 한겨울
	사업장주소	서울특별시 마포구 대흥로 102			사업장주소	서울특별시 서대문구 가재울로 12	
	업태	출판업	종사업장번호		업태	도소매	종사업장번호
	종목	도서 등			종목	거울등	
	E-Mail	qwe45@kcci.com			E-Mail	abc123@exam.com	
작성일자	2024.12.9			공급가액	4,000,000		
비고							

월	일	품목명	규격	수량	단가	공급가액	비고
12	9	도서				4,000,000	

합계금액	현금	수표	어음	외상미수금	이 금액을	● 영수	함
4,000,000		4,000,000				○ 청구	

(3) 12월 22일 복사용지를 구입하고 현금으로 결제한 뒤 현금영수증을 수취하다. 복사용지는 비용으로 처리하시오.

현금영수증

● 거래정보

거래일시	2024-12-22
승인번호	41235634
거래구분	승인거래(지출증빙)
발급수단번호	741-81-54552

● 거래금액

품 목	공급가액	부가세	봉사료	총거래금액
복사용지	200,000	20,000	0	220,000

● 가맹점 정보

상 호	(주)제일상사
사업자번호	103-81-00119
대표자명	성진영
주 소	서울특별시 마포구 마포대로 108

(4) 12월 24일 (주)대성거울에 다음 상품을 매출하고 전자세금계산서를 발급하다.

전자세금계산서(공급자 보관용)

승인번호 20241224-XXXX0128

공급자	등록번호	741-81-54552			공급받는자	등록번호	101-81-00146		
	상호	다람거울㈜	성명(대표자)	한겨울		상호	(주)대성거울	성명(대표자)	박대성
	사업장주소	서울특별시 서대문구 가재울로 12				사업장주소	서울특별시 중구 남대문로 10		
	업태	도소매	종사업장번호			업태	도매 및 상품중개업	종사업장번호	
	종목	거울등				종목	컴퓨터 및 주변장치		
	E-Mail	abc123@exam.com				E-Mail	aabbcc@kcci.com		

작성일자	2024.12.24.	공급가액	20,000,000	세 액	2,000,000
비고					

월	일	품목명	규격	수량	단가	공급가액	세액	비고
12	24	손거울	DOL	100	50,000	5,000,000	500,000	
12	24	대형거울	CFF	150	100,000	15,000,000	1,500,000	

합계금액	현금	수표	어음	외상미수금	이 금액을	⊙ 영수	함
22,000,000				22,000,000		○ 청구	

03 다음 거래를 일반전표에 입력하시오. 〈20점/각 4점〉

(단, 채권·채무 및 금융 거래는 거래처코드를 입력하고 각 문항별 한 개의 전표번호로 입력한다)

(1) 12월 1일   만기까지 보유할 목적으로 (주)동성전자에서 발행한 회사채 1,000좌(액면 @₩10,000, 만기일 : 2027년 11월 30일, 표시이자율 : 3%)를 ₩9,700,000에 취득하고, 거래수수료 ₩25,000을 포함한 대금은 기업은행 보통예금 계좌에서 이체하다.

(2) 12월 10일 (주)한성거울의 부도로 동사에 대한 외상매출금 ₩1,000,000과 단기대여금 ₩2,000,000을 전액 대손처리하다.

(3) 12월 18일 가지급금 전액은 대표자 해외 출장을 위한 선지급액이다. 사용내역은 다음과 같으며, 사용 내역을 확인 후 출장비가 아닌 금액과 잔액은 현금으로 정산하다.

| 항공권 : ₩1,500,000,   출장 식대 : ₩1,650,000,   자녀 선물 : ₩500,000 |

(4) 12월 19일 기업은행 보통예금 계좌에 세금 ₩15,400을 제외한 ₩84,600의 이자가 입금되다.

보통예금 통장 거래 내역

기업은행

번호	날짜	내용	출금액	입금액	잔액	거래점
		계좌번호 *** − ****** − *** 다람거울(주)				
1	20241219	이자입금		84,600	***	***
이하 생략						

(5) 12월 30일 자기주식 200주 중 100주를 1주당 ₩11,000에 처분하고, 수수료 ₩30,000을 차감한 금액을 기업은행 보통예금 계좌에 입금하다.

04 다음 기말(12월 31일) 결산정리사항을 회계처리하고 마감하시오. 〈28점/각 4점〉

(1) 자동차 보험료 선급분을 계상하다. 단, 월할계산에 의한다.

(2) 12월 1일 투자한 (주)동성전자 회사채에 대해 결산일 현재 이자수익을 계상하다. 단, 유효이자율은 5%이며, 이자계산은 월할계산에 의하고 소수점 첫째 자리에서 반올림한다.

(3) 결산 당일 현금실사 결과 실제 현금이 장부상 현금보다 ₩30,000 부족함을 발견하다. 분석 결과 ₩50,000은 영업부의 시내교통비 지급액을 미계상한 것이며, 나머지 차이는 원인 불명이다.

(4) 임대료 선수분을 계상하다. 단, 월할계산에 의한다.

(5) 매출채권 잔액에 대해 1%의 대손충당금(보충법)을 설정하다.

(6) 모든 비유동자산에 대한 감가상각비를 계상하다.

(7) 기말상품재고액을 입력하고 결산처리하다. 단, 재고평가는 선입선출법으로 한다.

05 다음 사항을 조회하여 번호 순서대로 단답형 답안을 등록하시오. 〈12점/각 2점〉

(1) 2월 1일부터 6월 30일까지 손거울을 가장 많이 판매한 거래처의 판매수량은 몇 개인가?

(2) 3월부터 9월까지 판매비와관리비의 현금지출액은 얼마인가?

(3) 6월부터 11월까지 외상매출금 회수액이 가장 많은 거래처의 11월 말 현재 외상매출금 잔액은 얼마인가?

(4) 제1기 부가가치세 예정신고 시 부가가치세 매출세액은 얼마인가?

(5) 12월 31일 현재 한국채택국제회계기준(K-IFRS)에 의한 재무상태표에 표시되는 (순)매출채권의 금액은 얼마인가?

(6) 1월 1일부터 12월 31일까지 한국채택국제회계기준(K-IFRS)에 의한 포괄손익계산서에 표시되는 기타비용의 금액은 얼마인가?

지시사항 : '(주)광동전자'의 거래자료이며 회계연도는 2024.1.1 ～ 12.31이다.

01 다음의 11월 원가계산 과정을 순서대로 처리하시오. 단, 임금 및 제조경비는 주어진 기초자료에 이미 처리되어 있다. 〈20점/각 4점〉

(1) 11월 8일 다음의 작업지시서를 발행하고, 같은 날 주요자재를 출고하였다.

① 작업지시서 내용

지시일자	제품명	작업장	작업지시량	작업기간
11월 8일	갑제품	제1작업장	120(EA)	11월 8일 ～ 11월 30일
11월 8일	을제품	제2작업장	200(EA)	11월 8일 ～ 12월 7일

② 자재사용(출고)등록

갑제품 작업지시서 : 자재X 200EA, 자재Z 240EA (제1작업장)

을제품 작업지시서 : 자재X 160EA, 자재Y 110EA, 자재R 160EA (제2작업장)

(2) 11월 30일 작업지시서(11월 8일 발행)에 대해 다음과 같이 생산자료를 등록하다.

품 목	완성량(EA)	재공품		작업(투입)시간	작업장
		월말 수량(EA)	작업진행률(완성도, %)		
갑제품	120	–	–	200	제1작업장
을제품	100	100	40%	160	제2작업장

(3) 11월의 원가기준정보를 다음과 같이 등록하다.

① 노무비배부기준등록(총근무시간)

관련부문	생산1부	생산2부
총근무시간	240	200

② 보조부문비배부기준등록

관련부문	생산1부	생산2부
동력부	60	40
절단부	50	50

③ 작업진행률등록 [을제품 : 40%]

(4) 11월의 실제원가계산을 작업하시오.

　　　① 기초재공품계산
　　　② 직접재료비계산
　　　③ 직접노무비계산
　　　④ 제조간접비계산
　　　⑤ 보조부문비배부
　　　⑥ 제조부문비배부(투입시간기준)
　　　⑦ 개별원가계산
　　　⑧ 종합원가계산(평균법)
　　　⑨ 원가반영작업

(5) 11월의 원가계산 마감한 후 제조원가명세서를 조회하시오. 단, 원 미만은 버림으로 처리한다.

제11회 모의고사

문제1 재무회계

지시사항 : '밀라노패션(주)'의 거래자료이며 회계연도는 2024.1.1 ~ 12.31이다.

01 다음에 제시되는 기준정보를 입력하시오. 〈4점〉

(1) 다음의 신규 거래처를 등록하시오. (각 1점)

거래처(명)	거래처분류(구분)	거래처코드	대표자	사업자등록번호	업태/종목
홍대의류(주)	매입처	02008	김고신	220-81-34234	제조/의류
반짝패션(주)	매출처	03009	이미라	505-81-45457	도소매/스포츠용품

(2) 다음의 신규 상품(품목)을 등록하시오. (2점)

품목코드	품목(품명)	(상세)규격	품목종류(자산)	기본단위(단위명)
5004	운동복	88-1	상 품	EA

02 다음 거래를 매입매출전표에 입력하시오. 〈16점/각 4점〉

(단, 채권·채무 및 금융 거래는 거래처코드를 입력하고 각 문항별 한 개의 전표번호로 입력한다)

(1) 12월 6일 상품을 다음과 같이 매입하고 대금 중 주문 시 지급한 계약금(11월 29일)을 차감한 잔액은 외상으로 하다.

전자세금계산서		(공급받는자 보관용)			승인번호	20241206-XXXX0128

공급자	등록번호	218-81-19448			공급받는자	등록번호	120-81-46522		
	상호	(주)설악패션	성명(대표자)	민설악		상호	밀라노패션㈜	성명(대표자)	이상호
	사업장주소	서울특별시 은평구 은평로 10				사업장주소	경기도 화성시 송산면 개매기길 103		
	업태	제조	종사업장번호			업태	도소매업	종사업장번호	
	종목	의류				종목	의류		
	E-Mail	qwe45@kcci.com				E-Mail	abc123@exam.com		

작성일자	2024.12.06	공급가액	2,900,000	세 액	290,000
비고					

월	일	품목명	규격	수량	단가	공급가액	세액	비고
12	6	숙녀복	44-1	40	50,000	2,000,000	200,000	
12	6	레깅스	55-1	30	30,000	900,000	90,000	

합계금액	현금	수표	어음	외상미수금	이 금액을	● 영수	함
3,190,000	2,500,000			690,000		○ 청구	

(2) 12월 10일 상품을 매출하고 전자세금계산서를 발급하다.

전자세금계산서		(공급자 보관용)			승인번호	20241210-XXXX0127

공급자	등록번호	120-81-46522			공급받는자	등록번호	602-81-23453		
	상호	밀라노패션㈜	성명(대표자)	이상호		상호	종로패션㈜	성명(대표자)	김영산
	사업장주소	경기도 화성시 송산면 개매기길 103				사업장주소	서울특별시 성동구 고산자로 123		
	업태	도소매업	종사업장번호			업태	도소매	종사업장번호	
	종목	의류				종목	의류등		
	E-Mail	abc123@exam.com				E-Mail	panel123@kcci.com		

작성일자	2024.12.10.	공급가액	23,500,000	세 액	2,350,000
비고					

월	일	품목명	규격	수량	단가	공급가액	세액	비고
12	10	숙녀복	44-1	50	150,000	7,500,000	150,000	
12	10	원피스	77-1	80	200,000	16,000,000	300,000	

합계금액	현금	수표	어음	외상미수금	이 금액을	○ 영수	함
25,850,000				25,850,000		● 청구	

(3) 12월 17일　장기투자목적으로 (주)민영설비로부터 토지를 ₩20,000,000에 구입하고 대금은 자기앞
　　수표로 지급하다.

전자계산서					(공급받는자 보관용)		승인번호	20241217-XXXX0154	
공급자	등록번호	201-81-01974			공급받는자	등록번호	120-81-46522		
	상호	(주)민영설비	성명(대표자)	박상현		상호	밀라노패션㈜	성명(대표자)	이상호
	사업장주소	서울특별시 마포구　대흥로 102				사업장주소	경기도 화성시 송산면 개매기길 103		
	업태	부동산업	종사업장번호			업태	도소매업	종사업장번호	
	종목	부동산개발및공급				종목	의류		
	E-Mail	qwe45@kcci.com				E-Mail	abc123@exam.com		
작성일자		2024.12.17			공급가액		20,000,000		
비고									

월	일	품목명	규격	수량	단가	공급가액	비고
12	17	토지				20,000,000	

합계금액	현금	수표	어음	외상미수금	이 금액을	◉ 영수 ○ 청구	함
20,000,000	20,000,000						

(4) 12월 20일　김포컴퓨터(주)에서 업무용 컴퓨터 1대를 ₩1,100,000(부가가치세 포함)에 구입하고, 대
　　금은 삼성카드로 결제하다. 단, 유형자산을 등록하시오.

자산코드	자산(명)	내용연수	상각방법	취득수량
302	데스크탑	5년	정률법	1대

단말기번호	4523188307		전표번호	
카드종류	삼성카드			
회원번호	6184-8874-1154-6633			
유효기간		거래일시	취소시당초거래일	
		2024.12.20		
거래유형	승인	품 명	데스크탑	
결제방법	일시불	금 액(AMOUNT)	1,000,000	
매장명		부가세(VAT)	100,000	
판매자		봉사료(S/C)		
대표자	김대한	합 계(TOTAL)	1,100,000	
알림/NOTICE		승인번호	34452311	
가맹점주소	서울특별시 마포구 마포대로 108			
가맹점번호	7012345881			
사업자등록번호	119-90-46145			
가맹점명	김포컴퓨터(주)			
문의전화/HELP DESK TEL : 1544-4700 (회원용)		서명/SIGNATURE 멀라노패션(주)		

03 다음 거래를 일반전표에 입력하시오. 〈20점/각 4점〉

(단, 채권·채무 및 금융 거래는 거래처코드를 입력하고 각 문항별 한 개의 전표번호로 입력한다)

(1) 12월 1일   (주)민영설비와 본사창고 증축 계약을 체결하고 계약금 ₩2,000,000은 약속어음(만기일 : 2025년 3월 2일)을 발행하여 지급하다.

약 속 어 음	
(주)민영설비 귀하	라마85640005
금 이백만원정 2,000,000원	
위의 금액을 귀하 또는 귀하의 지시인에게 이 약속어음과 상환하여 지급하겠습니다.	

지급기일	2025년 3월 2일	발행일	2024년 12월 1일
지 급 지	국민은행	발행지	경기 화성 송산 개매기길 103
지급장소	○○지점	주 소	
		발행인	밀라노패션(주)

(2) 12월 3일   건강보험료와 장기요양보험료 ₩815,080을 현금으로 납부하다(단, 건강보험료와 장기요양보험료에는 회사부담분과 종업원부담분을 포함하고 있다).

현금 지출 내역서 2024년 12월 30일		결 재	계	과 장	부 장
			대 한	상 공	회 의

월 일	내 역	금액(원)	비 고
12월 3일	건강보험료, 장기요양보험료 납부	815,080	
계		815,080	

(3) 12월 4일   화진패션(주)에 건물 일부를 3년간 장기임대계약을 체결하고, 보증금 ₩15,000,000과 12월 임대료 ₩500,000을 현금으로 받다.

(4) 12월 5일   도쿄은행에서 $10,000를 차입한 외화장기차입금 ₩10,000,000을 원화를 달러로 환전하여 전액 현금으로 중도 상환하다. 단, 전기 말 $1당 환율은 ₩1,000이었으며, 상환시점의 $1당 환율은 ₩950이다.

(5) 12월 14일   자동차세 ₩280,000과 사무실 전기수도요금 ₩128,000을 법인 삼성카드로 결제하다.

04 다음 기말(12월 31일) 결산정리사항을 회계처리하고 마감하시오. 〈28점/각 4점〉

(1) 우리은행의 장기차입금은 차기 2025년 상반기에 만기가 도래한다.

(2) 당해 연도 법인세등 총액 ₩550,000을 계상하다. 단, 이연법인세는 고려하지 않는다.

(3) 7월 1일 발행한 사채에 대한 이자를 계상하다. 단, 사채의 액면이자율은 연 8%, 유효이자율은 연 10%이고, 원 미만은 버림으로 처리한다.

(4) 장기투자목적의 주식은 모두 500주이며 주당 ₩15,000으로 평가되다(단, 보유 중인 주식은 직전 연도 결산 시 평가손실이 존재한다).

(5) 매출채권 잔액에 대해 1%의 대손충당금(보충법)을 설정하다.

(6) 모든 비유동자산에 대한 감가상각비를 계상하다.

(7) 기말상품재고액을 입력하고 결산처리하다. 단, 재고평가는 선입선출법으로 한다.

05 다음 사항을 조회하여 번호 순서대로 단답형 답안에 등록하시오. 〈12점/각 2점〉

(1) 1월 20일부터 5월 15일까지 예수금 납부액은 얼마인가?

(2) 4월 20일 현재 레깅스의 재고수량은 몇 개인가?

(3) 7월부터 10월까지 외상매출금 발생총액은 얼마인가?

(4) 제2기 부가가치세 예정신고 시 납부(환급)세액은 얼마인가?

(5) 12월 31일 현재 한국채택국제회계기준(K-IFRS)에 의한 재무상태표에 표시되는 비유동자산의 금액은 얼마인가?

(6) 1월 1일부터 12월 31일까지 한국채택국제회계기준(K-IFRS)에 의한 포괄손익계산서에 표시되는 매출총이익은 얼마인가?

지시사항 : '(주)지영아영'의 거래자료이며 회계연도는 2024.1.1 ~ 12.31이다.

01 다음의 9월 원가계산 과정을 순서대로 처리하시오. 단, 임금 및 제조경비는 주어진 기초자료에 이미 처리되어 있다. 〈20점/각 4점〉

(1) 9월 5일 다음의 작업지시서를 발행하고, 같은 날 주요자재를 출고하다.

① 작업지시서 내용

지시일자	제품명	작업장	작업지시량(EA)	작업기간
9월 5일	염화아연	제1작업장	250	9월 5일 ~ 10월 12일
9월 5일	가성소다	제2작업장	1,000	9월 5일 ~ 9월 30일

② 자재사용(출고)등록

염화아연 작업지시서 : A원재료 500(EA) (제1작업장)

B원재료 250(EA) (제1작업장)

가성소다 작업지시서 : C원재료 1,000(EA) (제2작업장)

(2) 9월 30일 작업지시서(9월 5일 발행)에 대해 다음과 같이 생산자료를 등록하다.

품 목	완성량(EA)	재공품		작업(투입)시간	작업장
		월말 수량(EA)	작업진행률(완성도, %)		
염화아연	200	50	60%	480	제1작업장
가성소다	1,000	-	-	400	제2작업장

(3) 9월의 원가기준정보를 다음과 같이 등록하다.

① 노무비배부기준등록(총근무시간)

관련부문	생산1부	생산2부
총근무시간	550	500

② 보조부문비배부기준등록

관련부문	생산1부	생산2부
바이오부문	50	50
설비부문	60	40

③ 작업진행률등록 [염화아연 : 60%]

(4) 9월의 실제원가계산을 작업하시오.

    ① 기초재공품계산

    ② 직접재료비계산

    ③ 직접노무비계산

    ④ 제조간접비계산

    ⑤ 보조부문비배부

    ⑥ 제조부문비배부(투입시간기준)

    ⑦ 개별원가계산

    ⑧ 종합원가계산(평균법)

    ⑨ 원가반영작업

(5) 9월의 원가계산 마감한 후 제조원가명세서를 조회하시오. 단, 원 미만은 버림으로 처리한다.

제12회 모의고사

문제1. 재무회계 ☞ 킹사무기기(주) [회사코드 : 5121]
문제2. 원가회계 ☞ (주)원진공업 [회사코드 : 5122]

문제1 재무회계

지시사항 : '킹사무기기(주)'의 거래자료이며 회계연도는 2024.1.1 ~ 12.31이다.

01 다음에 제시되는 기준정보를 입력하시오. 〈4점〉

(1) 다음의 신규 거래처를 등록하시오. (각 1점)

거래처(명)	거래처분류(구분)	거래처코드	대표자	사업자등록번호	업태/종목
페이문구(주)	매입처	02005	신경기	220-81-28765	제조/사무용문구류
알퍼문구(주)	매출처	03009	이알퍼	107-81-34566	도소매/문구류

(2) 다음의 신규 상품(품목)을 등록하시오. (2점)

품목코드	품목(품명)	(상세)규격	품목종류(자산)	기본단위(단위명)
404	제본기	L-50	상 품	EA

02 다음 거래를 매입매출전표에 입력하시오. 〈16점/각 4점〉

(단, 채권·채무 및 금융 거래는 거래처코드를 입력하고 각 문항별 한 개의 전표번호로 입력한다)

(1) 12월 6일　일산사무(주)로부터 상품을 매입하고 전자세금계산서를 발급받다. 대금 중 ₩10,000,000
은 약속어음(어음번호 : 마바20387142, 만기일 : 2025년 2월 5일, 지급은행 : 신한은행)을
발행하여 지급하고 잔액은 외상으로 하다(단, 어음 당일수령 1매 등록도 하시오).

전자세금계산서(공급받는자 보관용)								승인번호	20241206-XXXX0128		
공급자	등록번호	121-81-45676				공급받는자	등록번호	110-81-21223			
	상호	일산사무(주)	성명(대표자)	박분자			상호	킹사무기기㈜	성명(대표자)	박동수	
	사업장주소	인천광역시 중구 개항로 10					사업장주소	서울특별시 서대문구 가재울로 12			
	업태	제조업	종사업장번호				업태	도소매	종사업장번호		
	종목	전자제품					종목	사무기기			
	E-Mail	avc123@kcci.com					E-Mail	abc123@exam.com			
작성일자		2024.12.06.	공급가액		20,000,000		세 액		2,000,000		
비고											
월	일	품목명	규격	수량	단가		공급가액	세액		비고	
12	6	계산기	M1	100	100,000		10,000,000	1,000,000			
12	6	키보드	F1	40	250,000		10,000,000	1,000,000			
합계금액		현금	수표		어음	외상미수금		이 금액을	◉ 영수	함	
22,000,000					10,000,000	12,000,000			○ 청구		

(2) 12월 9일　창고건물의 도색작업을 하고 현금으로 결제하다. 단, 수익적지출로 처리하시오.

전자세금계산서(공급받는자 보관용)								승인번호	20241209-XXXX0155		
공급자	등록번호	135-81-32127				공급받는자	등록번호	110-81-21223			
	상호	스피드수리㈜	성명(대표자)	서미란			상호	킹사무기기㈜	성명(대표자)	박동수	
	사업장주소	서울특별시 강남구 강남대로 252					사업장주소	서울특별시 서대문구 가재울로 12			
	업태	서비스	종사업장번호				업태	도소매	종사업장번호		
	종목	도색작업 외					종목	사무기기			
	E-Mail	sanggong@naver.com					E-Mail	abc123@exam.com			
작성일자		2024.12.09.	공급가액		3,000,000		세 액		300,000		
비고											
월	일	품목명	규격	수량	단가		공급가액	세액		비고	
12	9	건물 도색작업					3,000,000	300,000			
합계금액		현금	수표		어음	외상미수금		이 금액을	○ 영수	함	
3,300,000		3,300,000							◉ 청구		

(3) 12월 22일 상품(서류함 50개)을 매입하고 국민카드로 결제하고 신용카드매출전표를 수취하다.

단말기번호	6025188344	전표번호	
카드종류	국민카드		
회원번호	4001-1234-1258-4523		
유효기간		거래일시	취소시당초거래일
		2024.12.22	
거래유형	승인	품 명	서류함 50개
			단가 @10,000
결제방법	일시불	금 액(AMOUNT)	500,000
매장명		부가세(VAT)	50,000
판매자		봉사료(S/C)	
대표자	김한국	합 계(TOTAL)	550,000
알림/NOTICE		승인번호	34452311
가맹점주소	서울특별시 중구 서소문로 101		
가맹점번호	5858125881		
사업자등록번호	104-81-24017		
가맹점명	제주문구(주)		

문의전화/HELP DESK
TEL : 1544-4700
(회원용)

서명/SIGNATURE
킹사무기기 (주)

(4) 12월 24일 (주)대성사무에 상품을 매출하고 전자세금계산서를 발급하다. 대금 중 ₩20,000,000은 (주)대성사무의 발행 당좌수표(하나은행)로 받고, 잔액은 자기앞수표로 받다.

전자세금계산서(공급자 보관용)

승인번호 20241224-XXXX0128

공급자				공급받는자			
등록번호	110-81-21223			등록번호	101-81-00146		
상호	킹사무기기(주)	성명(대표자)	박동수	상호	(주)대성사무	성명(대표자)	박대성
사업장주소	서울특별시 서대문구 가재울로 12			사업장주소	서울특별시 중구 남대문로 10		
업태	도소매	종사업장번호		업태	도매 및 상품중개업	종사업장번호	
종목	사무기기			종목	컴퓨터 및 주변장치		
E-Mail	abc123@exam.com			E-Mail	aabbcc@kcci.com		

작성일자	2024.12.24.	공급가액	26,000,000	세 액	2,600,000
비 고					

월	일	품목명	규격	수량	단가	공급가액	세액	비고
12	24	계산기	M1	120	150,000	18,000,000	1,800,000	
12	24	서류함	C1	100	80,000	8,000,000	800,000	

합계금액	현금	수표	어음	외상미수금	이 금액을	
28,600,000	8,600,000	20,000,000			⊙ 영수 ○ 청구	함

03 다음 거래를 일반전표에 입력하시오. 〈20점/각 4점〉

(단, 채권·채무 및 금융 거래는 거래처코드를 입력하고 각 문항별 한 개의 전표번호로 입력한다)

(1) 12월 1일   장기자금조달목적으로 액면 ₩10,000,000(시장이자율 : 10%, 액면이자율 : 8%, 상환기간 : 3년)인 사채를 ₩9,502,400에 할인발행하고, 사채 발행비 ₩124,400을 차감한 실수금을 보통예금(기업은행) 계좌에 입금하다.

(2) 12월 10일   당해 연도 7월 29일 투자목적으로 취득한 토지를 ₩27,000,000에 처분하고, 수수료 ₩300,000을 차감한 금액을 자기앞수표로 받다.

(3) 12월 18일   이사회의 결의에 의하여 주식발행초과금 중 ₩30,000,000을 자본에 전입하기로 하고, 액면금액 @₩5,000인 보통주 6,000주를 발행하여 주주에게 무상으로 교부하다.

(4) 12월 30일 업무와 관련하여 다음에 해당하는 비용을 현금으로 지급하다.

도서 구입비	₩150,000	차량 정기 주차 요금	₩200,000
주차 위반 과태료	₩40,000		

(5) 12월 31일   11월 1일 중소기업청으로부터 차입한 차입금을 이자(월할계산)와 함께 현금으로 조기상환하다.

04 다음 기말(12월 31일) 결산정리사항을 회계처리하고 마감하시오. 〈28점/각 4점〉

(1) 토지를 ₩550,000,000으로 재평가하다.

(2) 외화장기차입금 $100,000에 대하여 평가하다. 단, 기준환율은 $1당 ₩1,300이다.

(3) 현금과부족의 원인은 현금으로 지급한 복리후생비 ₩590,000을 ₩640,000으로 잘못 회계처리하였음이 확인되었고 잔액은 결산일 현재 원인 불명이다.

(4) 장기투자목적으로 보유 중인 엘지상사(주) 주식 500주의 결산일 현재 공정가치는 1주당 ₩60,000이다.

(5) 매출채권 잔액에 대해 1%의 대손충당금(보충법)을 설정하다.

(6) 모든 비유동자산에 대한 감가상각비를 계상하다.

(7) 기말상품재고액을 입력하고 결산처리하다. 단, 재고평가는 선입선출법으로 한다.

05 다음 사항을 조회하여 번호 순서대로 단답형 답안을 등록하시오. 〈12점/각 2점〉

(1) 1월부터 3월까지 보통예금 인출액은 얼마인가?

(2) 제1기 부가가치세 예정신고 시 매입세액은 얼마인가?

(3) 1월부터 4월까지 판매비와관리비가 가장 큰 달은 몇 월인가?

(4) 1월 1일부터 11월 30일까지 매출처 선일사무(주)의 외상매출금 잔액은 얼마인가?

(5) 12월 31일 현재 한국채택국제회계기준(K-IFRS)에 의한 재무상태표에 표시되는 비유동자산은 얼마인가?

(6) 1월 1일부터 12월 31일까지 한국채택국제회계기준(K-IFRS)에 의한 포괄손익계산서에 표시되는 기타수익은 얼마인가?

지시사항 : '(주)원진공업'의 거래자료이며 회계연도는 2024.1.1 ~ 12.31이다.

01 다음의 10월 원가계산 과정을 순서대로 처리하시오. 단, 임금 및 제조경비는 주어진 기초자료에 이미 처리되어 있다. 〈20점/각 4점〉

(1) 10월 6일 다음의 작업지시서를 발행하고, 같은 날 주요자재를 출고하다.

① 작업지시서 내용

지시일자	제품명	작업장	작업지시량	작업기간
10월 6일	갑제품	제1작업장	400개(EA)	10월 6일 ~ 10월 31일
10월 6일	을제품	제2작업장	500개(EA)	10월 6일 ~ 11월 5일

② 자재사용(출고)등록
갑제품 작업지시서 : 재료X 400Kg (제1작업장)
을제품 작업지시서 : 재료Y 550Kg, 재료Z 550Kg (제2작업장)

(2) 10월 31일 작업지시서(10월 6일 발행)에 대해 다음과 같이 생산자료를 등록하다.

품 목	완성량	재공품		작업(투입)시간	작업장
		월말 수량	작업진행률(완성도)		
갑제품	400개(EA)	–	–	350	제1작업장
을제품	420개(EA)	80개	50%	400	제2작업장

(3) 10월의 원가기준정보를 다음과 같이 등록하다.

① 노무비배부기준등록(총근무시간)

관련부문	금속가공부문	조립생산부문
총근무시간	400	500

② 보조부문비배부기준등록

관련부문	금속가공부문	조립생산부문
동력부문	70	30
수선부문	40	60
사무관리부문	50	50

③ 작업진행률등록 [을제품 : 50%]

(4) 10월의 실제원가계산을 작업하시오.

    ① 기초재공품계산

    ② 직접재료비계산

    ③ 직접노무비계산

    ④ 제조간접비계산

    ⑤ 보조부문비배부

    ⑥ 제조부문비배부(투입시간기준)

    ⑦ 개별원가계산

    ⑧ 종합원가계산(평균법)

    ⑨ 원가반영작업

(5) 10월의 원가계산 마감한 후 제조원가명세서를 조회하시오. 단, 원 미만은 버림으로 처리한다.

제13회 모의고사

문제1. 재무회계 ☞ 현대가구(주) [회사코드 : 5131]
문제2. 원가회계 ☞ (주)플러스영 [회사코드 : 5132]

문제1 재무회계

지시사항 : '현대가구(주)'의 거래자료이며 회계연도는 2024.1.1 ∼ 12.31이다.

01 다음에 제시되는 기준정보를 입력하시오. 〈4점〉

(1) 다음의 신규 거래처를 등록하시오. (각 1점)

거래처(명)	거래처분류(구분)	거래처코드	대표자	사업자등록번호	업태/종목
소라가구(주)	매출처	3007	김소라	120-81-63007	도소매/사무용가구
정수책상(주)	매입처	4007	고정수	126-81-98765	제조/목재가구

(2) 다음의 신규 상품(품목)을 등록하시오. (2점)

품목코드	품목(품명)	(상세)규격	품목종류(자산)	기본단위(단위명)
404	회의용탁자	TAS	상 품	EA

02 다음 거래를 매입매출전표에 입력하시오. 〈16점/각 4점〉

　(단, 채권·채무 및 금융 거래는 거래처코드를 입력하고 각 문항별 한 개의 전표번호로 입력한다)

(1) 12월 12일 상품을 매입하고 전자세금계산서를 발급받다. 대금 중 ₩55,000,000은 약속어음(어음번호
　　　: 가차90210099, 만기일 : 2025년 2월 15일, 지급은행 : 하나은행)을 발행하여 지급하고,
　　　잔액은 외상으로 하다.

전자세금계산서(공급받는자 보관용)

승인번호	20241212-XXXX02111

	등록번호	104-81-24017				등록번호	113-21-58370		
공급자	상호	한국가구㈜	성명(대표자)	김한국	공급받는자	상호	현대가구(주)	성명(대표자)	남민수
	사업장주소	서울특별시 구로구 구로동로 10				사업장주소	서울특별시 구로구 가마산로 134		
	업태	제조	종사업장번호			업태	도매 및 상품중개업	종사업장번호	
	종목	가구				종목	캐비넷/일반가구		
	E-Mail	avc123@kcci.com				E-Mail	abc123@exam.com		

작성일자	2024.12.12.	공급가액	99,000,000	세 액	9,900,000

비고							

월	일	품목명	규격	수량	단가	공급가액	세액	비고
12	12	강화유리책상	SGT	300	250,000	75,000,000	7,500,000	
12	12	중역용의자	CJR	200	120,000	24,000,000	2,400,000	

합계금액	현금	수표	어음	외상미수금	이 금액을	○ 영수 / ◉ 청구	함
108,900,000			55,000,000	53,900,000			

(2) 12월 15일 상품을 매출하고 전자세금계산서를 발급하다. 대금 중 현금으로 받은 부분은 즉시 기업은
　　　행 보통예금 계좌에 입금하고, 잔액은 외상으로 하다.

전자세금계산서(공급자 보관용)

승인번호	20241215-XXXX0125

	등록번호	113-21-58370				등록번호	138-81-37285		
공급자	상호	현대가구(주)	성명(대표자)	남민수	공급받는자	상호	㈜고운가구	성명(대표자)	나고운
	사업장주소	서울특별시 구로구 가마산로 134				사업장주소	인천광역시 서구 백범로 780		
	업태	도매 및 상품중개업	종사업장번호			업태	도소매	종사업장번호	
	종목	캐비넷/일반가구				종목	가구		
	E-Mail	abc123@exam.com				E-Mail	aabbcc@kcci.COM		

작성일자	2024.12.15.	공급가액	78,300,000	세 액	7,830,000

비고							

월	일	품목명	규격	수량	단가	공급가액	세액	비고
12	15	중역용의자	CJR	180	160,000	28,800,000	2,880,000	
12	15	강화유리책상	SGT	110	450,000	49,500,000	4,950,000	

합계금액	현금	수표	어음	외상미수금	이 금액을	○ 영수 / ◉ 청구	함
86,130,000	30,000,000			56,130,000			

(3) 12월 20일 임직원 대상으로 서비스 향상 교육을 실시하고 교육비를 현금으로 지급하다.

전자계산서		(공급받는자 보관용)		승인번호	20241220-XXXX0154

	등록번호	606-33-89534			등록번호	113-21-58370		
공급자	상호	상지교육	성명(대표자)	오만수	공급받는자	상호	현대가구(주)	성명(대표자)	남민수
	사업장주소	서울특별시 마포구 대흥로 102				사업장주소	서울특별시 구로구 가마산로 134		
	업태	교육업	종사업장번호			업태	도매 및 상품중개업	종사업장번호	
	종목	직무향상				종목	캐비넷/일반가구		
	E-Mail	edu@kcci.com				E-Mail	abc123@exam.com		

작성일자	2024.12.20	공급가액	3,000,000

비고								
월	일	품목명	규격	수량	단가	공급가액	비고
12	20	서비스교육				3,000,000	

합계금액	현금	수표	어음	외상미수금	이 금액을	● 영수 ○ 청구	함
3,000,000	3,000,000						

(4) 12월 23일 직원 휴게실에 비치할 커피 등 간식비를 법인신용카드로 결제하다.

단말기번호	4523188307	전표번호	
카드종류	삼성카드		
회원번호	6184-8874-1154-6633		
유효기간		거래일시	취소시당초거래일
		2024.12.23	
거래유형	승인	품 명	커피, 음료대

결제방법	일시불	금 액(AMOUNT)	150,000
매장명		부가세(VAT)	15,000
판매자		봉사료(S/C)	
대표자	김대한	합 계(TOTAL)	165,000
알림/NOTICE		승인번호	34452311
가맹점주소	서울특별시 마포구 마포대로 108		
가맹점번호	7012345881		
사업자등록번호	119-90-46145		

가맹점명	우리수퍼

문의전화/HELP DESK	서명/SIGNATURE
TEL : 1544-4700	현대가구(주)
(회원용)	

03 다음 거래를 일반전표에 입력하시오. 〈20점/각 4점〉

(단, 채권·채무 및 금융 거래는 거래처코드를 입력하고 각 문항별 한 개의 전표번호로 입력한다)

(1) 12월 3일   임시 주주총회 결의에 따라 유상증자를 실시하다. 보통주 15,000주(액면금액 @₩5,000, 발행금액 @₩8,000)를 발행하고, 주식발행 제비용 ₩800,000을 제외한 대금은 기업은행 보통예금 계좌로 납입받다.

(2) 12월 5일   단기매매차익을 목적으로 보유하고 있는 주식 전체 2,000주 중 1,000주를 1주당 ₩4,000에 처분하고, 거래수수료 ₩45,000을 제외한 대금은 기업은행 보통예금 계좌로 입금받다.

(3) 12월 13일 아람가구(주)에 대한 외상매입금을 신한은행 당좌예금 계좌에서 이체하다.

당좌예금 통장 거래 내역

신한은행

번 호	날 짜	내 용	출금액	입금액	잔 액	거래점
	계좌번호 1234-455-354233 현대가구(주)					
1	2024-12-13	아람가구(주)	22,000,000		***	***
	이하 생략					

(4) 12월 14일 전기에 대손처리하였던 (주)회생의 외상매출금 ₩1,200,000이 기업은행 보통예금 계좌로 입금되다. 단, 부가가치세는 고려하지 않는다.

(5) 12월 28일 투자목적으로 대륙부동산(주)에서 건물 ₩30,000,000을 외상으로 취득하다.

04 다음 기말(12월 31일) 결산정리사항을 회계처리하고 마감하시오. 〈28점/각 4점〉

(1) 소모품 사용액은 ₩35,510,000이다.

(2) 자동차 보험료 선급분을 계상하다. 단, 월할계산에 의한다.

(3) 결산일 현재 단기시세차익목적으로 보유 중인 주식의 공정가치는 ₩5,750,000이다.

(4) 결산일 현재 현금의 장부 잔액보다 실제 잔액이 ₩50,000 부족하며, 그 원인은 밝혀지지 않았다.

(5) 매출채권 잔액에 대해 1%의 대손충당금(보충법)을 설정하다.

(6) 모든 비유동자산에 대한 감가상각비를 계상하다.

(7) 기말상품재고액을 입력하고 결산처리하다. 단, 재고평가는 선입선출법으로 한다.

05 다음 사항을 조회하여 번호 순서대로 단답형 답안을 등록하시오. 〈12점/각 2점〉

(1) 1월 1일부터 4월 30일까지 중 판매관리비가 가장 많이 발생한 월은 몇 월인가?

(2) 1월 1일부터 5월 31일까지 철재캐비넷의 매입금액(부가가치세 제외)은 얼마인가?

(3) 4월 1일부터 7월 31일까지 보통예금 인출 총액은 얼마인가?

(4) 6월 30일 현재 재고수량이 가장 많은 상품의 재고수량은 몇 개인가?

(5) 12월 31일 현재 한국채택국제회계기준(K-IFRS)에 의한 재무상태표에 표시되는 현금및현금성자산의 금액은 얼마인가?

(6) 1월 1일부터 12월 31일까지 한국채택국제회계기준(K-IFRS)에 의한 포괄손익계산서에 표시되는 기타 비용의 금액은 얼마인가?

01 다음의 11월 원가계산 과정을 순서대로 처리하시오. 단, 임금 및 제조경비는 주어진 기초자료에 이미 처리되어 있다. ⟨20점/각 4점⟩

(1) 11월 8일 다음의 작업지시서를 발행하고, 같은 날 주요자재를 출고하였다.

① 작업지시서 내용

지시일자	제품명	작업장	작업지시량	작업기간
11월 8일	갑제품	제1작업장	120(EA)	11월 8일 ～ 11월 30일
11월 8일	을제품	제2작업장	200(EA)	11월 8일 ～ 12월 7일

② 자재사용(출고)등록

갑제품 작업지시서 : 재료X 200Kg, 재료Y 240Kg(제1작업장)

을제품 작업지시서 : 재료X 160Kg, 재료Z 160Kg(제2작업장)

(2) 11월 30일 작업지시서(11월 8일 발행)에 대해 다음과 같이 생산자료를 등록하다.

품 목	완성량(EA)	재공품		작업(투입)시간	작업장
		월말 수량(EA)	작업진행률(완성도, %)		
갑제품	120	–	–	200	제1작업장
을제품	100	100	40%	160	제2작업장

(3) 11월의 원가기준정보를 다음과 같이 등록하다.

① 노무비배부기준등록(총근무시간)

관련부문	생산1부	생산2부
총근무시간	240	200

② 보조부문비배부기준등록

관련부문	생산1부	생산2부
동력부	60	40
절단부	50	50

③ 작업진행률등록 [을제품 : 40%]

(4) 11월의 실제원가계산을 작업하시오.

    ① 기초재공품계산

    ② 직접재료비계산

    ③ 직접노무비계산

    ④ 제조간접비계산

    ⑤ 보조부문비배부

    ⑥ 제조부문비배부(투입시간기준)

    ⑦ 개별원가계산

    ⑧ 종합원가계산(평균법)

    ⑨ 원가반영작업

(5) 11월의 원가계산 마감한 후 제조원가명세서를 조회하시오. 단, 원 미만은 버림으로 처리한다.

PART 3

제14회 모의고사

문제1. 재무회계 ☞ 해피가구(주) [회사코드 : 5141]
문제2. 원가회계 ☞ (주)삼익가구 [회사코드 : 5142]

문제1 재무회계

지시사항 : '해피가구(주)'의 거래자료이며 회계연도는 2024.1.1 ~ 12.31이다.

01 다음에 제시되는 기준정보를 입력하시오. 〈4점〉

(1) 다음의 신규 거래처를 등록하시오. (각 1점)

거래처(명)	거래처분류(구분)	거래처코드	대표자	사업자등록번호	업태/종목
(주)을지가구	매출처	01004	이을지	123-81-12341	소매업/가구
(주)중고목재	매입처	02004	유소라	133-81-12009	제조업/가구

(2) 다음의 신규 상품(품목)을 등록하시오. (2점)

품목코드	품목(품명)	(상세)규격	품목종류(자산)	기본단위(단위명)
404	탁 자	LS-4	상 품	EA

02 다음 거래를 매입매출전표입력 메뉴에 입력하시오. 〈16점/각 4점〉

(단, 채권·채무 및 금융 거래는 거래처코드를 입력하고 각 문항별 한 개의 전표번호로 입력한다)

(1) 12월 4일 상품을 매입하고 전자세금계산서를 발급받다. 대금 중 ₩20,000,000은 보통예금(산업은행) 계좌에서 현금으로 인출하여 지급하고, 잔액은 외상으로 하다.

전자세금계산서(공급받는자 보관용)						승인번호		20241204-XXXX0128		
공급자	등록번호	114-81-81238			공급받는자	등록번호	105-81-11418			
	상호	㈜한성목재	성명(대표자)	박강희		상호	해피가구㈜	성명(대표자)	강대한	
	사업장주소	서울특별시 금천구 독산로 10				사업장주소	서울특별시 마포구 마포대로 110-1			
	업태	제조업	종사업장번호			업태	도매 및 상품중개업	종사업장번호		
	종목	목재가구				종목	캐비넷/일반가구			
	E-Mail	avc123@kcci.com				E-Mail	abc123@exam.com			
작성일자	2024.12.04.		공급가액	22,000,000			세 액	2,200,000		
비고										

월	일	품목명	규격	수량	단가	공급가액	세액	비고
12	4	책상	LS-1	60	200,000	12,000,000	1,200,000	
12	4	의자	LS-2	50	50,000	2,500,000	250,000	
12	4	테이블	LS-3	30	250,000	7,500,000	750,000	

합계금액	현금	수표	어음	외상미수금	이 금액을	○ 영수 / ◉ 청구	함
24,200,000	20,000,000			4,200,000			

(2) 12월 18일 상품을 매출하고 전자세금계산서를 발급하다. 대금 중 ₩20,000,000은 현금으로 받아 보통예금(산업은행) 계좌에 입금하고, 잔액은 외상으로 하다.

전자세금계산서(공급자 보관용)						승인번호		20241218-XXXX0122		
공급자	등록번호	105-81-11418			공급받는자	등록번호	110-81-55742			
	상호	해피가구㈜	성명(대표자)	강대한		상호	㈜모던하우스	성명(대표자)	이행운	
	사업장주소	서울특별시 마포구 마포대로 110-1				사업장주소	서울특별시 중구 남대문로 10			
	업태	도매 및 상품중개업	종사업장번호			업태	소매업	종사업장번호		
	종목	캐비넷/일반가구				종목	가구			
	E-Mail	abc123@exam.com				E-Mail	aabbcc@kcci.com			
작성일자	2024.12.18.		공급가액	44,000,000			세 액	4,400,000		
비고										

월	일	품목명	규격	수량	단가	공급가액	세액	비고
12	18	책상	LS-1	120	300,000	36,000,000	3,600,000	
12	18	의자	LS-2	100	80,000	8,000,000	800,000	

합계금액	현금	수표	어음	외상미수금	이 금액을	○ 영수 / ◉ 청구	함
48,400,000	20,000,000			28,400,000			

(3) 12월 24일 직원들 유니폼을 현금으로 구입하고 현금영수증을 발급받다.

현금영수증

● 거래정보

거래일시	2024-12-24
승인번호	12341234
거래구분	승인거래(지출증빙)
발급수단번호	105-81-11418

● 거래금액

품 목	공급가액	부가세	봉사료	총거래금액
유니폼	200,000	20,000	0	220,000

● 가맹점 정보

상 호	엘마트(주)
사업자번호	119-81-52719
대표자명	다니엘
주 소	서울특별시 마포구 고산11길 1

(4) 12월 30일 정민우에게 상품을 판매하고 현금영수증을 발행해 주다. 대금은 현금으로 받은 후 보통예금(산업은행)에 입금하다.

현금영수증

● 거래정보

거래일시	2024-12-30
승인번호	12341235
거래구분	승인거래(소득공제)
발급수단번호	010-1234-1234

● 거래금액

품 목	수 량	공급가액	부가세	봉사료	총거래금액
책 상	1	300,000	30,000	0	330,000
의 자	1	80,000	8,000		88,000
합 계					418,000

● 가맹점 정보

상 호	해피가구(주)
사업자번호	105-81-11418
대표자명	강대한
주 소	서울특별시 마포구 마포대로 110-1

03 다음 거래를 일반전표입력 메뉴에 입력하시오. 〈20점/각 4점〉

(단, 채권·채무 및 금융 거래는 거래처코드를 입력하고 각 문항별 한 개의 전표번호로 입력한다)

(1) 12월 10일 전월 급여 지급 시 원천징수한 소득세 등 금액 ₩24,400,000과 회사부담 건강보험료 ₩5,800,000을 당좌예금(우리은행) 계좌에서 지급하다.

(2) 12월 11일 (주)봉천목재의 외상매출금을 약속어음으로 받다.

약 속 어 음

해피가구(주) 귀하   라차12349876

금 **삼천만원정** 30,000,000원

위의 금액을 귀하 또는 귀하의 지시인에게 이 약속어음과 상환하여 지급하겠습니다.

지급기일 2025년 3월 11일	발행일 2024년 12월 11일
지 급 지 하나은행	발행지 서울시 송파구 동남로 100
지급장소 용산지점	주 소
	발행인 (주)봉천목재

(3) 12월 22일 단기투자목적으로 보유하고 있던 주식 전부(1,000주, 액면금액 @₩5,000, 취득금액 @₩12,000)를 1주당 ₩15,000에 처분하고 대금은 보통예금(산업은행) 계좌로 입금받다.

(4) 12월 27일 하이로전자(주)로부터 복사기 1대를 6개월간 렌트하고, 월 렌탈료 ₩400,000을 현금으로 지급하다. 단, 비용으로 처리한다.

(5) 12월 30일 업무와 관련하여 다음에 해당하는 비용을 현금으로 지출하다.

		결	계	과 장	부 장
지출결의서 2024년 12월 30일		재	대 한	상 공	회 의

번 호	적 요	금액(원)	비 고
1	도서구입비	200,000	현금 지급
2	직원 유니폼구입비	50,000	현금 지급
3	거래처 선물구입비	150,000	현금 지급
	합 계	400,000	
이하 생략			

PART 3

04 다음 기말(12월 31일) 결산정리사항을 회계처리하고 마감하시오. 〈28점/각 4점〉

(1) 소모품 미사용액은 ₩350,000이다.

(2) 자동차 보험료 미경과분을 계상하다. 단, 월할계산한다.

(3) 하나은행에 대한 장기차입금의 만기일은 2025년 11월 30일이다.

(4) 기말 현재 장기투자목적으로 보유 중인 주식의 공정가치는 ₩15,000,000이다.

(5) 매출채권 잔액에 대해 1%의 대손충당금(보충법)을 설정하다.

(6) 모든 비유동자산에 대한 감가상각비를 계상하다.

(7) 기말상품재고액을 입력하고 결산처리하다. 단, 재고평가는 선입선출법으로 한다.

05 다음 사항을 조회하여 번호 순서대로 단답형 답안을 등록하시오. 〈12점/각 2점〉

(1) 1월 1일부터 6월 30일까지 현금지출액이 가장 많은 월은 몇 월인가?

(2) 9월 30일 현재 책상의 재고수량은 몇 개인가?

(3) 7월 15일 현재 한솔가구(주)에 대한 외상매출금 잔액은 얼마인가?

(4) 9월 30일 현재 (주)봉천목재에 대한 외상매입금 잔액은 얼마인가?

(5) 12월 31일 현재 한국채택국제회계기준(K-IFRS)에 의한 재무상태표에 표시되는 납입자본의 금액은 얼마인가?

(6) 1월 1일부터 12월 31일까지 한국채택국제회계기준(K-IFRS)에 의한 포괄손익계산서에 표시되는 법인세비용차감전(순)이익은 얼마인가?

지시사항 : '(주)삼익가구'의 거래자료이며 회계연도는 2024.1.1 ~ 12.31이다.

01 다음의 9월 원가계산 과정을 순서대로 처리하시오. 단, 임금 및 제조경비는 주어진 기초자료에
이미 처리되어 있다. 〈20점/각 4점〉

(1) 9월 1일 다음의 작업지시서를 발행하고, 같은 날 주요자재를 출고하다.

① 작업지시서 내용

지시일자	제품명	작업장	작업지시량	작업기간
9월 1일	갑제품	제1작업장	800개(EA)	9월 1일 ~ 9월 30일
9월 1일	을제품	제2작업장	750개(EA)	9월 1일 ~ 10월 5일

② 자재사용(출고)등록

갑제품 작업지시서 : 자재AB 1,600EA (제1작업장)

을제품 작업지시서 : 자재BC 1,400EA (제2작업장)

(2) 9월 30일 작업지시서(9월 1일 발행)에 대해 다음과 같이 생산자료를 등록하다.

품 목	완성량(EA)	재공품		작업(투입)시간	작업장
		월말 수량(EA)	작업진행률(완성도, %)		
갑제품	800	–	–	400	제1작업장
을제품	720	30	90	370	제2작업장

(3) 9월의 원가기준정보를 다음과 같이 등록하다.

① 노무비배부기준등록(총근무시간)

관련부문	생산1부	생산2부
총근무시간	500	450

② 보조부문비배부기준등록

관련부문	생산1부	생산2부
동력부	40	60
수선부	60	40

③ 작업진행률등록 [을제품 : 90%]

PART 3

(4) 9월의 실제원가계산을 작업하시오.

    ① 기초재공품계산
    ② 직접재료비계산
    ③ 직접노무비계산
    ④ 제조간접비계산
    ⑤ 보조부문비배부
    ⑥ 제조부문비배부(투입시간기준)
    ⑦ 개별원가계산
    ⑧ 종합원가계산(평균법)
    ⑨ 원가반영작업

(5) 9월의 원가계산 마감한 후 제조원가명세서를 조회하시오. 단, 원 미만은 반올림으로 처리한다.

제15회 모의고사

문제1. 재무회계 ☞ 까꿍신발(주) [회사코드 : 5151]
문제2. 원가회계 ☞ (주)소라전자 [회사코드 : 5152]

문제1 ┃ 재무회계

지시사항 : '까꿍신발(주)'의 거래자료이며 회계연도는 2024.1.1 ~ 12.31이다.

01 다음에 제시되는 기준정보를 입력하시오. 〈4점〉

(1) 다음의 신규 거래처를 등록하시오. (각 1점)

거래처(명)	거래처분류(구분)	거래처코드	대표자	사업자등록번호	업태/종목
(주)엘칸토	매입처	02006	고미영	109-81-12345	제조/제화
(주)소라제화	매출처	03010	박삼식	110-86-62909	도소매/신발등

(2) 다음의 신규 상품(품목)을 등록하시오. (2점)

품목코드	품목(품명)	(상세)규격	품목종류(자산)	기본단위(단위명)
5004	키높이구두	5cm	상 품	EA

02 다음 거래를 매입매출전표에 입력하시오. 〈16점/각 4점〉

(단, 채권·채무 및 금융 거래는 거래처코드를 입력하고 각 문항별 한 개의 전표번호로 입력한다)

(1) 12월 6일 (주)경기제화로부터 다음 상품을 매입하고 전자세금계산서를 발급받다. 대금 중 ₩30,000,000은 (주)남대문상사 발행 약속어음(어음번호 : 가타46871155, 만기일 : 2025년 1월 15일, 지급은행 : 신한은행)을 배서하여 지급하고, 잔액은 외상으로 한다.

전자세금계산서(공급받는자 보관용)						승인번호	20241206-XXXX0128		
공급자	등록번호	218-81-19448			공급받는자	등록번호	118-81-54655		
	상호	㈜경기제화	성명(대표자)	민설악		상호	까꿍신발㈜	성명(대표자)	김일수
	사업장주소	인천광역시 중구 개항로 10				사업장주소	서울특별시 서대문구 가재울로 12		
	업태	제조업	종사업장번호			업태	도소매	종사업장번호	
	종목	전자제품				종목	신발등		
	E-Mail	avc123@kcci.com				E-Mail	abc123@exam.com		
작성일자	2024.12.06.	공급가액	30,000,000			세 액	3,000,000		
비고									

월	일	품목명	규격	수량	단가	공급가액	세액	비고
12	6	여성운동화	GR	100	200,000	20,000,000	2,000,000	
12	6	남성운동화	LR	40	250,000	10,000,000	1,000,000	

합계금액	현금	수표	어음	외상미수금	이 금액을	⦿ 영수 함
33,000,000			30,000,000	3,000,000		○ 청구

(2) 12월 9일 화물차를 수리하고 전자세금계산서를 발급받고 당좌수표(신한은행)를 발행하여 지급하다.

전자세금계산서(공급받는자 보관용)						승인번호	20241209-XXXX0155		
공급자	등록번호	120-81-98767			공급받는자	등록번호	118-81-54655		
	상호	스피드수리㈜	성명(대표자)	서서원		상호	까꿍신발㈜	성명(대표자)	김일수
	사업장주소	서울특별시 강남구 강남대로 252				사업장주소	서울특별시 서대문구 가재울로 12		
	업태	서비스	종사업장번호			업태	도소매	종사업장번호	
	종목	차수리				종목	신발등		
	E-Mail	sanggong@naver.com				E-Mail	abc123@exam.com		
작성일자	2024.12.09.	공급가액	3,000,000			세 액	300,000		
비고									

월	일	품목명	규격	수량	단가	공급가액	세액	비고
12	9	화물차 수리				3,000,000	300,000	

합계금액	현금	수표	어음	외상미수금	이 금액을	○ 영수 함
3,300,000		3,300,000				⦿ 청구

(3) 12월 22일 회계팀 직원들의 연말 회식을 하고 법인신용카드로 결제하다.

단말기번호	6025188344	전표번호	
카드종류	국민카드		
회원번호	4001-1234-1258-4523		
유효기간		거래일시	취소시당초거래일
		2024.12.22	
거래유형	승인	품 명	식사
결제방법	일시불	금 액(AMOUNT)	500,000
매장명		부가세(VAT)	50,000
판매자		봉사료(S/C)	
대표자	최형배	합 계(TOTAL)	550,000
알림/NOTICE		승인번호	34452311
가맹점주소	서울특별시 중구 서소문로 101		
가맹점번호	5858125881		
사업자등록번호	104-81-45249		
가맹점명	놀부식당(주)		
문의전화/HELP DESK TEL : 1544-4700 (회원용)		서명/SIGNATURE 까꿍신발(주)	

(4) 12월 24일 (주)소강제화에 다음 상품을 매출하고 전자세금계산서를 발급하다. 대금 중 ₩33,000,000은 (주)소강제화의 발행 당좌수표(하나은행)로 받고, 잔액은 자기앞수표로 받다.

전자세금계산서(공급자 보관용)

승인번호 20241224-XXXX0128

공급자	등록번호	118-81-54655			공급받는자	등록번호	121-81-45676		
	상호	까꿍신발(주)	성명 (대표자)	김일수		상호	(주)소강제화	성명 (대표자)	이금강
	사업장 주소	서울특별시 서대문구 가재울로 12				사업장 주소	서울특별시 중구 남대문로 10		
	업태	도소매	종사업장번호			업태	도매 및 상품중개업	종사업장번호	
	종목	신발등				종목	컴퓨터 및 주변장치		
	E-Mail	abc123@exam.com				E-Mail	aabbcc@kcci.com		

작성일자	2024.12.24.	공급가액	32,000,000	세 액	3,200,000
비고					

월	일	품목명	규격	수량	단가	공급가액	세액	비고
12	24	여성운동화	GR	20	1,200,000	24,000,000	2,400,000	
12	24	남성운동화	LR	20	400,000	8,000,000	800,000	

합계금액	현금	수표	어음	외상미수금	이 금액을	◉ 영수	함
35,200,000	2,200,000	33,000,000				○ 청구	

03 다음 거래를 일반전표에 입력하시오. 〈20점/각 4점〉

(단, 채권·채무 및 금융 거래는 거래처코드를 입력하고 각 문항별 한 개의 전표번호로 입력한다)

(1) 12월 8일 　보유 중인 (주)건국제화 발행의 약속어음(어음번호 : 하라52634111, 만기일 : 2025년 3월 30일, 발행일 : 2024년 11월 12일, 지급은행 : 신한은행)을 신한은행에서 할인하고, 할인료 ₩350,000을 제외한 대금은 신한은행 당좌예금 계좌에 입금받다. 단, 차입거래로 처리한다.

(2) 12월 10일 (주)희망건설에서 창고 부지를 구매하기로 하고, 계약금 ₩18,000,000을 국민은행 보통예금 계좌에서 이체하다.

(3) 12월 18일 가지급금은 영업부서 해외 출장비 선지급액으로, 사용내역을 다음과 같이 정산하고 차액은 현금으로 회수하다. 단, 거래처등록할 것

<table>
<tr><td colspan="8" align="center">여비정산서</td></tr>
<tr><td align="center">소 속</td><td align="center">영업부</td><td align="center">직 위</td><td align="center">과 장</td><td align="center">성 명</td><td align="center">박영미</td></tr>
<tr><td rowspan="2" align="center">출장일정</td><td align="center">일 시</td><td colspan="4" align="center">2024년 12월 1일 ~ 2024년 12월 10일</td></tr>
<tr><td align="center">출장지</td><td colspan="4" align="center">홍콩 신발 제조업 파트너업체 출장</td></tr>
<tr><td align="center">지급받은 금액</td><td align="center">₩18,000,000</td><td align="center">사용금액</td><td align="center">₩16,000,000</td><td align="center">반납금액</td><td align="center">₩2,000,000</td></tr>
<tr><td colspan="6" align="center">사용내역</td></tr>
<tr><td align="center">홍보 전시(광고)</td><td align="center">₩2,000,000</td><td align="center">숙박, 식대</td><td align="center">₩2,500,000</td><td align="center">항공료</td><td align="center">₩10,000,000</td></tr>
<tr><td align="center">거래처 식대</td><td align="center">₩1,500,000</td><td></td><td></td><td></td><td></td></tr>
<tr><td colspan="6" align="center">이하 생략</td></tr>
</table>

(4) 12월 27일 (주)경기제화으로부터 상품을 매입하기로 하고, 계약금 ₩7,000,000을 국민은행 보통예금 계좌에서 이체하다.

(5) 12월 30일 매출처 (주)상선제화의 파산으로 동사에 대한 외상매출금 ₩35,000,000 전액을 대손처리하다.

04 다음 기말(12월 31일) 결산정리사항을 회계처리하고 마감하시오. 〈28점/각 4점〉

(1) 자동차 보험료 선급분을 계상하다. 단, 월할계산에 의한다.

(2) 거래처 우리은행의 장기차입금 중 ₩50,000,000은 2025년 5월 31일 만기 예정이다.

(3) 장기대여금 ₩50,000,000에 대한 12개월분 이자 미수분을 계상하다. 대여 이자율은 연 5%이며, 월할계산에 의한다.

(4) 퇴직급여부채를 계상하다. 전 임직원 퇴직 시 필요한 퇴직금은 ₩50,000,000이며, 당사는 퇴직연금에 가입하지 않았다.

(5) 매출채권 잔액에 대해 1%의 대손충당금(보충법)을 설정하다.

(6) 모든 비유동자산에 대한 감가상각비를 계상하다.

(7) 기말상품재고액을 입력하고 결산처리하다. 단, 재고평가는 선입선출법으로 한다.

05 다음 사항을 조회하여 번호 순서대로 단답형 답안을 등록하시오. 〈12점/각 2점〉

(1) 1월부터 5월까지 여성 운동화를 가장 많이 구매한 달은 몇 월인가?

(2) 4월 20일 현재 재고수량이 가장 많은 상품의 재고는 몇 개인가?

(3) 5월 1일부터 8월 31일까지 당좌예금 인출 총액은 얼마인가?

(4) 제2기 부가가치세 예정신고 시 과세표준은 얼마인가?

(5) 12월 31일 현재 한국채택국제회계기준(K-IFRS)에 의한 재무상태표에 표시되는 비유동부채의 금액은 얼마인가?

(6) 1월 1일부터 12월 31일까지 한국채택국제회계기준(K-IFRS)에 의한 포괄손익계산서에 표시되는 판매비와관리비의 금액은 얼마인가?

지시사항 : '(주)소라전자'의 거래자료이며 회계연도는 2024.1.1 ～ 12.31이다.

01 다음의 7월 원가계산 과정을 순서대로 처리하시오. 단, 임금 및 제조경비는 주어진 기초자료에 이미 처리되어 있다. 〈20점/각 4점〉

(1) 7월 20일 다음의 작업지시서를 발행하고, 같은 날 주요자재를 출고하다.

① 작업지시서 내용

지시일자	제품명	작업장	작업지시량(EA)	작업기간
7월 20일	갑제품	제1작업장	2,400	7월 20일 ～ 7월 31일
7월 20일	을제품	제2작업장	2,000	7월 20일 ～ 8월 15일

② 자재사용(출고)등록

갑제품 작업지시서 : 자재 AA 2,400EA (제1작업장)

을제품 작업지시서 : 자재 BB 4,800EA (제2작업장)

(2) 7월 31일 작업지시서(7월 20일 발행)에 대해 다음과 같이 생산자료를 등록하다.

품 목	완성량(EA)	재공품		작업(투입)시간	작업장
		월말 수량(EA)	작업진행률(완성도)		
갑제품	2,400	–	–	400	제1작업장
을제품	1,600	400	30%	600	제2작업장

(3) 7월의 원가기준정보를 다음과 같이 등록하다.

① 노무비배부기준등록(총근무시간)

관련부문	생산1부	생산2부
총근무시간	650	820

② 보조부문비배부기준등록

관련부문	생산1부	생산2부
동력부문	80	20
수선부문	40	60

③ 작업진행률등록 [을제품 : 30%]

(4) 7월의 실제원가계산을 작업하시오.

      ① 기초재공품계산

      ② 직접재료비계산

      ③ 직접노무비계산

      ④ 제조간접비계산

      ⑤ 보조부문비배부

      ⑥ 제조부문비배부(투입시간기준)

      ⑦ 개별원가계산

      ⑧ 종합원가계산(평균법)

      ⑨ 원가반영작업

(5) 7월의 원가계산 마감한 후 제조원가명세서를 조회하시오. 단, 원 미만은 버림으로 처리한다.

작은 기회로부터 종종 위대한 업적이 시작된다.

– 데모스테네스 –

PART 4

정답 및 해설

제1회 ~ 제15회 모의고사 정답 및 해설

많이 보고 많이 겪고 많이 공부하는 것은
배움의 세 기둥이다.

– 벤자민 디즈라엘리 –

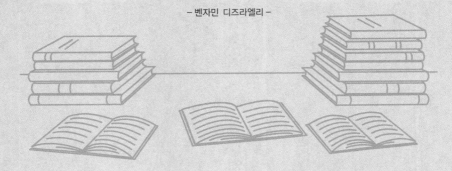

〈문제1. 재무회계〉 오투패션(주) [회사코드 : 5011]

01 기준정보등록

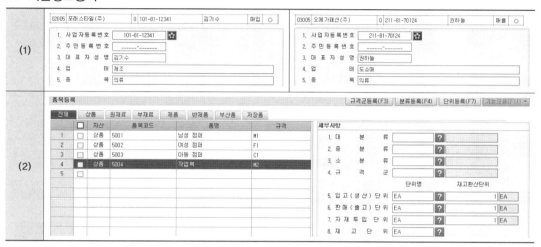

02 매입매출전표입력

(1)

[매입매출전표입력] 12월 2일 : 51.과세매입, 1.전자입력
컴퓨터수리비의 계정과목은 수익적지출로 처리하므로 수선비, 사무용품비, 소모품비 등의 계정 중에서 임의로 선택하여 처리하면 된다. 시험 주관처의 입장은 해당 계정과목 중 어떤 것을 선택하여도 정답으로 인정된다.

일	유형	품명	수량	단가	공급가액	부가세	합계	코드	거래처명	사업.주민번호	전자세금	분개
02	과세	메인보드교체	1	250,000	250,000	25,000	275,000	04004	성공전자(주)	106-81-55568	전자입력	현금

구분	코드	계정과목	차변	대변	코드	거래처	적요	관리
출금	135	부가가치세대급금	25,000	현금	04004	성공전자(주)	메인보드교체 1 X 250,000	
출금	820	수선비	250,000	현금	04004	성공전자(주)	메인보드교체 1 X 250,000	

(2)

[매입매출전표입력] 12월 3일 : 57.카과매입, 비씨카드
• 직원단합대회 관련 물품구입비는 복리후생비계정에서 처리해야 함
• 매입매출전표의 분개유형은 분개만 옳게 나온다면 어느것으로 처리해도 상관없음
• 미지급금의 거래처는 반드시 비씨카드로 설정되어야 함

일	유형	품명	수량	단가	공급가액	부가세	합계	코드	거래처명	사업.주민번호	전자세금	분개
03	카과	잡화			340,000	34,000	374,000	04001	우수마트	135-25-65675		카드

구분	코드	계정과목	차변	대변	코드	거래처	적요	관리
대변	253	미지급금		374,000	99601	비씨카드	잡화	
차변	135	부가가치세대급금	34,000		04001	우수마트	잡화	
차변	811	복리후생비	340,000		04001	우수마트	잡화	

(3)

[입고입력] 12월 10일 : [2.건별 + 1.과세], 지급구분(혼합) → 전표추가(F3) → 전송

[매입매출전표입력] 12월 10일 : 1.전자입력, 보통예금의 거래처 기업은행으로 수정

(4)

[출고입력] 12월 28일 : [2.건별 + 1.과세], 수금구분(혼합) → 전표추가(F3) → 전송

[매입매출전표입력] 12월 28일 : 1.전자입력

03 일반전표입력

<table>
<tr><td rowspan="2">(1)</td><td colspan="2">[일반전표입력] 12월 3일 (11월 29일 가수금 3,000,000원 확인)</td></tr>
<tr><td colspan="2">

년	월	일	번호	구분	코드	계정과목	코드	거래처	적요	차변	대변
2024	12	3	00001	차변	257	가수금				3,000,000	
2024	12	3	00001	대변	259	선수금	03004	강남패션(주)			3,000,000

</td></tr>
</table>

(2)

[일반전표입력] 12월 4일

강남패션(주) 발행의 약속어음금액이 제시되지 않았기 때문에 받을어음 현황메뉴에서 수취일과 거래처 등을 조회하여 해당 어음의 금액이 25,000,000원임을 확인한다.

받을어음현황 [기능모음(F11) ▼]

만기일(월)별	거래처별	어음조회	부분할인/분할배서조회

조회구분 0.전체 ▼ 3.수취일 ▼ 2024 년 01 월 01 일 ~ 2024 년 12 월 31 일 [?] 거 래 처 03004 [?] 강남패 ~ 03004 [?] 강남패

만기일	어음번호	코드	거래처	원금	보유금액 (분할배서후금액)	미보유금액 (분할배서금액)	수취일	처리일	어음상태	수취구분	어음종류	코드	지급기
2024-09-21	마바20000601	03004	강남패션(주)	33,275,000		33,275,000	2024-06-21	2024-09-21	만기	자수	약속(일반)	200	국민은행
2025-01-16	마바20000602	03004	강남패션(주)	25,000,000	25,000,000		2024-10-16	2024-10-16	보관	자수	약속(일반)	200	국민은행
2025-02-16	마바20000603	03004	강남패션(주)	21,860,000	21,860,000		2024-11-16	2024-11-16	보관	자수	약속(일반)	200	국민은행

일자 2024 년 12 ▼ 월 04 일 현금잔액 46,829,000원

☐	일	번호	구분	코드	계정과목	코드	거래처	적요	차변	대변
☐	4	00001	차변	251	외상매입금	02004	동강어패럴(주)		27,000,000	
☐	4	00001	대변	110	받을어음	03004	강남패션(주)	마바20000602-배 서-[만기일자:		25,000,000
☐	4	00001	대변	101	현금					2,000,000

● 받을어음 관리 [삭제(F5)]

어음상태	3	배서		어음번호	마바20000602		수취구분	1	자수	발 행 일	2024-10-16	만 기 일	2025-01-16
발 행 인		03004	강남패션(주)				지급은행	200	국민은행			지 점	
배 서 인				할인기관			지 점			할 인 율 (%)		어음종류	1 약속(일반)
지급거래처		02004	동강어패럴(주)							● 수령한 어음을 타거래처에 지급하는 경우에 입력합니다.			

(3)

[일반전표입력] 12월 17일

유형자산 구입 시 지급하는 계약금은 '건설중인자산'으로 처리한다. 대변은 지급어음이 아닌 '미지급금'으로 처리한다. 지급어음은 재고자산의 구입 시 처리하는 계정이며, 그 외 거래에서 사용하는 어음은 미지급금 계정으로 처리한다.

☐	년	월	일	번호	구분	코드	계정과목	코드	거래처	적요	차변	대변
☐	2024	12	17	00001	차변	214	건설중인자산	04006	튼튼건설(주)		10,000,000	
☐	2024	12	17	00001	대변	253	미지급금	04006	튼튼건설(주)			10,000,000

(4)

[일반전표입력] 12월 30일

채권의 구입 + 현금흐름 수취만을 목적으로 하는 경우에는 상각후원가측정금융자산 계정에서 처리하여야 하며, 만기일이 3년이기 때문에 비유동자산으로 처리한다.

☐	년	월	일	번호	구분	코드	계정과목	코드	거래처	적요	차변	대변
☐	2024	12	30	00001	차변	181	상각후원가측정금융자산(비유동)				13,590,000	
☐	2024	12	30	00001	대변	103	보통예금	98001	기업은행(보통)			13,590,000

(5)

[일반전표입력] 12월 31일

☐	년	월	일	번호	구분	코드	계정과목	코드	거래처	적요	차변	대변
☐	2024	12	31	00001	차변	103	보통예금	98001	기업은행(보통)		20,300,000	
☐	2024	12	31	00001	대변	104	정기예금	98003	기업은행(정기예금)			20,000,000
☐	2024	12	31	00001	대변	901	이자수익					300,000

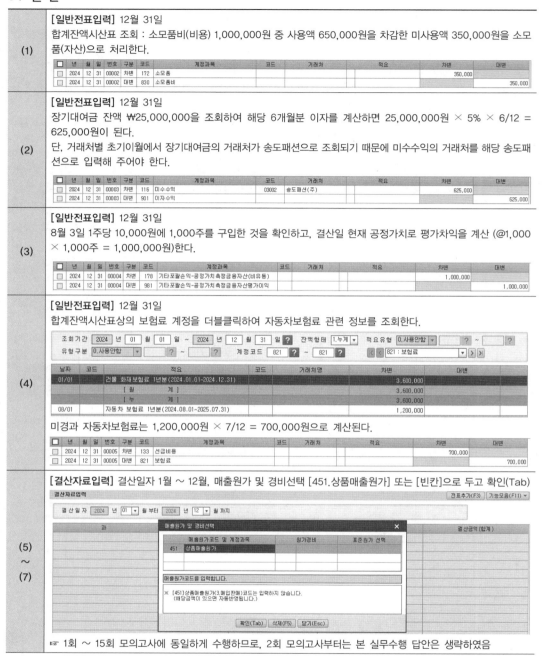

(1)

[일반전표입력] 12월 31일

합계잔액시산표 조회 : 소모품비(비용) 1,000,000원 중 사용액 650,000원을 차감한 미사용액 350,000원을 소모품(자산)으로 처리한다.

	년	월	일	번호	구분	코드	계정과목	코드	거래처	적요	차변	대변
☐	2024	12	31	00002	차변	172	소모품				350,000	
☐	2024	12	31	00002	대변	830	소모품비					350,000

(2)

[일반전표입력] 12월 31일

장기대여금 잔액 ₩25,000,000을 조회하여 해당 6개월분 이자를 계산하면 25,000,000원 × 5% × 6/12 = 625,000원이 된다.

단, 거래처별 초기이월에서 장기대여금의 거래처가 송도패션으로 조회되기 때문에 미수수익의 거래처를 해당 송도패션으로 입력해 주어야 한다.

	년	월	일	번호	구분	코드	계정과목	코드	거래처	적요	차변	대변
☐	2024	12	31	00003	차변	116	미수수익	03002	송도패션(주)		625,000	
☐	2024	12	31	00003	대변	901	이자수익					625,000

(3)

[일반전표입력] 12월 31일

8월 3일 1주당 10,000원에 1,000주를 구입한 것을 확인하고, 결산일 현재 공정가치로 평가차익을 계산 (@1,000 × 1,000주 = 1,000,000원)한다.

	년	월	일	번호	구분	코드	계정과목	코드	거래처	적요	차변	대변
☐	2024	12	31	00004	차변	178	기타포괄손익-공정가치 측정금융자산(비유동)				1,000,000	
☐	2024	12	31	00004	대변	981	기타포괄손익-공정가치 측정금융자산평가이익					1,000,000

(4)

[일반전표입력] 12월 31일

합계잔액시산표상의 보험료 계정을 더블클릭하여 자동차보험료 관련 정보를 조회한다.

조회기간 2024 년 01 월 01 일 ~ 2024 년 12 월 31 일 ? 잔액형태 1.누계 ▼ 적요유형 0.사용안함 ▼ ? ~ ?
유형구분 0.사용안함 ▼ ? ~ ? 계정코드 821 ? ~ 821 ? ◄ 821 : 보험료 ▼ ► ►|

날짜	코드	적요	코드	거래처명	차변	대변
01/01		건물 화재보험료 1년분(2024.01.01-2024.12.31)			3,600,000	
		[월 계]			3,600,000	
		[누 계]			3,600,000	
08/01		자동차 보험료 1년분(2024.08.01~2025.07.31)			1,200,000	

미경과 자동차보험료는 1,200,000원 × 7/12 = 700,000원으로 계산된다.

	년	월	일	번호	구분	코드	계정과목	코드	거래처	적요	차변	대변
☐	2024	12	31	00005	차변	133	선급비용				700,000	
☐	2024	12	31	00005	대변	821	보험료					700,000

(5) ~ (7)

[결산자료입력] 결산일자 1월 ~ 12월, 매출원가 및 경비선택 [451.상품매출가] 또는 [빈칸]으로 두고 확인(Tab)

결산자료입력   전표추가(F3) ▼ | 기능모음(F11) ▼

결 산 일 자 2024 년 01 ▼ 월 부터 2024 년 12 ▼ 월 까지

과			결산금액(합계)

매출원가 및 경비선택   ✕

	매출원가코드 및 계정과목	원가경비	표준원가 선택
451	상품매출원가		

매출원가코드를 입력합니다.

※ [451]상품매출원가(3.매입판매)코드는 입력하지 않습니다.
   (해당금액이 있으면 자동반영됩니다.)

확인(Tab)   삭제(F5)   닫기(Esc)

☞ 1회 ~ 15회 모의고사에 동일하게 수행하므로, 2회 모의고사부터는 본 실무수행 답안은 생략하였음

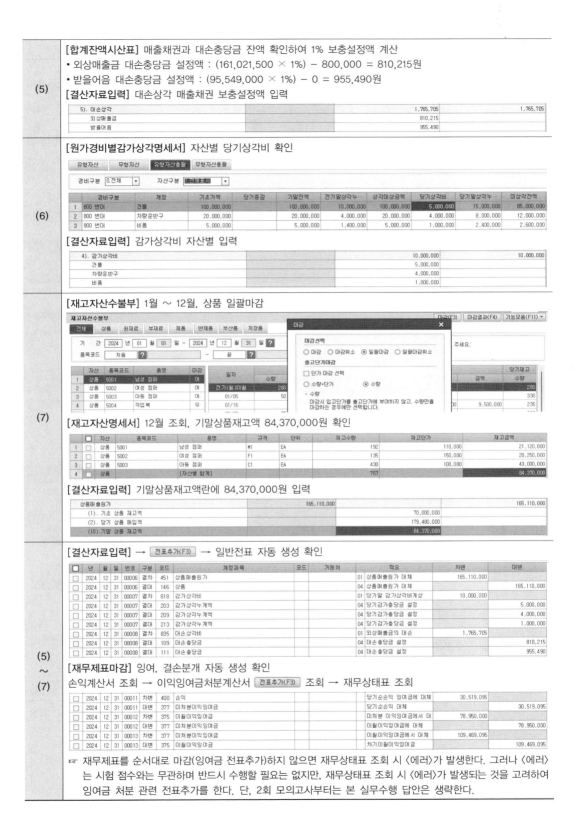

[합계잔액시산표] 매출채권과 대손충당금 잔액 확인하여 1% 보충설정액 계산

- 외상매출금 대손충당금 설정액 : (161,021,500 × 1%) − 800,000 = 810,215원
- 받을어음 대손충당금 설정액 : (95,549,000 × 1%) − 0 = 955,490원

(5)

[결산자료입력] 대손상각 매출채권 보충설정액 입력

5). 대손상각		1,765,705	1,765,705
외상매출금		810,215	
받을어음		955,490	

[원가경비별감가상각명세서] 자산별 당기상각비 확인

유형자산	무형자산	유형자산총괄	무형자산총괄

경비구분 0.전체 ▼   자산구분 1.유형자산총괄 ▼

	경비구분	계정	기초가액	당기증감	기말잔액	전기말상각누	상각대상금액	당기상각비	당기말상각누	미상각잔액
1	800 번대	건물	100,000,000		100,000,000	10,000,000	100,000,000	5,000,000	15,000,000	85,000,000
2	800 번대	차량운반구	20,000,000		20,000,000	4,000,000	20,000,000	4,000,000	8,000,000	12,000,000
3	800 번대	비품	5,000,000		5,000,000	1,400,000	5,000,000	1,000,000	2,400,000	2,600,000

(6)

[결산자료입력] 감가상각비 자산별 입력

4). 감가상각비		10,000,000	10,000,000
건물		5,000,000	
차량운반구		4,000,000	
비품		1,000,000	

[재고자산수불부] 1월 ~ 12월, 상품 일괄마감

재고자산수불부   마감(F3) 마감결과(F4) 기능모음(F11) ▼

| 전체 | 상품 | 원재료 | 부재료 | 제품 | 반제품 | 부산품 | 저장품 |

기 간 2024 년 01 월 01 일 ~ 2024 년 12 월 31 일 ?
품목코드 처음 ? ~ 끝 ?

마감 ×

마감선택
○ 마감 ○ 마감취소 ⊙ 일괄마감 ○ 일괄마감취소

출고단가마감
□ 단가 마감 선택
○ 수량+단가 ⊙ 수량

- 수량
마감시 입고단가를 출고단가에 부여하지 않고, 수량만을
마감하는 경우에만 선택합니다.

	자산	품목코드	품명	마감		일자	수량			금액	당기재고 수량
1	상품	5001	남성 점퍼	여		전기(월)이월	280				280
2	상품	5002	여성 점퍼	여		01/05	50				330
3	상품	5003	아동 점퍼	여		01/16				9,500,000	235
4	상품	5004	작업복	무							

(7)

[재고자산명세서] 12월 조회, 기말상품재고액 84,370,000원 확인

		자산	품목코드	품명	규격	단위	재고수량	재고단가	재고금액
1	□	상품	5001	남성 점퍼	M1	EA	192	110,000	21,120,000
2	□	상품	5002	여성 점퍼	F1	EA	135	150,000	20,250,000
3	□	상품	5003	아동 점퍼	C1	EA	430	100,000	43,000,000
4	□	상품		[자산별 합계]			757		84,370,000

[결산자료입력] 기말상품재고액란에 84,370,000원 입력

상품매출원가		165,110,000	165,110,000
(1). 기초 상품 재고액		70,000,000	
(2). 당기 상품 매입액		179,480,000	
(10).기말 상품 재고액		84,370,000	

[결산자료입력] → 전표추가(F3) → 일반전표 자동 생성 확인

	년	월	일	번호	구분	코드	계정과목	코드	거래처	적요	차변	대변
□	2024	12	31	00006	결차	451	상품매출원가			01 상품매출원가 대체	165,110,000	
□	2024	12	31	00006	결대	146	상품			04 상품매출원가 대체		165,110,000
□	2024	12	31	00007	결차	818	감가상각비			01 당기말 감가상각비계상	10,000,000	
□	2024	12	31	00007	결대	203	감가상각누계액			04 당기감가충당금 설정		5,000,000
□	2024	12	31	00007	결대	209	감가상각누계액			04 당기감가충당금 설정		4,000,000
□	2024	12	31	00007	결대	213	감가상각누계액			04 당기감가충당금 설정		1,000,000
□	2024	12	31	00008	결차	835	대손상각비			01 외상매출금의 대손	1,765,705	
□	2024	12	31	00008	결대	109	대손충당금			04 대손충당금 설정		810,215
□	2024	12	31	00008	결대	111	대손충당금			04 대손충당금 설정		955,490

(5)
~
(7)

[재무제표마감] 잉여, 결손분개 자동 생성 확인
손익계산서 조회 → 이익잉여금처분계산서 전표추가(F3) 조회 → 재무상태표 조회

	2024	12	31	00011	차변	400	손익			당기순손익 잉여금에 대체	30,519,095	
□	2024	12	31	00011	대변	377	미처분이익잉여금			당기순손익 대체		30,519,095
□	2024	12	31	00012	차변	375	이월이익잉여금			미처분 이익잉여금에서 대...	78,950,000	
□	2024	12	31	00012	대변	377	미처분이익잉여금			이월이익잉여금에 대체		78,950,000
□	2024	12	31	00013	차변	377	미처분이익잉여금			이월이익잉여금에서 대체	109,469,095	
□	2024	12	31	00013	대변	375	이월이익잉여금			차기이월이익잉여금		109,469,095

☞ 재무제표를 순서대로 마감(잉여금 전표추가)하지 않으면 재무상태표 조회 시 〈에러〉가 발생한다. 그러나 〈에러〉
는 시험 점수와는 무관하며 반드시 수행할 필요는 없지만, 재무상태표 조회 시 〈에러〉가 발생되는 것을 고려하여
잉여금 처분 관련 전표추가를 한다. 단, 2회 모의고사부터는 본 실무수행 답안은 생략한다.

(1) [품목별 구매현황] 215개

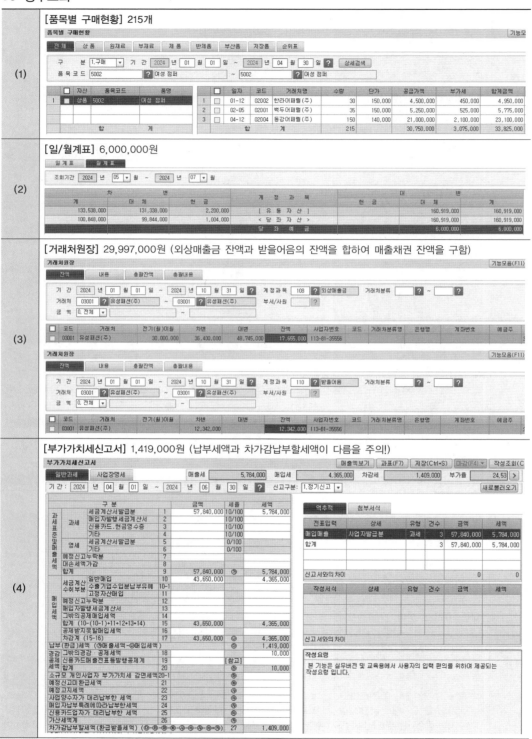

(2) [일/월계표] 6,000,000원

(3) [거래처원장] 29,997,000원 (외상매출금 잔액과 받을어음의 잔액을 합하여 매출채권 잔액을 구함)

(4) [부가가치세신고서] 1,419,000원 (납부세액과 차가감납부할세액이 다름을 주의!)

(5)	[K-IFRS 재무상태표] 209,190,000원 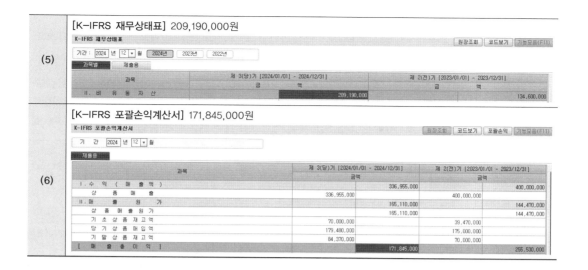
(6)	[K-IFRS 포괄손익계산서] 171,845,000원

<문제2. 원가회계> (주)경기어패럴 [회사코드 : 5012]

6월 원가계산

(1) ①	갑제품	[생산(작업)지시서] 6월 13일
	을제품	[생산(작업)지시서] 6월 13일
(1) ②	갑제품	[자재출고입력] 6월 13일

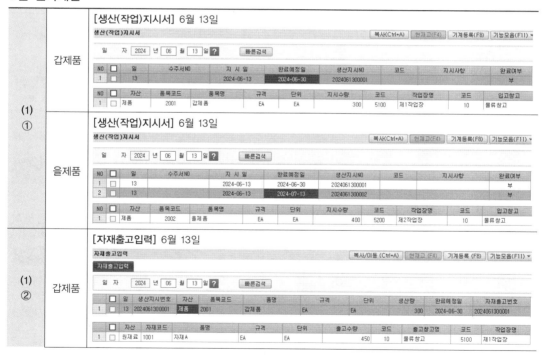

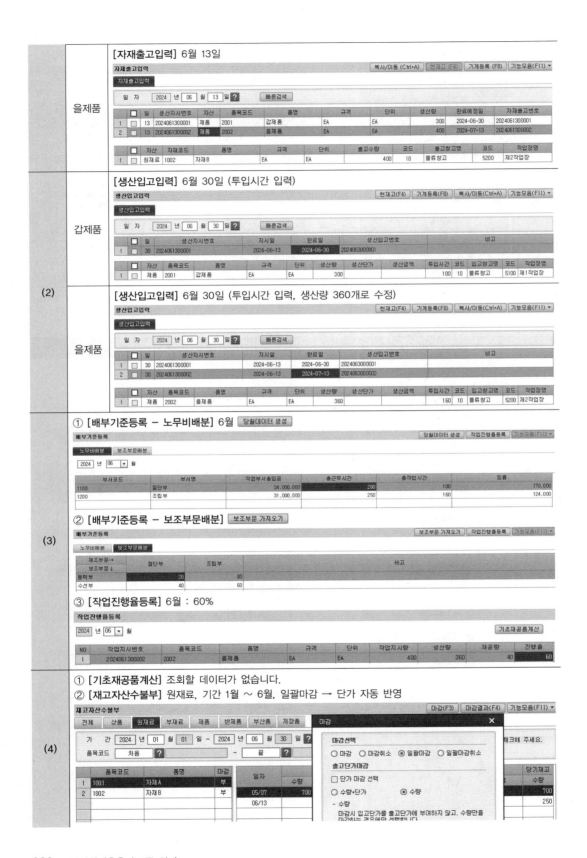

[자재출고입력] 6월 13일 — 을제품

[생산입고입력] 6월 30일 (투입시간 입력) — 갑제품

(2)

[생산입고입력] 6월 30일 (투입시간 입력, 생산량 360개로 수정) — 을제품

(3)

① [배부기준등록 – 노무비배분] 6월

② [배부기준등록 – 보조부문배분]

③ [작업진행율등록] 6월 : 60%

(4)

① [기초재공품계산] 조회할 데이터가 없습니다.

② [재고자산수불부] 원재료, 기간 1월 ~ 6월, 일괄마감 → 단가 자동 반영

[직접재료비계산] 제1작업장, 6월 조회 (단가 자동 반영)

직접재료비계산   마감취소   기능모음(F11) ▼

2024 년 06 ▼ 월   ※ 정확한 자재 투입금액을 계산하기 위해서 먼저 마감을 실행하세요.   직접노무비계산

	작업지시번호	작업장	품목코드	품명	규격	단위	작업지시량	작업시작일	작업종료일	생산량	진행상태
1	2024061300001	제1작업장	2001	갑제품	EA	EA	300	2024-06-13	2024-06-30	300	완료

	자재코드	자재명	규격	단위	사용량	단가	금액
1	1001	자재A	EA	EA	450	50,000	22,500,000

[직접재료비계산] 제2작업장, 6월 조회 (단가 자동 반영)

직접재료비계산   마감취소   기능모음(F11) ▼

2024 년 06 ▼ 월   ※ 정확한 자재 투입금액을 계산하기 위해서 먼저 마감을 실행하세요.   직접노무비계산

	작업지시번호	작업장	품목코드	품명	규격	단위	작업지시량	작업시작일	작업종료일	생산량	진행상태
1	2024061300001	제1작업장	2001	갑제품	EA	EA	300	2024-06-13	2024-06-30	300	완료
2	2024061300002	제2작업장	2002	을제품	EA	EA	400	2024-06-13	2024-07-13	360	진행

	자재코드	자재명	규격	단위	사용량	단가	금액
1	1002	자재B	EA	EA	400	60,000	24,000,000

③ [직접노무비계산] 6월 조회

직접노무비계산   기능모음(F11) ▼

2024 년 06 ▼ 월   제조간접비(부문별)

NO	작업지시번호	품목코드	품명	부서코드	부서명	투입시간	임율	직접노무비
1	2024061300001	2001	갑제품	1100	절단부	100	170,000	17,000,000
2	2024061300002	2002	을제품	1200	조립부	160	124,000	19,840,000

④ [제조간접비계산(부문별)] 6월 조회

제조간접비계산(부문별)   기능모음(F11) ▼

2024 년 06 ▼ 월   제조간접비(보조부문)

계정코드	계정명	제조부문		보조부문		합계
		절단부	조립부	동력부	수선부	
51100	복리후생비	3,000,000	2,000,000	200,000	300,000	5,500,000
51300	접대비	900,000	600,000			1,500,000
51400	통신비	400,000	600,000	600,000	500,000	2,100,000
51600	전력비	600,000	500,000	400,000	400,000	1,900,000
51900	임차료	4,000,000	4,000,000	2,000,000	2,000,000	12,000,000
52400	운반비	1,500,000	1,000,000			2,500,000
53300	외주가공비	18,000,000	9,000,000			27,000,000
BBB	간접노무비	17,000,000	11,160,000	4,000,000	6,000,000	38,160,000

⑤ [제조간접비계산(보조부문)] 6월 조회

제조간접비계산(보조부문)   기능모음(F11) ▼

2024 년 06 ▼ 월   제조간접비(제조부문)

부서코드	부서명	제조부문		합계
		절단부	조립부	
2100	동력부	1,440,000	5,760,000	7,200,000
2200	수선부	3,680,000	5,520,000	9,200,000

⑥ [제조간접비계산(제조부문)] 6월 조회

제조간접비계산(제조부문)   기능모음(F11) ▼

2024 년 06 ▼ 월   제조부문비 배부기준 1. 투입시간 ▼   완성품원가조회

작업지시번호	제품코드	제품명	규격	단위	제조부문		합계
					절단부	조립부	
2024061300001	2001	갑제품	EA	EA	50,520,000		50,520,000
"	2002	을제품	EA	EA		40,140,000	40,140,000

⑦, ⑧ [완성품원가조회] 6월 조회

완성품원가조회   기능모음(F11) ▼

2024 년 06 ▼ 월   원가계산방법(종합) 1. 평균법 ▼

작업지시번호	제품코드	제품명	[기초]직접재료비 / [당기]직접재료비 / [기말]직접재료비	[기초]직접노무비 / [당기]직접노무비 / [기말]직접노무비	[기초]제조간접비 / [당기]제조간접비 / [기말]제조간접비	[기초]합계 / [기말]합계	완성품 수량	출제조원가 / 완성품제조원가 / 단위당제조원가
2024061300001 개별	2001	갑제품	22,500,000	17,000,000	50,520,000	90,020,000	300	90,020,000 / 90,020,000 / 300,067
" 종합	2002	을제품	24,000,000 / 2,400,000	19,840,000 / 1,240,000	40,140,000 / 2,508,750	83,980,000 / 6,148,750	360	83,980,000 / 77,831,250 / 216,198

PART 4

[결산자료입력] 1월 ~ 6월, 제품매출원가(455번), 원가경비(1.500번대) 선택 후 조회

기능모음(F11)의 '기말재고반영' 클릭한다. 기말원재료재고액 36,500,000원, 기말재공품재고액 6,148,750원이 반영되면 상단 우측 전표추가(F3) 를 한다.

[제조원가명세서] 6월 조회, 당기제품제조원가 167,851,250원

제2회 모의고사 정답 및 해설

<문제1. 재무회계> 상공자재(주) [회사코드 : 5021]

01 기준정보등록

02 매입매출전표입력

(1)

[입고입력] 12월 3일 : [2.건별 + 1.과세], 지급구분(혼합) → 전표추가(F3) → 전송

[매입매출전표입력] 12월 3일 : 1.전자입력, 지급어음 관리(자금관리 F3) 등록

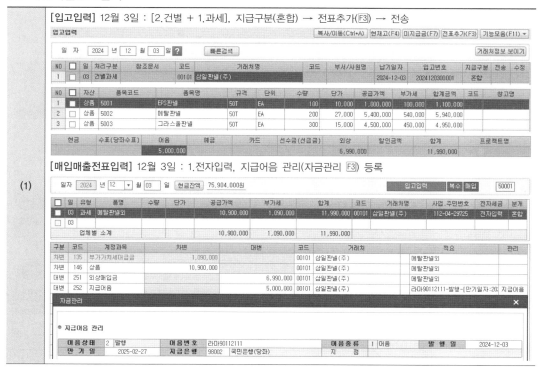

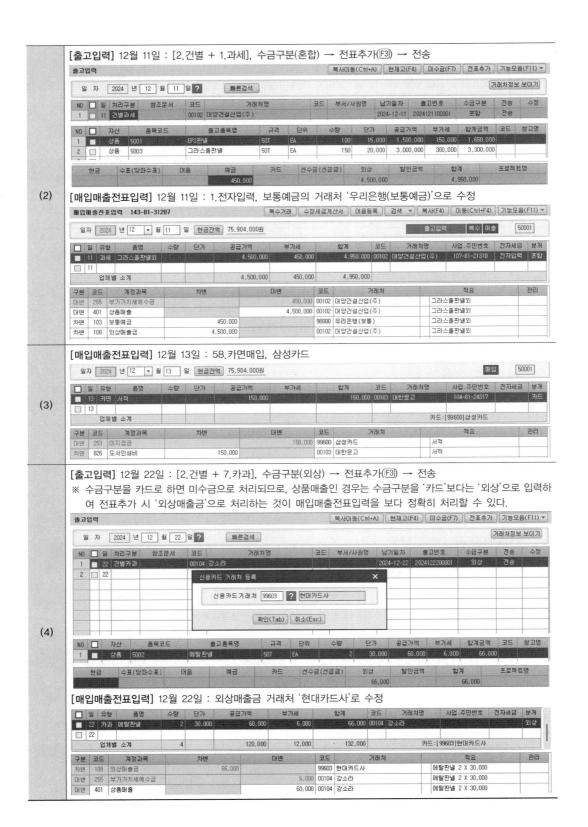

[출고입력] 12월 11일 : [2.건별 + 1.과세], 수금구분(혼합) → 전표추가(F3) → 전송

(2) **[매입매출전표입력]** 12월 11일 : 1.전자입력, 보통예금의 거래처 '우리은행(보통예금)'으로 수정

[매입매출전표입력] 12월 13일 : 58.카면매입, 삼성카드

(3)

[출고입력] 12월 22일 : [2.건별 + 7.카과], 수금구분(외상) → 전표추가(F3) → 전송

※ 수금구분을 카드로 하면 미수금으로 처리되므로, 상품매출인 경우는 수금구분을 '카드'보다는 '외상'으로 입력하여 전표추가 시 '외상매출금'으로 처리하는 것이 매입매출전표입력을 보다 정확히 처리할 수 있다.

(4)

[매입매출전표입력] 12월 22일 : 외상매출금 거래처 '현대카드사'로 수정

03 일반전표입력

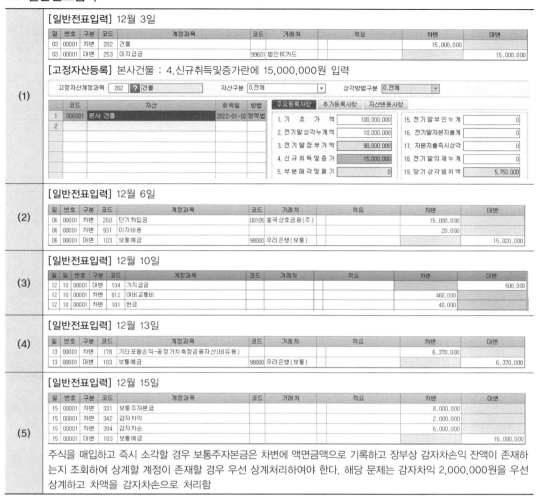

<table>
<tr><td rowspan="2">(1)</td><td colspan="11">[일반전표입력] 12월 3일</td></tr>
</table>

[일반전표입력] 12월 3일

일	번호	구분	코드	계정과목	코드	거래처	적요	차변	대변
03	00001	차변	202	건물				15,000,000	
03	00001	대변	253	미지급금	99601	법인BC카드			15,000,000

[고정자산등록] 본사건물 : 4.신규취득및증가란에 15,000,000원 입력

| 고정자산계정과목 | 202 | ? | 건물 | | 자산구분 | 0.전체 | | 상각방법구분 | 0.전체 | |

	코드	자산	취득일	방법
1	006001	본사 건물	2022-01-02	정액법
2				

주요등록사항 / 추가등록사항 / 자산변동사항

1. 기 초 가 액	100,000,000	15. 전기말부인누계	0
2. 전기말상각누계액	10,000,000	16. 전기말자본지출계	0
3. 전기말장부가액	90,000,000	17. 자본지출즉시상각	0
4. 신규취득및증가	15,000,000	18. 전기말의제누계	0
5. 부분매각및폐기	0	19. 당기상각범위액	5,750,000

[일반전표입력] 12월 6일 (2)

일	번호	구분	코드	계정과목	코드	거래처	적요	차변	대변
06	00001	차변	260	단기차입금	00105	홍국상호금융(주)		15,000,000	
06	00001	차변	931	이자비용				20,000	
06	00001	대변	103	보통예금	98000	우리은행(보통)			15,020,000

[일반전표입력] 12월 10일 (3)

월	일	번호	구분	코드	계정과목	코드	거래처	적요	차변	대변
12	10	00001	대변	134	가지급금					500,000
12	10	00001	차변	812	여비교통비				460,000	
12	10	00001	차변	101	현금				40,000	

[일반전표입력] 12월 13일 (4)

일	번호	구분	코드	계정과목	코드	거래처	적요	차변	대변
13	00001	차변	178	기타포괄손익-공정가치측정금융자산(비유동)				6,370,000	
13	00001	대변	103	보통예금	98000	우리은행(보통)			6,370,000

[일반전표입력] 12월 15일 (5)

일	번호	구분	코드	계정과목	코드	거래처	적요	차변	대변
15	00001	차변	331	보통주자본금				8,000,000	
15	00001	차변	342	감자차익				2,000,000	
15	00001	차변	394	감자차손				6,000,000	
15	00001	대변	103	보통예금					16,000,000

주식을 매입하고 즉시 소각할 경우 보통주자본금은 차변에 액면금액으로 기록하고 장부상 감자차손익 잔액이 존재하는지 조회하여 상계할 계정이 존재할 경우 우선 상계처리하여야 한다. 해당 문제는 감자차익 2,000,000원을 우선 상계하고 차액을 감자차손으로 처리함

04 결 산

[일반전표입력] 12월 31일 (1)

월	일	번호	구분	코드	계정과목	코드	거래처	적요	차변	대변
12	31	00001	차변	107	당기손익-공정가치측정금융자산				900,000	
12	31	00001	대변	905	당기손익-공정가치측정금융자산평가이익					900,000

당기손익-공정가치측정금융자산 장부상 잔액 3,600,000원을 기말 현재 공정가치 4,500,000원(300주 @15,000)으로 평가함

[일반전표입력] 12월 31일 (2)

날짜	코드	적요	코드	거래처명	차변	대변
01/01		건물 화재보험료 1년분(2024.01.01-2024.12.31)			3,600,000	
		[월 계]			3,600,000	
		[누 계]			3,600,000	
06/01		자동차 보험료 1년분(2024.06.01-2025.05.31)			1,200,000	

시산표 조회하여 6월 1일 보험료 : 1,200,000원 × 5/12 = 500,000원 선급비용으로 대체

12	31	00001	차변	133	선급비용				500,000	
12	31	00001	대변	821	보험료					500,000

<table>
<tr><td rowspan="2">(3)</td><td colspan="2">[일반전표입력] 12월 31일
소모품비 잔액 1,000,000원 중 560,000원 미사용액을 소모품(자산)으로 대체</td></tr>
</table>

(3) **[일반전표입력]** 12월 31일

소모품비 잔액 1,000,000원 중 560,000원 미사용액을 소모품(자산)으로 대체

월	일	번호	구분	코드	계정과목	코드	거래처	적요	차변	대변
12	31	00003	차변	172	소모품				560,000	
12	31	00003	대변	830	소모품비					560,000

(4) **[일반전표입력]** 12월 31일

미지급비용에 '산업은행' 거래처 입력 ☞ 시험주관처 입장

| 12 | 31 | 00002 | 차변 | 931 | 이자비용 | | | | 1,600,000 | |
| 12 | 31 | 00002 | 대변 | 262 | 미지급비용 | 98004 | 산업은행 | | | 1,600,000 |

(5) **[합계잔액시산표]** 매출채권과 대손충당금 잔액 확인하여 1% 보충설정액 계산

• 외상매출금 대손충당금 설정액 : (199,847,500 × 1%) − 900,000 = 1,098,475원

• 받을어음 대손충당금 설정액 : (199,847,500 × 1%) − 300,000 = 905,490원

[결산자료입력] 대손상각 매출채권 보충설정액 입력

5). 대손상각		2,003,965	2,003,965
외상매출금		1,098,475	
받을어음		905,490	

(6) **[원가경비별감가상각명세서]** 자산별 당기상각비 확인

| 유형자산 | 무형자산 | 유형자산총괄 | 무형자산총괄 |

경비구분 0.전체 ▼   자산구분 1.전체표시 ▼

	경비구분	계정	기초가액	당기증가	기말잔액	전기말상각누…	상각대상금액	당기상각비	당기말상각누…
1	800 번대	건물	100,000,000	15,000,000	115,000,000	10,000,000	115,000,000	5,750,000	15,750,000
2	800 번대	차량운반구	20,000,000		20,000,000	4,000,000	20,000,000	4,000,000	8,000,000
3	800 번대	비품	5,000,000		5,000,000	1,400,000	5,000,000	1,000,000	2,400,000

| 유형자산 | 무형자산 | 유형자산총괄 | 무형자산총괄 |

경비구분 0.전체 ▼   자산구분 1.전체표시 ▼

	경비구분	계정	취득원가	기초가액	당기증가	당기감소	당기상각비	미상각잔액	상각방법
1	800 번대	특허권	10,000,000	8,000,000			2,000,000	6,000,000	정액법

[결산자료입력] 감가상각비 자산별 입력

4). 감가상각비		10,750,000	10,750,000
건물		5,750,000	
차량운반구		4,000,000	
비품		1,000,000	
건설중인자산			
6). 무형고정자산상각		2,000,000	2,000,000
특허권		2,000,000	

(7) **[재고자산수불부]** 1월 ~ 12월, 상품 일괄마감

[재고자산명세서] 12월 조회, 기말상품재고액 61,970,000원 확인

[결산자료입력] 기말상품재고액란에 61,970,000원 입력

2. 매출원가			187,910,000
상품매출원가		187,910,000	187,910,000
(1). 기초 상품 재고액		70,000,000	
(2). 당기 상품 매입액		179,880,000	
(10).기말 상품 재고액		61,970,000	

(5) ~ (7) **[결산자료입력]** → [전표추가(F3)] → 일반전표 자동 생성 확인

☐	31	00014	결차	451	상품매출원가		01	상품매출원가 대체	187,910,000	
☐	31	00014	결대	146	상품		04	상품매출원가 대체		187,910,000
☐	31	00015	결차	818	감가상각비		01	당기말 감가상각비계	10,750,000	
☐	31	00015	결대	203	감가상각누계액		04	당기감가충당금 설정		5,750,000
☐	31	00015	결대	209	감가상각누계액		04	당기감가충당금 설정		4,000,000
☐	31	00015	결대	213	감가상각누계액		04	당기감가충당금 설정		1,000,000
☐	31	00016	결차	835	대손상각비		01	외상매출금의 대손	2,003,965	
☐	31	00016	결대	109	대손충당금		04	대손충당금 설정		1,098,475
☐	31	00016	결대	111	대손충당금		04	대손충당금 설정		905,490
☐	31	00017	결차	840	무형자산상각비		01	무형자산 당기상각비	2,000,000	
☐	31	00017	결대	232	특허권		04	특허권 당가상각액		2,000,000

[재무제표마감] 잉여, 결손분개 자동 생성 확인

손익계산서 조회 → 이익잉여금처분계산서 [전표추가(F3)] 조회 → 재무상태표 조회

05 장부조회

[재고자산수불부] 204개

(1)

[일/월계표] 500,000원

(2)

[거래처원장] 76,400,000원

(3)

[부가가치세신고서] 1,419,000원

(4)

[K-IFRS 재무상태표] 131,534,800원

(5)

(6)

[K-IFRS 포괄손익계산서] 1,828,000원

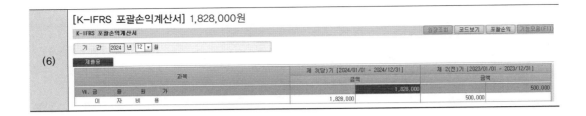

<문제2. 원가회계> (주)동인화학 [회사코드 : 5022]

8월 원가계산

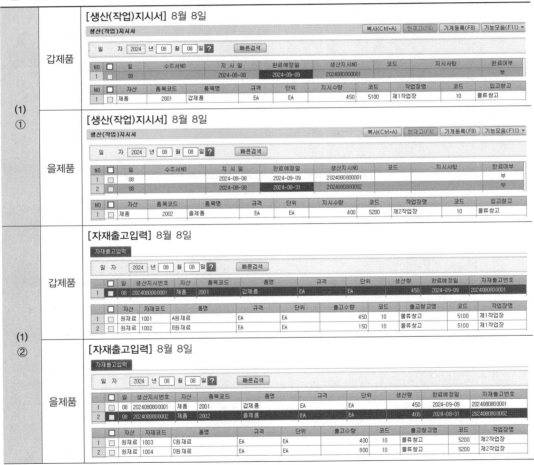

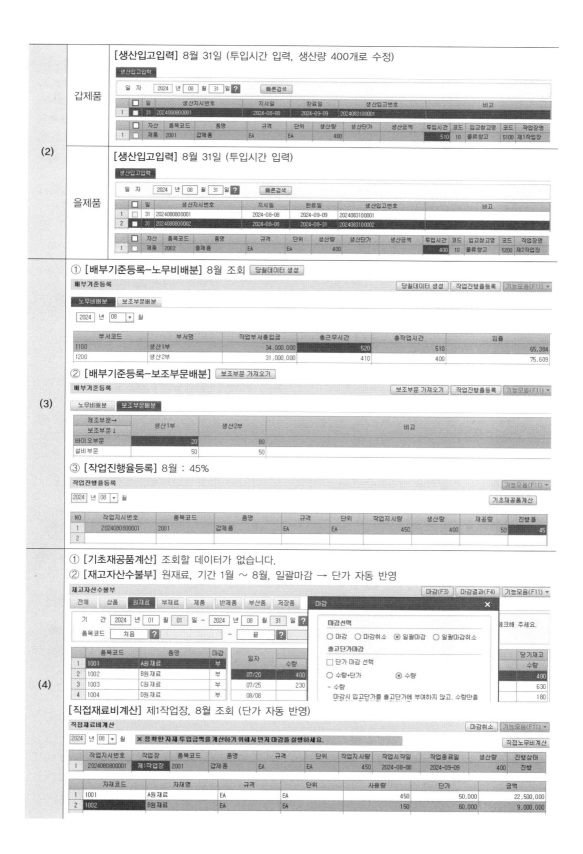

[생산입고입력] 8월 31일 (투입시간 입력, 생산량 400개로 수정)

갑제품

[생산입고입력] 8월 31일 (투입시간 입력)

을제품

(2)

① **[배부기준등록-노무비배분]** 8월 조회 당월데이터 생성

부서코드	부서명	작업부서총입금	총근무시간	총작업시간	임율
1100	생산1부	34,000,000	520	510	65,384
1200	생산2부	31,000,000	410	400	75,609

② **[배부기준등록-보조부문배분]** 보조부문 가져오기

제조부문→ 보조부문↓	생산1부	생산2부	비고
바이오부문	20	80	
설비부문	50	50	

(3)

③ **[작업진행율등록]** 8월 : 45%

NO	작업지시번호	품목코드	품명	규격	단위	작업지시량	생산량	재공량	진행율
1	2024080800001	2001	갑제품	EA	EA	450	400	50	45
2									

① **[기초재공품계산]** 조회할 데이터가 없습니다.
② **[재고자산수불부]** 원재료, 기간 1월 ~ 8월, 일괄마감 → 단가 자동 반영

	품목코드	품명	마감
1	1001	A원재료	부
2	1002	B원재료	부
3	1003	C원재료	부
4	1004	D원재료	부

[직접재료비계산] 제1작업장, 8월 조회 (단가 자동 반영)

	작업지시번호	작업장	품목코드	품명	규격	단위	작업지시량	작업시작일	작업종료일	생산량	진행상태
1	2024080800001	제1작업장	2001	갑제품	EA	EA	450	2024-08-08	2024-09-09	400	진행

	자재코드	자재명	규격	단위	사용량	단가	금액
1	1001	A원재료	EA	EA	450	50,000	22,500,000
2	1002	B원재료	EA	EA	150	60,000	9,000,000

(4)

[직접재료비계산] 제2작업장, 8월 조회 (단가 자동 반영)

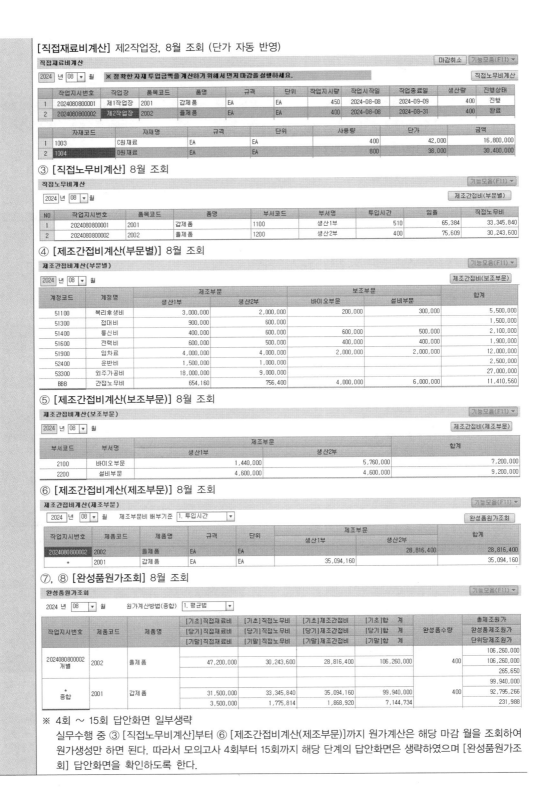

직접재료비계산　　　　　　　　　　　　　　　　　　　　　　　　　　마감취소　기능모음(F11) ▼

2024 년 08 ▼ 월　　※ 정확한 자재 투입금액을 계산하기 위해서 먼저 마감을 실행하세요.　　　　직접노무비계산

	작업지시번호	작업장	품목코드	품명	규격	단위	작업지시량	작업시작일	작업종료일	생산량	진행상태
1	2024080800001	제1작업장	2001	갑제품	EA	EA	450	2024-08-08	2024-09-09	400	진행
2	2024080800002	제2작업장	2002	을제품	EA	EA	400	2024-08-08	2024-08-31	400	완료

	자재코드	자재명	규격	단위	사용량	단가	금액
1	1003	C원재료	EA	EA	400	42,000	16,800,000
2	1004	D원재료	EA	EA	800	38,000	30,400,000

③ **[직접노무비계산]** 8월 조회

직접노무비계산　　　　　　　　　　　　　　　　　　　　　　　　　　　　　기능모음(F11) ▼

2024 년 08 ▼ 월　　　　　　　　　　　　　　　　　　　　　　제조간접비(부문별)

NO	작업지시번호	품목코드	품명	부서코드	부서명	투입시간	임율	직접노무비
1	2024080800001	2001	갑제품	1100	생산1부	510	65,384	33,345,840
2	2024080800002	2002	을제품	1200	생산2부	400	75,609	30,243,600

④ **[제조간접비계산(부문별)]** 8월 조회

제조간접비계산(부문별)　　　　　　　　　　　　　　　　　　　　　　　기능모음(F11) ▼

2024 년 08 ▼ 월　　　　　　　　　　　　　　　　　　　　제조간접비(보조부문)

계정코드	계정명	제조부문		보조부문		합계
		생산1부	생산2부	바이오부문	설비부문	
51100	복리후생비	3,000,000	2,000,000	200,000	300,000	5,500,000
51300	접대비	900,000	600,000			1,500,000
51400	통신비	400,000	600,000	600,000	500,000	2,100,000
51600	전력비	600,000	500,000	400,000	400,000	1,900,000
51900	임차료	4,000,000	4,000,000	2,000,000	2,000,000	12,000,000
52400	운반비	1,500,000	1,000,000			2,500,000
53300	외주가공비	18,000,000	9,000,000			27,000,000
BBB	간접노무비	654,160	756,400	4,000,000	6,000,000	11,410,560

⑤ **[제조간접비계산(보조부문)]** 8월 조회

제조간접비계산(보조부문)　　　　　　　　　　　　　　　　　　　　　　기능모음(F11) ▼

2024 년 08 ▼ 월　　　　　　　　　　　　　　　　　　　　제조간접비(제조부문)

부서코드	부서명	제조부문		합계
		생산1부	생산2부	
2100	바이오부문	1,440,000	5,760,000	7,200,000
2200	설비부문	4,600,000	4,600,000	9,200,000

⑥ **[제조간접비계산(제조부문)]** 8월 조회

제조간접비계산(제조부문)　　　　　　　　　　　　　　　　　　　　　　기능모음(F11) ▼

2024 년 08 ▼ 월　　제조부문비 배부기준 1. 투입시간 ▼　　　　　　완성품원가조회

작업지시번호	제품코드	제품명	규격	단위	제조부문		합계
					생산1부	생산2부	
2024080800002	2002	을제품	EA	EA		28,816,400	28,816,400
*	2001	갑제품	EA	EA	35,094,160		35,094,160

⑦, ⑧ **[완성품원가조회]** 8월 조회

완성품원가조회　　　　　　　　　　　　　　　　　　　　　　　　　　　기능모음(F11) ▼

2024 년 08 ▼ 월　　원가계산방법(종합) 1. 평균법 ▼

작업지시번호	제품코드	제품명	[기초]직접재료비 [당기]직접재료비 [기말]직접재료비	[기초]직접노무비 [당기]직접노무비 [기말]직접노무비	[기초]제조간접비 [당기]제조간접비 [기말]제조간접비	[기초]합계 [당기]합계 [기말]합계	완성품수량	총제조원가 완성품제조원가 단위당제조원가
2024080800002 개별	2002	을제품	47,200,000	30,243,600	28,816,400	106,260,000	400	106,260,000 / 106,260,000 / 265,650
* 종합	2001	갑제품	31,500,000 / 3,500,000	33,345,840 / 1,775,814	35,094,160 / 1,868,920	99,940,000 / 7,144,734	400	99,940,000 / 92,795,266 / 231,988

※ 4회 ~ 15회 답안화면 일부생략

　　실무수행 중 ③ [직접노무비계산]부터 ⑥ [제조간접비계산(제조부문)]까지 원가계산은 해당 마감 월을 조회하여 원가생성만 하면 된다. 따라서 모의고사 4회부터 15회까지 해당 단계의 답안화면은 생략하였으며 [완성품원가조회] 답안화면을 확인하도록 한다.

[결산자료입력] 1월 ~ 8월, 제품매출원가(455번), 원가경비(1,500번대) 선택 후 조회

기능모음(F11)의 '기말재고반영' 클릭하여 기말원재료재고액 32,500,000원, 기말재공품재고액 7,144,734원이 반영

되면 상단 우측 전표추가(F3) 를 한다.

[제조원가명세서] 8월 조회, 당기제품제조원가 199,055,266원

※ 4회 ~ 15회 답안화면 일부생략

제조원가명세서 조회 시 IX.당기제품제조원가가 답안과 일치하면 된다.

따라서 모의고사 4회부터 15회까지 제조원가명세서 답안화면은 생략하였다.

01 기준정보등록

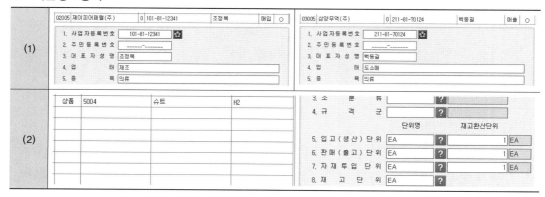

02 매입매출전표입력

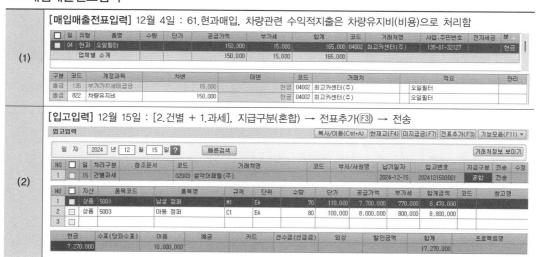

[매입매출전표입력] 12월 15일 : 1.전자입력, 지급어음 관리(자금관리 F3) 등록

[출고입력] 12월 16일 : [2.건별 + 1.과세], 수금구분(혼합) → 전표추가(F3) → 전송

[매입매출전표입력] 12월 16일 : 1.전자입력, 받을어음 관리(자금관리 F3) 등록

[매입매출전표입력] 12월 17일 : 53.면세매입, 1.전자입력, 서적은 '도서인쇄비'로 처리함

03 일반전표입력

[일반전표입력] 12월 3일

(1)

년	월	일	번호	구분	코드	계정과목	코드	거래처	적요	차변	대변
2024	12	3	00001	차변	812	여비교통비				560,000	
2024	12	3	00001	차변	813	접대비				130,000	
2024	12	3	00001	차변	101	현금				110,000	
2024	12	3	00001	대변	134	가지급금					800,000

[일반전표입력] 12월 19일

(2)

년	월	일	번호	구분	코드	계정과목	코드	거래처	적요	차변	대변
2024	12	19	00001	대변	331	보통주자본금					30,000,000
2024	12	19	00001	차변	102	당좌예금	98002	국민은행(당좌		38,937,000	
2024	12	19	00001	대변	341	주식발행초과금					8,937,000

만약, 주식할인발행차금의 잔액이 있었다면 주식발행초과금에서 상계하고 처리해야 함

[일반전표입력] 12월 21일

(3)

년	월	일	번호	구분	코드	계정과목	코드	거래처	적요	차변	대변
2024	12	21	00001	대변	291	사채					30,000,000
2024	12	21	00001	차변	103	보통예금	98001	기업은행(보통		31,621,200	
2024	12	21	00001	대변	313	사채할증발행차금					1,621,200

[일반전표입력] 12월 26일

7월 2일 계약금이 '건설중인자산 15,000,000원'으로 처리되었음을 확인하여 '건물'로 대체함

년	월	일	번호	구분	코드	계정과목	코드	거래처	적요	차변	대변
2024	12	26	00001	차변	202	건물				150,000,000	
2024	12	26	00001	대변	214	건설중인자산	04006	튼튼건설(주)			15,000,000
2024	12	26	00001	대변	253	미지급금	04006	튼튼건설(주)			135,000,000

고정자산등록 메뉴에 유형자산 등록 '건물' 신규취득및증가 란에 150,000,000원 입력

(4)

| 고정자산계정과목 | 202 | ? | 건물 | | 자산구분 | 0.전체 | | 상각방법구분 | 0.전체 | |

	코드	자산	취득일	방법
1	006001	본사 건물	2022-01-02	정액법
2	006005	판매매장	2024-12-26	정액법
3				

주요등록사항 | 추가등록사항 | 자산변동사항

1. 기 초 가 액	0	15. 전기말부인누계	0
2. 전기말상각누계액	0	16. 전기말자본지출계	0
3. 전 기 말 장 부 가 액	0	17. 자본지출즉시상각	0
4. 신규취득및증가	150,000,000	18. 전기말의제누계	0
5. 부분매각및폐기	0	19. 당기상각범위액	625,000
6. 성실기초가액	0	20. 회사계상상각비	625,000
7. 성실상각누계액	0		사용자수정
8. 상 각 기 초 가 액	150,000,000	21. 특 별 상 각 률	
9. 상 각 방 법	1 정액법	22. 특 별 상 각 비	0
10. 내용연수(상각률)	20 ? 0.05	23. 당기말상각누계액	625,000
11. 내 용 연 수 월 수 미경과	1	24. 당기말장부가액	149,375,000

[일반전표입력] 12월 29일

보유 중인 토지 장부가액 35,000,000원임을 확인하고 유형자산처분손익을 처리함

(5)

년	월	일	번호	구분	코드	계정과목	코드	거래처	적요	차변	대변
2024	12	29	00001	대변	201	토지					35,000,000
2024	12	29	00001	차변	103	보통예금	98001	기업은행(보통		46,800,000	
2024	12	29	00001	대변	914	유형자산처분이익					11,800,000

(1)

[일반전표입력] 12월 31일

날자	코드	적요	코드	거래처명	차변	대변
01/01		건물 화재보험료 1년분(2024.01.01-2024.12.31)			3,600,000	
		[월 계]			3,600,000	
		[누 계]			3,600,000	
06/01		자동차 보험료 1년분(2024.06.01-2025.05.31)			1,200,000	

보험료 1,200,000 × 5/12 = 500,000원 선급비용으로 대체

년	월	일	번호	구분	코드	계정과목	코드	거래처	적요	차변	대변
2024	12	31	00001	차변	133	선급비용				500,000	
2024	12	31	00001	대변	821	보험료					500,000

(2)

[일반전표입력] 12월 31일

년	월	일	번호	구분	코드	계정과목	코드	거래처	적요	차변	대변
2024	12	31	00002	출금	960	잡손실				12,000	현금

기말 현재 현금부족액은 현금과부족인 임시계정으로 대체하지 않고 즉시 잡손실로 대체함

(3)

[일반전표입력] 12월 31일

년	월	일	번호	구분	코드	계정과목	코드	거래처	적요	차변	대변
2024	12	31	00003	차변	982	기타포괄손익-공정가치측정금융자산평가손실				1,000,000	
2024	12	31	00003	대변	178	기타포괄손익-공정가치측정금융자산(비유동)					1,000,000

계정별원장을 조회하여 1주당 10,000원에 1,000주를 구입한 것을 확인하고 이를 토대로 평가손실을 계산하면 @1,000 × 1,000주 = 1,000,000원이 됨. 합계잔액시산표상에 기타포괄공정가치측정 금융자산의 평가손익이 있는지 여부를 조회하여 상계사항이 있으면 상계하고 나머지를 평가손실로 처리함

(4)

[일반전표입력] 12월 31일

년	월	일	번호	구분	코드	계정과목	코드	거래처	적요	차변	대변
2024	12	31	00004	차변	172	소모품				180,000	
2024	12	31	00004	대변	830	소모품비					180,000

소모품비 잔액 1,000,000원 중 사용액 820,000원을 차감한 미사용액 180,000원 소모품(자산)으로 대체

(5)

[합계잔액시산표] 매출채권과 대손충당금 잔액 확인하여 1% 보충설정액 계산
- 외상매출금 대손충당금 설정액 : (122,681,500 × 1%) − 800,000 = 426,815원
- 받을어음 대손충당금 설정액 : (160,549,000 × 1%) − 0 = 1,605,490원

[결산자료입력] 대손상각 매출채권 보충설정액 입력

5). 대손상각		2,032,305	2,032,305
외상매출금		426,815	
받을어음		1,605,490	

(6)

[원가경비별감가상각명세서] 자산별 당기상각비 확인

유형자산 무형자산 **유형자산총괄** 무형자산총괄

경비구분 0.전체 ▼   자산구분 1.전체표시 ▼

	경비구분	계정	기초가액	당기증감	기말잔액	전기말상각누…	상각대상금액	당기상각비	당기말상각누…	미상각잔액
1	800 변대	건물	100,000,000	150,000,000	250,000,000	10,000,000	250,000,000	5,625,000	15,625,000	234,375,000
2	800 변대	차량운반구	20,000,000		20,000,000	4,000,000	20,000,000	4,000,000	8,000,000	12,000,000
3	800 변대	비품	5,000,000		5,000,000	1,400,000	5,000,000	1,000,000	2,400,000	2,600,000

[결산자료입력] 감가상각비 자산별 입력

4). 감가상각비		10,625,000	10,625,000
건물		5,625,000	
차량운반구		4,000,000	
비품		1,000,000	
건설중인자산			

PART 4

<table>
<tr><td rowspan="3">(7)</td><td>

[재고자산수불부] 1월 ~ 12월, 상품 일괄마감
[재고자산명세서] 12월 조회, 기말상품재고액 90,070,000원 확인
[결산자료입력] 기말상품재고액란에 90,070,000원 입력

</td></tr>
</table>

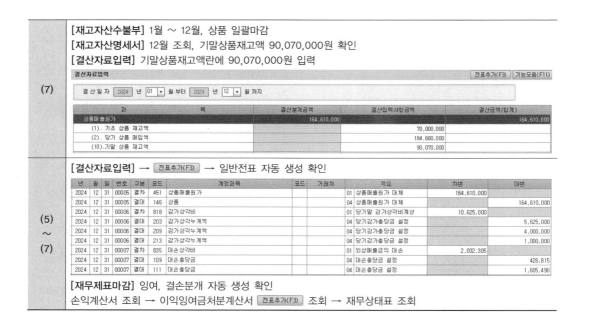

과 목	결산분개금액	결산입력사항금액	결산금액(합계)
상품매출원가	164,610,000		164,610,000
(1). 기초 상품 재고액		70,000,000	
(2). 당기 상품 매입액		184,680,000	
(10).기말 상품 재고액		90,070,000	

[결산자료입력] → 전표추가(F3) → 일반전표 자동 생성 확인

(5) ~ (7)

년	월	일	번호	구분	코드	계정과목	코드	거래처	적요	차변	대변
2024	12	31	00005	결차	451	상품매출원가			01 상품매출원가 대체	164,610,000	
2024	12	31	00005	결대	146	상품			04 상품매출원가 대체		164,610,000
2024	12	31	00006	결차	818	감가상각비			01 당기말 감가상각비계상	10,625,000	
2024	12	31	00006	결대	203	감가상각누계액			04 당기감가충당금 설정		5,625,000
2024	12	31	00006	결대	209	감가상각누계액			04 당기감가충당금 설정		4,000,000
2024	12	31	00006	결대	213	감가상각누계액			04 당기감가충당금 설정		1,000,000
2024	12	31	00007	결차	835	대손상각비			01 외상매출금의 대손	2,032,305	
2024	12	31	00007	결대	109	대손충당금			04 대손충당금 설정		426,815
2024	12	31	00007	결대	111	대손충당금			04 대손충당금 설정		1,605,490

[재무제표마감] 잉여, 결손분개 자동 생성 확인
손익계산서 조회 → 이익잉여금처분계산서 전표추가(F3) 조회 → 재무상태표 조회

05 장부조회

(1)	**[월계표]** 107,805,000원

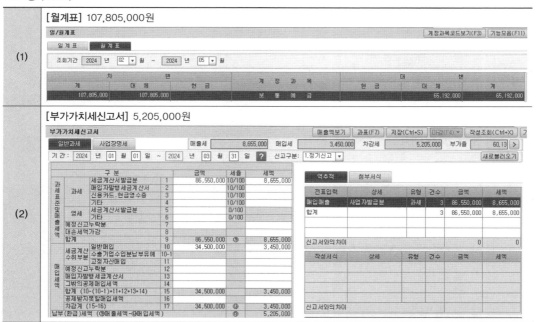

[부가가치세신고서] 5,205,000원

(2)	

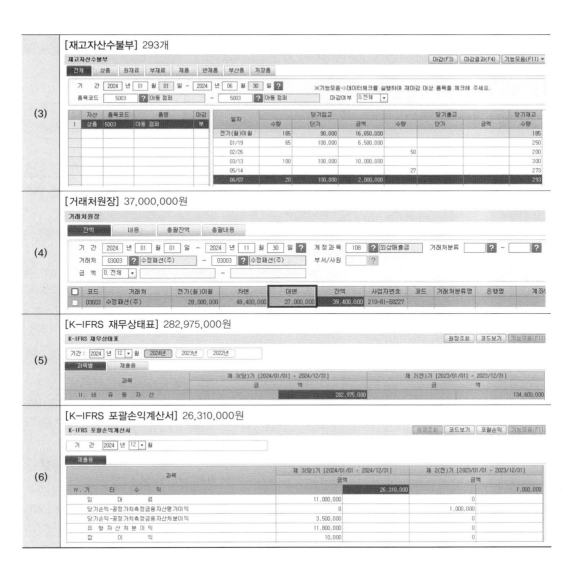

(3) [재고자산수불부] 293개

(4) [거래처원장] 37,000,000원

(5) [K-IFRS 재무상태표] 282,975,000원

(6) [K-IFRS 포괄손익계산서] 26,310,000원

6월 원가계산

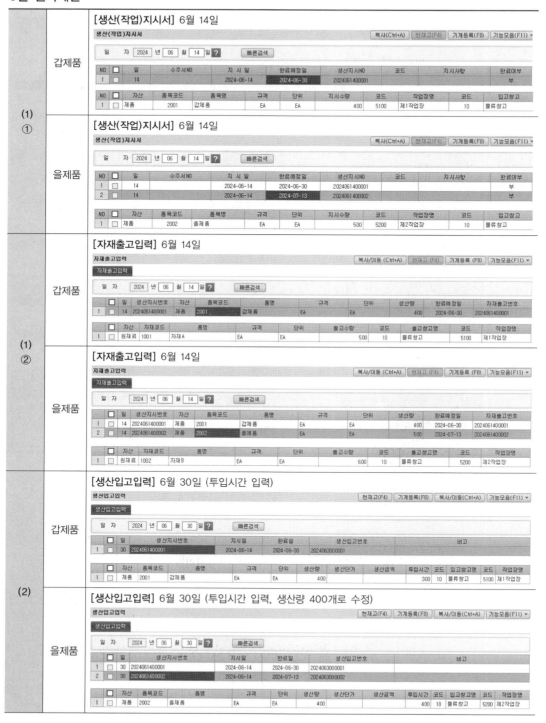

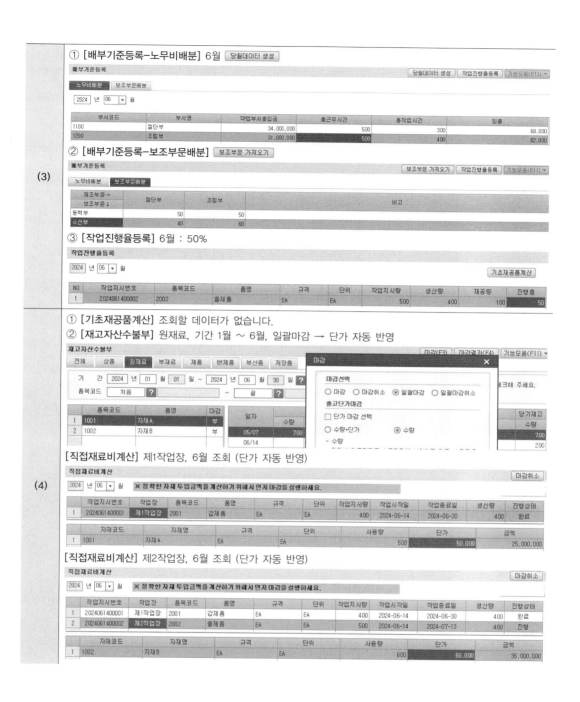

① [배부기준등록-노무비배분] 6월 [당월데이터 생성]

배부기준등록 .... [당월데이터 생성] [작업진행율등록] [기능모음(F11) ▼]

[노무비배분] [보조부문배분]

2024 년 06 ▼ 월

부서코드	부서명	작업부서출입금	출근무시간	총작업시간	임율
1100	절단부	34,000,000	500	300	68,000
1200	조립부	31,000,000	500	400	62,000

② [배부기준등록-보조부문배분] [보조부문 가져오기]

배부기준등록 .... [보조부문 가져오기] [작업진행율등록] [기능모음(F11) ▼]

[노무비배분] [보조부문배분]

제조부문→ 보조부문↓	절단부	조립부	비고
동력부	50	50	
수선부	40	60	

③ [작업진행율등록] 6월 : 50%

작업진행율등록

2024 년 06 ▼ 월 .... [기초재공품계산]

NO	작업지시번호	품목코드	품명	규격	단위	작업지시량	생산량	재공량	진행율
1	2024061400002	2002	을제품	EA	EA	500	400	100	50

① [기초재공품계산] 조회할 데이터가 없습니다.

② [재고자산수불부] 원재료, 기간 1월 ~ 6월, 일괄마감 → 단가 자동 반영

재고자산수불부 .... [마감(F3)] [마감결과(F4)] [기능모음(F11) ▼]

[전체] [상품] [원재료] [부재료] [제품] [반제품] [부산품] [저장품]

기 간 2024 년 01 월 01 일 ~ 2024 년 06 월 30 일 [?]
품목코드 [처음] [?] ~ [끝] [?]

	품목코드	품명	마감
1	1001	자재A	부
2	1002	자재B	부

일자	수량
05/07	700
06/14	

마감 ✕

마감선택
○ 마감 ○ 마감취소 ● 일괄마감 ○ 일괄마감취소

출고단가마감
☐ 단가 마감 선택
○ 수량+단가 ● 수량
- 수량

당기재고
수량
700
200

[직접재료비계산] 제1작업장, 6월 조회 (단가 자동 반영)

직접재료비계산 .... [마감취소]

2024 년 06 ▼ 월 ※ 정확한 자재 투입금액을 계산하기 위해서 먼저 마감을 실행하세요.

	작업지시번호	작업장	품목코드	품명	규격	단위	작업지시량	작업시작일	작업종료일	생산량	진행상태
1	2024061400001	제1작업장	2001	갑제품	EA	EA	400	2024-06-14	2024-06-30	400	완료

	자재코드	자재명	규격	단위	사용량	단가	금액
1	1001	자재A	EA	EA	500	50,000	25,000,000

[직접재료비계산] 제2작업장, 6월 조회 (단가 자동 반영)

직접재료비계산 .... [마감취소]

2024 년 06 ▼ 월 ※ 정확한 자재 투입금액을 계산하기 위해서 먼저 마감을 실행하세요.

	작업지시번호	작업장	품목코드	품명	규격	단위	작업지시량	작업시작일	작업종료일	생산량	진행상태
1	2024061400001	제1작업장	2001	갑제품	EA	EA	400	2024-06-14	2024-06-30	400	완료
2	2024061400002	제2작업장	2002	을제품	EA	EA	500	2024-06-14	2024-07-13	400	진행

	자재코드	자재명	규격	단위	사용량	단가	금액
1	1002	자재B	EA	EA	600	60,000	36,000,000

(3) / (4)

③ [직접노무비계산] 6월 조회

직접노무비계산 기능모음(F11) ▼

제조간접비(부문별)

2024년 06월

NO	작업지시번호	품목코드	품명	부서코드	부서명	투입시간	임율	직접노무비
1	2024061400001	2001	갑제품	1100	절단부	300	68,000	20,400,000
2	2024061400002	2002	을제품	1200	조립부	400	62,000	24,800,000

④ [제조간접비계산(부문별)] 6월 조회

제조간접비계산(부문별) 기능모음(F11) ▼

제조간접비(보조부문)

2024년 06월

계정코드	계정명	제조부문		보조부문		합계
		절단부	조립부	동력부	수선부	
51100	복리후생비	3,000,000	2,000,000	200,000	300,000	5,500,000
51300	접대비	900,000	600,000			1,500,000
51400	통신비	400,000	600,000	600,000	500,000	2,100,000
51600	전력비	600,000	500,000	400,000	400,000	1,900,000
51900	임차료	4,000,000	4,000,000	2,000,000	2,000,000	12,000,000
52400	운반비	1,500,000	1,000,000			2,500,000
53300	외주가공비	18,000,000	9,000,000			27,000,000
BBB	간접노무비	13,600,000	6,200,000	4,000,000	6,000,000	29,800,000

⑤ [제조간접비계산(보조부문)] 6월 조회

제조간접비계산(보조부문) 기능모음(F11) ▼

제조간접비(제조부문)

2024년 06월

부서코드	부서명	제조부문		합계
		절단부	조립부	
2100	동력부	3,600,000	3,600,000	7,200,000
2200	수선부	3,680,000	5,520,000	9,200,000

⑥ [제조간접비계산(제조부문)] 6월 조회

제조간접비계산(제조부문) 기능모음(F11) ▼

2024년 06월 제조부문비 배부기준 1. 투입시간 ▼ 완성품원가조회

작업지시번호	제품코드	제품명	규격	단위	제조부문		합계
					절단부	조립부	
2024061400001	2001	갑제품	EA	EA	49,280,000		49,280,000
*	2002	을제품	EA	EA		33,020,000	33,020,000

⑦, ⑧ [완성품원가조회] 6월 조회

완성품원가조회 기능모음(F11) ▼

2024년 06월 원가계산방법(종합) 1. 평균법 ▼

작업지시번호	제품코드	제품명	[기초]직접재료비	[기초]직접노무비	[기초]제조간접비	[기초]합 계	완성품수량	총제조원가
			[당기]직접재료비	[당기]직접노무비	[당기]제조간접비	[당기]합 계		완성품제조원가
			[기말]직접재료비	[기말]직접노무비	[기말]제조간접비	[기말]합 계		단위당제조원가
2024061400001 개별	2001	갑제품	25,000,000	20,400,000	49,280,000	94,680,000	400	94,680,000
								94,680,000
								236,700
*종합	2002	을제품	36,000,000	24,800,000	33,020,000	93,820,000	400	93,820,000
			7,200,000	2,755,556	3,668,889	13,624,444		80,195,556
								200,489

※ 4회 ~ 15회 답안화면 일부생략

실무수행 중 ③ [직접노무비계산]~ ⑥ [제조간접비계산(제조부문)]까지 원가계산은 해당 마감 월을 조회하여 원가 생성만 하면 된다. 따라서 모의고사 4회부터 15회까지 해당 단계의 답안화면은 생략하였으며 [완성품원가조회] 답안화면을 확인하도록 한다.

[결산자료입력] 1월 ~ 6월, 제품매출원가(455번), 원가경비(1,500번대) 선택 후 조회
기능모음(F11)의 '기말재고반영' 클릭하여 기말원재료재고액 22,000,000원, 기말재공품재고액 13,624,444원이 반영되면 상단 우측 전표추가(F3) 를 한다.

결산자료입력

전표추가(F3) 기능모음(F11) ▼

결산일자 2024 년 01 ▼ 월 부터 2024 년 06 ▼ 월 까지

과 목	결산분개금액	결산입력사항금액	결산금액(합계)
2. 매출원가			174,875,556
제품매출원가	174,875,556		174,875,556
1)원재료비			61,000,000
원재료비	61,000,000		61,000,000
(2). 당기 원재료 매입액		83,000,000	
(10).기말 원재료 재고액		22,000,000	
8)당기 총제조비용			188,500,000
(4). 기말 재공품 재고액		13,624,444	

[제조원가명세서] 6월 조회, 당기제품제조원가 174,875,556원

제조원가명세서

기능모음(F11) ▼

과목별 제출용 표준(법인)용

2024 년 06 ▼ 월 | 2024년 | 2023년 | 2022년 | 구분 500번대 제조 ▼

과 목	제 10 (당)기 [2024/01/01 ~ 2024/06/30] 금 액		제 9 (전)기 [2023/01/01 ~ 2023/12/31] 금 액	
I. 원 재 료 비		61,000,000		3,150,000,000
기 초 원재료재고액	0		480,000,000	
당 기 원재료매입액	83,000,000		2,670,000,000	
기 말 원재료재고액	22,000,000		0	
II. 부 재 료 비		0		715,000,000
기 초 부재료재고액	0		0	
당 기 부재료매입액	0		715,000,000	
기 말 부재료재고액	0		0	
III. 노 무 비		75,000,000		670,000,000
임 금	75,000,000		670,000,000	
IV. 경 비		52,500,000		275,000,000
복 리 후 생 비	5,500,000		54,000,000	
접 대 비	1,500,000		9,000,000	
통 신 비	2,100,000		12,000,000	
전 력 비	1,900,000		16,000,000	
임 차 료	12,000,000		36,000,000	
운 반 비	2,500,000		33,000,000	
외 주 가 공 비	27,000,000		115,000,000	
V. 당 기 총 제 조 비 용		188,500,000		4,810,000,000
VI. 기 초 재 공 품 재 고 액		0		0
VII. 합 계		188,500,000		4,810,000,000
VIII. 기 말 재 공 품 재 고 액		13,624,444		0
IX. 타 계 정 으 로 대 체 액		0		0
X. 당 기 제 품 제 조 원 가		174,875,556		4,810,000,000

※ 4회 ~ 15회 답안화면 일부생략

제조원가명세서 조회 시 IX.당기제품제조원가가 답안과 일치하면 된다.
따라서 모의고사 4회부터 15회까지 제조원가명세서 답안화면은 생략하였다.

(5)

PART 4

<문제1. 재무회계> 장인가구(주) [회사코드 : 5041]

01 기준정보등록

(1)

02005 울릉가구(주)	0	129-81-67897	김정민	매출	○

1. 사업자등록번호 129-81-67897
2. 주민등록번호 ------
3. 대표자성명 김정민
4. 업태 도소매
5. 종목 사무용가구

03007 파주가구(주)	0	110-81-00664	박동수	매입	○

1. 사업자등록번호 110-81-00664
2. 주민등록번호 ------
3. 대표자성명 박동수
4. 업태 제조
5. 종목 플라스틱가구

(2)

상품	404	3단책장	GLS

4. 규격군 [?]

	단위명	재고환산단위
5. 입고(생산)단위	EA [?]	1 EA
6. 판매(출고)단위	EA [?]	1 EA
7. 자재투입단위	EA [?]	1 EA
8. 재고단위	EA [?]	

02 매입매출전표입력

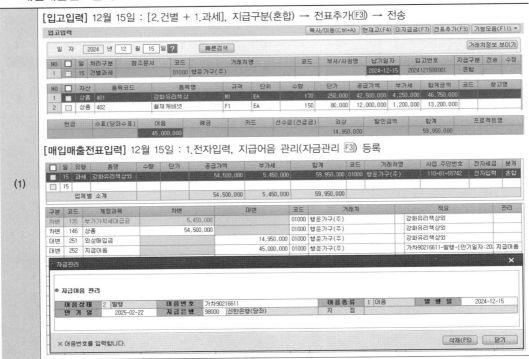

[입고입력] 12월 15일 : [2.건별 + 1.과세], 지급구분(혼합) → 전표추가(F3) → 전송

[매입매출전표입력] 12월 15일 : 1.전자입력, 지급어음 관리(자금관리 F3) 등록

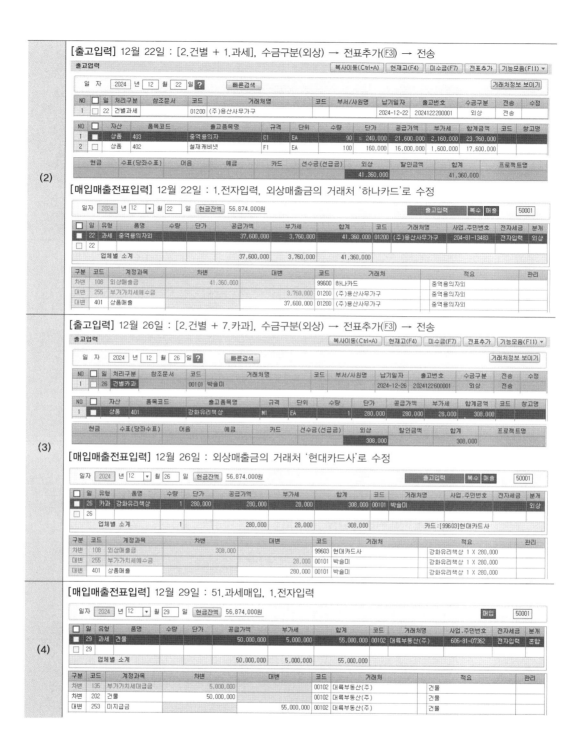

[출고입력] 12월 22일 : [2.건별 + 1.과세], 수금구분(외상) → 전표추가([F3]) → 전송

[매입매출전표입력] 12월 22일 : 1.전자입력, 외상매출금의 거래처 '하나카드'로 수정

(2)

[출고입력] 12월 26일 : [2.건별 + 7.카과], 수금구분(외상) → 전표추가([F3]) → 전송

[매입매출전표입력] 12월 26일 : 외상매출금의 거래처 '현대카드사'로 수정

(3)

[매입매출전표입력] 12월 29일 : 51.과세매입, 1.전자입력

(4)

PART 4

[고정자산등록] 건물, [102.창고건물], 4.신규취득및증가란에 50,000,000원 등 입력

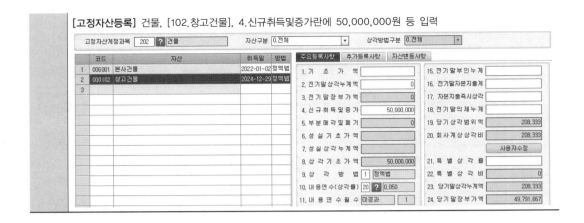

03 일반전표입력

(1)											

[일반전표입력] 12월 5일

월	일	번호	구분	코드	계정과목	코드	거래처	적요	차변	대변
12	5	00001	차변	331	보통주자본금				25,000,000	
12	5	00001	차변	342	감자차익				10,000,000	
12	5	00001	대변	103	보통예금	98001	기업은행(보통)			35,000,000

감자차익 잔액이 50,000,000원 있으므로 감자차손으로 처리하지 않고 감자차익 잔액에서 우선 상계

[일반전표입력] 12월 6일

(2)

| 12 | 6 | 00001 | 차변 | 178 | 기타포괄손익-공정가치 측정금융자산(비유동) | | | | 32,200,000 | |
| 12 | 6 | 00001 | 대변 | 103 | 보통예금 | 98001 | 기업은행(보통) | | | 32,200,000 |

[일반전표입력] 12월 14일

(3)

12	14	00001	차변	931	이자비용				150,000	
12	14	00001	차변	102	당좌예금	98000	신한은행(당좌)		19,850,000	
12	14	00001	대변	260	단기차입금	98000	신한은행(당좌)			20,000,000

거래처원장 (주)그림가구 받을어음 잔액 20,000,000원 확인한다. 받을어음 할인 시 차입거래로 처리하는 경우에는 '단기차입금'으로 처리하므로 자금관리(F3)는 하지 않음

[일반전표입력] 12월 19일

(4)

| 12 | 19 | 00001 | 차변 | 103 | 보통예금 | 98001 | 기업은행(보통) | | 6,000,000 | |
| 12 | 19 | 00001 | 대변 | 259 | 선수금 | 04003 | 기쁨가구(주) | | | 6,000,000 |

[일반전표입력] 12월 20일

(5)

12	20	00001	차변	802	종업원급여				59,000,000	
12	20	00001	대변	254	예수금					5,100,000
12	20	00001	대변	103	보통예금	98001	기업은행(보통)			53,900,000

(1) [일반전표입력] 12월 31일

적요	코드	거래처명	차변	대변	잔액
건물 화재보험료 1년분 (2024.01.01~2024.12.31)			3,600,000		3,600,000
[월 계]			3,600,000		
[누 계]			3,600,000		
자동차 보험료 1년분 (2024.05.01~2025.04.31)			15,000,000		18,600,000

보험료 15,000,000 × 4/12 = 5,000,000원 선급비용 대체

월	일	번호	구분	코드	계정과목	코드	거래처	적요	차변	대변
12	31	00001	차변	133	선급비용				5,000,000	
12	31	00001	대변	821	보험료					5,000,000

(2) [일반전표입력] 12월 31일

거래처원장을 조회하여 장기대여금의 거래처가 ㈜초록가구임을 확인하고 미수수익의 거래처란에 입력하도록 함

12	31	00002	차변	116	미수수익		03002	(주)초록가구		250,000	
12	31	00002	대변	901	이자수익						250,000

(3) [일반전표입력] 12월 31일

12	31	00003	차변	107	당기손익-공정가치측정금융자산				2,500,000	
12	31	00003	대변	905	당기손익-공정가치측정금융자산평가이익					2,500,000

(4) [합계잔액시산표] 퇴직급여부채 잔액 45,000,000원 확인하여 보충설정액 계산

퇴직급여 설정액 : 퇴직급여 53,000,000원 − 퇴직급여부채 잔액 45,000,000원 = 8,000,000원

[결산자료입력] 퇴직급여 보충설정액 입력

2). 퇴직급여(전입액)			8,000,000	

(5) [합계잔액시산표] 매출채권과 대손충당금 잔액 확인하여 1% 보충설정액 계산

- 외상매출금 대손충당금 설정액 : (313,757,500 × 1%) − 800,000 = 2,337,575원
- 받을어음 대손충당금 설정액 : (140,549,000 × 1%) − 70,000 = 1,335,490원

[결산자료입력] 대손상각 매출채권 보충설정액 입력

5). 대손상각			3,673,065	3,673,065
외상매출금			2,337,575	
받을어음			1,335,490	

(6) [원가경비별감가상각명세서] 자산별 당기상각비 확인

유형자산 | 무형자산 | **유형자산총괄** | 무형자산총괄

경비구분 [0.전체 ▼] 자산구분 [1.전체표시 ▼]

	경비구분	계정	기초가액	당기증감	기말잔액	전기말상각누~	상각대상금액	당기상각비	당기말상각누~
1	800 번대	건물	100,000,000	50,000,000	150,000,000	10,000,000	150,000,000	5,208,333	15,208,333
2	800 번대	차량운반구	25,000,000		25,000,000	8,000,000	25,000,000	4,150,000	12,150,000
3	800 번대	비품	4,300,000		4,300,000	1,400,000	4,300,000	860,000	2,260,000

유형자산 | 무형자산 | 유형자산총괄 | **무형자산총괄**

경비구분 [0.전체 ▼] 자산구분 [1.전체표시 ▼]

	경비구분	계정	취득원가	기초가액	당기증가	당기감소	당기상각비	미상각잔액	상각방법
1	800 번대	특허권	30,000,000	24,000,000			6,000,000	18,000,000	정액법
2	800 번대	상표권	20,000,000	16,000,000			3,320,000	12,680,000	정액법

[결산자료입력] 감가상각비 자산별 입력

4). 감가상각비			10,218,333	10,218,333
건물			5,208,333	
차량운반구			4,150,000	
비품			860,000	
6). 무형고정자산상각			9,320,000	9,320,000
특허권			6,000,000	
상표권			3,320,000	

<table>
<tr><td rowspan="2">(7)</td><td>
[재고자산수불부] 1월 ~ 12월, 상품 일괄마감
[재고자산명세서] 12월 조회, 기말상품재고액 114,910,000원 확인
[결산자료입력] 기말상품재고액란에 114,910,000원 입력
</td></tr>
</table>

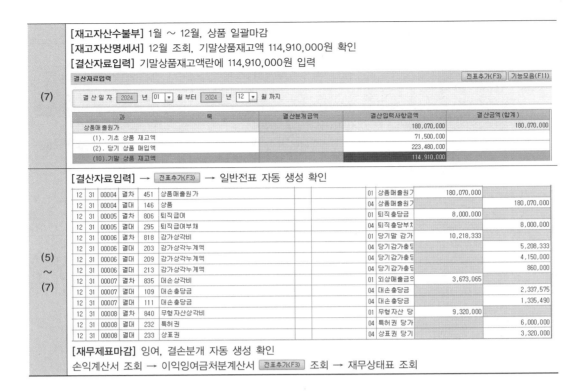

(7) [결산자료입력]

결산일자 2024 년 01 ▼ 월 부터 2024 년 12 ▼ 월 까지			
과 목	결산분개금액	결산입력사항금액	결산금액(합계)
상품매출원가		180,070,000	180,070,000
(1). 기초 상품 재고액		71,500,000	
(2). 당기 상품 매입액		223,480,000	
(10).기말 상품 재고액		114,910,000	

(5) ~ (7) [결산자료입력] → 전표추가(F3) → 일반전표 자동 생성 확인

12	31	00004	결차	451	상품매출원가	01	상품매출원가	180,070,000	
12	31	00004	결대	146	상품	04	상품매출원가		180,070,000
12	31	00005	결차	806	퇴직급여	01	퇴직충당금	8,000,000	
12	31	00005	결대	295	퇴직급여부채	04	퇴직충당부차		8,000,000
12	31	00006	결차	818	감가상각비	01	당기말 감가	10,218,333	
12	31	00006	결대	203	감가상각누계액	04	당기감가충당		5,208,333
12	31	00006	결대	209	감가상각누계액	04	당기감가충당		4,150,000
12	31	00006	결대	213	감가상각누계액	04	당기감가충당		860,000
12	31	00007	결차	835	대손상각비	01	외상매출금의	3,673,065	
12	31	00007	결대	109	대손충당금	04	대손충당금		2,337,575
12	31	00007	결대	111	대손충당금	04	대손충당금		1,335,490
12	31	00008	결차	840	무형자산상각비	01	무형자산 당	9,320,000	
12	31	00008	결대	232	특허권	04	특허권 당가		6,000,000
12	31	00008	결대	233	상표권	04	상표권 당가		3,320,000

[재무제표마감] 잉여, 결손분개 자동 생성 확인
손익계산서 조회 → 이익잉여금처분계산서 전표추가(F3) 조회 → 재무상태표 조회

05 장부조회

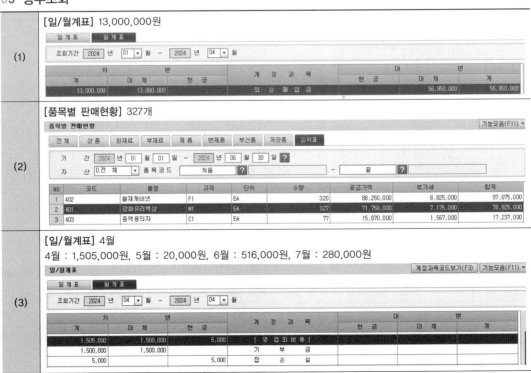

(1) [일/월계표] 13,000,000원

일 계 표 | 월 계 표

조회기간 2024 년 01 ▼ 월 ~ 2024 년 04 ▼ 월

차 변			계 정 과 목	대 변		
계	대 체	현 금		현 금	대 체	계
13,000,000	13,000,000		외 상 매 입 금		56,950,000	56,950,000

(2) [품목별 판매현황] 327개

품목별 판매현황

NO	코드	품명	규격	단위	수량	공급가액	부가세	합계
1	402	철재캐비넷	F1	EA	320	88,250,000	8,825,000	97,075,000
2	401	강화유리책상	M1	EA	327	71,750,000	7,175,000	78,925,000
3	403	중역용의자	C1	EA	77	15,670,000	1,567,000	17,237,000

(3) [일/월계표] 4월
4월 : 1,505,000원, 5월 : 20,000원, 6월 : 516,000원, 7월 : 280,000원

월/월계표

일 계 표 | 월 계 표

조회기간 2024 년 04 ▼ 월 ~ 2024 년 04 ▼ 월

차 변			계 정 과 목	대 변		
계	대 체	현 금		현 금	대 체	계
1,505,000	1,500,000	5,000	[영 업 외 비 용]			
1,500,000	1,500,000		기 부 금			
5,000		5,000	잡 손 실			

(4)

[재고자산수불부] 601개 (68개 + 260개 + 273개)

재고자산수불부 마감(F3) 마감결과(F4) 기능모음(F11)

전체 | 상품 | 원재료 | 부재료 | 제품 | 반제품 | 부산품 | 저장품

기 간 2024 년 01 월 01 일 ~ 2024 년 05 월 31 일 ※기능모음->데이터체크를 실행하여 재마감 대상 품목을 체크해 주세요.

품목코드 처음 ~ 끝 마감여부 0.전체

	자산	품목코드	품명	마감
1	상품	401	강화유리책상	부
2	상품	402	철재캐비넷	부
3	상품	403	중역용의자	부
4	상품	404	3단 책장	부

일자	당기입고			당기출고			당기재고
	수량	단가	금액	수량	단가	금액	수량
전기(월)이월	280	100,000	28,000,000				280
01/05	50	110,000	5,500,000				330
01/16				95			235
02/03				136			99
02/05	25	110,000	2,750,000				124
02/26				60			64
05/04	40	110,000	4,400,000				104
05/14				36			68

(5)

[K-IFRS 재무상태표] 297,261,667원

K-IFRS 재무상태표 원장조회 코드보기 기능모음(F11)

기간 : 2024 년 12 월 2024년 2023년 2022년

과목별 | 제출용

과목	제 3(당)기 [2024/01/01] ~ 2024/12/31]		제 2(전)기 [2023/01/01] ~ 2023/12/31]	
	금액		금액	
II. 비 유 동 자 산		297,261,667		174,600,000

(6)

[K-IFRS 포괄손익계산서] 1,546,000원

V. 기 타 비 용		1,546,000		7,500,000
기 부 금	1,500,000		7,000,000	
기 타 의 대 손 상 각 비	0		500,000	
수 수 료 비 용	41,000		0	
잡 손 실	5,000		0	

<문제2. 원가회계> (주)창우산업 [회사코드 : 5042]

5월 원가계산

(1) ①

갑제품

[생산(작업)지시서] 5월 10일

생산(작업)지시서 복사(Ctrl+A) 현재고(F4) 기계등록(F8) 기능모음(F11)

일 자 2024 년 05 월 10 일 빠른검색

NO		일	수주서NO	지 시 일	완료예정일	생산지시NO	코드	지시사항	완료여부
1		10		2024-05-10	2024-05-31	2024051000001			부

NO		자산	품목코드	품목명	규격	단위	지시수량	코드	작업장명	코드	입고창고
1		제품	2001	갑제품	EA	EA	240	5100	제1작업장	10	물류창고

을제품

[생산(작업)지시서] 5월 10일

생산(작업)지시서 복사(Ctrl+A) 현재고(F4) 기계등록(F8) 기능모음(F11)

일 자 2024 년 05 월 10 일 빠른검색

NO		일	수주서NO	지 시 일	완료예정일	생산지시NO	코드	지시사항	완료여부
1		10		2024-05-10	2024-05-31	2024051000001			부
2		10		2024-05-10	2024-06-11	2024051000002			부

NO		자산	품목코드	품목명	규격	단위	지시수량	코드	작업장명	코드	입고창고
1		제품	2002	을제품	EA	EA	300	5200	제2작업장	10	물류창고

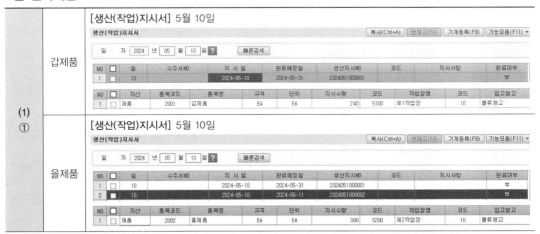

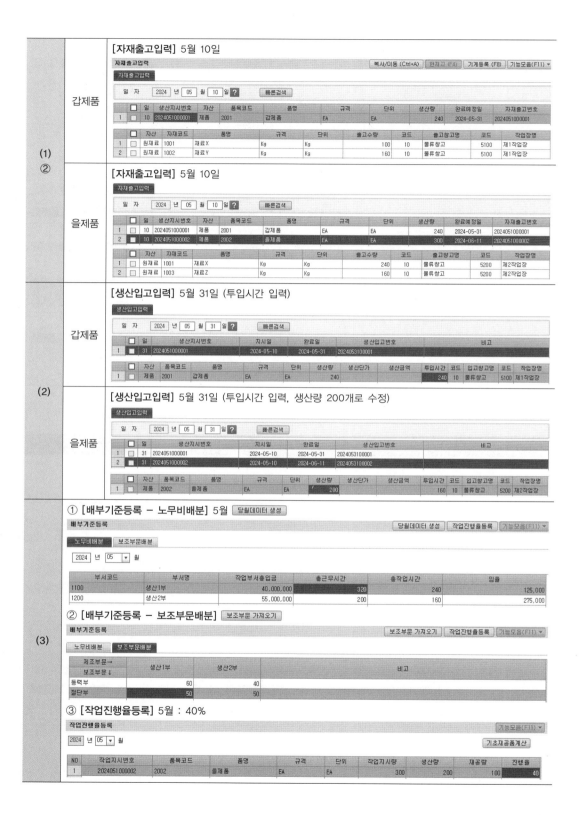

① [기초재공품계산] 조회할 데이터가 없습니다.
② [재고자산수불부] 원재료, 기간 1월 ~ 5월, 일괄마감 → 단가 자동 반영

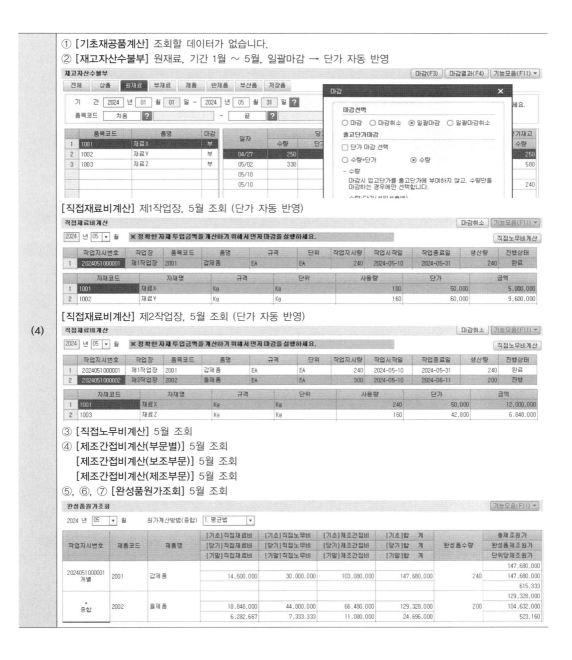

[직접재료비계산] 제1작업장, 5월 조회 (단가 자동 반영)

[직접재료비계산] 제2작업장, 5월 조회 (단가 자동 반영)

(4)

③ [직접노무비계산] 5월 조회
④ [제조간접비계산(부문별)] 5월 조회
　[제조간접비계산(보조부문)] 5월 조회
　[제조간접비계산(제조부문)] 5월 조회
⑤, ⑥, ⑦ [완성품원가조회] 5월 조회

[결산자료입력] 1월 ~ 5월, 제품매출원가(455번), 원가경비(1.500번대) 선택 후 조회
기능모음(F11)의 '기말재고반영' 클릭하여 기말원재료재고액 42,848,000원, 기말재공품재고액 24,696,000원이 반영되면 상단 우측 전표추가(F3)를 한다.

결산자료입력　　　　　　　　　　　　　　　　　　　　　　전표추가(F3)　기능모음(F11) ▼

결 산 일 자　2024 년 01 ▼ 월 부터　2024 년 05 ▼ 월 까지

과　　　목	결산분개금액	결산입력사항금액	결산금액(합계)
1. 매출액			
2. 매출원가			252,312,000
제품매출원가		252,312,000	252,312,000
1)원재료비			33,448,000
원재료비		33,448,000	33,448,000
(2). 당기 원재료 매입액		76,296,000	
(10).기말 원재료 재고액		42,848,000	
6)당기 총제조비용			277,008,000
(4). 기말 재공품 재고액		24,696,000	

[제조원가명세서] 5월 조회, 당기제품제조원가 252,312,000원

제조원가명세서　　　　　　　　　　　　　　　　　　　　　　　　　　　　　　기능모음(F11) ▼

과목별　제출용　표준(법인)용

2024 년 05 ▼ 월　2024년　2023년　2022년　구분 500번대 제조 ▼

과목	제 10 (당)기 [2024/01/01 ~ 2024/05/31] 금액	제 9 (전)기 [2023/01/01 ~ 2023/12/31] 금액
기 초 원재료재고액	0	480,000,000
당 기 원재료매입액	76,296,000	2,670,000,000
기 말 원재료재고액	42,848,000	0
II. 부 재 료 비	0	715,000,000
기 초 부재료재고액	0	0
당 기 부재료매입액	0	715,000,000
기 말 부재료재고액	0	0
III. 노 무 비	122,560,000	670,000,000
임 금	122,560,000	670,000,000
IV. 경 비	121,000,000	275,000,000
복 리 후 생 비	23,000,000	54,000,000
접 대 비	5,000,000	9,000,000
통 신 비	17,000,000	12,000,000
전 력 비	12,200,000	16,000,000
임 차 료	20,200,000	36,000,000
운 반 비	19,000,000	33,000,000
외 주 가 공 비	24,600,000	115,000,000
V. 당 기 총제조비용	277,008,000	4,810,000,000
VI. 기 초 재 공 품재고액	0	0
VII. 합 계	277,008,000	4,810,000,000
VIII. 기 말 재 공 품재고액	24,696,000	0
IX. 타 계 정 으 로 대체액	0	0
X . 당 기 제 품 제조원가	252,312,000	4,810,000,000

(5)

제5회 모의고사 정답 및 해설

<문제1. 재무회계> 제인닷컴(주) [회사코드 : 5051]

01 기준정보등록

(1)

01004 (주)평화전자	0	104-81-00015	박수영	매입	○

1. 사 업 자 등 록 번 호   104-81-00015
2. 주 민 등 록 번 호   _____-_____
3. 대 표 자 성 명   박수영
4. 업   태   제조업
5. 종   목   전자제품

02004 컴유즈(주)	0	211-81-70124	유동민	매출	○

1. 사 업 자 등 록 번 호   211-81-70124
2. 주 민 등 록 번 호   _____-_____
3. 대 표 자 성 명   유동민
4. 업   태   도매및상품중개업
5. 종   목   컴퓨터및주변장치

(2)

상품	5004		빅타워PC		SIZ

3. 조 문 란   [   ] ?
4. 규 격 군   [   ] ?

	단위명		재고환산단위	
5. 입고(생산)단위	EA	?	1	EA
6. 판매(출고)단위	EA	?	1	EA
7. 자재투입단위	EA	?	1	EA
8. 재 고 단 위	EA	?		

02 매입매출전표입력

(1)

[입고입력] 12월 3일 : [2.건별 + 1.과세], 지급구분(혼합) → 전표추가(F3) → 전송

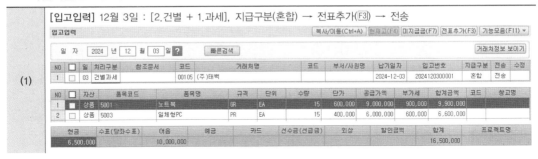

[매입매출전표입력] 12월 3일 : 1.전자입력, 지급어음을 받을어음으로 수정하고, 받을어음 거래처 '한강(주)'으로 수정, 받을어음 관리(자금관리 F3) 등록

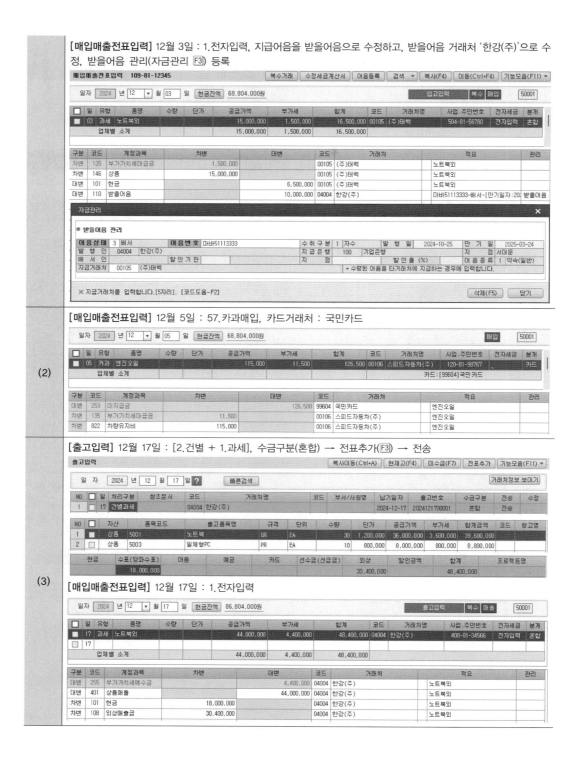

[매입매출전표입력] 12월 5일 : 57.카과매입, 카드거래처 : 국민카드

[출고입력] 12월 17일 : [2.건별 + 1.과세], 수금구분(혼합) → 전표추가(F3) → 전송

[매입매출전표입력] 12월 17일 : 1.전자입력

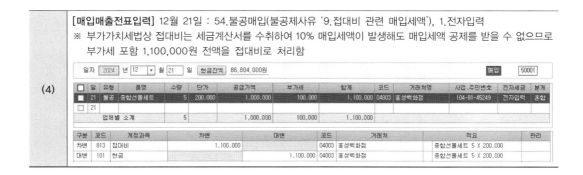

(4)	[매입매출전표입력] 12월 21일 : 54.불공매입(불공제사유 '9.접대비 관련 매입세액'), 1.전자입력

[매입매출전표입력] 12월 21일 : 54.불공매입(불공제사유 '9.접대비 관련 매입세액'), 1.전자입력

※ 부가가치세법상 접대비는 세금계산서를 수취하여 10% 매입세액이 발생해도 매입세액 공제를 받을 수 없으므로 부가세 포함 1,100,000원 전액을 접대비로 처리함

일자 2024 년 12 ▼ 월 21 일	현금잔액 86,804,000원									매입	50001

□	일	유형	품명	수량	단가	공급가액	부가세	합계	코드	거래처명	사업.주민번호	전자세금	분개
■	21	불공	종합선물세트	5	200,000	1,000,000	100,000	1,100,000	04003	홍성백화점	104-81-45249	전자입력	혼합
□	21												
		업체별 소계		5		1,000,000	100,000	1,100,000					

구분	코드	계정과목	차변	대변	코드	거래처	적요	관리
차변	813	접대비	1,100,000		04003	홍성백화점	종합선물세트 5 X 200,000	
대변	101	현금		1,100,000	04003	홍성백화점	종합선물세트 5 X 200,000	

03 일반전표입력

(1)	[일반전표입력] 12월 4일

[일반전표입력] 12월 4일

월	일	번호	구분	코드	계정과목	코드	거래처	적요	차변	대변
12	4	00001	차변	257	가수금				3,000,000	
12	4	00001	대변	259	선수금	04006	영산(주)			3,000,000

[일반전표입력] 12월 8일

월	일	번호	구분	코드	계정과목	코드	거래처	적요	차변	대변
12	8	00001	차변	820	수선비				400,000	
12	8	00001	차변	214	건설중인자산	00101	상공(주)		8,000,000	
12	8	00001	대변	102	당좌예금	98004	기업은행(당좌)			8,400,000

(2) 건물수리비는 '수선비(또는 건물관리비)'로 처리하며, 유형자산 취득(건설) 관련 계약금은 '건설중인자산'으로 처리함

[일반전표입력] 12월 10일

월	일	번호	구분	코드	계정과목	코드	거래처	적요	차변	대변
12	10	00001	대변	134	가지급금					500,000
12	10	00001	차변	812	여비교통비				200,000	
12	10	00001	차변	813	접대비				230,000	
12	10	00001	차변	101	현금				70,000	

(3) 출장 관련하여 거래처와의 식사비는 여비교통비가 아닌 '접대비'로 처리함

[일반전표입력] 12월 24일

월	일	번호	구분	코드	계정과목	코드	거래처	적요	차변	대변
12	24	00001	대변	108	외상매출금	04006	영산(주)			8,000,000
12	24	00001	차변	110	받을어음	04006	영산(주)	마바21119999	8,000,000	

● 받을어음 관리   삭제(F5)

어음상태	1 보관	어음종류	1 약속(일반)	어음번호	마바21119999		수 취 구 분	1 자수
발 행 인	04006 영산(주)		발 행 일	2024-12-24	만 기 일	2025-03-24	배 서 인	
지 급 은 행	100 기업은행	지 점	할 인 기 관		지 점		할 인 율 (%)	
지급거래처				※ 수령된 어음을 타거래처에 지급하는 경우에 입력합니다.				

[일반전표입력] 12월 26일

월	일	번호	구분	코드	계정과목	코드	거래처	적요	차변	대변
12	26	00001	차변	102	당좌예금	98001	기업은행(당좌)		9,000,000	
12	26	00001	대변	331	보통주자본금					10,000,000
12	26	00001	차변	341	주식할인발행차금				1,000,000	

(5) 주식할인발행차금 1,000,000원으로 처리하기 전에 합계잔액시산표 등을 조회하여 주식발행초과금 잔액을 확인한 후 주식발행초과금 계정으로 우선 상계하여 처리함

PART 4

(1)	**[일반전표입력]** 12월 31일

월	일	번호	구분	코드	계정과목	코드	거래처	적요	차변	대변
12	31	00001	차변	133	선급비용				350,000	
12	31	00001	대변	931	이자비용					350,000

8월 1일 이자비용 600,000 × 7/12 = 350,000원 선급비용

(2)	**[일반전표입력]** 12월 31일

월	일	번호	구분	코드	계정과목	코드	거래처	적요	차변	대변
12	31	00002	차변	830	소모품비				900,000	
12	31	00002	대변	172	소모품					900,000

합계잔액시산표를 조회하여 소모품(자산) 1,000,000원을 확인한 후 사용액을 소모품비(비용)로 대체

(3)	**[일반전표입력]** 12월 31일

월	일	번호	구분	코드	계정과목	코드	거래처	적요	차변	대변
12	31	00003	대변	141	현금과부족					350,000
12	31	00003	차변	933	기부금				300,000	
12	31	00003	차변	960	잡손실				50,000	

(4)	**[일반전표입력]** 12월 31일 당기손익-공정가치측정금융자산의 장부가액 900,000원을 공정가치 1,000,000원으로 평가

12	31	00004	차변	107	당기손익-공정가치측정금융자산				100,000	
12	31	00004	대변	905	당기손익-공정가치측정금융자산평가이익					100,000

[합계잔액시산표] 매출채권과 대손충당금 잔액 확인하여 1% 보충설정액 계산
- 외상매출금 대손충당금 설정액 : (217,681,500 × 1%) − 1,000,000 = 1,176,815원
- 받을어음 대손충당금 설정액 : (128,549,000 × 1%) − 200,000 = 1,085,490원

[결산자료입력] 대손상각 매출채권 보충설정액 입력

(5)

5). 대손상각		2,262,305	2,262,305
외상매출금		1,176,815	
받을어음		1,085,490	

[원가경비별감가상각명세서] 자산별 당기상각비 확인

유형자산 | 무형자산 | **유형자산총괄** | 무형자산총괄

경비구분 0.전체 ▼ 자산구분 [전체표시] ▼

	경비구분	계정	기초가액	당기증감	기말잔액	전기말상각누	상각대상금액	당기상각비	당기말상각누
1	800 번대	건물	162,000,000		162,000,000	10,000,000	162,000,000	8,100,000	18,100,000
2	800 번대	차량운반구	28,680,000		28,680,000	5,600,000	28,680,000	5,736,000	11,336,000
3	800 번대	비품	4,300,000		4,300,000	1,400,000	4,300,000	860,000	2,260,000

유형자산 | 무형자산 | 유형자산총괄 | **무형자산총괄**

경비구분 0.전체 ▼ 자산구분 [전체표시] ▼

(6)

	경비구분	계정	취득원가	기초가액	당기증가	당기감소	당기상각비	미상각잔액	상각방법
1	800 번대	특허권	9,000,000	7,000,000			1,800,000	5,200,000	정액법

[결산자료입력] 감가상각비 자산별 입력

4). 감가상각비		14,696,000	14,696,000
건물		8,100,000	
차량운반구		5,736,000	
비품		860,000	

6). 무형고정자산상각		1,800,000	1,800,000
특허권		1,800,000	

[재고자산수불부] 1월 ~ 12월, 상품 일괄마감
[재고자산명세서] 12월 조회, 기말상품재고액 88,070,000원 확인
[결산자료입력] 기말상품재고액란에 88,070,000원 입력

(7)

결산자료입력   전표추가(F3) | 기능모음(F11)

결산일자 2024 년 01 ▼ 월 부터 2024 년 12 ▼ 월 까지

과 목	결산분개금액	결산입력사항금액	결산금액(합계)
상품매출원가		165,910,000	165,910,000
(1). 기초 상품 재고액		70,000,000	
(2). 당기 상품 매입액		183,980,000	
(10).기말 상품 재고액		88,070,000	

[결산자료입력] → 전표추가(F3) → 일반전표 자동 생성 확인

(5)
~
(7)

년	월	일	번호	구분	코드	계정과목	코드	거래처	적요	차변	대변
2024	12	31	00005	결차	451	상품매출원가			01 상품매출원가 대	165,910,000	
2024	12	31	00005	결대	146	상품			04 상품매출원가 대		165,910,000
2024	12	31	00006	결차	818	감가상각비			01 당기말 감가상각	14,696,000	
2024	12	31	00006	결대	203	감가상각누계액			04 당기감가충당금		8,100,000
2024	12	31	00006	결대	209	감가상각누계액			04 당기감가충당금		5,736,000
2024	12	31	00006	결대	213	감가상각누계액			04 당기감가충당금		860,000
2024	12	31	00007	결차	835	대손상각비			01 외상매출금의 대	2,262,305	
2024	12	31	00007	결대	109	대손충당금			04 대손충당금 설정		1,176,815
2024	12	31	00007	결대	111	대손충당금			04 대손충당금 설정		1,085,490
2024	12	31	00008	결차	840	무형자산상각비			01 무형자산 당기상	1,800,000	
2024	12	31	00008	결대	232	특허권			04 특허권 당가상각		1,800,000

[재무제표마감] 잉여, 결손분개 자동 생성 확인

손익계산서 조회 → 이익잉여금처분계산서 전표추가(F3) 조회 → 재무상태표 조회

05 장부조회

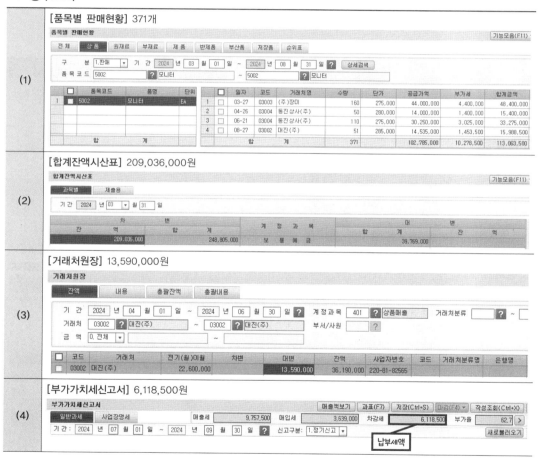

(1) [품목별 판매현황] 371개

(2) [합계잔액시산표] 209,036,000원

(3) [거래처원장] 13,590,000원

(4) [부가가치세신고서] 6,118,500원

(5)

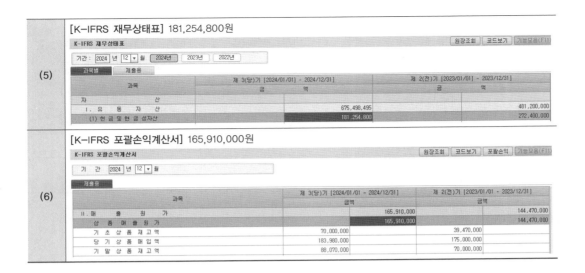

[K-IFRS 포괄손익계산서] 165,910,000원

(6)

<문제2. 원가회계> (주)나래디지털 [회사코드 : 5052]

4월 원가계산

(1)
①

A제품

[생산(작업)지시서] 4월 23일

B제품

[생산(작업)지시서] 4월 23일

(1)
②

A제품

[자재출고입력] 4월 23일

B제품

[자재출고입력] 4월 23일

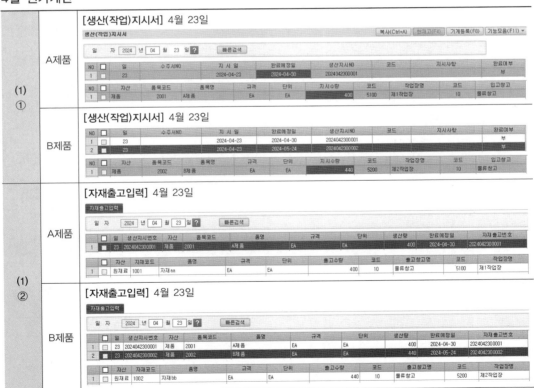

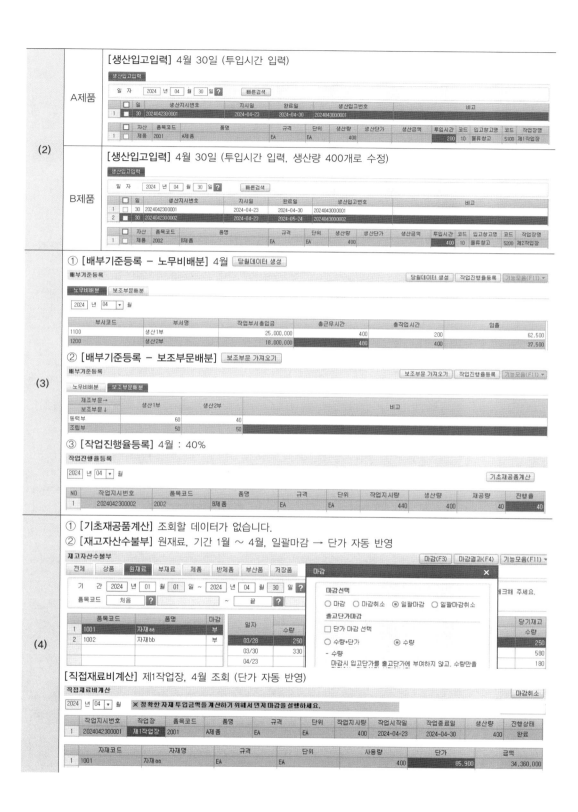

[직접재료비계산] 제2작업장, 4월 조회 (단가 자동 반영)

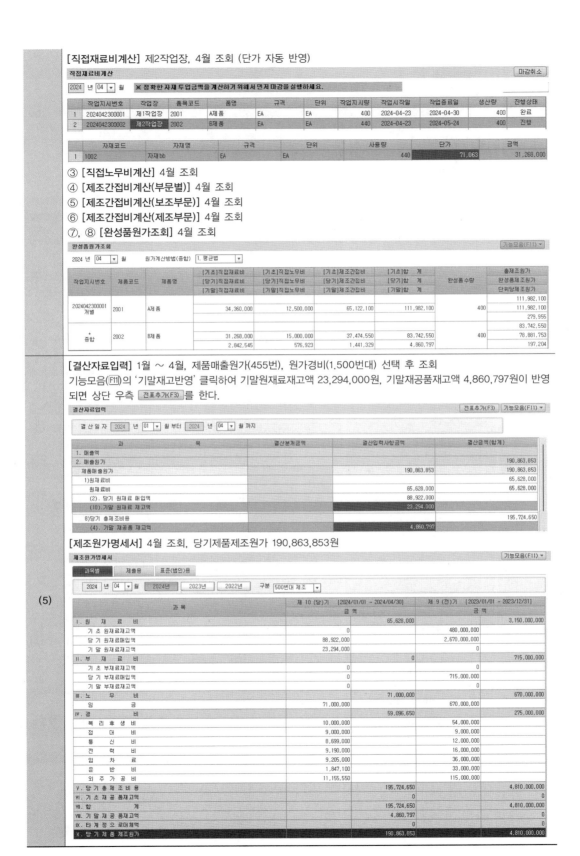

③ [직접노무비계산] 4월 조회
④ [제조간접비계산(부문별)] 4월 조회
⑤ [제조간접비계산(보조부문)] 4월 조회
⑥ [제조간접비계산(제조부문)] 4월 조회
⑦, ⑧ [완성품원가조회] 4월 조회

[결산자료입력] 1월 ~ 4월, 제품매출원가(455번), 원가경비(1,500번대) 선택 후 조회
기능모음(F11)의 '기말재고반영' 클릭하여 기말원재료재고액 23,294,000원, 기말재공품재고액 4,860,797원이 반영되면 상단 우측 전표추가(F3) 를 한다.

[제조원가명세서] 4월 조회, 당기제품제조원가 190,863,853원

제6회 모의고사 정답 및 해설

PART 4

<문제1. 재무회계> 금호악기(주) [회사코드 : 5061]

01 기준정보등록

(1)

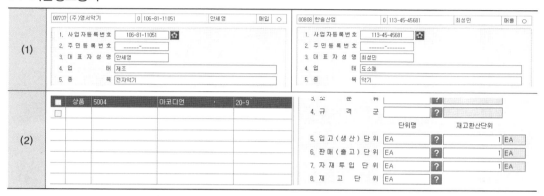

(2)

02 매입매출전표입력

(1)

[입고입력] 12월 7일 : [2.건별 + 1.과세], 지급구분(혼합) → 전표추가(F3) → 전송

[매입매출전표입력] 12월 7일 : 1.전자입력, 지급어음 관리(자금관리 F3) 등록

일	유형	품명	수량	단가	공급가액	부가세	합계	코드	거래처명	사업.주민번호	전자세금	분개
07	과세	전자기타외			10,500,000	1,050,000	11,550,000	04007	명성악기(주)	106-86-43373	전자입력	혼합

자금관리

● 지급어음 관리

어음상태	2 발행	어음번호	라마90117474	어음종류	1 어음	발 행 일	2024-12-07
만 기 일	2025-03-15	지급은행	98002 국민은행(당좌)	지 점			

※ 어음번호를 입력합니다.

구분	코드	계정과목	차변	대변	코드	거래처	적요	관리
차변	135	부가가치세대급금	1,050,000		04007	명성악기(주)	전자기타외	
차변	146	상품	10,500,000		04007	명성악기(주)	전자기타외	
대변	252	지급어음		11,550,000	04007	명성악기(주)	라마90117474-발행-[만기일자:20 지급어음	

[출고입력] 12월 8일 : [2.건별 + 1.과세], 수금구분(혼합) → 전표추가(F3) → 전송

출고입력

NO	일	처리구분	참조문서	코드	거래처명	코드	부서/사원명	납기일자	출고번호	수금구분	전송	수정
1	08	건별과세		04008	(주)한성악기			2024-12-08	2024120800001	혼합		

NO	일	자산	품목코드	출고품목명	규격	단위	수량	단가	공급가액	부가세	합계금액	코드	창고명
1		상품	5001	전자기타	11-3	EA	20	300,000	6,000,000	600,000	6,600,000		

현금	수표(당좌수표)	어음	예금	카드	선수금(선급금)	외상	할인금액	합계	프로젝트명
600,000		6,000,000						6,600,000	

[매입매출전표입력] 12월 8일 : 1.전자입력, 받을어음 관리(자금관리 F3) 등록

매입매출전표입력 617-81-00068

일자 2024 년 12 월 08 일 현금잔액 52,614,000원

일	유형	품명	수량	단가	공급가액	부가세	합계	코드	거래처명	사업.주민번호	전자세금	분개
08	과세	전자기타	20	300,000	6,000,000	600,000	6,600,000	04008	(주)한성악기	137-16-78612	전자입력	혼합

자금관리

● 받을어음 관리

어음상태	1 보관	어음종류	1 약속(일반)	어음번호	가마15859966		수 취 구 분	1 자수
발행인	04008 (주)한성악기		발행일	2024-12-08	만 기 일	2025-03-20	배 서 인	
지급은행	400 우리은행	지 점		할인기관		지 점	할 인 율 (%)	
지급거래처					+ 수령된 어음을 타거래처에 지급하는 경우에 입력합니다.			

※ 어음의 상태를 입력합니다. [1:보관,7:회수]

구분	코드	계정과목	차변	대변	코드	거래처	적요	관리
대변	255	부가가치세예수금		600,000	04008	(주)한성악기	전자기타 20 X 300,000	
대변	401	상품매출		6,000,000	04008	(주)한성악기	전자기타 20 X 300,000	
차변	101	현금	600,000		04008	(주)한성악기	전자기타 20 X 300,000	
차변	110	받을어음	6,000,000		04008	(주)한성악기	가마15859966-보관-[만기일자:20 받을어음	

[매입매출전표입력] 12월 9일 : 53.면세매입, 1.전자입력, 보통예금 거래처 '우리은행(보통)'으로 수정

일	유형	품명	수량	단가	공급가액	부가세	합계	코드	거래처명	사업.주민번호	전자세금	분개
09	면세	화환			500,000		500,000	04009	예쁜꽃집	201-81-01974	전자입력	혼합
09												
		업체별 소계			500,000		500,000					

구분	코드	계정과목	차변	대변	코드	거래처	적요	관리
차변	813	접대비	500,000		04009	예쁜꽃집	화환	
대변	103	보통예금		500,000	98000	우리은행(보통)	화환	

(2)

(3)

(4)

[입고입력] 12월 11일 : [2.건별 + 7.카과], 지급구분(외상) → 전표추가(F3) → 전송

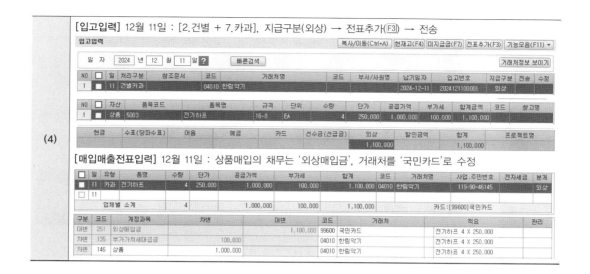

[매입매출전표입력] 12월 11일 : 상품매입의 채무는 '외상매입금', 거래처를 '국민카드'로 수정

	일	유형	품명	수량	단가	공급가액	부가세	합계	코드	거래처명	사업.주민번호	전자세금	분개
	11	카과	전기하프	4	250,000	1,000,000	100,000	1,100,000	04010	한림악기	119-90-46145		외상
	11												
		업체별 소계		4		1,000,000	100,000	1,100,000		카드 : [99600]국민카드			

구분	코드	계정과목	차변	대변	코드	거래처	적요	관리
대변	251	외상매입금		1,100,000	99600	국민카드	전기하프 4 X 250,000	
차변	135	부가가치세대급금	100,000		04010	한림악기	전기하프 4 X 250,000	
차변	146	상품	1,000,000		04010	한림악기	전기하프 4 X 250,000	

03 일반전표입력

(1)

[일반전표입력] 12월 3일

월	일	번호	구분	코드	계정과목	코드	거래처	적요	차변	대변
12	3	00001	차변	103	보통예금	98000	우리은행(보통)		500,000	
12	3	00001	대변	259	선수금	04004	삼보악기(주)			500,000

(2)

[일반전표입력] 12월 4일

월	일	번호	구분	코드	계정과목	코드	거래처	적요	차변	대변
12	4	00001	대변	110	받을어음	04003	진영악기(주)	자차20235513-할		50,000,000
12	4	00001	차변	103	보통예금	98000	우리은행(보통)		49,130,000	
12	4	00001	차변	936	매출채권처분손실				870,000	

● 받을어음 관리   삭제(F5)

어음상태	2 할인(전액)	어음번호	자차20235513	수취구분	1 자수	발행일	2024-10-16	만기일	2025-02-15
발행인	04003 진영악기(주)			지급은행	400 우리은행			지점	화성
배서인		할인기관	98000 우리은행(보통)	지점		할인율(%)		어음종류	1 약속(일반)
지급거래처				* 수령된 어음을 타거래처에 지급하는 경우에 입력합니다.					

(3)

[일반전표입력] 12월 10일

12	10	00001	대변	291	사채					20,000,000
12	10	00001	차변	103	보통예금	98000	우리은행(보통)		19,313,800	
12	10	00001	차변	292	사채할인발행차금				686,200	

(4)

[일반전표입력] 12월 16일

12	16	00001	대변	103	보통예금	98000	우리은행(보통)			9,678,540
12	16	00001	차변	181	상각후원가측정금융자산(비유동)				9,678,540	

(5)

[일반전표입력] 12월 21일

12	21	00001	차변	825	교육훈련비				1,200,000	
12	21	00001	대변	254	예수금					105,600
12	21	00001	대변	103	보통예금	98000	우리은행(보통)			1,094,400

(1)	**[일반전표입력]** 12월 31일

12	31	00001	차변	901	이자수익			2,400,000	
12	31	00001	대변	263	선수수익				2,400,000

이자수익 3,600,000 × 8/12 = 2,400,000원 선수수익으로 대체

(2)	**[일반전표입력]** 12월 31일

보험료 선급분은 11월 1일의 거래임을 확인하여 선급비용으로 대체해야 함

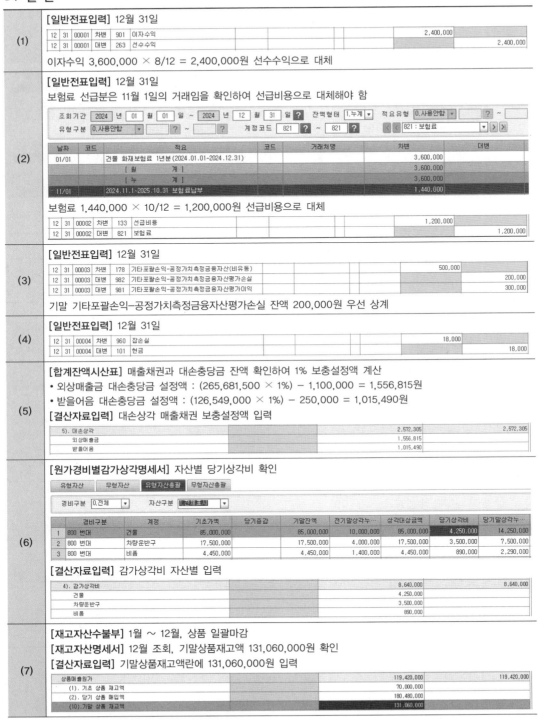

조회기간	2024 년 01 월 01 일 ~ 2024 년 12 월 31 일 ?	잔액형태 1.누계 ▼	적요유형 0.사용안함 ▼	? ~
유형구분	0.사용안함 ▼ ? ~ ?	계정코드 821 ? ~ 821 ?	< > 821 : 보험료 ▼ > >|	

날짜	코드	적요	코드	거래처명	차변	대변
01/01		건물 화재보험료 1년분(2024.01.01-2024.12.31)			3,600,000	
		[월 계]			3,600,000	
		[누 계]			3,600,000	
11/01		2024.11.1-2025.10.31 보험료납부			1,440,000	

보험료 1,440,000 × 10/12 = 1,200,000원 선급비용으로 대체

12	31	00002	차변	133	선급비용			1,200,000	
12	31	00002	대변	821	보험료				1,200,000

(3)	**[일반전표입력]** 12월 31일

12	31	00003	차변	178	기타포괄손익-공정가치측정금융자산(비유동)			500,000	
12	31	00003	대변	982	기타포괄손익-공정가치측정금융자산평가손실				200,000
12	31	00003	대변	981	기타포괄손익-공정가치측정금융자산평가이익				300,000

기말 기타포괄손익-공정가치측정금융자산평가손실 잔액 200,000원 우선 상계

(4)	**[일반전표입력]** 12월 31일

12	31	00004	차변	960	잡손실			18,000	
12	31	00004	대변	101	현금				18,000

(5)	**[합계잔액시산표]** 매출채권과 대손충당금 잔액 확인하여 1% 보충설정액 계산 • 외상매출금 대손충당금 설정액 : (265,681,500 × 1%) − 1,100,000 = 1,556,815원 • 받을어음 대손충당금 설정액 : (126,549,000 × 1%) − 250,000 = 1,015,490원 **[결산자료입력]** 대손상각 매출채권 보충설정액 입력

5). 대손상각			2,572,305	2,572,305
외상매출금			1,556,815	
받을어음			1,015,490	

(6)	**[원가경비별감가상각명세서]** 자산별 당기상각비 확인

유형자산	무형자산	**유형자산총괄**	무형자산총괄

경비구분	0.전체 ▼	자산구분 1.전체표시 ▼

	경비구분	계정	기초가액	당기증감	기말잔액	전기말상각누	상각대상금액	당기상각비	당기말상각누
1	800 번대	건물	85,000,000		85,000,000	10,000,000	85,000,000	4,250,000	14,250,000
2	800 번대	차량운반구	17,500,000		17,500,000	4,000,000	17,500,000	3,500,000	7,500,000
3	800 번대	비품	4,450,000		4,450,000	1,400,000	4,450,000	890,000	2,290,000

[결산자료입력] 감가상각비 자산별 입력

4). 감가상각비			8,640,000	8,640,000
건물			4,250,000	
차량운반구			3,500,000	
비품			890,000	

(7)	**[재고자산수불부]** 1월 ~ 12월, 상품 일괄마감 **[재고자산명세서]** 12월 조회, 기말상품재고액 131,060,000원 확인 **[결산자료입력]** 기말상품재고액란에 131,060,000원 입력

상품매출원가			119,420,000	119,420,000
(1). 기초 상품 재고액			70,000,000	
(2). 당기 상품 매입액			180,480,000	
(10).기말 상품 재고액			131,060,000	

(5) ~ (7)	**[결산자료입력]** → 전표추가(F3) → 일반전표 자동 생성 확인						

[재무제표마감] 잉여, 결손분개 자동 생성 확인

손익계산서 조회 → 이익잉여금처분계산서 전표추가(F3) 조회 → 재무상태표 조회

05 장부조회

(1)

[부가가치세신고서] 5,205,000원

(2)

[총계정원장] 9월

(3)

[거래처원장] 17,435,000원

PART 4

(4)	[재고자산수불부] 303개 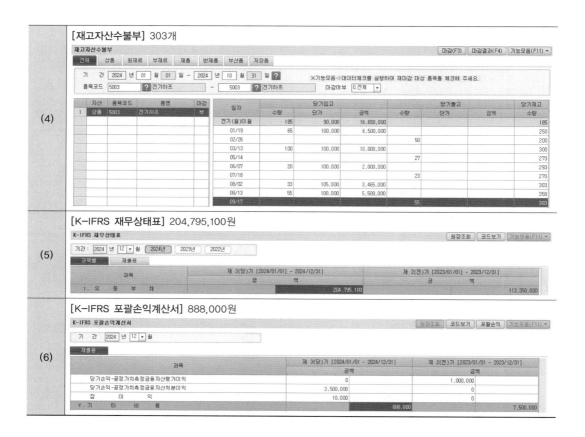

(5)	[K-IFRS 재무상태표] 204,795,100원

(6)	[K-IFRS 포괄손익계산서] 888,000원

<한제2. 원가회계> (주)조선케미컬 [회사코드 : 5062]

7월 원가계산

(1) ①	A제품	[생산(작업)지시서] 7월 4일 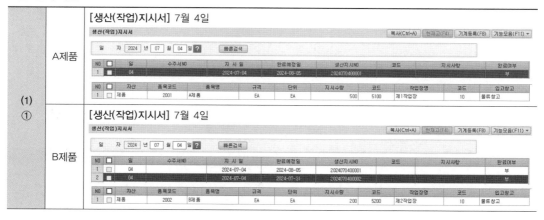
	B제품	[생산(작업)지시서] 7월 4일

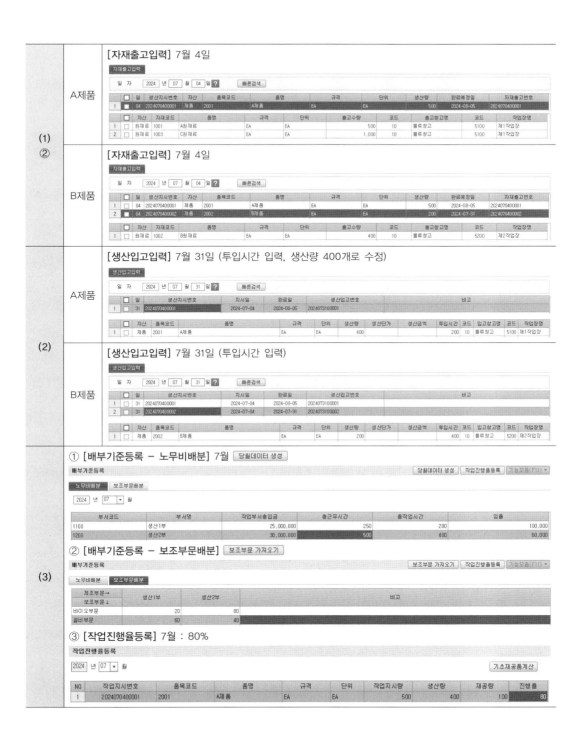

① [기초재공품계산] 조회할 데이터가 없습니다.
② [재고자산수불부] 원재료, 기간 1월 ~ 7월, 일괄마감 → 단가 자동 반영

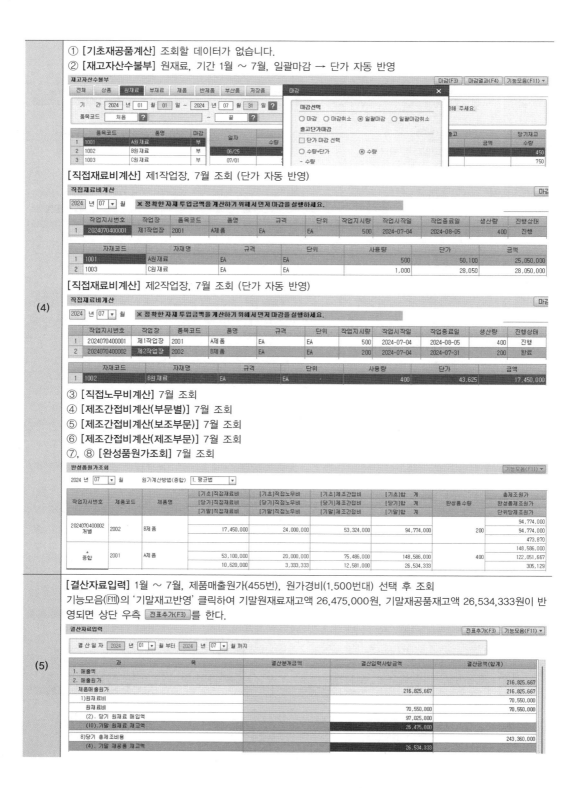

[직접재료비계산] 제1작업장, 7월 조회 (단가 자동 반영)

[직접재료비계산] 제2작업장, 7월 조회 (단가 자동 반영)

③ [직접노무비계산] 7월 조회
④ [제조간접비계산(부문별)] 7월 조회
⑤ [제조간접비계산(보조부문)] 7월 조회
⑥ [제조간접비계산(제조부문)] 7월 조회
⑦, ⑧ [완성품원가조회] 7월 조회

(4)

[결산자료입력] 1월 ~ 7월, 제품매출원가(455번), 원가경비(1,500번대) 선택 후 조회
기능모음(F11)의 '기말재고반영' 클릭하여 기말원재료재고액 26,475,000원, 기말재공품재고액 26,534,333원이 반영되면 상단 우측 전표추가(F3)를 한다.

(5)

[제조원가명세서] 7월 조회, 당기제품제조원가 216,825,667원

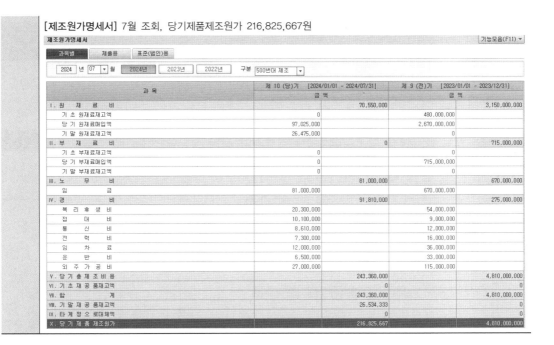

과목	제 10 (당)기 [2024/01/01 ~ 2024/07/31] 금액	제 9 (전)기 [2023/01/01 ~ 2023/12/31] 금액
I. 원 재 료 비	70,550,000	3,150,000,000
기 초 원재료재고액	0	480,000,000
당 기 원재료매입액	97,025,000	2,670,000,000
기 말 원재료재고액	26,475,000	0
II. 부 재 료 비	0	715,000,000
기 초 부재료재고액	0	0
당 기 부재료매입액	0	715,000,000
기 말 부재료재고액	0	0
III. 노 무 비	81,000,000	670,000,000
임 금	81,000,000	670,000,000
IV. 경 비	91,810,000	275,000,000
복 리 후 생 비	20,300,000	54,000,000
접 대 비	10,100,000	9,000,000
통 신 비	8,610,000	12,000,000
전 력 비	7,300,000	16,000,000
임 차 료	12,000,000	36,000,000
운 반 비	6,500,000	33,000,000
외 주 가 공 비	27,000,000	115,000,000
V. 당 기 총 제 조 비 용	243,360,000	4,810,000,000
VI. 기 초 재 공 품 재 고 액	0	0
VII. 합 계	243,360,000	4,810,000,000
VIII. 기 말 재 공 품 재 고 액	26,534,333	0
IX. 타 계 정 으 로 대 체 액	0	0
X. 당 기 제 품 제 조 원 가	216,825,667	4,810,000,000

<문제1. 재무회계> 에이스가전(주) [회사코드 : 5071]

01 기준정보등록

(1)

03007	스마트가전 (주)		0	109-81-11652		김현석	매출	○

1. 사업자등록번호 109-81-11652
2. 주민등록번호 ------ -------
3. 대 표 자 성 명 김현석
4. 업   태 도소매
5. 종   목 사무용가구

02005	웨스턴가전 (주)		0	214-81-54327		강구영	매입	○

1. 사업자등록번호 214-81-54327
2. 주민등록번호 ------ -------
3. 대 표 자 성 명 강구영
4. 업   태 제조
5. 종   목 금속가구

(2)

상품	5004		커피메이커		CR2

3. 소 분 류
4. 규 격 군

	단위명	재고환산단위
5. 입고(생산)단위	EA	1 EA
6. 판매(출고)단위	EA	1 EA
7. 자재투입단위	EA	1 EA
8. 재 고 단 위	EA	

02 매입매출전표입력

(1)

[입고입력] 12월 20일 : [2.건별 + 1.과세], 지급구분(혼합) → 전표추가(F3) → 전송

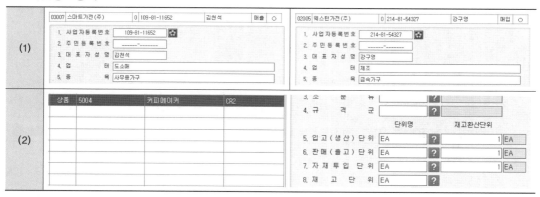

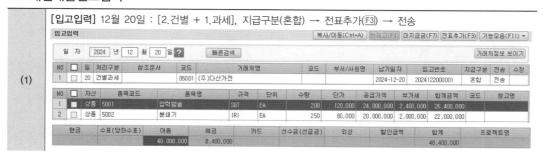

[매입매출전표입력] 12월 20일 : 1.전자입력, 보통예금 거래처 '기업은행'으로 수정, 지급어음을 '받을어음'으로 수정하고 거래처를 '(주)고운가전'으로 수정한 뒤 받을어음 관리(자금관리 F3) 등록

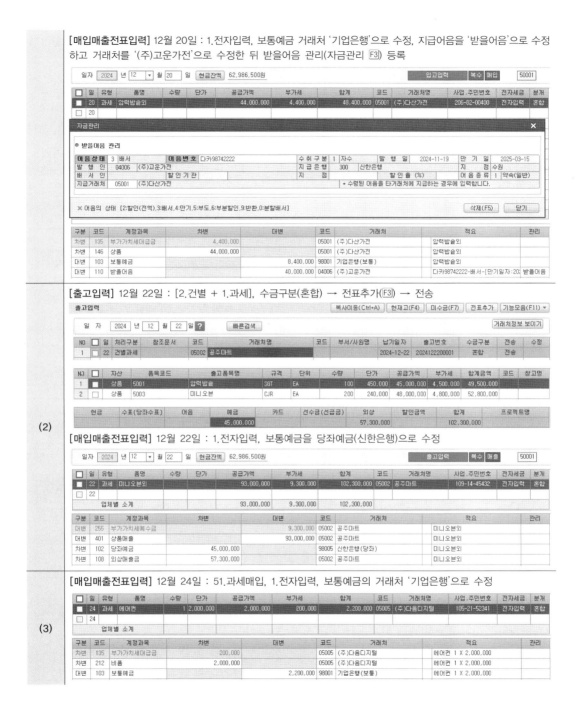

[출고입력] 12월 22일 : [2.건별 + 1.과세], 수금구분(혼합) → 전표추가(F3) → 전송

[매입매출전표입력] 12월 22일 : 1.전자입력, 보통예금을 당좌예금(신한은행)으로 수정

[매입매출전표입력] 12월 24일 : 51.과세매입, 1.전자입력, 보통예금의 거래처 '기업은행'으로 수정

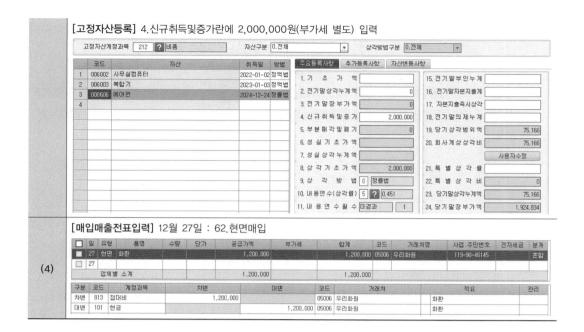

[고정자산등록] 4.신규취득및증가란에 2,000,000원(부가세 별도) 입력

| 고정자산계정과목 | 212 [?] 비품 | 자산구분 | 0.전체 ▼ | 상각방법구분 | 0.전체 ▼ |

	코드	자산	취득일	방법
1	006002	사무실컴퓨터	2022-01-02	정액법
2	006003	복합기	2023-01-03	정액법
3	000606	에어컨	2024-12-24	정률법
4				

주요등록사항 / 추가등록사항 / 자산변동사항

1. 기 초 가 액	
2. 전기말상각누계액	0
3. 전기 말 장 부 가 액	0
4. 신규취득및증가	2,000,000
5. 부분매각및폐기	0
6. 성 실 기 초 가 액	
7. 성 실 상 각 누 계 액	
8. 상 각 기 초 가 액	2,000,000
9. 상 각 방 법	0 정률법
10. 내용연수(상각률)	5 [?] 0.451
11. 내 용 연 수 월 수 미경과	1

15. 전기말부인누계	
16. 전기말자본지출계	
17. 자본지출즉시상각	
18. 전기말의제누계	
19. 당기상각범위액	75,166
20. 회사계상상각비	75,166
	사용자수정
21. 특 별 상 각 률	
22. 특 별 상 각 비	0
23. 당기말상각누계액	75,166
24. 당기말장부가액	1,924,834

(4) **[매입매출전표입력]** 12월 27일 : 62.현면매입

	일	유형	품명	수량	단가	공급가액	부가세	합계	코드	거래처명	사업.주민번호	전자세금	분개
☐	27	현면	화환			1,200,000		1,200,000	05006	우리화원	119-90-46145		혼합
☐	27												
		업체별 소계				1,200,000		1,200,000					

구분	코드	계정과목	차변	대변	코드	거래처	적요	관리
차변	813	접대비	1,200,000		05006	우리화원	화환	
대변	101	현금		1,200,000	05006	우리화원	화환	

03 일반전표입력

(1) **[일반전표입력]** 12월 4일

월	일	번호	구분	코드	계정과목	코드	거래처	적요	차변	대변
12	4	00001	차변	383	자기주식				21,000,000	
12	4	00001	대변	102	당좌예금	98005	신한은행(당좌)			21,000,000

(2) **[일반전표입력]** 12월 6일

월	일	번호	구분	코드	계정과목	코드	거래처	적요	차변	대변
12	6	00001	차변	107	당기손익-공정가치측정금융자산				12,000,000	
12	6	00001	차변	946	수수료비용				50,000	
12	6	00001	대변	103	보통예금	98001	기업은행(보통)			12,050,000

(3) **[일반전표입력]** 12월 10일

12	10	00001	차변	254	예수금				4,420,000	
12	10	00001	차변	811	복리후생비				1,600,000	
12	10	00001	대변	103	보통예금	98001	기업은행(보통)			6,020,000

(4) **[일반전표입력]** 12월 14일

12	14	00001	차변	214	건설중인자산	04003	대박부동산(주)		25,000,000	
12	14	00001	대변	102	당좌예금	98002	국민은행(당좌)			25,000,000

(5) **[일반전표입력]** 12월 21일

12	21	00001	차변	825	교육훈련비				5,000,000	
12	21	00001	대변	254	예수금					440,000
12	21	00001	대변	101	현금					4,560,000

04 결 산

(1)

[일반전표입력] 12월 31일

월	일	번호	구분	코드	계정과목	코드	거래처	적요	차변	대변
12	31	00001	차변	172	소모품				950,000	
12	31	00001	대변	830	소모품비					950,000

소모품비 3,500,000원 중 미사용액 950,000원을 소모품(자산)으로 대체

(2)

[일반전표입력] 12월 31일

월	일	번호	구분	코드	계정과목	코드	거래처	적요	차변	대변
12	31	00002	차변	133	선급비용				2,000,000	
12	31	00002	대변	819	임차료					2,000,000

임차료(당기 9월~차기 2월) : 6,000,000 × 2/6 = 2,000,000원 선급비용으로 대체

(3)

[일반전표입력] 12월 31일

월	일	번호	구분	코드	계정과목	코드	거래처	적요	차변	대변
12	31	00003	대변	178	기타포괄손익-공정가치측정금융자산(비유동)					5,000,000
12	31	00003	차변	981	기타포괄손익-공정가치측정금융자산평가이익				4,000,000	
12	31	00003	차변	982	기타포괄손익-공정가치측정금융자산평가손실				1,000,000	

기타포괄손익-공정가치측정금융자산평가이익의 잔액 4,000,000원 우선 상계하고, 평가손실 1,000,000원 인식

(4)

[결산자료입력] 법인세 선납세액이 없으므로 전액 '법인세 계상'란에 8,800,000원 입력

9. 법인세등		
2). 법인세 계상	8,800,000	8,800,000

(5)

[합계잔액시산표] 매출채권과 대손충당금 잔액 확인하여 1% 보충설정액 계산
- 외상매출금 대손충당금 설정액 : (372,581,500 × 1%) − 1,150,000 = 2,575,815원
- 받을어음 대손충당금 설정액 : (130,549,000 × 1%) − 200,000 = 1,105,490원

[결산자료입력] 대손상각 매출채권 보충설정액 입력

5). 대손상각		3,681,305	3,681,305
외상매출금		2,575,815	
받을어음		1,105,490	

(6)

[원가경비별감가상각명세서] 자산별 당기상각비 확인

유형자산	무형자산	**유형자산총괄**	무형자산총괄

경비구분 [0.전체 ▼] 자산구분 [1.전체표시 ▼]

	경비구분	계정	기초가액	당기증감	기말잔액	전기말상각누~	상각대상금액	당기상각비	당기말상각누~
1	800 번대	건물	150,000,000		150,000,000	10,000,000	150,000,000	7,500,000	17,500,000
2	800 번대	차량운반구	29,000,000		29,000,000	5,600,000	29,000,000	5,800,000	11,400,000
3	800 번대	비품		2,000,000	2,000,000		2,000,000	75,166	75,166
4	800 번대	비품	4,400,000		4,400,000	1,400,000	4,400,000	880,000	2,280,000

유형자산	무형자산	유형자산총괄	**무형자산총괄**

경비구분 [0.전체 ▼] 자산구분 [1.전체표시 ▼]

	경비구분	계정	취득원가	기초가액	당기증가	당기감소	당기상각비	미상각잔액	상각방법
1	800 번대	특허권	6,500,000	5,000,000			1,300,000	3,700,000	정액법

[결산자료입력] 감가상각비 자산별 입력

4). 감가상각비		14,255,166	14,255,166
건물		7,500,000	
차량운반구		5,800,000	
비품		955,166	
건설중인자산			
6). 무형고정자산상각		1,300,000	1,300,000
특허권		1,300,000	

(7)

[재고자산수불부] 1월 ~ 12월, 상품 일괄마감
[재고자산명세서] 12월 조회, 기말상품재고액 90,370,000원 확인
[결산자료입력] 기말상품재고액란에 90,370,000원 입력

2. 매출원가			178,610,000
상품매출원가		178,610,000	178,610,000
(1). 기초 상품 재고액		56,000,000	
(2). 당기 상품 매입액		212,980,000	
(10).기말 상품 재고액		90,370,000	

[결산자료입력] → 전표추가(F3) → 일반전표 자동 생성 확인										

(5) ~ (7)

[결산자료입력] → 전표추가(F3) → 일반전표 자동 생성 확인

	년	월	일	번호	구분	코드	계정과목	코드	거래처	적요	차변	대변
☐	2024	12	31	00004	결차	451	상품매출원가			01 상품매출원가 I	178,610,000	
☐	2024	12	31	00004	결대	146	상품			04 상품매출원가 I		178,610,000
☐	2024	12	31	00005	결차	818	감가상각비			01 당기말 감가상	14,255,166	
☐	2024	12	31	00005	결대	203	감가상각누계액			04 당기감가충당		7,500,000
☐	2024	12	31	00005	결대	209	감가상각누계액			04 당기감가충당		5,800,000
☐	2024	12	31	00005	결대	213	감가상각누계액			04 당기감가충당		955,166
☐	2024	12	31	00006	결차	835	대손상각비			01 외상매출금의 I	3,681,305	
☐	2024	12	31	00006	결대	109	대손충당금			04 대손충당금 설		2,575,815
☐	2024	12	31	00006	결대	111	대손충당금			04 대손충당금 설		1,105,490
☐	2024	12	31	00007	결차	840	무형자산상각비			01 무형자산 당기	1,300,000	
☐	2024	12	31	00007	결대	232	특허권			04 특허권 당기상		1,300,000
☐	2024	12	31	00008	결차	998	법인세등			01 당기 미지급분	8,800,000	
☐	2024	12	31	00008	결대	261	미지급세금			04 선납법인세의 I		8,800,000

[재무제표마감] 잉여, 결손분개 자동 생성 확인

손익계산서 조회 → 이익잉여금처분계산서 전표추가(F3) 조회 → 재무상태표 조회

05 장부조회

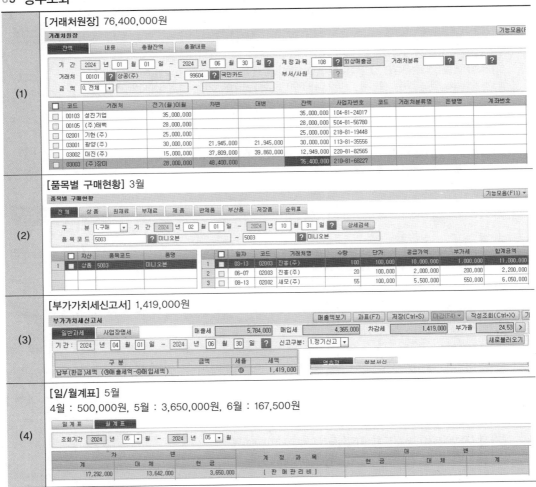

[거래처원장] 76,400,000원

(1)

거래처원장

	코드	거래처	전기(월)이월	차변	대변	잔액	사업자번호	코드	거래처분류명	은행명	계좌번호
☐	00103	성진기업	35,000,000			35,000,000	104-81-24017				
☐	00105	(주)태백	28,000,000			28,000,000	504-81-56780				
☐	02001	기현(주)	25,000,000			25,000,000	218-81-19448				
☐	03001	광양(주)	30,000,000	21,945,000	21,945,000	30,000,000	113-81-35556				
☐	03002	대진(주)	15,000,000	37,809,000	39,860,000	12,949,000	220-81-82565				
☐	03003	(주)장미	28,000,000	48,400,000		76,400,000	210-81-68227				

[품목별 구매현황] 3월

(2)

품목별 구매현황

	자산	품목코드	품명			일자	코드	거래처명	수량	단가	공급가액	부가세	합계금액
1	상품	5003	미니오븐		1	03-13	02003	진흥(주)	100	100,000	10,000,000	1,000,000	11,000,000
					2	06-07	02003	진흥(주)	20	100,000	2,000,000	200,000	2,200,000
					3	08-13	02002	새모(주)	55	100,000	5,500,000	550,000	6,050,000

[부가가치세신고서] 1,419,000원

(3)

부가가치세신고서

매출세 5,784,000 매입세 4,365,000 차감세 1,419,000 부가율 24.53

기간 : 2024 년 04 월 01 일 ~ 2024 년 06 월 30 일 신고구분 : 1.정기신고

구 분	금액	세율	세액
납부(환급)세액 (⑩매출세액-⑩매입세액)		⑨	1,419,000

[일/월계표] 5월

4월 : 500,000원, 5월 : 3,650,000원, 6월 : 167,500원

(4)

일계표 월계표

조회기간 2024 년 05 ▼ 월 ~ 2024 년 05 ▼ 월

차 변			계 정 과 목	대 변		
계	대 체	현 금		현 금	대 체	계
17,292,000	13,642,000	3,650,000	[판 매 관 리 비]			

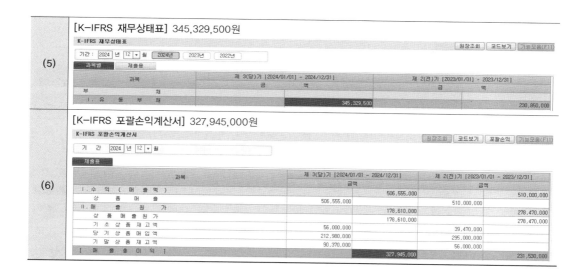

| (5) | [K-IFRS 재무상태표] 345,329,500원 |
| (6) | [K-IFRS 포괄손익계산서] 327,945,000원 |

\<문제2. 원가회계\> (주)고려상사 [회사코드 : 5072]

11월 원가계산

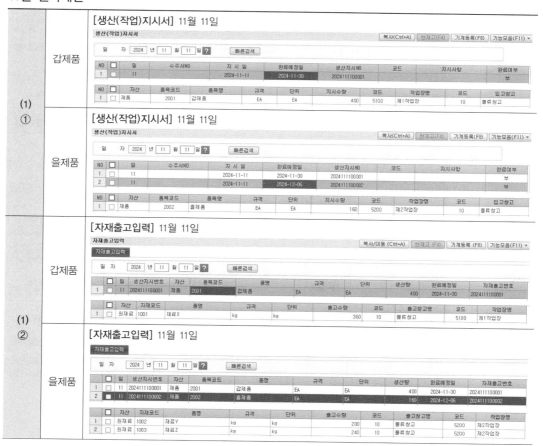

(1) ①	갑제품	[생산(작업)지시서] 11월 11일
	을제품	[생산(작업)지시서] 11월 11일
(1) ②	갑제품	[자재출고입력] 11월 11일
	을제품	[자재출고입력] 11월 11일

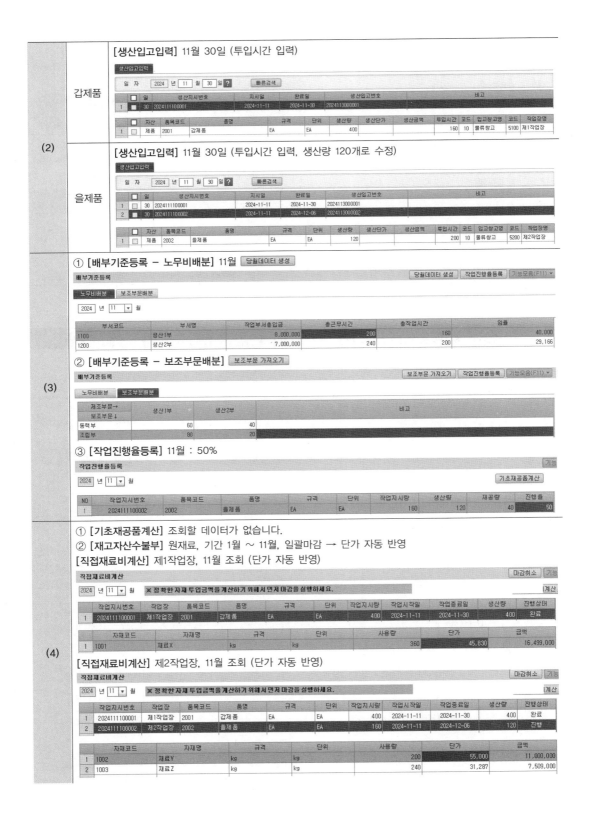

③ [직접노무비계산] 11월 조회
④ [제조간접비계산(부문별)] 11월 조회
　 [제조간접비계산(보조부문)] 11월 조회
　 [제조간접비계산(제조부문)] 11월 조회
⑤, ⑥, ⑦ [완성품원가조회] 11월 조회

작업지시번호	제품코드	제품명	[기초]직접재료비	[기초]직접노무비	[기초]제조간접비	[기초]합　계	완성품수량	총제조원가
			[당기]직접재료비	[당기]직접노무비	[당기]제조간접비	[당기]합　계		완성품제조원가
			[기말]직접재료비	[기말]직접노무비	[기말]제조간접비	[기말]합　계		단위당제조원가
2024111100001 개별	2001	갑제품						63,294,634
			16,499,000	6,400,000	40,395,634	63,294,634	400	63,294,634
								158,237
*종합	2002	을제품						48,139,286
			18,509,000	5,833,200	23,797,086	48,139,286	120	39,279,138
			4,627,250	833,314	3,399,584	8,860,148		327,326

[결산자료입력] 1월 ~ 11월, 제품매출원가(455번), 원가경비(1.500번대) 선택 후 조회
기능모음(F11)의 '기말재고반영' 클릭하여 기말원재료재고액 21,469,000원, 기말재공품재고액 8,860,148원이 반영
되면 상단 우측 전표추가(F3) 를 한다.

1)원재료비			35,008,000
원재료비			
(2). 당기 원재료 매입액		35,008,000	35,008,000
(10).기말 원재료 재고액		56,477,000	
		21,469,000	
8)당기 총제조비용			111,433,920
(4). 기말 재공품 재고액			
		8,860,148	

[제조원가명세서] 11월 조회, 당기제품제조원가 102,573,772원

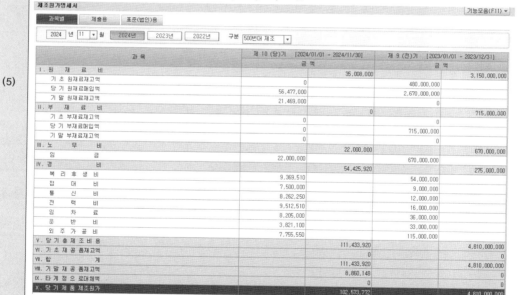

과 목	제 10 (당)기 [2024/01/01 ~ 2024/11/30]		제 9 (전)기 [2023/01/01 ~ 2023/12/31]	
	금 액		금 액	
Ⅰ. 원　재　료　비		35,008,000		3,150,000,000
기 초 원재료재고액	0		480,000,000	
당 기 원재료매입액	56,477,000		2,670,000,000	
기 말 원재료재고액	21,469,000		0	
Ⅱ. 부　재　료　비		0		715,000,000
기 초 부재료재고액	0		0	
당 기 부재료매입액	0		715,000,000	
기 말 부재료재고액	0		0	
Ⅲ. 노　　무　　비		22,000,000		670,000,000
임　　　　금	22,000,000		670,000,000	
Ⅳ. 경　　　　비		54,425,920		275,000,000
복 리 후 생 비	9,369,510		54,000,000	
접　대　비	7,500,000		9,000,000	
통　신　비	8,262,250		12,000,000	
전　력　비	9,512,510		16,000,000	
임　차　료	8,205,000		36,000,000	
운　반　비	3,821,100		33,000,000	
외 주 가 공 비	7,755,550		115,000,000	
Ⅴ. 당 기 총제조비용		111,433,920		4,810,000,000
Ⅵ. 기 초 재 공 품재고액		0		0
Ⅶ. 합　　　　계		111,433,920		4,810,000,000
Ⅷ. 기 말 재 공 품재고액		8,860,148		0
Ⅸ. 타 계 정 으 로대체액		0		0
Ⅹ. 당 기 제 품 제조원가		102,573,772		4,810,000,000

(5)

제8회 모의고사 정답 및 해설

<문제1. 재무회계> 대림어패럴(주) [회사코드 : 5081]

01 기준정보등록

02 매입매출전표입력

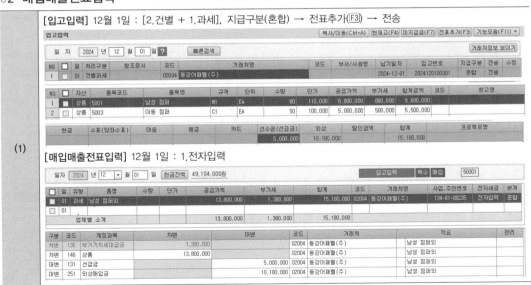

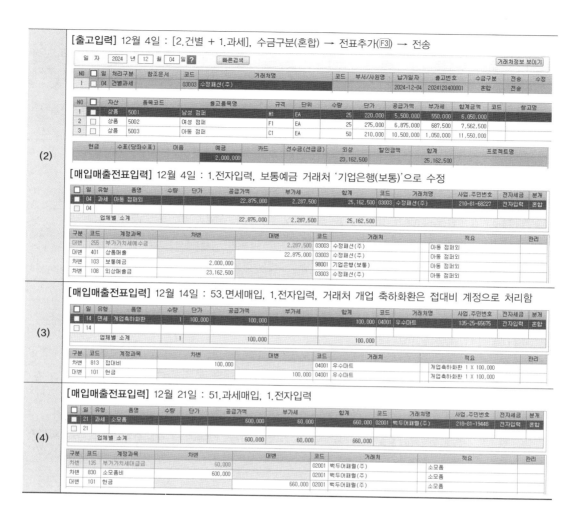

[출고입력] 12월 4일 : [2.건별 + 1.과세], 수금구분(혼합) → 전표추가(F3) → 전송

[매입매출전표입력] 12월 4일 : 1.전자입력, 보통예금 거래처 '기업은행(보통)'으로 수정

[매입매출전표입력] 12월 14일 : 53.면세매입, 1.전자입력, 거래처 개업 축하화환은 접대비 계정으로 처리함

[매입매출전표입력] 12월 21일 : 51.과세매입, 1.전자입력

03 일반전표입력

[일반전표입력] 12월 3일

월	일	번호	구분	코드	계정과목	코드	거래처	적요	차변	대변
12	3	00001	차변	214	건설중인자산	04006	튼튼건설(주)		15,000,000	
12	3	00001	대변	103	보통예금	98001	기업은행(보통)			15,000,000

[일반전표입력] 12월 5일

월	일	번호	구분	코드	계정과목	코드	거래처	적요	차변	대변
12	5	00001	대변	110	받을어음	03004	강남패션(주)	마바-20000603-할		21,860,000
12	5	00001	차변	936	매출채권처분손실				396,000	
12	5	00001	차변	102	당좌예금	98002	국민은행(당좌)		21,464,000	

● 받을어음 관리

삭제(F5)

어음상태	2 할인(전액)	어음번호	마바-20000603	수취구분	1 자수	발행일	2024-11-16	만기일	2025-02-16
발행인	03004	강남패션(주)		지급은행	200	국민은행		지점	
배서인		할인기관	98002	국민은행(당좌)	지점		할인율 (%)	어음종류	1 약속(일반)
지급거래처						* 수령된 어음을 타거래처에 지급하는 경우에 입력합니다.

[일반전표입력] 12월 16일

월	일	번호	구분	코드	계정과목	코드	거래처	적요	차변	대변
12	16	00001	차변	107	당기손익-공정가치측정금융자산				3,600,000	
12	16	00001	차변	946	수수료비용				20,000	
12	16	00001	대변	102	당좌예금	98002	국민은행(당좌)			3,620,000

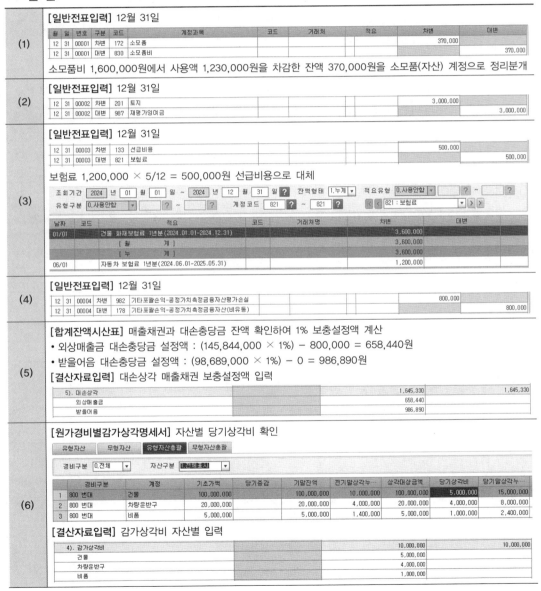

(4)

[일반전표입력] 12월 24일

월	일	번호	구분	코드	계정과목	코드	거래처	적요	차변	대변
12	24	00001	대변	291	사채					10,000,000
12	24	00001	차변	103	보통예금	98001	기업은행(보통)		9,450,200	
12	24	00001	차변	292	사채할인발행차금				549,800	

(5)

[일반전표입력] 12월 28일

월	일	번호	구분	코드	계정과목	코드	거래처	적요	차변	대변
12	28	00001	차변	187	투자부동산				28,000,000	
12	28	00001	대변	103	보통예금	98001	기업은행(보통)			15,000,000
12	28	00001	대변	253	미지급금	04006	튼튼건설(주)			13,000,000

04 결 산

(1)

[일반전표입력] 12월 31일

월	일	번호	구분	코드	계정과목	코드	거래처	적요	차변	대변
12	31	00001	차변	172	소모품				370,000	
12	31	00001	대변	830	소모품비					370,000

소모품비 1,600,000원에서 사용액 1,230,000원을 차감한 잔액 370,000원을 소모품(자산) 계정으로 정리분개

(2)

[일반전표입력] 12월 31일

| 12 | 31 | 00002 | 차변 | 201 | 토지 | | | | 3,000,000 | |
| 12 | 31 | 00002 | 대변 | 987 | 재평가잉여금 | | | | | 3,000,000 |

(3)

[일반전표입력] 12월 31일

| 12 | 31 | 00003 | 차변 | 133 | 선급비용 | | | | 500,000 | |
| 12 | 31 | 00003 | 대변 | 821 | 보험료 | | | | | 500,000 |

보험료 1,200,000 × 5/12 = 500,000원 선급비용으로 대체

조회기간 2024 년 01 월 01 일 ~ 2024 년 12 월 31 일 ? 잔액형태 1.누계 ▼ 적요유형 0.사용안함 ▼ ? ~ ?
유형구분 0.사용안함 ▼ ? ~ ? 계정코드 821 ? ~ 821 ? ◁ ◁ 821 : 보험료 ▼ ▷ ▷|

날짜	코드	적요	코드	거래처명	차변	대변
01/01		건물 화재보험료 1년분(2024.01.01~2024.12.31)			3,600,000	
		[월 계]			3,600,000	
		[누 계]			3,600,000	
06/01		자동차 보험료 1년분(2024.06.01~2025.05.31)			1,200,000	

(4)

[일반전표입력] 12월 31일

| 12 | 31 | 00004 | 차변 | 982 | 기타포괄손익-공정가치 측정금융자산평가손실 | | | | 800,000 | |
| 12 | 31 | 00004 | 대변 | 178 | 기타포괄손익-공정가치 측정금융자산(비유동) | | | | | 800,000 |

(5)

[합계잔액시산표] 매출채권과 대손충당금 잔액 확인하여 1% 보충설정액 계산
- 외상매출금 대손충당금 설정액 : (145,844,000 × 1%) − 800,000 = 658,440원
- 받을어음 대손충당금 설정액 : (98,689,000 × 1%) − 0 = 986,890원

[결산자료입력] 대손상각 매출채권 보충설정액 입력

5). 대손상각		1,645,330	1,645,330
외상매출금		658,440	
받을어음		986,890	

(6)

[원가경비별감가상각명세서] 자산별 당기상각비 확인

유형자산 | 무형자산 | **유형자산총괄** | 무형자산총괄

경비구분 0.전체 ▼ 자산구분 1.전체표시 ▼

	경비구분	계정	기초가액	당기증감	기말잔액	전기말상각누…	상각대상금액	당기상각비	당기말상각누…
1	800 번대	건물	100,000,000		100,000,000	10,000,000	100,000,000	5,000,000	15,000,000
2	800 번대	차량운반구	20,000,000		20,000,000	4,000,000	20,000,000	4,000,000	8,000,000
3	800 번대	비품	5,000,000		5,000,000	1,400,000	5,000,000	1,000,000	2,400,000

[결산자료입력] 감가상각비 자산별 입력

4). 감가상각비		10,000,000	10,000,000
건물		5,000,000	
차량운반구		4,000,000	
비품		1,000,000	

(7)	[재고자산수불부] 1월 ~ 12월, 상품 일괄마감 [재고자산명세서] 12월 조회, 기말상품재고액 96,170,000원 확인 [결산자료입력] 기말상품재고액란에 96,170,000원 입력

상품매출원가		156,610,000		156,610,000
(1). 기초 상품 재고액			70,000,000	
(2). 당기 상품 매입액			182,780,000	
(10).기말 상품 재고액			96,170,000	

(5) ~ (7)

[결산자료입력] → 전표추가(F3) → 일반전표 자동 생성 확인

	2024	12	31	00013	결차	451	상품매출원가	01	상품매출원가 대	156,610,000	
	2024	12	31	00013	결대	146	상품	04	상품매출원가 대		156,610,000
	2024	12	31	00014	결차	818	감가상각비	01	당기말 감가상각	10,000,000	
	2024	12	31	00014	결대	203	감가상각누계액	04	당기감가출당금		5,000,000
	2024	12	31	00014	결대	209	감가상각누계액	04	당기감가출당금		4,000,000
	2024	12	31	00014	결대	213	감가상각누계액	04	당기감가출당금		1,000,000
	2024	12	31	00015	결차	835	대손상각비	01	외상매출금의 대	1,645,330	
	2024	12	31	00015	결대	109	대손충당금	04	대손충당금 설정		658,440
	2024	12	31	00015	결대	111	대손충당금	04	대손충당금 설정		986,890

[재무제표마감] 잉여, 결손분개 자동 생성 확인
손익계산서 조회 → 이익잉여금처분계산서 전표추가(F3) 조회 → 재무상태표 조회

05 장부조회

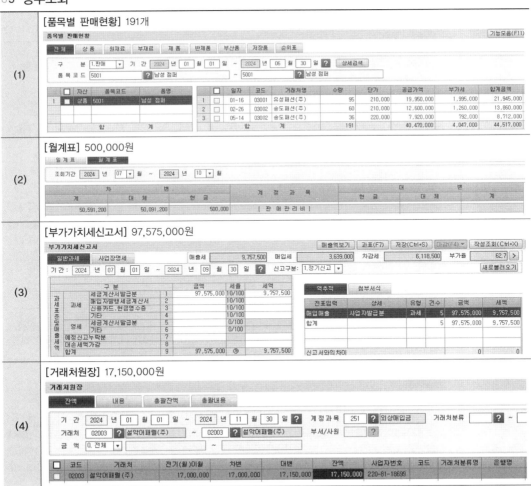

(1) [품목별 판매현황] 191개

(2) [월계표] 500,000원

(3) [부가가치세신고서] 97,575,000원

(4) [거래처원장] 17,150,000원

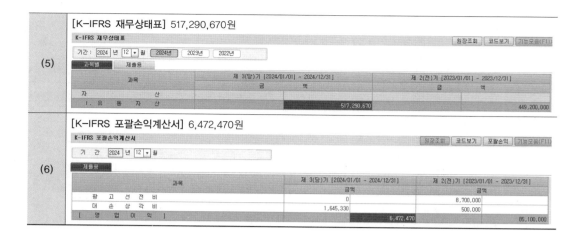

| (5) | [K-IFRS 재무상태표] 517,290,670원 |
| (6) | [K-IFRS 포괄손익계산서] 6,472,470원 |

<문제2. 원가회계> (주)전승어패럴 [회사코드 : 5082]

6월 원가계산

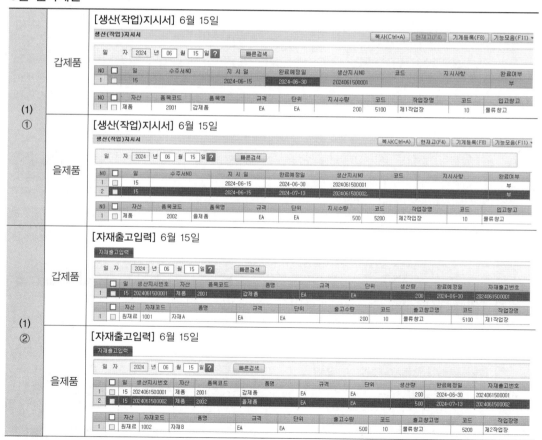

(1)①	갑제품	[생산(작업)지시서] 6월 15일
	을제품	[생산(작업)지시서] 6월 15일
(1)②	갑제품	[자재출고입력] 6월 15일
	을제품	[자재출고입력] 6월 15일

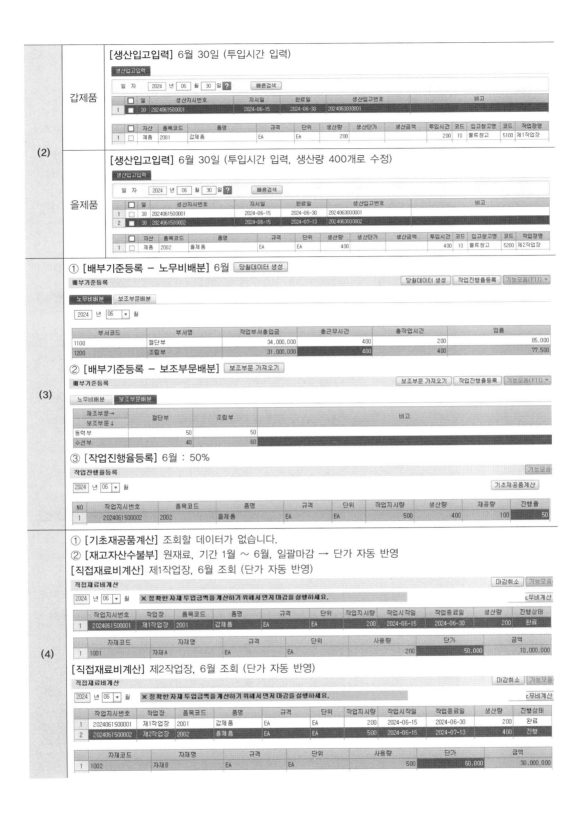

③ [직접노무비계산] 6월 조회
④ [제조간접비계산(부문별)] 6월 조회
⑤ [제조간접비계산(보조부문)] 6월 조회
⑥ [제조간접비계산(제조부문)] 6월 조회
⑦, ⑧ [완성품원가조회] 6월 조회

완성품원가조회

2024 년 06 월 원가계산방법(종합) 1. 평균법

작업지시번호	제품코드	제품명	[기초]직접재료비 [당기]직접재료비 [말]직접재료비	[기초]직접노무비 [당기]직접노무비 [말]직접노무비	[기초]제조간접비 [당기]제조간접비 [말]제조간접비	[기초]합계 [당기]합계 [말]합계	완성품수량	출제조원가 완성품제조원가 단위당제조원가
2024061500001 개별	2001	갑제품	10,000,000	17,000,000	52,680,000	79,680,000	200	79,680,000 79,680,000 398,400
종합	2002	을제품	30,000,000 6,000,000	31,000,000 3,444,444	26,820,000 2,980,000	87,820,000 12,424,444	400	87,820,000 75,395,556 188,489

[결산자료입력] 1월 ~ 6월, 제품매출원가(455번), 원가경비(1,500번대) 선택 후 조회

기능모음(F11)의 '기말재고반영' 클릭하여 기말원재료재고액 43,000,000원, 기말재공품재고액 12,424,444원이 반영되면 상단 우측 전표추가(F3) 를 한다.

결산자료입력

결산일자 2024 년 01 월부터 2024 년 06 월 까지

과	목	결산분개금액	결산입력사항금액	결산금액(합계)
1. 매출액				
2. 매출원가				155,075,556
제품매출원가			155,075,556	155,075,556
1)원재료비				40,000,000
원재료비			40,000,000	40,000,000
(2). 당기 원재료 매입액			83,000,000	
(10).기말 원재료 재고액			43,000,000	
8)당기 총제조비용				167,500,000
(4). 기말 재공품 재고액			12,424,444	

[제조원가명세서] 6월 조회, 당기제품제조원가 155,075,556원

제조원가명세서

과목별 제출용 표준(법인)용

2024 년 06 월 2024년 2023년 2022년 구분 500번대 제조

과목	제 10 (당)기 [2024/01/01 ~ 2024/06/30] 금액	제 9 (전)기 [2023/01/01 ~ 2023/12/31] 금액
I. 원 재 료 비	40,000,000	3,150,000,000
기 초 원재료재고액	0	480,000,000
당 기 원재료매입액	83,000,000	2,670,000,000
기 말 원재료재고액	43,000,000	0
II. 부 재 료 비	0	715,000,000
기 초 부재료재고액	0	0
당 기 부재료매입액	0	715,000,000
기 말 부재료재고액	0	0
III. 노 무 비	75,000,000	670,000,000
임 금	75,000,000	670,000,000
IV. 경 비	52,500,000	275,000,000
복 리 후 생 비	5,500,000	54,000,000
접 대 비	1,500,000	9,000,000
통 신 비	2,100,000	12,000,000
전 력 비	1,900,000	16,000,000
임 차 료	12,000,000	36,000,000
운 반 비	2,500,000	33,000,000
외 주 가 공 비	27,000,000	115,000,000
V. 당기 총제조비용	167,500,000	4,810,000,000
VI. 기 초 재 공 품재고액	0	0
VII. 합 계	167,500,000	4,810,000,000
VIII. 기 말 재 공 품재고액	12,424,444	0
IX. 타 계 정 으 로대체액	0	0
X. 당 기 제 품 제조원가	155,075,556	4,810,000,000

<문제1. 재무회계> 미래컴퓨터(주) [회사코드 : 5091]

01 기준정보등록

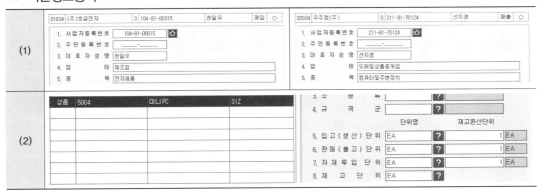

02 매입매출전표입력

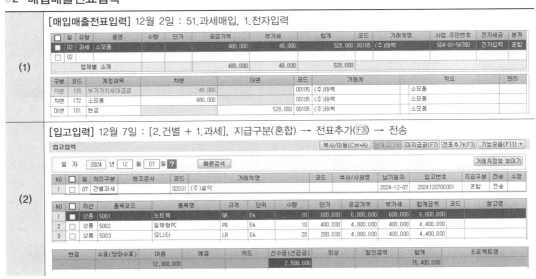

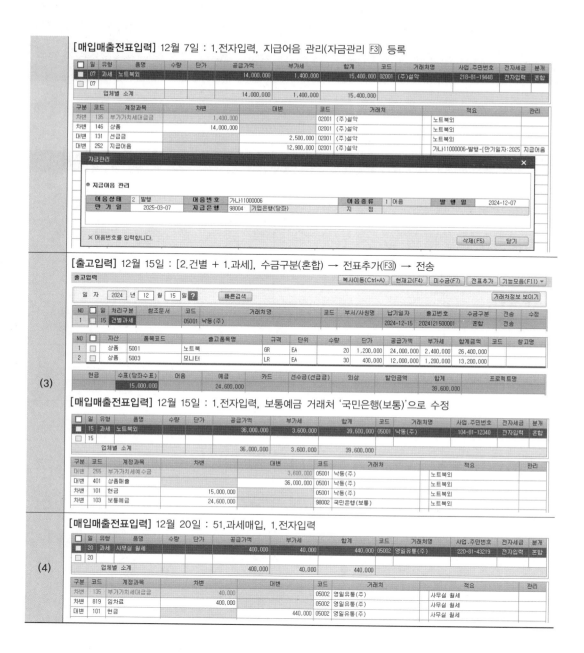

[매입매출전표입력] 12월 7일 : 1.전자입력, 지급어음 관리(자금관리 F3) 등록

□	일	유형	품명	수량	단가	공급가액	부가세	합계	코드	거래처명	사업.주민번호	전자세금	분개
■	07	과세	노트북외			14,000,000	1,400,000	15,400,000	02001	(주)설악	218-81-19448	전자입력	혼합
□	07												
		업체별 소계				14,000,000	1,400,000	15,400,000					

구분	코드	계정과목	차변	대변	코드	거래처	적요	관리
차변	135	부가가치세대급금	1,400,000		02001	(주)설악	노트북외	
차변	146	상품	14,000,000		02001	(주)설악	노트북외	
대변	131	선급금		2,500,000	02001	(주)설악	노트북외	
대변	252	지급어음		12,900,000	02001	(주)설악	가나11000006-발행-[만기일자:2025 지급어음	

자금관리

● 지급어음 관리

어음상태	2 발행	어음번호	가나11000006		어음종류	1 어음	발행일	2024-12-07
만기일	2025-03-07	지급은행	98004 기업은행(당좌)		지점			

※ 어음번호를 입력합니다.   삭제(F5) 닫기

[출고입력] 12월 15일 : [2.건별 + 1.과세], 수금구분(혼합) → 전표추가(F3) → 전송

출고입력   복사이동(Ctrl+A) 현재고(F4) 미수금(F7) 전표추가 기능모음(F11) ▼

일 자 2024 년 12 월 15 일 ? 빠른검색   거래처정보 보이기

NO	□	일	처리구분	참조문서	코드	거래처명	코드	부서/사원명	납기일자	출고번호	수금구분	전송	수정
1	□	15	건별과세		05001	낙동(주)			2024-12-15	2024121500001	혼합	전송	

NO	□	자산	품목코드	출고품목명	규격	단위	수량	단가	공급가액	부가세	합계금액	코드	창고명
1	□	상품	5001	노트북	6R	EA	20	1,200,000	24,000,000	2,400,000	26,400,000		
2	□	상품	5003	모니터	LR	EA	30	400,000	12,000,000	1,200,000	13,200,000		

현금	수표(당좌수표)	어음	예금	카드	선수금(선급금)	외상	할인금액	합계	프로젝트명
	15,000,000		24,600,000					39,600,000	

[매입매출전표입력] 12월 15일 : 1.전자입력, 보통예금 거래처 '국민은행(보통)'으로 수정

□	일	유형	품명	수량	단가	공급가액	부가세	합계	코드	거래처명	사업.주민번호	전자세금	분개
■	15	과세	노트북외			36,000,000	3,600,000	39,600,000	05001	낙동(주)	104-81-12340	전자입력	혼합
□	15												
		업체별 소계				36,000,000	3,600,000	39,600,000					

구분	코드	계정과목	차변	대변	코드	거래처	적요	관리
대변	255	부가가치세예수금		3,600,000	05001	낙동(주)	노트북외	
대변	401	상품매출		36,000,000	05001	낙동(주)	노트북외	
차변	101	현금	15,000,000		05001	낙동(주)	노트북외	
차변	103	보통예금	24,600,000		98002	국민은행(보통)	노트북외	

[매입매출전표입력] 12월 20일 : 51.과세매입, 1.전자입력

□	일	유형	품명	수량	단가	공급가액	부가세	합계	코드	거래처명	사업.주민번호	전자세금	분개
■	20	과세	사무실 월세			400,000	40,000	440,000	05002	영일유통(주)	220-81-43219	전자입력	혼합
□	20												
		업체별 소계				400,000	40,000	440,000					

구분	코드	계정과목	차변	대변	코드	거래처	적요	관리
차변	135	부가가치세대급금	40,000		05002	영일유통(주)	사무실 월세	
차변	819	임차료	400,000		05002	영일유통(주)	사무실 월세	
대변	101	현금		440,000	05002	영일유통(주)	사무실 월세	

03 일반전표입력

[일반전표입력] 12월 4일

월	일	번호	구분	코드	계정과목	코드	거래처	적요	차변	대변
12	4	00001	차변	814	통신비				200,000	
12	4	00001	차변	811	복리후생비				150,000	
12	4	00001	대변	141	현금과부족					350,000

[일반전표입력] 12월 10일

월	일	번호	구분	코드	계정과목	코드	거래처	적요	차변	대변
12	10	00001	차변	103	보통예금	98002	국민은행(보통)		2,982,000	
12	10	00001	대변	107	당기손익-공정가치측정금융자산					2,400,000
12	10	00001	대변	906	당기손익-공정가치측정금융자산처분이익					582,000

(3)	**[일반전표입력]** 12월 14일

12	14	00001	차변	214	건설중인자산		00101	상공(주)			2,000,000	
12	14	00001	대변	103	보통예금		98002	국민은행(보통)				2,000,000

(4)	**[일반전표입력]** 12월 17일

12	17	00001	차변	102	당좌예금		98004	기업은행(당좌)			10,000,000	
12	17	00001	대변	110	받을어음		03004	영산(주)	마바21116666-5			10,000,000

● 받을어음 관리 　　　　　　　　　　　　　　　　　　　　　　　　　　　　　　　삭제(F5)

어음상태	4	만기		어음번호	마바21116666			수취구분	1	자수		발행일	2024-09-17		만기일	2024-12-17
발행인	03004	영산(주)						지급은행	100	기업은행					지점	
배서인			할인기관			지점						할인율(%)			어음종류	1	약속(일반)
지급거래처										* 수령된 어음을 타거래처에 지급하는 경우에 입력합니다.					

(5)	**[일반전표입력]** 12월 26일

월	일	번호	구분	코드	계정과목	코드	거래처	적요	차변	대변
12	26	00001	차변	933	기부금				340,000	
12	26	00001	차변	833	광고선전비				1,500,000	
12	26	00001	대변	101	현금					1,840,000

04 결 산

(1)	**[일반전표입력]** 12월 31일

12	31	00001	차변	830	소모품비				1,280,000	
12	31	00001	대변	172	소모품					1,280,000

합계잔액시산표의 소모품 1,480,000원 중 200,000원을 제외한 1,280,000원을 소모품비(비용)로 대체

(2)	**[일반전표입력]** 12월 31일

12	31	00002	차변	133	선급비용				500,000	
12	31	00002	대변	821	보험료					500,000

보험료 1,200,000 × 5/12 = 500,000원 선급비용으로 대체

(3)	**[일반전표입력]** 12월 31일

12	31	00003	차변	116	미수수익		98003	신한은행(정기예금)		562,500	
12	31	00003	대변	901	이자수익						562,500

정기예금 조회하여 이자율 2.5% 확인 후 당기분 미수이자(30,000,000원 × 2.5% × 9/12) = 562,500원 계상

날짜	적요	차변	대변	잔액	전표번호	코드	거래처분명	코드	신용카드명
04-01	년 2.5%	30,000,000		30,000,000	00001				

(4)	**[일반전표입력]** 12월 31일

12	31	00004	차변	178	기타포괄손익-공정가치측정금융자산(비유동)				2,000,000	
12	31	00004	대변	982	기타포괄손익-공정가치측정금융자산평가손실					1,000,000
12	31	00004	대변	981	기타포괄손익-공정가치측정금융자산평가이익					1,000,000

기말 기타포괄손익-공정가치측정금융자산평가손실 잔액 1,000,000원 우선 상계

(5)	**[합계잔액시산표]** 매출채권과 대손충당금 잔액 확인하여 1% 보충설정액 계산 • 외상매출금 대손충당금 설정액 : (209,735,500 × 1%) - 1,000,000 = 1,097,355원 • 받을어음 대손충당금 설정액 : (130,549,000 × 1%) - 200,000 = 1,105,490원 **[결산자료입력]** 대손상각 매출채권 보충설정액 입력

5). 대손상각		2,202,845	2,202,845
외상매출금		1,097,355	
받을어음		1,105,490	

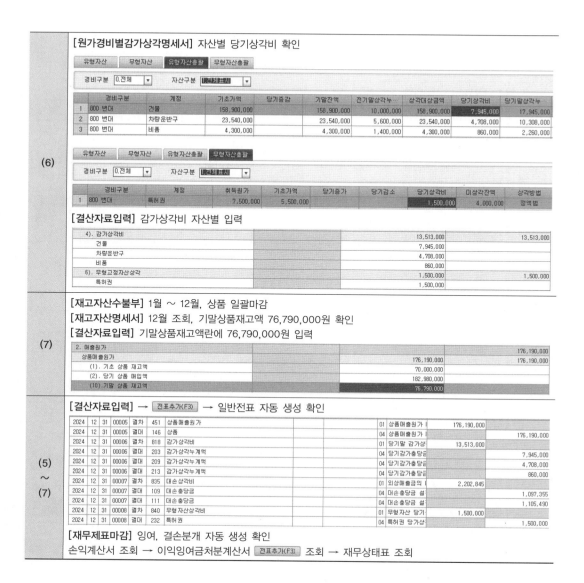

[원가경비별감가상각명세서] 자산별 당기상각비 확인

	경비구분	계정	기초가액	당기증감	기말잔액	전기말상각누…	상각대상금액	당기상각비	당기말상각누…
1	800 번대	건물	158,900,000		158,900,000	10,000,000	158,900,000	7,945,000	17,945,000
2	800 번대	차량운반구	23,540,000		23,540,000	5,600,000	23,540,000	4,708,000	10,308,000
3	800 번대	비품	4,300,000		4,300,000	1,400,000	4,300,000	860,000	2,260,000

	경비구분	계정	취득원가	기초가액	당기증가	당기감소	당기상각비	미상각잔액	상각방법
1	800 번대	특허권	7,500,000	5,500,000			1,500,000	4,000,000	정액법

[결산자료입력] 감가상각비 자산별 입력

4). 감가상각비		13,513,000	13,513,000
건물		7,945,000	
차량운반구		4,708,000	
비품		860,000	
6). 무형고정자산상각		1,500,000	1,500,000
특허권		1,500,000	

[재고자산수불부] 1월 ~ 12월, 상품 일괄마감
[재고자산명세서] 12월 조회, 기말상품재고액 76,790,000원 확인
[결산자료입력] 기말상품재고액란에 76,790,000원 입력

2. 매출원가			176,190,000
상품매출원가		176,190,000	176,190,000
(1). 기초 상품 재고액		70,000,000	
(2). 당기 상품 매입액		182,980,000	
(10).기말 상품 재고액		76,790,000	

[결산자료입력] → 전표추가(F3) → 일반전표 자동 생성 확인

2024	12	31	00005	결차	451	상품매출원가		01	상품매출원가	176,190,000	
2024	12	31	00005	결대	146	상품		04	상품매출원가		176,190,000
2024	12	31	00006	결차	818	감가상각비		01	당기말 감가상	13,513,000	
2024	12	31	00006	결대	203	감가상각누계액		04	당기감가충당금		7,945,000
2024	12	31	00006	결대	209	감가상각누계액		04	당기감가충당금		4,708,000
2024	12	31	00006	결대	213	감가상각누계액		04	당기감가충당금		860,000
2024	12	31	00007	결차	835	대손상각비		01	외상매출금의	2,202,845	
2024	12	31	00007	결대	109	대손충당금		04	대손충당금 설		1,097,355
2024	12	31	00007	결대	111	대손충당금		04	대손충당금 설		1,105,490
2024	12	31	00008	결차	840	무형자산상각비		01	무형 자산 당가	1,500,000	
2024	12	31	00008	결대	232	특허권		04	특허권 당가상		1,500,000

[재무제표마감] 잉여, 결손분개 자동 생성 확인
손익계산서 조회 → 이익잉여금처분계산서 전표추가(F3) 조회 → 재무상태표 조회

05 장부조회

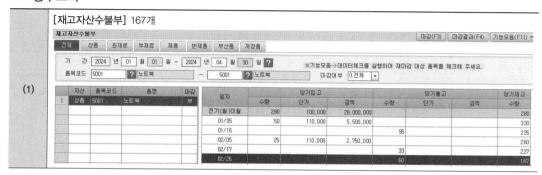

[재고자산수불부] 167개

전산회계운용사 2급 실기 · 304 페이지

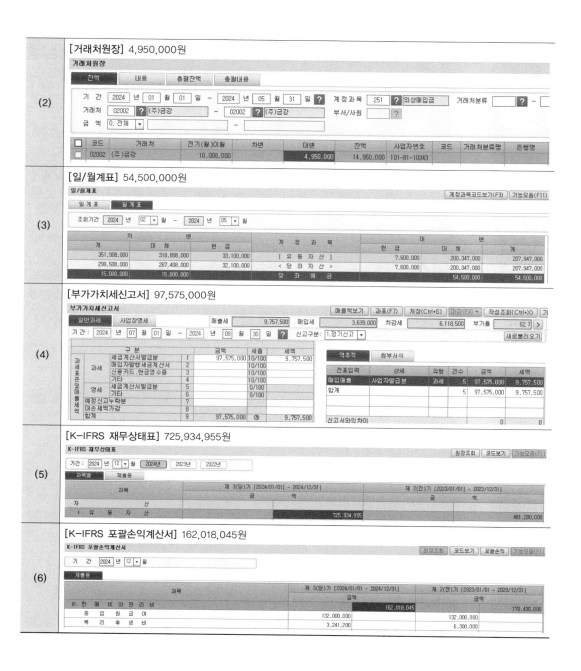

[거래처원장] 4,950,000원

(2)

[일/월계표] 54,500,000원

(3)

[부가가치세신고서] 97,575,000원

(4)

[K-IFRS 재무상태표] 725,934,955원

(5)

[K-IFRS 포괄손익계산서] 162,018,045원

(6)

4월 원가계산

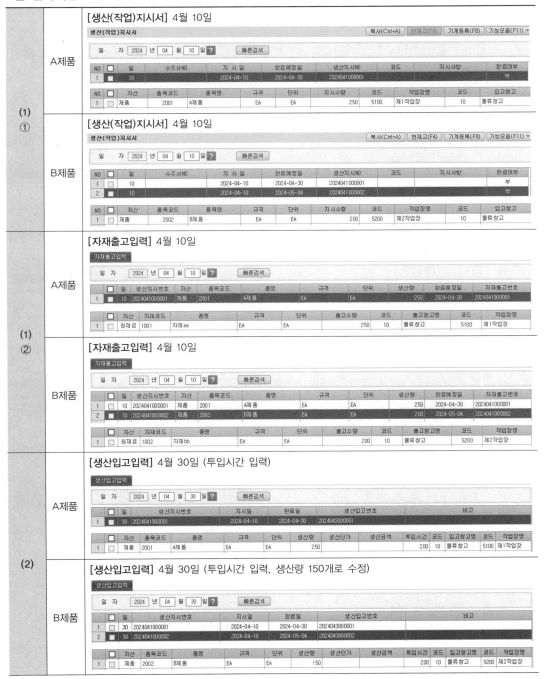

(3)

① [배부기준등록 – 노무비배분] 4월 [당월데이터 생성]

배부기준등록   [당월데이터 생성] [작업진행율등록] [기능모음(F11) ▼]

[노무비배분] [보조부문배분]

2024 년 04 ▼ 월

부서코드	부서명	작업부서총입금	총근무시간	총작업시간	임율
1100	생산1부	12,470,000	400	200	31,175
1200	생산2부	9,000,000	400	200	22,500

② [배부기준등록 – 보조부문배분] [보조부문 가져오기]

배부기준등록   [보조부문 가져오기] [작업진행율등록] [기능모음(F11) ▼]

[노무비배분] [보조부문배분]

제조부문→ 보조부문↓	생산1부	생산2부	비고
동력부	20	80	
조립부	40	60	

③ [작업진행율등록] 4월 : 50%

작업진행율등록   [기능모음(F11) ▼]

2024 년 04 ▼ 월   [기초재공품계산]

NO	작업지시번호	품목코드	품명	규격	단위	작업지시량	생산량	재공량	진행율
1	2024041000002	2002	B제품	EA	EA	200	150	50	50

(4)

① [기초재공품계산] 조회할 데이터가 없습니다.
② [재고자산수불부] 원재료, 기간 1월 ~ 4월, 일괄마감 → 단가 자동 반영
[직접재료비계산] 제1작업장, 4월 조회 (단가 자동 반영)

직접재료비계산   [마감취소] [기능모음(F11) ▼]

2024 년 04 ▼ 월   ※ 정확한 자재 투입금액을 계산하기 위해서 먼저 마감을 실행하세요.   [직접노무비계산]

	작업지시번호	작업장	품목코드	품명	규격	단위	작업지시량	작업시작일	작업종료일	생산량	진행상태
1	2024041000001	제1작업장	2001	A제품	EA	EA	250	2024-04-10	2024-04-30	250	완료

	자재코드	자재명	규격	단위	사용량	단가	금액
1	1001	자재aa	EA	EA	250	85,900	21,475,000

[직접재료비계산] 제2작업장, 4월 조회 (단가 자동 반영)

직접재료비계산   [마감취소] [기능모음(F11) ▼]

2024 년 04 ▼ 월   ※ 정확한 자재 투입금액을 계산하기 위해서 먼저 마감을 실행하세요.   [직접노무비계산]

	작업지시번호	작업장	품목코드	품명	규격	단위	작업지시량	작업시작일	작업종료일	생산량	진행상태
1	2024041000001	제1작업장	2001	A제품	EA	EA	250	2024-04-10	2024-04-30	250	완료
2	2024041000002	제2작업장	2002	B제품	EA	EA	200	2024-04-10	2024-05-04	150	진행

	자재코드	자재명	규격	단위	사용량	단가	금액
1	1002	자재bb	EA	EA	200	71,000	14,200,000

③ [직접노무비계산] 4월 조회
④ [제조간접비계산(부문별)] 4월 조회
⑤ [제조간접비계산(보조부문)] 4월 조회
⑥ [제조간접비계산(제조부문)] 4월 조회
⑦, ⑧ [완성품원가조회] 4월 조회

완성품원가조회   [기능모음(F11) ▼]

2024 년 04 ▼ 월   원가계산방법(종합) 1. 평균법 ▼

작업지시번호	제품코드	제품명	[기초]직접재료비 [당기]직접재료비 [기말]직접재료비	[기초]직접노무비 [당기]직접노무비 [기말]직접노무비	[기초]제조간접비 [당기]제조간접비 [기말]제조간접비	[기초]합 계 [당기]합 계 [기말]합 계	완성품수량	출제조원가 완성품제조원가 단위당제조원가
2024041000001 개별	2001	A제품	 21,475,000 	 6,235,000 	 48,202,008 	 75,912,008 	250	75,912,008 75,912,008 303,648
중합	2002	B제품	 14,200,000 3,550,000	 4,500,000 642,857	 43,136,682 6,162,383	 61,836,682 10,355,240	150	61,836,682 51,481,442 343,210

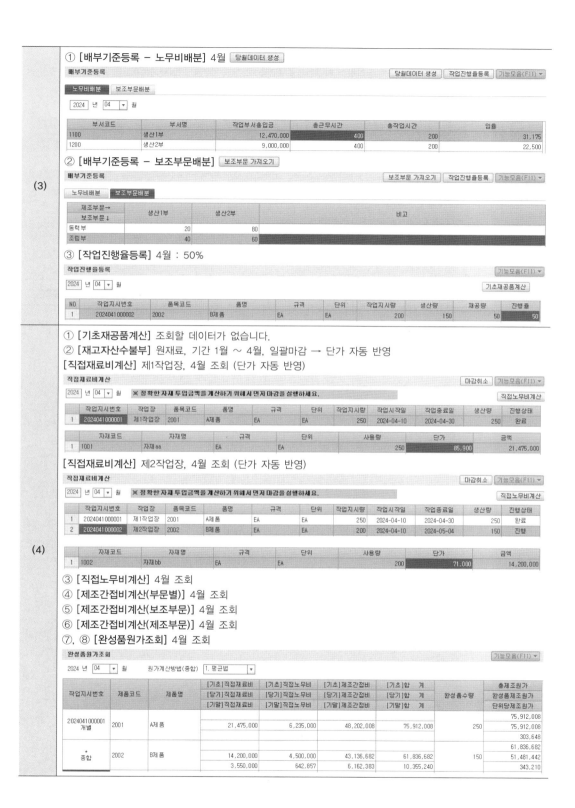

[결산자료입력] 1월 ~ 4월, 제품매출원가(455번), 원가경비(1.500번대) 선택 후 조회

기능모음(F11)의 '기말재고반영' 클릭하여 기말원재료재고액 22,245,000원, 기말재공품재고액 10,355,240원이 반영되면 상단 우측 전표추가(F3) 를 한다.

원재료비		35,675,000	35,675,000
(2). 당기 원재료 매입액		57,920,000	
(10).기말 원재료 재고액		22,245,000	
8)당기 총제조비용			137,748,690
(4). 기말 재공품 재고액		10,355,240	

[제조원가명세서] 4월 조회, 당기제품제조원가 127,393,450원

(5)

제조원가명세서   기능모음(F11) ▼

| 과목별 | 제출용 | 표준(법인)용 |

2024 년 04 ▼ 월   2024년   2023년   2022년   구분 500번대 제조 ▼

과 목	제 10 (당)기 [2024/01/01 ~ 2024/04/30]	제 9 (전)기 [2023/01/01 ~ 2023/12/31]
	금 액	금 액
V. 당 기 총 제 조 비 용	137,748,690	4,810,000,000
VI. 기 초 재 공 품 재 고 액	0	0
VII. 합 계	137,748,690	4,810,000,000
VIII. 기 말 재 공 품 재 고 액	10,355,240	0
IX. 타 계 정 으 로 대 체 액	0	0
X. 당 기 제 품 제 조 원 가	127,393,450	4,810,000,000

제10회 모의고사 정답 및 해설

<문제1. 재무회계> 다람거울(주) [회사코드 : 5101]

01 기준정보등록

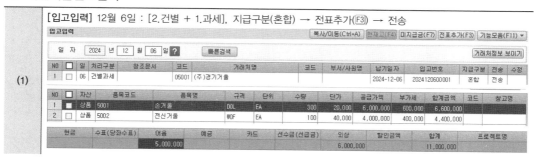

(1), (2) 기준정보등록 화면

02 매입매출전표입력

[입고입력] 12월 6일 : [2.건별 + 1.과세], 지급구분(혼합) → 전표추가(F3) → 전송

입고입력 복사/이동(Ctrl+A) | 현재고(F4) | 미지급금(F7) | 전표추가(F3) | 기능모음(F11) ▼

일 자 2024 년 12 월 06 일 ? [빠른검색] 거래처정보 보이기

NO		일	처리구분	참조문서	코드	거래처명	코드	부서/사원명	납기일자	입고번호	지급구분	전송	수정
1		06	건별과세		05001	(주)경기거울			2024-12-06	2024120600001	혼합	전송	

NO		자산	품목코드	품목명	규격	단위	수량	단가	공급가액	부가세	합계금액	코드	창고명
1		상품	5001	손거울	DOL	EA	300	20,000	6,000,000	600,000	6,600,000		
2		상품	5002	전신거울	WOF	EA	100	40,000	4,000,000	400,000	4,400,000		

현금	수표(당좌수표)	어음	예금	카드	선수금(선급금)	외상	할인금액	합계	프로젝트명
		5,000,000				6,000,000		11,000,000	

PART 4

[매입매출전표입력] 12월 6일 : 1.전자입력, 지급어음 관리(자금관리 F3) 등록

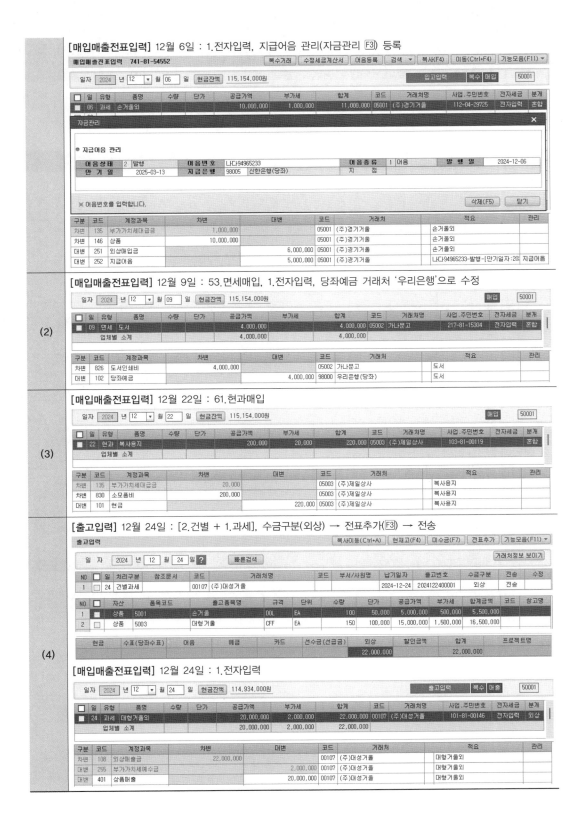

[매입매출전표입력] 12월 9일 : 53.면세매입, 1.전자입력, 당좌예금 거래처 '우리은행'으로 수정

[매입매출전표입력] 12월 22일 : 61.현과매입

[출고입력] 12월 24일 : [2.건별 + 1.과세], 수금구분(외상) → 전표추가(F3) → 전송

[매입매출전표입력] 12월 24일 : 1.전자입력

03 일반전표입력

<table>
<tr><td rowspan="3">(1)</td><td colspan="11">[일반전표입력] 12월 1일</td></tr>
<tr><td>월</td><td>일</td><td>번호</td><td>구분</td><td>코드</td><td>계정과목</td><td>코드</td><td>거래처</td><td>적요</td><td>차변</td><td>대변</td></tr>
<tr><td>12</td><td>1</td><td>00001</td><td>차변</td><td>181</td><td>상각후원가측정금융자산(비유동)</td><td></td><td></td><td></td><td>9,725,000</td><td></td></tr>
<tr><td></td><td>12</td><td>1</td><td>00001</td><td>대변</td><td>103</td><td>보통예금</td><td>98001</td><td>기업은행(보통)</td><td></td><td></td><td>9,725,000</td></tr>
</table>

<table>
<tr><td rowspan="7">(2)</td><td colspan="11">[일반전표입력] 12월 10일</td></tr>
<tr><td>월</td><td>일</td><td>번호</td><td>구분</td><td>코드</td><td>계정과목</td><td>코드</td><td>거래처</td><td>적요</td><td>차변</td><td>대변</td></tr>
<tr><td>12</td><td>10</td><td>00001</td><td>대변</td><td>108</td><td>외상매출금</td><td>00105</td><td>(주)한성거울</td><td></td><td></td><td>1,000,000</td></tr>
<tr><td>12</td><td>10</td><td>00001</td><td>대변</td><td>114</td><td>단기대여금</td><td>00105</td><td>(주)한성거울</td><td></td><td></td><td>2,000,000</td></tr>
<tr><td>12</td><td>10</td><td>00001</td><td>차변</td><td>109</td><td>대손충당금</td><td></td><td></td><td></td><td>1,000,000</td><td></td></tr>
<tr><td>12</td><td>10</td><td>00001</td><td>차변</td><td>934</td><td>기타의대손상각비</td><td></td><td></td><td></td><td>2,000,000</td><td></td></tr>
<tr><td colspan="11">합계잔액시산표를 조회하여 외상매출금의 대손충당금 잔액이 있는 것과 단기대여금의 대손충당금 잔액이 없는 것을 확인</td></tr>
</table>

<table>
<tr><td rowspan="6">(3)</td><td colspan="11">[일반전표입력] 12월 18일</td></tr>
<tr><td>월</td><td>일</td><td>번호</td><td>구분</td><td>코드</td><td>계정과목</td><td>코드</td><td>거래처</td><td>적요</td><td>차변</td><td>대변</td></tr>
<tr><td>12</td><td>18</td><td>00001</td><td>대변</td><td>134</td><td>가지급금</td><td></td><td></td><td></td><td></td><td>4,000,000</td></tr>
<tr><td>12</td><td>18</td><td>00001</td><td>차변</td><td>812</td><td>여비교통비</td><td></td><td></td><td></td><td>3,150,000</td><td></td></tr>
<tr><td>12</td><td>18</td><td>00001</td><td>차변</td><td>101</td><td>현금</td><td></td><td></td><td></td><td>850,000</td><td></td></tr>
<tr><td colspan="11">자녀 선물은 회사경비로 처리할 수 없으므로 현금으로 다시 상환받음</td></tr>
</table>

<table>
<tr><td rowspan="4">(4)</td><td colspan="11">[일반전표입력] 12월 19일</td></tr>
<tr><td>12</td><td>19</td><td>00001</td><td>차변</td><td>103</td><td>보통예금</td><td>98001</td><td>기업은행(보통)</td><td></td><td>84,600</td><td></td></tr>
<tr><td>12</td><td>19</td><td>00001</td><td>차변</td><td>136</td><td>선납세금</td><td></td><td></td><td></td><td>15,400</td><td></td></tr>
<tr><td>12</td><td>19</td><td>00001</td><td>대변</td><td>901</td><td>이자수익</td><td></td><td></td><td></td><td></td><td>100,000</td></tr>
</table>

<table>
<tr><td rowspan="4">(5)</td><td colspan="11">[일반전표입력] 12월 30일</td></tr>
<tr><td>12</td><td>30</td><td>00001</td><td>차변</td><td>103</td><td>보통예금</td><td>98001</td><td>기업은행(보통)</td><td></td><td>1,070,000</td><td></td></tr>
<tr><td>12</td><td>30</td><td>00001</td><td>차변</td><td>395</td><td>자기주식처분손실</td><td></td><td></td><td></td><td>430,000</td><td></td></tr>
<tr><td>12</td><td>30</td><td>00001</td><td>대변</td><td>383</td><td>자기주식</td><td></td><td></td><td></td><td></td><td>1,500,000</td></tr>
</table>

04 결 산

<table>
<tr><td rowspan="4">(1)</td><td colspan="11">[일반전표입력] 12월 31일</td></tr>
<tr><td>월</td><td>일</td><td>번호</td><td>구분</td><td>코드</td><td>계정과목</td><td>코드</td><td>거래처</td><td>적요</td><td>차변</td><td>대변</td></tr>
<tr><td>12</td><td>31</td><td>00001</td><td>차변</td><td>133</td><td>선급비용</td><td></td><td></td><td></td><td>1,000,000</td><td></td></tr>
<tr><td>12</td><td>31</td><td>00001</td><td>대변</td><td>821</td><td>보험료</td><td></td><td></td><td></td><td></td><td>1,000,000</td></tr>
<tr><td></td><td colspan="11">보험료 2,000,000 × 4/8 = 1,000,000원 선급비용으로 대체</td></tr>
</table>

<table>
<tr><td rowspan="6">(2)</td><td colspan="11">[일반전표입력] 12월 31일</td></tr>
<tr><td>월</td><td>일</td><td>번호</td><td>구분</td><td>코드</td><td>계정과목</td><td>코드</td><td>거래처</td><td>적요</td><td>차변</td><td>대변</td></tr>
<tr><td>12</td><td>31</td><td>00002</td><td>차변</td><td>116</td><td>미수수익</td><td>00108</td><td>(주)동성전자</td><td></td><td>25,000</td><td></td></tr>
<tr><td>12</td><td>31</td><td>00002</td><td>차변</td><td>181</td><td>상각후원가측정금융자산(비유동)</td><td></td><td></td><td></td><td>15,521</td><td></td></tr>
<tr><td>12</td><td>31</td><td>00002</td><td>대변</td><td>901</td><td>이자수익</td><td></td><td></td><td></td><td></td><td>40,521</td></tr>
<tr><td colspan="11">12월 1일 회계처리를 확인하여 이자수익과 미수수익을 계산한다.
• 이자수익 : 사채발행가액 9,725,000 × 5%(유효이자율) × 1/12 = 40,521원
• 미수수익 : 사채액면가액 10,000,000 × 3%(표시이자율) × 1/12 = 25,000원
• 상각후원가측정금융자산 : 이자수익 40,521원 − 미수수익 25,000원 = 15,521원</td></tr>
</table>

<table>
<tr><td rowspan="5">(3)</td><td colspan="11">[일반전표입력] 12월 31일</td></tr>
<tr><td>월</td><td>일</td><td>번호</td><td>구분</td><td>코드</td><td>계정과목</td><td>코드</td><td>거래처</td><td>적요</td><td>차변</td><td>대변</td></tr>
<tr><td>12</td><td>31</td><td>00003</td><td>차변</td><td>812</td><td>여비교통비</td><td></td><td></td><td></td><td>50,000</td><td></td></tr>
<tr><td>12</td><td>31</td><td>00003</td><td>대변</td><td>101</td><td>현금</td><td></td><td></td><td></td><td></td><td>30,000</td></tr>
<tr><td>12</td><td>31</td><td>00003</td><td>대변</td><td>930</td><td>잡이익</td><td></td><td></td><td></td><td></td><td>20,000</td></tr>
</table>

(4)

[일반전표입력] 12월 31일

월	일	번호	구분	코드	계정과목	코드	거래처	적요	차변	대변
12	31	00004	차변	904	임대료				4,500,000	
12	31	00004	대변	263	선수수익					4,500,000

임대료 6,000,000 × 9/12 = 4,500,000원 선수수익으로 대체

---

(5)

[합계잔액시산표] 매출채권과 대손충당금 잔액 확인하여 1% 보충설정액 계산
- 외상매출금 대손충당금 설정액 : (259,981,500 × 1%) − 200,000 = 2,399,815원
- 받을어음 대손충당금 설정액 : (130,549,000 × 1%) − 100,000 = 1,205,490원

[결산자료입력] 대손상각 매출채권 보충설정액 입력

5). 대손상각		3,605,305	3,605,305
외상매출금		2,399,815	
받을어음		1,205,490	

---

(6)

[원가경비별감가상각명세서] 자산별 당기상각비 확인

유형자산	무형자산	유형자산총괄	무형자산총괄

경비구분 0.전체 ▼ 자산구분 [ ] ▼

	경비구분	계정	기초가액	당기증감	기말잔액	전기말상각누	상각대상금액	당기상각비	당기말상각누
1	800 번대	건물	150,600,000		150,600,000	10,000,000	150,600,000	7,530,000	17,530,000
2	800 번대	차량운반구	31,500,000		31,500,000	5,600,000	31,500,000	6,300,000	11,900,000
3	800 번대	비품	4,839,000		4,839,000	1,400,000	4,839,000	967,800	2,367,800

유형자산	무형자산	유형자산총괄	무형자산총괄

경비구분 0.전체 ▼ 자산구분 [ ] ▼

	경비구분	계정	취득원가	기초가액	당기증가	당기감소	당기상각비	미상각잔액	상각방법
1	800 번대	개발비	30,000,000	24,000,000			3,750,000	20,250,000	정액법

[결산자료입력] 감가상각비 자산별 입력

4). 감가상각비		14,797,800	14,797,800
건물		7,530,000	
차량운반구		6,300,000	
비품		967,800	
6). 무형고정자산상각		3,750,000	3,750,000
개발비		3,750,000	

---

(7)

[재고자산수불부] 1월 ~ 12월, 상품 일괄마감
[재고자산명세서] 12월 조회, 기말상품재고액 79,090,000원 확인
[결산자료입력] 기말상품재고액란에 79,090,000원 입력

상품매출원가		169,890,000	169,890,000
(1). 기초 상품 재고액		70,000,000	
(2). 당기 상품 매입액		178,980,000	
(10).기말 상품 재고액		79,090,000	

---

(5)
~
(7)

[결산자료입력] → 전표추가(F3) → 일반전표 자동 생성 확인

	년	월	일	번호	구분	코드	계정과목	코드	거래처	적요	차변	대변
☐	2024	12	31	00005	결차	451	상품매출원가			01 상품매출원가 대	169,890,000	
☐	2024	12	31	00005	결대	146	상품			04 상품매출원가 대		169,890,000
☐	2024	12	31	00006	결차	818	감가상각비			01 당기말 감가상각	14,797,800	
☐	2024	12	31	00006	결대	203	감가상각누계액			04 당기감가충당금		7,530,000
☐	2024	12	31	00006	결대	209	감가상각누계액			04 당기감가충당금		6,300,000
☐	2024	12	31	00006	결대	213	감가상각누계액			04 당기외상출금의		967,800
☐	2024	12	31	00007	결차	835	대손상각비			01 외상매출금의 대	3,605,305	
☐	2024	12	31	00007	결대	109	대손충당금			04 대손충당금 설정		2,399,815
☐	2024	12	31	00007	결대	111	대손충당금			04 대손충당금 설정		1,205,490
☐	2024	12	31	00008	결차	840	무형자산상각비			01 무형자산 당기상	3,750,000	
☐	2024	12	31	00008	결대	239	개발비					3,750,000

[재무제표마감] 잉여, 결손분개 자동 생성 확인
손익계산서 조회 → 이익잉여금처분계산서 전표추가(F3) 조회 → 재무상태표 조회

(1) [거래처별 판매현황] 211개

(2) [일/월계표] 500,000원

(3) [거래처원장] 18,900,000원

(4) [부가가치세신고서] 8,655,000원

(5) [K-IFRS 재무상태표] 386,625,195원(257,381,685원 + 129,243,510원)

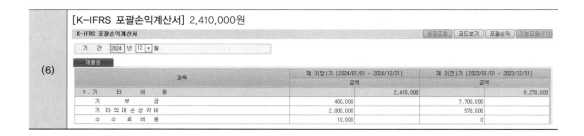

[K-IFRS 포괄손익계산서] 2,410,000원

과목	제 3(당)기 [2024/01/01 ~ 2024/12/31] 금액	제 2(전)기 [2023/01/01 ~ 2023/12/31] 금액
Ⅴ.기 타 비 용	2,410,000	8,270,000
기 부 금	400,000	7,700,000
기 타 의 대 손 상 각 비	2,000,000	570,000
수 수 료 비 용	10,000	0

<문제2. 원가회계> (주)광동전자 [회사코드 : 5102]

11월 원가계산

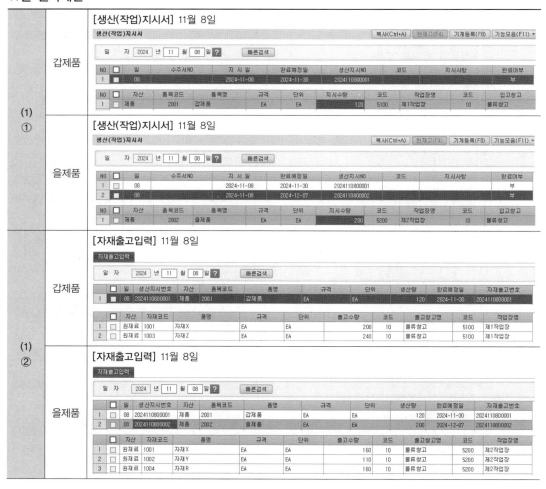

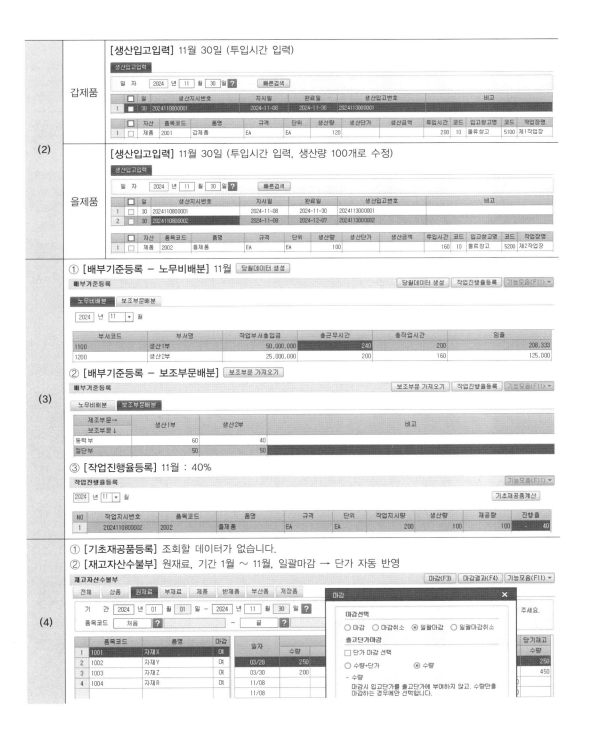

| (2) | 갑제품 | **[생산입고입력] 11월 30일 (투입시간 입력)** |
| | 을제품 | **[생산입고입력] 11월 30일 (투입시간 입력, 생산량 100개로 수정)** |

(3)
① [배부기준등록 – 노무비배분] 11월 당월데이터 생성

② [배부기준등록 – 보조부문배분] 보조부문 가져오기

③ [작업진행율등록] 11월 : 40%

(4)
① [기초재공품등록] 조회할 데이터가 없습니다.
② [재고자산수불부] 원재료, 기간 1월 ~ 11월, 일괄마감 → 단가 자동 반영

[직접재료비계산] 제1작업장, 11월 조회 (단가 자동 반영)

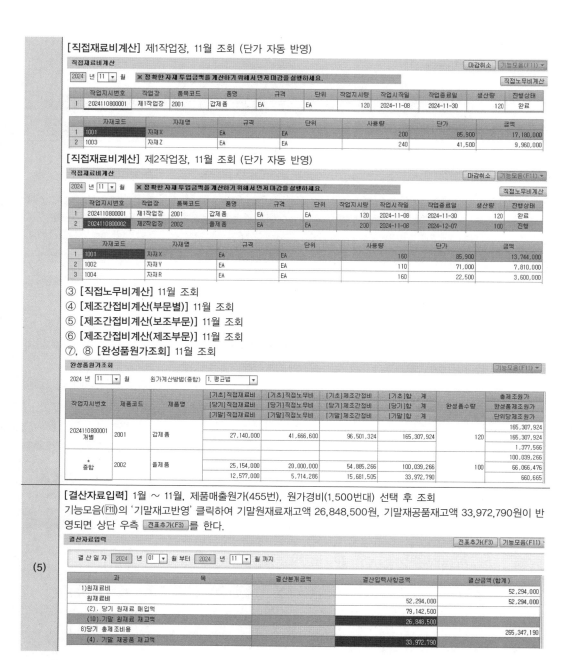

[직접재료비계산] 제2작업장, 11월 조회 (단가 자동 반영)

③ [직접노무비계산] 11월 조회
④ [제조간접비계산(부문별)] 11월 조회
⑤ [제조간접비계산(보조부문)] 11월 조회
⑥ [제조간접비계산(제조부문)] 11월 조회
⑦, ⑧ [완성품원가조회] 11월 조회

(5)

[결산자료입력] 1월 ~ 11월, 제품매출원가(455번), 원가경비(1.500번대) 선택 후 조회
기능모음(F11)의 '기말재고반영' 클릭하여 기말원재료재고액 26,848,500원, 기말재공품재고액 33,972,790원이 반영되면 상단 우측 전표추가(F3)를 한다.

[제조원가명세서] 11월 조회, 당기제품제조원가 231,374,400원

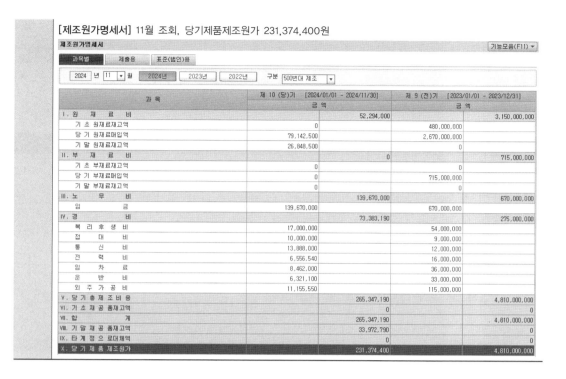

과 목	제 10 (당)기 [2024/01/01 - 2024/11/30] 금액		제 9 (전)기 [2023/01/01 - 2023/12/31] 금액	
I. 원 재 료 비		52,294,000		3,150,000,000
기 초 원재료재고액	0		480,000,000	
당 기 원재료매입액	79,142,500		2,670,000,000	
기 말 원재료재고액	26,848,500		0	
II. 부 재 료 비		0		715,000,000
기 초 부재료재고액	0		0	
당 기 부재료매입액	0		715,000,000	
기 말 부재료재고액	0		0	
III. 노 무 비		139,670,000		670,000,000
임 금	139,670,000		670,000,000	
IV. 경 비		73,383,190		275,000,000
복 리 후 생 비	17,000,000		54,000,000	
접 대 비	10,000,000		9,000,000	
통 신 비	13,888,000		12,000,000	
전 력 비	6,556,540		16,000,000	
임 차 료	8,462,000		36,000,000	
운 반 비	6,321,100		33,000,000	
외 주 가 공	11,155,550		115,000,000	
V. 당 기 총 제 조 비 용		265,347,190		4,810,000,000
VI. 기 초 재 공 품 재 고 액		0		0
VII. 합 계		265,347,190		4,810,000,000
VIII. 기 말 재 공 품 재 고 액		33,972,790		0
IX. 타 계 정 으 로 대 체 액		0		0
X. 당 기 제 품 제 조 원 가		231,374,400		4,810,000,000

제11회 모의고사 정답 및 해설

01 기준정보등록

02 매입매출전표입력

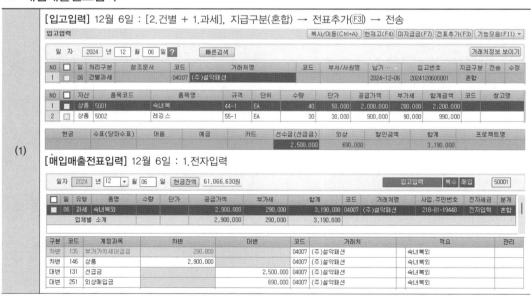

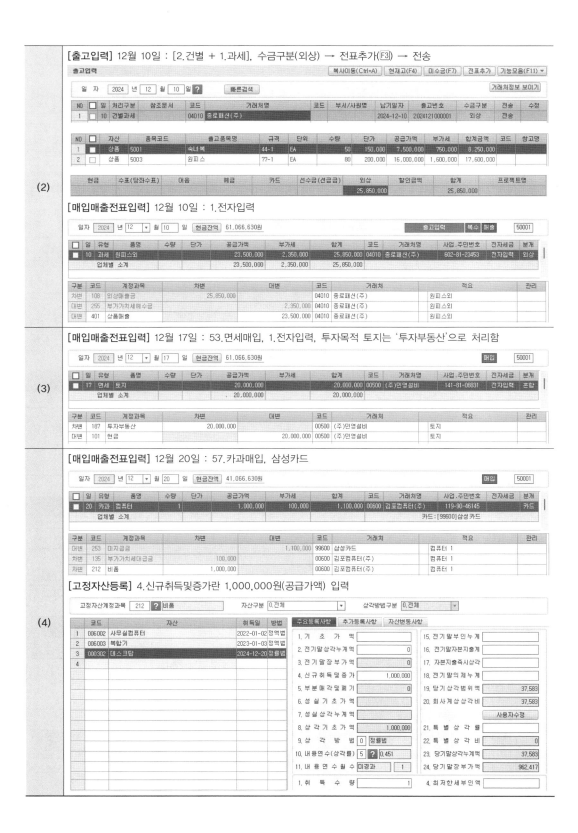

[출고입력] 12월 10일 : [2.건별 + 1.과세], 수금구분(외상) → 전표추가(F3) → 전송

[매입매출전표입력] 12월 10일 : 1.전자입력

[매입매출전표입력] 12월 17일 : 53.면세매입, 1.전자입력, 투자목적 토지는 '투자부동산'으로 처리함

[매입매출전표입력] 12월 20일 : 57.카과매입, 삼성카드

[고정자산등록] 4.신규취득및증가란 1,000,000원(공급가액) 입력

03 일반전표입력

<table>
<tr><td rowspan="2">(1)</td><td colspan="11">[일반전표입력] 12월 1일</td></tr>
</table>

[일반전표입력] 12월 1일

월	일	번호	구분	코드	계정과목	코드	거래처	적요	차변	대변
12	1	00001	차변	214	건설중인자산	00500	(주)민영설비		2,000,000	
12	1	00001	대변	253	미지급금	00500	(주)민영설비			2,000,000

(1) 유형자산의 구입관련 계약금은 건설중인자산으로 처리, 어음지급은 기타채무이므로 미지급금으로 처리한다. 자금관리(F3)는 지급어음으로 회계처리를 한 경우에만 입력하므로 미지급금에는 자금관리F3를 하지 않는다.

[일반전표입력] 12월 3일

월	일	번호	구분	코드	계정과목	코드	거래처	적요	차변	대변
12	3	00001	차변	254	예수금				407,540	
12	3	00001	차변	811	복리후생비				407,540	
12	3	00001	대변	101	현금					815,080

(2) 건강보험료 및 장기요양보험료의 종업원부담분과 회사부담분은 각각 5 : 5이므로 815,080원 중 각 부담분은 내역서에 표시된 금액의 반액인 407,540원임

[일반전표입력] 12월 4일

월	일	번호	구분	코드	계정과목	코드	거래처	적요	차변	대변
12	4	00001	차변	101	현금				15,500,000	
12	4	00001	대변	294	임대보증금	05001	화진패션(주)			15,000,000
12	4	00001	대변	904	임대료					500,000

(3)

[일반전표입력] 12월 5일

월	일	번호	구분	코드	계정과목	코드	거래처	적요	차변	대변
12	5	00001	차변	305	외화장기차입금	00101	도쿄은행		10,000,000	
12	5	00001	대변	101	현금					9,500,000
12	5	00001	대변	907	외환차익					500,000

(4)

[일반전표입력] 12월 14일

월	일	번호	구분	코드	계정과목	코드	거래처	적요	차변	대변
12	14	00001	차변	817	세금과공과				280,000	
12	14	00001	차변	815	수도광열비				128,000	
12	14	00001	대변	253	미지급금	99600	삼성카드			408,000

(5)

04 결 산

[일반전표입력] 12월 31일

월	일	번호	구분	코드	계정과목	코드	거래처	적요	차변	대변
12	31	00001	차변	293	장기차입금	98000	우리은행		15,000,000	
12	31	00001	대변	264	유동성장기부채	98000	우리은행			15,000,00

(1) 거래처원장 조회하여 장기차입금(우리은행) 15,000,000원 확인

[결산자료입력] 법인세 계상란에 550,000원

9. 법인세등		550,000
2). 법인세 계상	550,000	

(2)

[일반전표입력] 12월 31일

월	일	번호	구분	코드	계정과목	코드	거래처	적요	차변	대변
12	31	00003	차변	931	이자비용				475,131	
12	31	00003	대변	292	사채할인발행차금					75,131
12	31	00003	대변	262	미지급비용					400,000

(3)
- 사채액면이자 : 10,000,000 × 8% × 6/12 = 400,000원(미지급비용 6개월분)
- 사채유효이자 : 9,502,630 × 10% × 6/12 = 475,131원(이자비용 6개월분)
- 사채상각액 : 475,131원 − 400,000원 = 75,131원(상각액 6개월분)

[일반전표입력] 12월 31일

월	일	번호	구분	코드	계정과목	코드	거래처	적요	차변	대변
12	31	00002	차변	178	기타포괄손익-공정가치 측정금융자산(비유동)				2,500,000	
12	31	00002	대변	982	기타포괄손익-공정가치 측정금융자산평가손실					1,000,000
12	31	00002	대변	981	기타포괄손익-공정가치 측정금융자산평가이익					1,500,000

(4) 기타포괄손익-공정가치측정금융자산평가손실 잔액 1,000,000원을 우선 상계함

(5)	**[합계잔액시산표]** 매출채권과 대손충당금 잔액 확인하여 1% 보충설정액 계산 • 외상매출금 대손충당금 설정액 : (258,531,500 × 1%) − 800,000 = 1,785,315원 • 받을어음 대손충당금 설정액 : (120,549,000 × 1%) − 0 = 1,205,490원 **[결산자료입력]** 대손상각 매출채권 보충설정액 입력 표 참조

[결산자료입력] 대손상각 매출채권 보충설정액 입력

5). 대손상각			2,990,805	2,990,805
외상매출금			1,785,315	
받을어음			1,205,490	

(6)	**[원가경비별감가상각명세서]** 자산별 당기상각비 확인

유형자산 　무형자산 　**유형자산총괄** 　무형자산총괄

경비구분 [0.전체 ▼] 　자산구분 [1.계정별 ▼]

	경비구분	계정	기초가액	당기증감	기말잔액	전기말상각누…	상각대상금액	당기상각비	당기말상각누…
1	800 번대	건물	85,000,000		85,000,000	10,000,000	85,000,000	4,250,000	14,250,000
2	800 번대	차량운반구	15,600,000		15,600,000	4,000,000	15,600,000	3,120,000	7,120,000
3	800 번대	비품		1,000,000	1,000,000		1,000,000	37,583	37,583
4	800 번대	비품	6,000,000		6,000,000	1,400,000	6,000,000	675,000	2,075,000

[결산자료입력] 감가상각비 자산별 입력

4). 감가상각비			8,082,583	8,082,583
건물			4,250,000	
차량운반구			3,120,000	
비품			712,583	

(7)	**[재고자산수불부]** 1월 ~ 12월, 상품 일괄마감 **[재고자산명세서]** 12월 조회, 기말상품재고액 58,870,000원 확인 **[결산자료입력]** 기말상품재고액란에 58,870,000원 입력

상품매출원가			193,010,000	193,010,000
(1). 기초 상품 재고액			80,000,000	
(2). 당기 상품 매입액			171,880,000	
(10).기말 상품 재고액			58,870,000	

(5) ~ (7)	**[결산자료입력]** → 전표추가(F3) → 일반전표 자동 생성 확인

년	월	일	번호	구분	코드	계정과목	코드	거래처	적요	차변	대변
2024	12	31	00004	결차	451	상품매출원가			01 상품매출원가 대	193,010,000	
2024	12	31	00004	결대	146	상품			04 상품매출원가 대		193,010,000
2024	12	31	00005	결차	818	감가상각비			01 당기말 감가상각	8,082,583	
2024	12	31	00005	결대	203	감가상각누계액			04 당기감가충당금		4,250,000
2024	12	31	00005	결대	209	감가상각누계액			04 당기감가충당금		3,120,000
2024	12	31	00005	결대	213	감가상각누계액			04 당기감가충당금		712,583
2024	12	31	00006	결차	835	대손상각비			01 외상매출금의 대	2,990,805	
2024	12	31	00006	결대	109	대손충당금			04 대손충당금 설정		1,785,315
2024	12	31	00006	결대	111	대손충당금			04 대손충당금 설정		1,205,490
2024	12	31	00007	결차	998	법인세등			01 당기 미지급분	550,000	
2024	12	31	00007	결대	261	미지급세금			04 선납법인세의 대		550,000

[재무제표마감] 잉여, 결손분개 자동 생성 확인
손익계산서 조회 → 이익잉여금처분계산서 전표추가(F3) 조회 → 재무상태표 조회

PART 4

05 장부조회

9월 원가계산

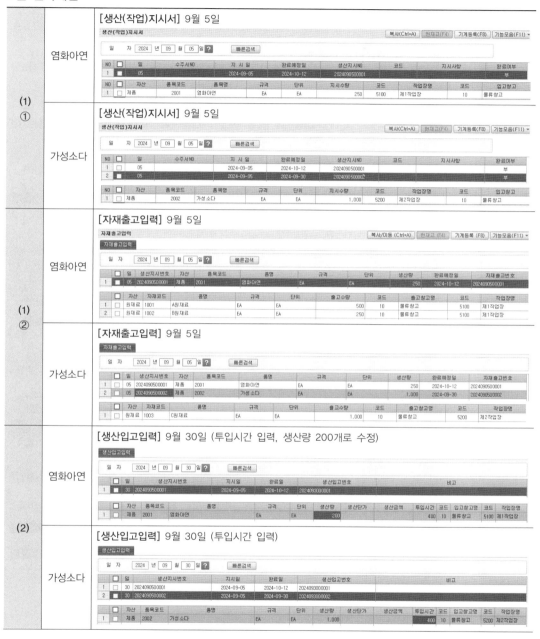

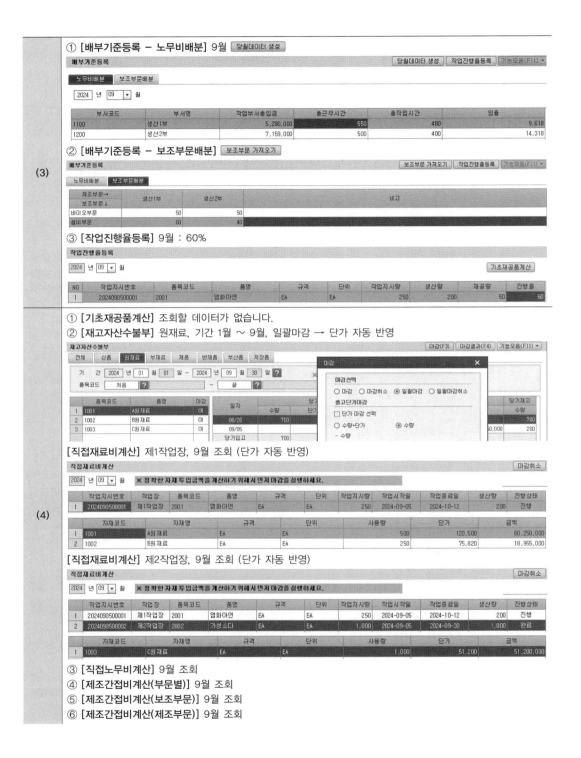

(3)

① [배부기준등록 - 노무비배분] 9월 [당월데이터 생성]

배부기준등록

[노무비배분] [보조부문배분]

2024 년 09 ▼ 월

부서코드	부서명	작업부서총입금	총근무시간	총작업시간	임율
1100	생산1부	5,290,000	550	480	9,618
1200	생산2부	7,159,000	500	400	14,318

② [배부기준등록 - 보조부문배분] [보조부문 가져오기]

배부기준등록

[노무비배분] [보조부문배분]

제조부문→ 보조부문↓	생산1부	생산2부	비고
바이오부문	50	50	
설비부문	60	40	

③ [작업진행율등록] 9월 : 60%

작업진행율등록

2024 년 09 ▼ 월 [기초재공품계산]

NO	작업지시번호	품목코드	품명	규격	단위	작업지시량	생산량	재공량	진행율
1	2024090500001	2001	염화아연	EA	EA	250	200	50	60

(4)

① [기초재공품계산] 조회할 데이터가 없습니다.
② [재고자산수불부] 원재료, 기간 1월 ~ 9월, 일괄마감 → 단가 자동 반영

재고자산수불부 [마감(F3)] [마감결과(F4)] [기능모음(F11) ▼]

[전체] [상품] [원재료] [부재료] [제품] [반제품] [부산품] [저장품]

기 간 2024 년 01 월 01 일 ~ 2024 년 09 월 30 일 [?]
품목코드 [처음 ?] ~ [끝 ?]

품목코드	품명	마감		일차	수량	단가			당기재고 수량
1	1001	A원재료	여						700
2	1002	B원재료	여	08/26	700				
3	1003	C원재료	여	09/05				50,000	200
				당기입고	700				

마감 창:
마감 ✕
마감선택
○ 마감 ○ 마감취소 ● 일괄마감 ○ 일괄마감취소
출고단가마감
☐ 단가 마감 선택
○ 수량+단가 ● 수량
- 수량

[직접재료비계산] 제1작업장, 9월 조회 (단가 자동 반영)

직접재료비계산 [마감취소]

2024 년 09 ▼ 월 ※ 정확한 자재 투입금액을 계산하기 위해서 먼저 마감을 실행하세요.

작업지시번호	작업장	품목코드	품명	규격	단위	작업지시량	작업시작일	작업종료일	생산량	진행상태
1	2024090500001	제1작업장	2001	염화아연	EA	EA	250	2024-09-05	2024-10-12	200	진행

자재코드	자재명	규격	단위	사용량	단가	금액
1	1001	A원재료	EA	EA	500	120,500	60,250,000
2	1002	B원재료	EA	EA	250	75,820	18,955,000

[직접재료비계산] 제2작업장, 9월 조회 (단가 자동 반영)

직접재료비계산 [마감취소]

2024 년 09 ▼ 월 ※ 정확한 자재 투입금액을 계산하기 위해서 먼저 마감을 실행하세요.

작업지시번호	작업장	품목코드	품명	규격	단위	작업지시량	작업시작일	작업종료일	생산량	진행상태
1	2024090500001	제1작업장	2001	염화아연	EA	EA	250	2024-09-05	2024-10-12	200	진행
2	2024090500002	제2작업장	2002	가성소다	EA	EA	1,000	2024-09-05	2024-09-30	1,000	완료

자재코드	자재명	규격	단위	사용량	단가	금액
1	1003	C원재료	EA	EA	1,000	51,200	51,200,000

③ [직접노무비계산] 9월 조회
④ [제조간접비계산(부문별)] 9월 조회
⑤ [제조간접비계산(보조부문)] 9월 조회
⑥ [제조간접비계산(제조부문)] 9월 조회

⑦, ⑧ [완성품원가조회] 9월 조회

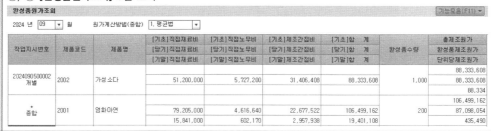

완성품원가조회   기능모음(F11) ▼

2024 년 09 월 원가계산방법(종합) 1. 평균법

작업지시번호	제품코드	제품명	[기초]직접재료비 [당기]직접재료비 [기말]직접재료비	[기초]직접노무비 [당기]직접노무비 [기말]직접노무비	[기초]제조간접비 [당기]제조간접비 [기말]제조간접비	[기초]합 계 [당기]합 계 [기말]합 계	완성품수량	총제조원가 완성품제조원가 단위당제조원가
2024090500002 개별	2002	가성 소다	51,200,000	5,727,200	31,406,408	88,333,608	1,000	88,333,608 88,333,608 88,334
* 종합	2001	염화아연	79,205,000 15,841,000	4,616,640 602,170	22,677,522 2,957,938	106,499,162 19,401,108	200	106,499,162 87,098,054 435,490

[결산자료입력] 1월 ~ 9월, 제품매출원가(455번), 원가경비(1,500번대) 선택 후 조회
기능모음(F11)의 '기말재고반영' 클릭하여 기말원재료재고액 54,909,400원, 기말재공품재고액 19,401,108원이 반영되면 상단 우측 [전표추가(F3)] 를 한다.

1)원재료비			130,405,000
원재료비		130,405,000	130,405,000
(2). 당기 원재료 매입액		185,314,400	
(10).기말 원재료 재고액		54,909,400	
8)당기 총제조비용			194,832,770
(4). 기말 재공품 재고액		19,401,108	

[제조원가명세서] 9월 조회, 당기제품제조원가 175,431,662원

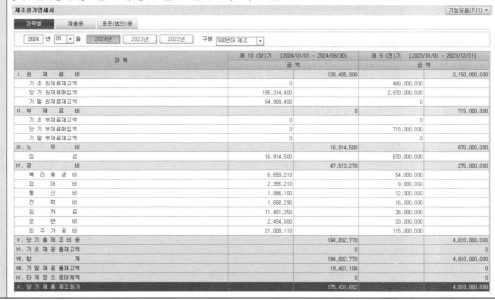

제조원가명세서   기능모음(F11) ▼

과목별   제출용   표준(법인)용

2024 년 09 월 2024년 2023년 2022년 구분 500번대 제조

과 목	제 10 (당)기 [2024/01/01 ~ 2024/09/30] 금 액	제 9 (전)기 [2023/01/01 ~ 2023/12/31] 금 액
I. 원 재 료 비	130,405,000	3,150,000,000
기 초 원재료재고액	0	480,000,000
당 기 원재료매입액	185,314,400	2,670,000,000
기 말 원재료재고액	54,909,400	0
II. 부 재 료 비	0	715,000,000
기 초 부재료재고액	0	0
당 기 부재료매입액	0	715,000,000
기 말 부재료재고액	0	0
III. 노 무 비	16,914,500	670,000,000
임 금	16,914,500	670,000,000
IV. 경 비	47,513,270	275,000,000
복 리 후 생 비	6,659,210	54,000,000
접 대 비	2,355,210	9,000,000
통 신 비	1,886,100	12,000,000
전 력 비	1,668,290	16,000,000
임 차 료	11,481,350	36,000,000
운 반 비	2,454,000	33,000,000
외 주 가 공 비	21,009,110	115,000,000
V. 당 기 총 제 조 비 용	194,832,770	4,810,000,000
VI. 기 초 재 공 품 재 고 액	0	0
VII. 합 계	194,832,770	4,810,000,000
VIII. 기 말 재 공 품 재 고 액	19,401,108	0
IX. 타 계 정 으 로대체액	0	0
X. 당 기 제 품 제 조 원 가	175,431,662	4,810,000,000

(5)

<문제1. 재무회계> 킹사무기기(주) [회사코드 : 5121]

01 기준정보등록

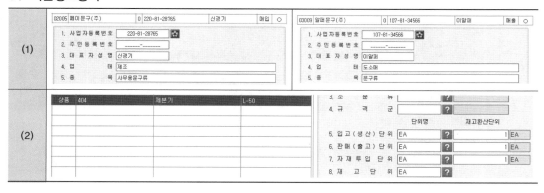

02 매입매출전표입력

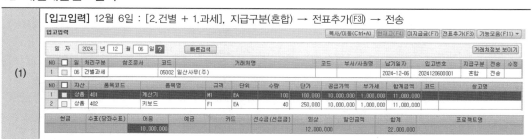

(1) [입고입력] 12월 6일 : [2.건별 + 1.과세], 지급구분(혼합) → 전표추가(F3) → 전송

[매입매출전표입력] 12월 6일 : 1.전자입력, 어음등록 직접 입력하고 지급어음 관리(자금관리 F3) 등록

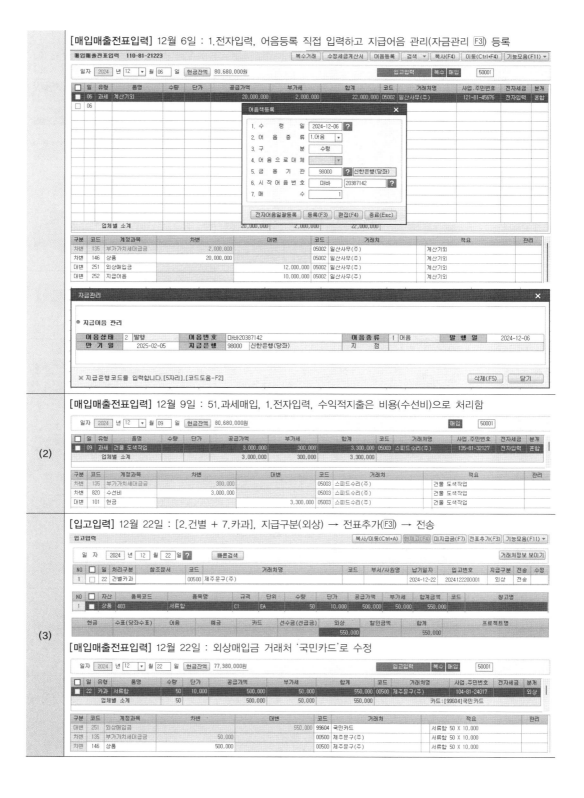

[매입매출전표입력] 12월 9일 : 51.과세매입, 1.전자입력, 수익적지출은 비용(수선비)으로 처리함

[입고입력] 12월 22일 : [2.건별 + 7.카과], 지급구분(외상) → 전표추가(F3) → 전송

[매입매출전표입력] 12월 22일 : 외상매입금 거래처 '국민카드'로 수정

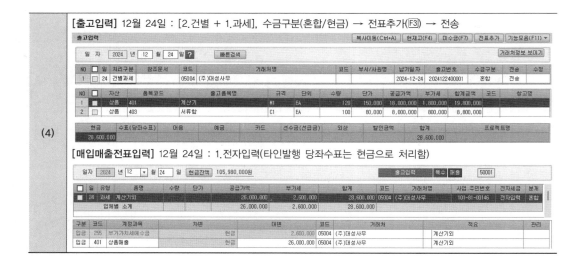

[출고입력] 12월 24일 : [2.건별 + 1.과세], 수금구분(혼합/현금) → 전표추가([F3]) → 전송

[매입매출전표입력] 12월 24일 : 1.전자입력(타인발행 당좌수표는 현금으로 처리함)

03 일반전표입력

(1)	**[일반전표입력]** 12월 1일

월	일	번호	구분	코드	계정과목	코드	거래처	적요	차변	대변
12	1	00001	대변	291	사채					10,000,000
12	1	00001	차변	103	보통예금	98001	기업은행(보통)		9,378,000	
12	1	00001	차변	292	사채할인발행차금				622,000	

(2)	**[일반전표입력]** 12월 10일

12	10	00001	대변	187	투자부동산					20,000,000
12	10	00001	차변	101	현금				26,700,000	
12	10	00001	대변	916	투자자산처분이익					6,700,000

7월 29일 투자부동산 20,000,000원 확인하여 처분손익 인식

(3)	**[일반전표입력]** 12월 18일

12	18	00001	차변	341	주식발행초과금				30,000,000	
12	18	00001	대변	331	보통주자본금					30,000,000

(4)	**[일반전표입력]** 12월 30일

12	30	00001	차변	826	도서인쇄비				150,000	
12	30	00001	차변	822	차량유지비				200,000	
12	30	00001	차변	817	세금과공과				40,000	
12	30	00001	대변	101	현금					390,000

(5)	**[일반전표입력]** 12월 31일

12	31	00001	차변	260	단기차입금	00103	중소기업청		24,000,000	
12	31	00001	차변	931	이자비용				400,000	
12	31	00001	대변	101	현금					24,400,000

11월 1일 단기차입금 조회
이자비용 : 24,000,000 × 10% × 2/12 = 400,000원(11월 ~ 12월)

04 결산

<table>
<tr><td rowspan="2">(1)</td><td colspan="2">[일반전표입력] 12월 31일</td></tr>
<tr><td colspan="2">
<table>
<tr><th>월</th><th>일</th><th>번호</th><th>구분</th><th>코드</th><th>계정과목</th><th>코드</th><th>거래처</th><th>적요</th><th>차변</th><th>대변</th></tr>
<tr><td>12</td><td>31</td><td>00002</td><td>차변</td><td>201</td><td>토지</td><td></td><td></td><td></td><td>50,000,000</td><td></td></tr>
<tr><td>12</td><td>31</td><td>00002</td><td>대변</td><td>987</td><td>재평가잉여금</td><td></td><td></td><td></td><td></td><td>50,000,000</td></tr>
</table>
</td></tr>
<tr><td></td><td colspan="2">합계잔액시산표 토지 장부가액 500,000,000원을 결산 시 550,000,000원으로 재평가</td></tr>

<tr><td rowspan="2">(2)</td><td colspan="2">[일반전표입력] 12월 31일</td></tr>
<tr><td colspan="2">
<table>
<tr><td>12</td><td>31</td><td>00003</td><td>차변</td><td>935</td><td>외화환산손실</td><td></td><td></td><td></td><td>18,000,000</td><td></td></tr>
<tr><td>12</td><td>31</td><td>00003</td><td>대변</td><td>305</td><td>외화장기차입금</td><td>00104</td><td>SLGU</td><td></td><td></td><td>18,000,000</td></tr>
</table>
</td></tr>
<tr><td></td><td colspan="2">거래처원장 조회하여 외화장기차입금의 거래처 SLGU 확인하고 환산차손익 인식
$100,000 ×$ (결산일 환율 $1당 ₩1,300 − 장부상 환율 $1당 ₩1,120) = 18,000,000원 환산손실</td></tr>

<tr><td rowspan="2">(3)</td><td colspan="2">[일반전표입력] 12월 31일</td></tr>
<tr><td colspan="2">
<table>
<tr><td>12</td><td>31</td><td>00004</td><td>차변</td><td>141</td><td>현금과부족</td><td></td><td></td><td></td><td>90,000</td><td></td></tr>
<tr><td>12</td><td>31</td><td>00004</td><td>대변</td><td>811</td><td>복리후생비</td><td></td><td></td><td></td><td></td><td>50,000</td></tr>
<tr><td>12</td><td>31</td><td>00004</td><td>대변</td><td>930</td><td>잡이익</td><td></td><td></td><td></td><td></td><td>40,000</td></tr>
</table>
</td></tr>
<tr><td></td><td colspan="2">현금과부족 90,000원 대변 잔액 확인</td></tr>

<tr><td rowspan="2">(4)</td><td colspan="2">[일반전표입력] 12월 31일</td></tr>
<tr><td colspan="2">
<table>
<tr><td>12</td><td>31</td><td>00005</td><td>대변</td><td>178</td><td>기타포괄손익-공정가치측정금융자산(비유동)</td><td></td><td></td><td></td><td></td><td>10,000,000</td></tr>
<tr><td>12</td><td>31</td><td>00005</td><td>차변</td><td>981</td><td>기타포괄손익-공정가치측정금융자산평가이익</td><td></td><td></td><td></td><td>4,000,000</td><td></td></tr>
<tr><td>12</td><td>31</td><td>00005</td><td>차변</td><td>982</td><td>기타포괄손익-공정가치측정금융자산평가손실</td><td></td><td></td><td></td><td>6,000,000</td><td></td></tr>
</table>
</td></tr>
<tr><td></td><td colspan="2">기말 기타포괄손익-공정가치측정금융자산평가이익 잔액 4,000,000원 우선 상계</td></tr>
</table>

(5)

[합계잔액시산표] 매출채권과 대손충당금 잔액 확인하여 1% 보충설정액 계산
- 외상매출금 대손충당금 설정액 : (325,089,500 × 1%) − 1,300,000 = 1,950,895원
- 받을어음 대손충당금 설정액 : (140,549,000 × 1%) − 120,000 = 1,285,490원

[결산자료입력] 대손상각 매출채권 보충설정액 입력

5). 대손상각		3,236,385	3,236,385
외상매출금		1,950,895	
받을어음		1,285,490	

(6)

[원가경비별감가상각명세서] 자산별 당기상각비 확인

유형자산　무형자산　**유형자산총괄**　무형자산총괄

경비구분 0.전체　자산구분 1.상각제외자산

	경비구분	계정	기초가액	당기증감	기말잔액	전기말상각누	상각대상금액	당기상각비	당기말상각누
1	800 번대	건물	150,000,000		150,000,000	10,000,000	150,000,000	7,500,000	17,500,000
2	800 번대	차량운반구	24,800,000		24,800,000	8,000,000	24,800,000	4,116,800	12,116,800
3	800 번대	비품	4,850,000		4,850,000	1,400,000	4,850,000	970,000	2,370,000

유형자산　무형자산　유형자산총괄　**무형자산총괄**

경비구분 0.전체　자산구분 1.상각제외자산

	경비구분	계정	취득원가	기초가액	당기증감	당기감소	당기상각비	미상각잔액	상각방법
1	800 번대	특허권	30,000,000	24,000,000			6,000,000	18,000,000	정액법
2	800 번대	디자인권	20,000,000	16,000,000			2,500,000	13,500,000	정액법

[결산자료입력] 감가상각비 자산별 입력

4). 감가상각비		12,586,800	12,586,800
건물		7,500,000	
차량운반구		4,116,800	
비품		970,000	
6). 무형고정자산상각		8,500,000	8,500,000
특허권		6,000,000	
디자인권		2,500,000	

(7)

[재고자산수불부] 1월 ~ 12월, 상품 일괄마감
[재고자산명세서] 12월 조회, 기말상품재고액 122,020,000원 확인
[결산자료입력] 기말상품재고액란에 122,020,000원 입력

상품매출원가		242,460,000	242,460,000
(1). 기초 상품 재고액		175,000,000	
(2). 당기 상품 매입액		189,480,000	
(10).기말 상품 재고액		122,020,000	

[결산자료입력] → 전표추가(F3) → 일반전표 자동 생성 확인

년	월	일	번호	구분	코드	계정과목	코드	거래처	적요	차변	대변
2024	12	31	00006	결차	451	상품매출원가			01 상품매출원가 □	242,460,000	
2024	12	31	00006	결대	146	상품			04 상품매출원가 □		242,460,000
2024	12	31	00007	결차	818	감가상각비			01 당기말 감가상□	12,586,800	
2024	12	31	00007	결대	203	감가상각누계액			04 당기감가충당금□		7,500,000
2024	12	31	00007	결대	209	감가상각누계액			04 당기감가충당금□		4,116,800
2024	12	31	00007	결대	213	감가상각누계액			04 당기감가충당금□		970,000
2024	12	31	00008	결차	835	대손상각비			01 외상매출금의 □	3,236,385	
2024	12	31	00008	결대	109	대손충당금			04 대손충당금 설□		1,950,895
2024	12	31	00008	결대	111	대손충당금			04 대손충당금 설□		1,285,490
2024	12	31	00009	결차	840	무형자산상각비			01 무형자산 당기상□	8,500,000	
2024	12	31	00009	결대	232	특허권			04 특허권 당기상□		6,000,000
2024	12	31	00009	결대	235	디자인권			04 디자인권 당기상□		2,500,000

[재무제표마감] 잉여, 결손분개 자동 생성 확인

손익계산서 조회 → 이익잉여금처분계산서 전표추가(F3) 조회 → 재무상태표 조회

05 장부조회

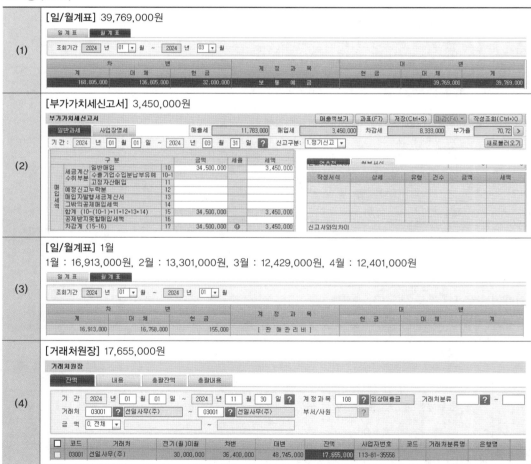

(1) **[일/월계표]** 39,769,000원

일계표 / 월계표
조회기간 2024 년 01 월 ~ 2024 년 03 월

차변			계정과목	대변		
계	대체	현금		현금	대체	계
168,805,000	136,805,000	32,000,000	보 통 예 금		39,769,000	39,769,000

(2) **[부가가치세신고서]** 3,450,000원

부가가치세신고서   매출액보기 │ 과표(F7) │ 저장(Ctrl+S) │ 마감(F4)▼ │ 작성조회(Ctrl+X)

일반과세 │ 사업장명세   매출세 11,783,000 매입세 3,450,000 차감세 8,333,000 부가율 70,72 >

기 간 : 2024 년 01 월 01 일 ~ 2024 년 03 월 31 일 ? 신고구분: 1.정기신고 ▼   새로불러오기

구 분			금액	세율	세액		작성서식	상세	유형	건수	금액	세액
세금계산 수취부분	일반매입	10	34,500,000		3,450,000							
	수출기업수입분납부유예	10-1										
	고정자산매입	11										
매입세액	예정신고누락분	12										
	매입자발행세금계산서	13										
	그밖의공제매입세액	14										
	합계 (10-(10-1)+11+12+13+14)	15	34,500,000		3,450,000							
	공제받지못할매입세액	16										
	차감계 (15-16)	17	34,500,000	⑭	3,450,000		신고서와의차이					

(3) **[일/월계표]** 1월

1월 : 16,913,000원, 2월 : 13,301,000원, 3월 : 12,429,000원, 4월 : 12,401,000원

일계표 / 월계표
조회기간 2024 년 01 월 ~ 2024 년 01 월

차변			계 정 과 목	대변		
계	대체	현금		현금	대체	계
16,913,000	16,758,000	155,000	[판 매 관 리 비]			

(4) **[거래처원장]** 17,655,000원

거래처원장
잔액 / 내용 / 총괄잔액 / 총괄내용

기 간 2024 년 01 월 01 일 ~ 2024 년 11 월 30 일 ? 계정과목 108 ? 외상매출금 거래처분류 ? ~
거래처 03001 ? 선일사무(주) ~ 03001 ? 선일사무(주) 부서/사원 ?
금 액 0. 전체 ▼ ~

	코드	거래처	전기(월)이월	차변	대변	잔액	사업자번호	코드	거래처분류명	은행명
☐	03001	선일사무(주)	30,000,000	36,400,000	48,745,000	17,655,000	113-81-35556			

(5)	[K-IFRS 재무상태표] 798,513,200원
	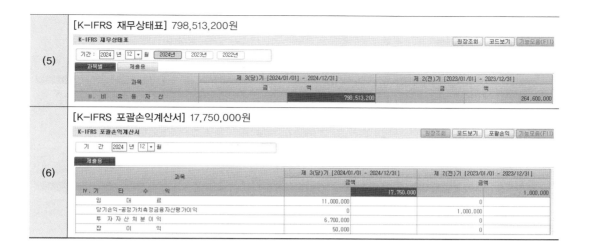
(6)	[K-IFRS 포괄손익계산서] 17,750,000원

<문제2. 원가회계> (주)원진공업 [회사코드 : 5122]

10월 원가계산

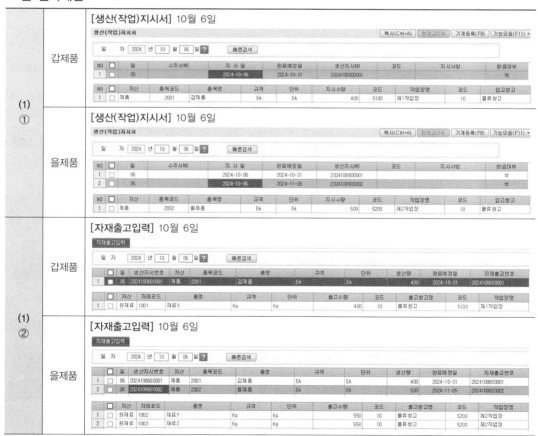

(1)①	갑제품	[생산(작업)지시서] 10월 6일
	을제품	[생산(작업)지시서] 10월 6일
(1)②	갑제품	[자재출고입력] 10월 6일
	을제품	[자재출고입력] 10월 6일

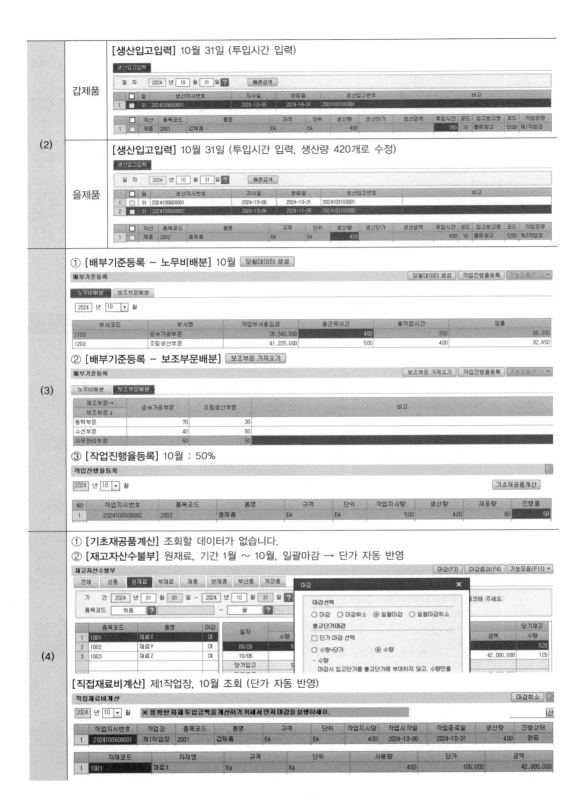

[직접재료비계산] 제2작업장, 10월 조회 (단가 자동 반영)

③ [직접노무비계산] 10월 조회

④ [제조간접비계산(부문별)] 10월 조회

⑤ [제조간접비계산(보조부문)] 10월 조회

⑥ [제조간접비계산(제조부문)] 10월 조회

⑦, ⑧ [완성품원가조회] 10월 조회

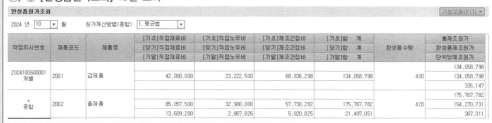

[결산자료입력] 1월 ~ 10월, 제품매출원가(455번), 원가경비(1.500번대) 선택 후 조회
기능모음(F11)의 '기말재고반영' 클릭하여 기말원재료재고액 43,387,250원, 기말원재공품재고액 21,497,051원이 반영
되면 상단 우측 [전표추가(F3)]를 한다.

[제조원가명세서] 10월 조회, 당기제품제조원가 288,329,529원

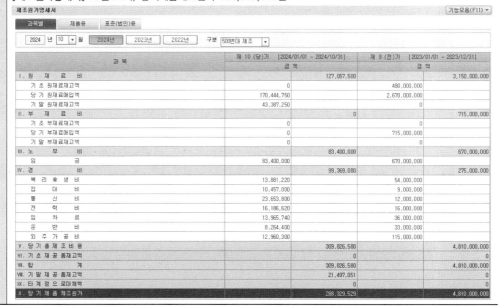

제13회 모의고사 정답 및 해설

〈문제1. 재무회계〉 현대가구(주) [회사코드 : 5131]

01 기준정보등록

02 매입매출전표입력

[출고입력] 12월 15일 : [2.건별 + 1.과세], 수금구분(혼합) → 전표추가(F3) → 전송

[매입매출전표입력] 12월 15일 : 1.전자입력, 보통예금 거래처 '기업은행'으로 수정

[매입매출전표입력] 12월 20일 : 53.면세매입, 1.전자입력

[매입매출전표입력] 12월 23일 : 57.카과매입, 삼성카드

03 일반전표입력

[일반전표입력] 12월 3일

월	일	번호	구분	코드	계정과목	코드	거래처	적요	차변	대변
12	3	00001	차변	103	보통예금	98001	기업은행(보통)		119,200,000	
12	3	00001	대변	331	보통주자본금					75,000,000
12	3	00001	대변	341	주식발행초과금					44,200,000

[일반전표입력] 12월 5일

월	일	번호	구분	코드	계정과목	코드	거래처	적요	차변	대변
12	5	00001	대변	107	당기손익-공정가치측정금융자산					5,000,000
12	5	00001	차변	103	보통예금	98001	기업은행(보통)		3,955,000	
12	5	00001	차변	938	당기손익-공정가치측정금융자산처분손실				1,045,000	

[일반전표입력] 12월 13일

월	일	번호	구분	코드	계정과목	코드	거래처	적요	차변	대변
12	13	00001	차변	251	외상매입금	02004	아람가구(주)		22,000,000	
12	13	00001	대변	102	당좌예금	98000	신한은행(당좌)			22,000,000

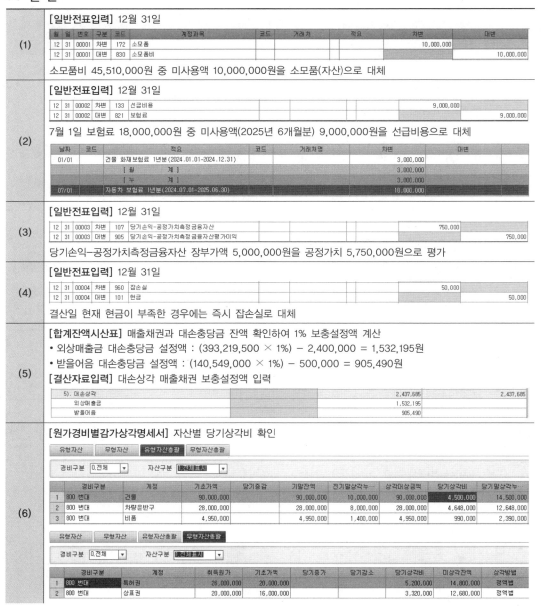

(4)	**[일반전표입력]** 12월 14일					

12	14	00001	차변	103	보통예금		98001	기업은행(보통)			1,200,000	
12	14	00001	대변	109	대손충당금							1,200,000

전기에 대손처리한 매출채권을 당기에 회수하면 해당 채권의 대손충당금으로 처리함

(5)	**[일반전표입력]** 12월 28일					

12	28	00001	차변	187	투자부동산					30,000,000	
12	28	00001	대변	253	미지급금		00102	대륙부동산(주)			30,000,000

04 결 산

(1)

[일반전표입력] 12월 31일

월	일	번호	구분	코드	계정과목	코드	거래처	적요	차변	대변
12	31	00001	차변	172	소모품				10,000,000	
12	31	00001	대변	830	소모품비					10,000,000

소모품비 45,510,000원 중 미사용액 10,000,000원을 소모품(자산)으로 대체

(2)

[일반전표입력] 12월 31일

12	31	00002	차변	133	선급비용				9,000,000	
12	31	00002	대변	821	보험료					9,000,000

7월 1일 보험료 18,000,000원 중 미사용액(2025년 6개월분) 9,000,000원을 선급비용으로 대체

날짜	코드	적요	코드	거래처명	차변	대변
01/01		건물 화재보험료 1년분(2024.01.01-2024.12.31)			3,000,000	
		[월 계]			3,000,000	
		[누 계]			3,000,000	
07/01		자동차 보험료 1년분(2024.07.01-2025.06.30)			18,000,000	

(3)

[일반전표입력] 12월 31일

12	31	00003	차변	107	당기손익-공정가치측정금융자산				750,000	
12	31	00003	대변	905	당기손익-공정가치측정금융자산평가이익					750,000

당기손익-공정가치측정금융자산 장부가액 5,000,000원을 공정가치 5,750,000원으로 평가

(4)

[일반전표입력] 12월 31일

12	31	00004	차변	960	잡손실				50,000	
12	31	00004	대변	101	현금					50,000

결산일 현재 현금이 부족한 경우에는 즉시 잡손실로 대체

(5)

[합계잔액시산표] 매출채권과 대손충당금 잔액 확인하여 1% 보충설정액 계산

• 외상매출금 대손충당금 설정액 : (393,219,500 × 1%) − 2,400,000 = 1,532,195원

• 받을어음 대손충당금 설정액 : (140,549,000 × 1%) − 500,000 = 905,490원

[결산자료입력] 대손상각 매출채권 보충설정액 입력

5). 대손상각			2,437,685	2,437,685
외상매출금			1,532,195	
받을어음			905,490	

(6)

[원가경비별감가상각명세서] 자산별 당기상각비 확인

	유형자산	무형자산	유형자산총괄	무형자산총괄

경비구분 0.전체 ▼ 자산구분 1.건물(부속시) ▼

	경비구분	계정	기초가액	당기증감	기말잔액	전기말상각누	상각대상금액	당기상각비	당기말상각누
1	800 번대	건물	90,000,000		90,000,000	10,000,000	90,000,000	4,500,000	14,500,000
2	800 번대	차량운반구	28,000,000		28,000,000	8,000,000	28,000,000	4,648,000	12,648,000
3	800 번대	비품	4,950,000		4,950,000	1,400,000	4,950,000	990,000	2,390,000

	유형자산	무형자산	유형자산총괄	무형자산총괄

경비구분 0.전체 ▼ 자산구분 1.건물(부속시) ▼

	경비구분	계정	취득원가	기초가액	당기증가	당기감소	당기상각비	미상각잔액	상각방법
1	800 번대	특허권	26,000,000	20,000,000			5,200,000	14,800,000	정액법
2	800 번대	상표권	20,000,000	16,000,000			3,320,000	12,680,000	정액법

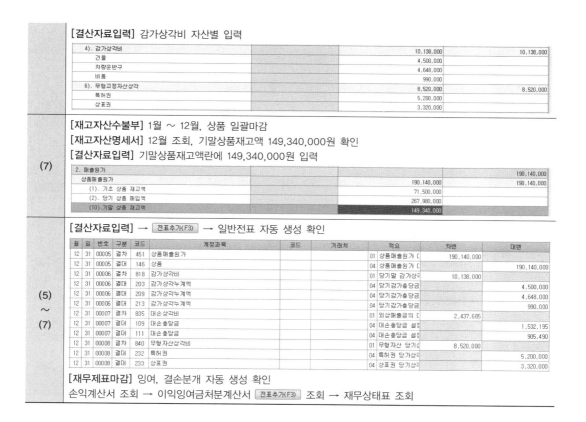

[결산자료입력] 감가상각비 자산별 입력

4). 감가상각비			10,138,000	10,138,000
건물			4,500,000	
차량운반구			4,648,000	
비품			990,000	
6). 무형고정자산상각			8,520,000	8,520,000
특허권			5,200,000	
상표권			3,320,000	

(7)

[재고자산수불부] 1월 ～ 12월, 상품 일괄마감
[재고자산명세서] 12월 조회, 기말상품재고액 149,340,000원 확인
[결산자료입력] 기말상품재고액란에 149,340,000원 입력

2. 매출원가				190,140,000
상품매출원가			190,140,000	190,140,000
(1). 기초 상품 재고액			71,500,000	
(2). 당기 상품 매입액			267,980,000	
(10).기말 상품 재고액			149,340,000	

(5)
～
(7)

[결산자료입력] → 전표추가(F3) → 일반전표 자동 생성 확인

월	일	번호	구분	코드	계정과목	코드	거래처	적요	차변	대변
12	31	00005	결차	451	상품매출원가			01 상품매출원가 [	190,140,000	
12	31	00005	결대	146	상품			04 상품매출원가 [		190,140,000
12	31	00006	결차	818	감가상각비			01 당기말 감가상	10,138,000	
12	31	00006	결대	203	감가상각누계액			04 당기감가충당금		4,500,000
12	31	00006	결대	209	감가상각누계액			04 당기감가충당금		4,648,000
12	31	00006	결대	213	감가상각누계액			04 당기감가충당금		990,000
12	31	00007	결차	835	대손상각비			01 외상매출금의 [	2,437,685	
12	31	00007	결대	109	대손충당금			04 대손충당금 설정		1,532,195
12	31	00007	결대	111	대손충당금			04 대손충당금 설정		905,490
12	31	00008	결차	840	무형자산상각비			01 무형자산 당기	8,520,000	
12	31	00008	결대	232	특허권			04 특허권 당기상		5,200,000
12	31	00008	결대	233	상표권			04 상표권 당기상		3,320,000

[재무제표마감] 잉여, 결손분개 자동 생성 확인
손익계산서 조회 → 이익잉여금처분계산서 전표추가(F3) 조회 → 재무상태표 조회

05 장부조회

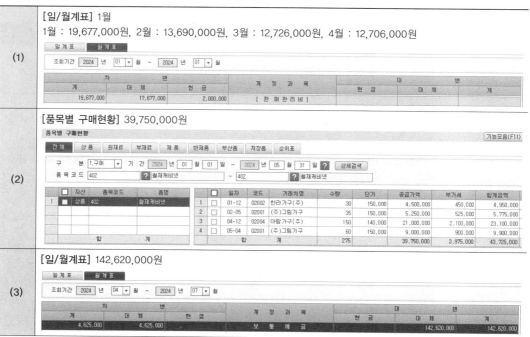

(1)

[일/월계표] 1월
1월 : 19,677,000원, 2월 : 13,690,000원, 3월 : 12,726,000원, 4월 : 12,706,000원

	차	변		계 정 과 목		대	변	
계	대 체	현 금			현 금	대 체	계	
19,677,000	17,677,000	2,000,000		[판 매 관 리 비]				

(2)

[품목별 구매현황] 39,750,000원

구 분 1.구매 기 간 2024 년 01 월 01 일 ~ 2024 년 05 월 31 일
품 목 코 드 402 철재캐비넷 ~ 402 철재캐비넷

		자산	품목코드	품명			일자	코드	거래처명	수량	단가	공급가액	부가세	합계금액
1		상품	402	철재캐비넷	1		01-12	02002	한라가구(주)	30	150,000	4,500,000	450,000	4,950,000
					2		02-05	02001	(주)그림가구	35	150,000	5,250,000	525,000	5,775,000
					3		04-12	02004	아람가구(주)	150	140,000	21,000,000	2,100,000	23,100,000
					4		05-04	02001	(주)그림가구	60	150,000	9,000,000	900,000	9,900,000
		합		계			합	계		275		39,750,000	3,975,000	43,725,000

(3)

[일/월계표] 142,620,000원

조회기간 2024 년 04 월 ~ 2024 년 07 월

	차	변		계 정 과 목		대	변	
계	대 체	현 금			현 금	대 체	계	
4,625,000	4,625,000			보 통 예 금		142,620,000	142,620,000	

(4) [재고자산수불부] 205개

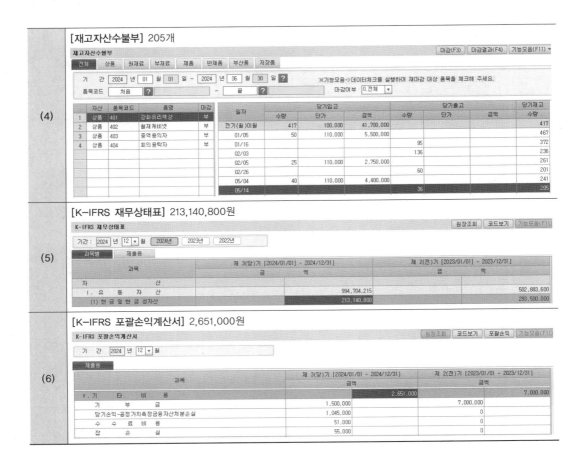

(5) [K-IFRS 재무상태표] 213,140,800원

과목	제 3(당)기 [2024/01/01 ~ 2024/12/31] 금액	제 2(전)기 [2023/01/01 ~ 2023/12/31] 금액
자 산		
Ⅰ. 유 동 자 산	994,704,215	502,883,600
(1) 현 금 및 현 금 성자산	213,140,800	293,500,000

(6) [K-IFRS 포괄손익계산서] 2,651,000원

기 간 2024 년 12 ▼ 월

과목	제 3(당)기 [2024/01/01 ~ 2024/12/31] 금액	제 2(전)기 [2023/01/01 ~ 2023/12/31] 금액
Ⅴ. 기 타 비 용	2,651,000	7,000,000
기 부 금	1,500,000	7,000,000
당기손익-공정가치측정금융자산처분손실	1,045,000	0
수 수 료 비 용	51,000	0
잡 손 실	55,000	0

<문제2. 원가회계> (주)플러스영 [회사코드 : 5132]

11월 원가계산

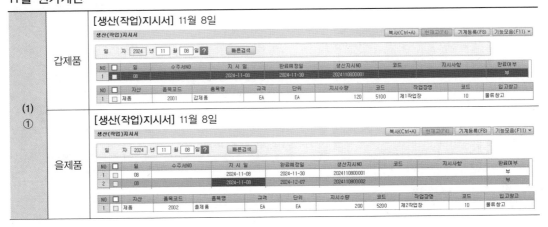

(1) ①

갑제품 [생산(작업)지시서] 11월 8일

일 자 2024 년 11 월 08 일 빠른검색

NO	일	수주서NO	지시일	완료예정일	생산지시NO	코드	지시사항	완료여부
1	08		2024-11-08	2024-11-30	2024110800001			부

NO	자산	품목코드	품목명	규격	단위	지시수량	코드	작업장명	코드	입고창고
1	제품	2001	갑제품	EA	EA	120	5100	제1작업장	10	물류창고

을제품 [생산(작업)지시서] 11월 8일

일 자 2024 년 11 월 08 일 빠른검색

NO	일	수주서NO	지시일	완료예정일	생산지시NO	코드	지시사항	완료여부
1	08		2024-11-30	2024110800001				부
2	08		2024-11-08	2024-12-07	2024110800002				부

NO	자산	품목코드	품목명	규격	단위	지시수량	코드	작업장명	코드	입고창고
1	제품	2002	을제품	EA	EA	200	5200	제2작업장	10	물류창고

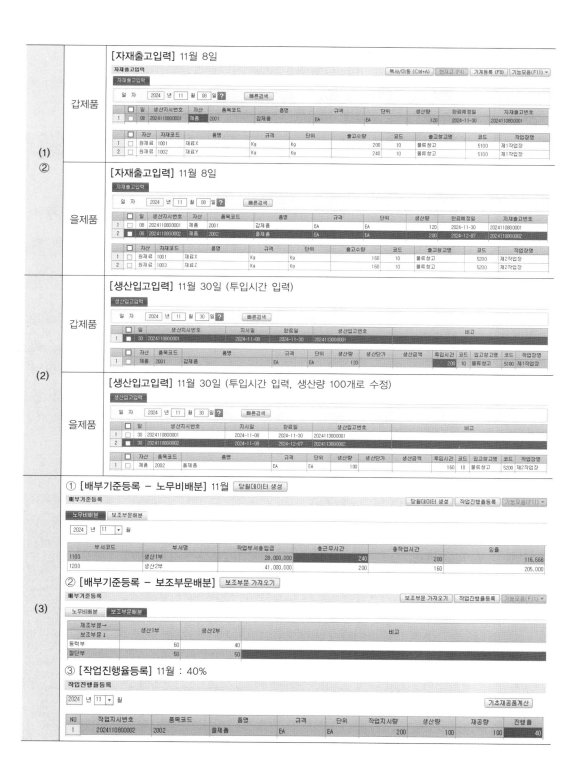

(1) ②

갑제품

[자재출고입력] 11월 8일

	일	생산지시번호	자산	품목코드	품명	규격	단위	생산량	완료예정일	자재출고번호
1	08	2024110800001	제품	2001	갑제품	EA	EA	120	2024-11-30	2024110800001

	자산	자재코드	품명	규격	단위	출고수량	코드	출고창고명	코드	작업장명
1	원재료	1001	재료X	Kg	Kg	200	10	물류창고	5100	제1작업장
2	원재료	1002	재료Y	Kg	Kg	240	10	물류창고	5100	제1작업장

을제품

[자재출고입력] 11월 8일

	일	생산지시번호	자산	품목코드	품명	규격	단위	생산량	완료예정일	자재출고번호
1	08	2024110800001	제품	2001	갑제품	EA	EA	120	2024-11-30	2024110800001
2	08	2024110800002	제품	2002	을제품	EA	EA	200	2024-12-07	2024110800002

	자산	자재코드	품명	규격	단위	출고수량	코드	출고창고명	코드	작업장명
1	원재료	1001	재료X	Kg	Kg	160	10	물류창고	5200	제2작업장
2	원재료	1003	재료Z	Kg	Kg	160	10	물류창고	5200	제2작업장

(2)

갑제품

[생산입고입력] 11월 30일 (투입시간 입력)

	일	생산지시번호	지시일	완료일	생산입고번호	비고
1	30	2024110800001	2024-11-08	2024-11-30	2024113000001	

	자산	품목코드	품명	규격	단위	생산량	생산단가	생산금액	투입시간	코드	입고창고명	코드	작업장명
1	제품	2001	갑제품	EA	EA	120			200	10	물류창고	5100	제1작업장

을제품

[생산입고입력] 11월 30일 (투입시간 입력, 생산량 100개로 수정)

	일	생산지시번호	지시일	완료일	생산입고번호	비고
1	30	2024110800001	2024-11-08	2024-11-30	2024113000001	
2	30	2024110800002	2024-11-08	2024-12-07	2024113000002	

	자산	품목코드	품명	규격	단위	생산량	생산단가	생산금액	투입시간	코드	입고창고명	코드	작업장명
1	제품	2002	을제품	EA	EA	100			160	10	물류창고	5200	제2작업장

(3)

① [배부기준등록 – 노무비배분] 11월 [당월데이터 생성]

부서코드	부서명	작업부서총입금	출근무시간	총작업시간	임율
1100	생산1부	28,000,000	240	200	116,666
1200	생산2부	41,000,000	200	160	205,000

② [배부기준등록 – 보조부문배분] [보조부문 가져오기]

제조부문→ 보조부문↓	생산1부	생산2부	비고
동력부	60	40	
절단부	50	50	

③ [작업진행율등록] 11월 : 40%

NO	작업지시번호	품목코드	품명	규격	단위	작업지시량	생산량	재공량	진행율
1	2024110800002	2002	을제품	EA	EA	200	100	100	40

① [기초재공품등록] 조회할 데이터가 없습니다.
② [재고자산수불부] 원재료, 기간 1월 ~ 11월, 일괄마감 → 단가 자동 반영

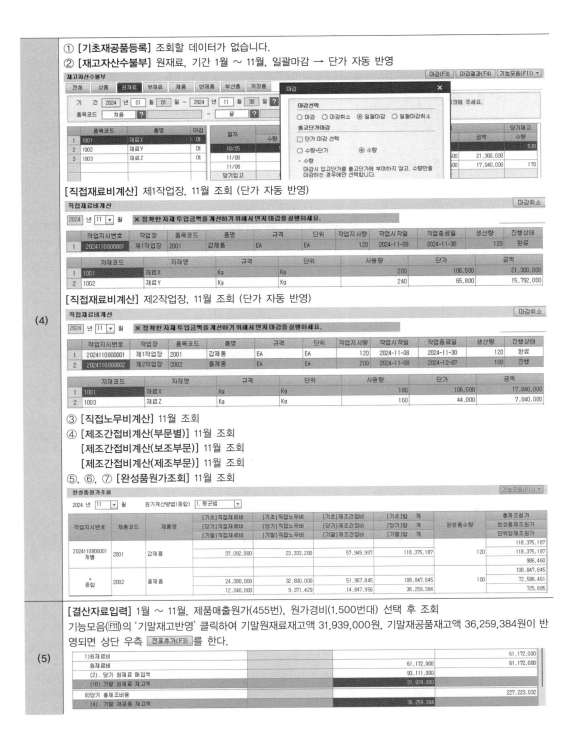

[직접재료비계산] 제1작업장, 11월 조회 (단가 자동 반영)

[직접재료비계산] 제2작업장, 11월 조회 (단가 자동 반영)

③ [직접노무비계산] 11월 조회
④ [제조간접비계산(부문별)] 11월 조회
　　[제조간접비계산(보조부문)] 11월 조회
　　[제조간접비계산(제조부문)] 11월 조회
⑤, ⑥, ⑦ [완성품원가조회] 11월 조회

(5)

[결산자료입력] 1월 ~ 11월, 제품매출원가(455번), 원가경비(1.500번대) 선택 후 조회
기능모음(F11)의 '기말재고반영' 클릭하여 기말원재료재고액 31,939,000원, 기말재공품재고액 36,259,384원이 반영되면 상단 우측 전표추가(F3) 를 한다.

1)원재료비			61,172,000
원재료비		61,172,000	61,172,000
(2). 당기 원재료 매입액		93,111,000	
(10). 기말 원재료 재고액		31,939,000	
8)당기 총제조비용			227,223,032
(4). 기말 재공품 재고액		36,259,384	

340 · 전산회계운용사 2급 실기

[제조원가명세서] 11월 조회, 당기제품제조원가 190,963,648원

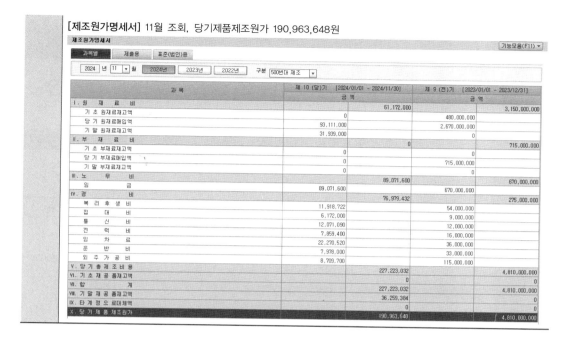

과 목	제 10 (당)기 [2024/01/01 ~ 2024/11/30] 금 액		제 9 (전)기 [2023/01/01 ~ 2023/12/31] 금 액	
I. 원 재 료 비		61,172,000		3,150,000,000
기 초 원재료재고액	0		480,000,000	
당 기 원재료매입액	93,111,000		2,670,000,000	
기 말 원재료재고액	31,939,000		0	
II. 부 재 료 비		0		715,000,000
기 초 부재료재고액	0		0	
당 기 부재료매입액	0		715,000,000	
기 말 부재료매입액	0		0	
III. 노 무 비		89,071,600		670,000,000
임 금	89,071,600		670,000,000	
IV. 경 비		76,979,432		275,000,000
복 리 후 생 비	11,918,722		54,000,000	
접 대 비	6,172,000		9,000,000	
통 신 비	12,071,090		12,000,000	
전 력 비	7,859,400		16,000,000	
임 차 료	22,270,520		36,000,000	
운 반 비	7,978,000		33,000,000	
외 주 가 공 비	8,709,700		115,000,000	
V. 당 기 총 제 조 비 용		227,223,032		4,810,000,000
VI. 기 초 재 공 품재고액		0		0
VII. 합 계		227,223,032		4,810,000,000
VIII. 기 말 재 공 품재고액		36,259,384		0
IX. 타 계 정 으 로대체액		0		0
X. 당 기 제 품 제 조 원 가		190,963,648		4,810,000,000

제14회 모의고사 정답 및 해설

<문제1. 재무회계> 해피가구(주) [회사코드 : 5141]

01 기준정보등록

02 매입매출전표입력

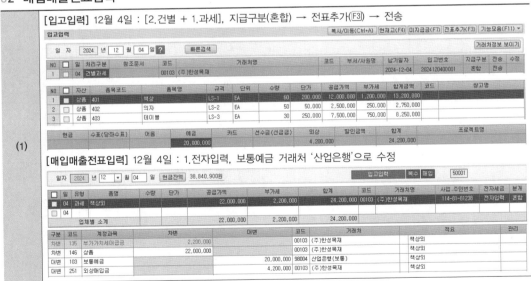

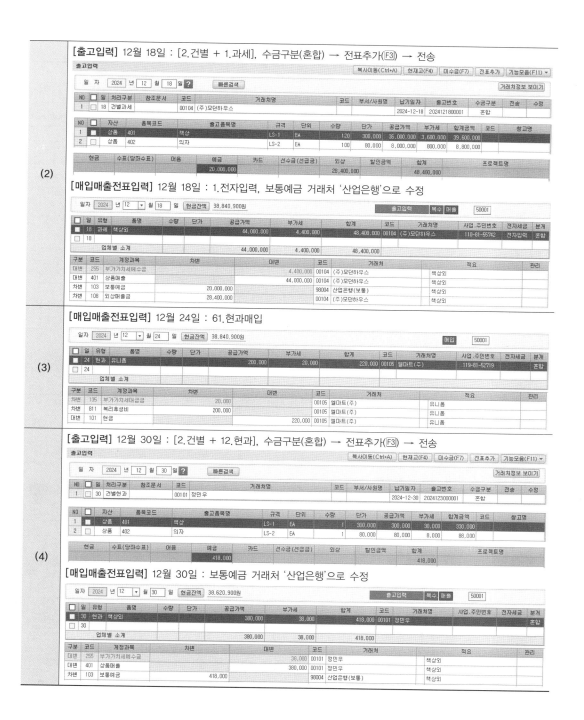

[출고입력] 12월 18일 : [2.건별 + 1.과세], 수금구분(혼합) → 전표추가(F3) → 전송

[매입매출전표입력] 12월 18일 : 1.전자입력, 보통예금 거래처 '산업은행'으로 수정

[매입매출전표입력] 12월 24일 : 61.현과매입

[출고입력] 12월 30일 : [2.건별 + 12.현과], 수금구분(혼합) → 전표추가(F3) → 전송

[매입매출전표입력] 12월 30일 : 보통예금 거래처 '산업은행'으로 수정

03 일반전표입력

(1) [일반전표입력] 12월 10일

월	일	번호	구분	코드	계정과목	코드	거래처	적요	차변	대변
12	10	00001	차변	254	예수금				24,400,000	
12	10	00001	차변	811	복리후생비				5,800,000	
12	10	00001	대변	102	당좌예금	98005	우리은행(당좌)			30,200,000

(2) [일반전표입력] 12월 11일

| 12 | 11 | 00001 | 차변 | 110 | 받을어음 | 02002 | (주)봉천목재 | 라차12349876-보 | 30,000,000 | |
| 12 | 11 | 00001 | 대변 | 108 | 외상매출금 | 02002 | (주)봉천목재 | | | 30,000,000 |

● 받을어음 관리   삭제(F5)

어음상태	1	보관	어음종류	1	약속(일반)	어음번호	라차12349876			수취구분	1	자수
발행인	02002	(주)봉천목재	발행일			2024-12-11	만기일		2025-03-11	배서인		
지급은행	600	하나은행	지점	용산	할인기관			지점		할인율(%)		
지급거래처					* 수령된 어음을 타거래처에 지급하는 경우에 입력합니다.							

(3) [일반전표입력] 12월 22일

12	22	00001	차변	103	보통예금	98004	산업은행(보통)		15,000,000	
12	22	00001	대변	107	당기손익-공정가치측정금융자산					12,000,000
12	22	00001	대변	906	당기손익-공정가치측정금융자산처분이익					3,000,000

(4) [일반전표입력] 12월 27일

| 12 | 27 | 00001 | 차변 | 819 | 임차료 | | | | 400,000 | |
| 12 | 27 | 00001 | 대변 | 101 | 현금 | | | | | 400,000 |

(5) [일반전표입력] 12월 30일

12	30	00001	차변	826	도서인쇄비				200,000	
12	30	00001	차변	811	복리후생비				50,000	
12	30	00001	차변	813	접대비				150,000	
12	30	00001	대변	101	현금					400,000

04 결 산

(1) [일반전표입력] 12월 31일

월	일	번호	구분	코드	계정과목	코드	거래처	적요	차변	대변
12	31	00001	차변	172	소모품				350,000	
12	31	00001	대변	830	소모품비					350,000

소모품비 1,000,000원 중 미사용액 350,000원을 소모품(자산)으로 대체

(2) [일반전표입력] 12월 31일

| 12 | 31 | 00002 | 차변 | 133 | 선급비용 | | | | 460,000 | |
| 12 | 31 | 00002 | 대변 | 821 | 보험료 | | | | | 460,000 |

보험료 1,380,000원 중 기간 미경과분(4개월) 460,000원을 선급비용(자산)으로 대체

(3) [일반전표입력] 12월 31일

| 12 | 31 | 00003 | 차변 | 293 | 장기차입금 | 98006 | 하나은행 | | 200,000,000 | |
| 12 | 31 | 00003 | 대변 | 264 | 유동성장기부채 | 98006 | 하나은행 | | | 200,000,000 |

거래처원장 조회하여 장기차입금(하나은행) 잔액 200,000,000원 확인하여 유동성장기부채로 대체

(4) [일반전표입력] 12월 31일

12	31	00004	차변	178	기타포괄손익-공정가치측정금융자산(비유동)				2,000,000	
12	31	00004	대변	982	기타포괄손익-공정가치측정금융자산평가손실					500,000
12	31	00004	대변	981	기타포괄손익-공정가치측정금융자산평가이익					1,500,000

기말 기타포괄손익-공정가치측정금융자산평가손실 잔액 500,000원 우선 상계

(5)	[합계잔액시산표] 매출채권과 대손충당금 잔액 확인하여 1% 보충설정액 계산 • 외상매출금 대손충당금 설정액 : (270,489,500 × 1%) − 1,650,000 = 1,054,895원 • 받을어음 대손충당금 설정액 : (170,549,000 × 1%) − 400,000 = 1,305,490원 [결산자료입력] 대손상각 매출채권 보충설정액 입력

5). 대손상각		2,360,385	2,360,385
외상매출금		1,054,895	
받을어음		1,305,490	

(6)

[원가경비별감가상각명세서] 자산별 당기상각비 확인

| 유형자산 | 무형자산 | 유형자산총괄 | 무형자산총괄 |

경비구분 [0.전체 ▼] 자산구분 [1.전체표시 ▼]

	경비구분	계정	기초가액	당기증감	기말잔액	전기말상각누…	상각대상금액	당기상각비	당기말상각누…
1	800 번대	건물	120,000,000			10,000,000	120,000,000	6,000,000	16,000,000
2	800 번대	차량운반구	31,500,000		31,500,000	8,000,000	31,500,000	5,229,000	13,229,000
3	800 번대	비품	4,900,000		4,900,000	1,400,000	4,900,000	980,000	2,380,000

| 유형자산 | 무형자산 | 유형자산총괄 | 무형자산총괄 |

경비구분 [0.전체 ▼] 자산구분 [1.전체표시 ▼]

	경비구분	계정	취득원가	기초가액	당기증가	당기감소	당기상각비	미상각잔액	상각방법
1	800 번대	특허권	30,000,000	24,000,000			6,000,000	18,000,000	정액법
2	800 번대	개발비	18,000,000	15,000,000			3,600,000	11,400,000	정액법

[결산자료입력] 감가상각비 자산별 입력

4). 감가상각비		12,209,000	12,209,000
건물		6,000,000	
차량운반구		5,229,000	
비품		980,000	
6). 무형고정자산상각		9,600,000	9,600,000
특허권		6,000,000	
개발비		3,600,000	

(7)

[재고자산수불부] 1월 ~ 12월, 상품 일괄마감
[재고자산명세서] 12월 조회, 기말상품재고액 81,910,000원 확인
[결산자료입력] 기말상품재고액란에 81,910,000원 입력

상품매출원가		180,570,000	180,570,000
(1). 기초 상품 재고액		71,500,000	
(2). 당기 상품 매입액		190,980,000	
(10).기말 상품 재고액		81,910,000	

**(5)
~
(7)**

[결산자료입력] → [전표추가(F3)] → 일반전표 자동 생성 확인

12	31	00005	결차	451	상품매출원가			01	상품매출원가 대	180,570,000	
12	31	00005	결대	146	상품			04	상품매출원가 대		180,570,000
12	31	00006	결차	818	감가상각비			01	당기말 감가상	12,209,000	
12	31	00006	결대	203	감가상각누계액			04	당기감가충당금		6,000,000
12	31	00006	결대	209	감가상각누계액			04	당기감가충당금		5,229,000
12	31	00006	결대	213	감가상각누계액			04	당기감가충당금		980,000
12	31	00007	결차	835	대손상각비			01	외상매출금의 대	2,360,385	
12	31	00007	결대	109	대손충당금			04	대손충당금 설정		1,054,895
12	31	00007	결대	111	대손충당금			04	대손충당금 설정		1,305,490
12	31	00008	결차	840	무형자산상각비			01	무형자산 당기상	9,600,000	
12	31	00008	결대	232	특허권			04	특허권 당가상각		6,000,000
12	31	00008	결대	239	개발비						3,600,000

[재무제표마감] 잉여, 결손분개 자동 생성 확인
손익계산서 조회 → 이익잉여금처분계산서 [전표추가(F3)] 조회 → 재무상태표 조회

[총계정원장] 1월

(1)

날짜	차변	대변	잔액
[전기이월]	98,500,000		
2024년 01월	1,250,000	32,000,000	67,750,000
2024년 02월	2,000,000	8,308,000	61,442,000
2024년 03월	2,000,000	10,200,500	53,241,500
2024년 04월		8,310,000	44,931,500
2024년 05월	2,000,000	20,000	46,911,500
2024년 06월		500,000	46,411,500

[재고자산수불부] 39개

(2)

일자	당기입고 수량	당기입고 단가	당기입고 금액	당기출고 수량	당기출고 단가	당기출고 금액	당기재고 수량
전기(월)이월	315	90,000	28,350,000				315
01/05	50	110,000	5,500,000				365
01/16				95			270
02/03				136			134
02/05	25	110,000	2,750,000				159
02/26				60			99
05/04	40	110,000	4,400,000				139
05/14				36			103
07/11	34	110,000	3,740,000				137
07/18				51			86
09/17				47			39

[거래처원장] 76,400,000원

(3)

코드	거래처	전기(월)이월	차변	대변	잔액	사업자번호	코드	거래처분류명	은행명
03003	한솔가구(주)	28,000,000	48,400,000		76,400,000	210-81-68227			

[거래처원장] 17,435,000원

(4)

코드	거래처	전기(월)이월	차변	대변	잔액	사업자번호	코드	거래처분류명	은행명
02002	(주)봉천목재	10,000,000	10,000,000	17,435,000	17,435,000	101-81-10343			

[K-IFRS 재무상태표] 410,000,000원

(5)

과목	제 3(당)기 [2024/01/01] ~ 2024/12/31] 금액	제 2(전)기 [2023/01/01] ~ 2023/12/31] 금액
Ⅰ. 납 입 자 본	410,000,000	410,000,000

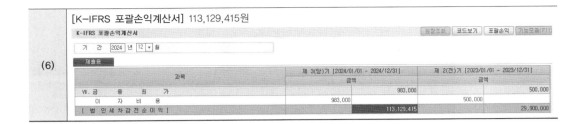

(6)

과목	제 3(당)기 [2024/01/01 ~ 2024/12/31] 금액	제 2(전)기 [2023/01/01 ~ 2023/12/31] 금액
Ⅶ. 금 융 원 가		983,000	500,000
이 자 비 용	983,000	500,000
[법 인 세 차 감 전 순 이 익]	113,129,415	29,900,000

<문제2. 원가회계> (주)삼익가구 [회사코드 : 5142]

9월 원가계산

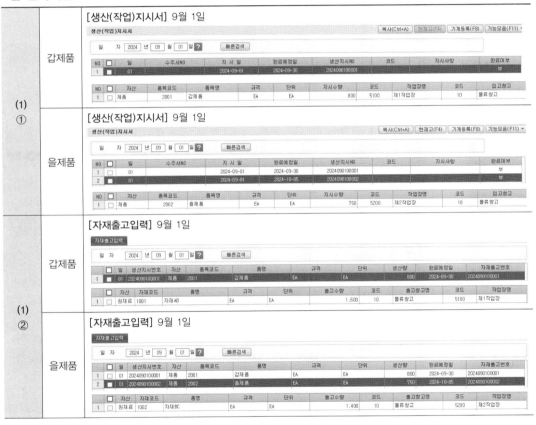

(1) ①	갑제품	[생산(작업)지시서] 9월 1일
	을제품	[생산(작업)지시서] 9월 1일
(1) ②	갑제품	[자재출고입력] 9월 1일
	을제품	[자재출고입력] 9월 1일

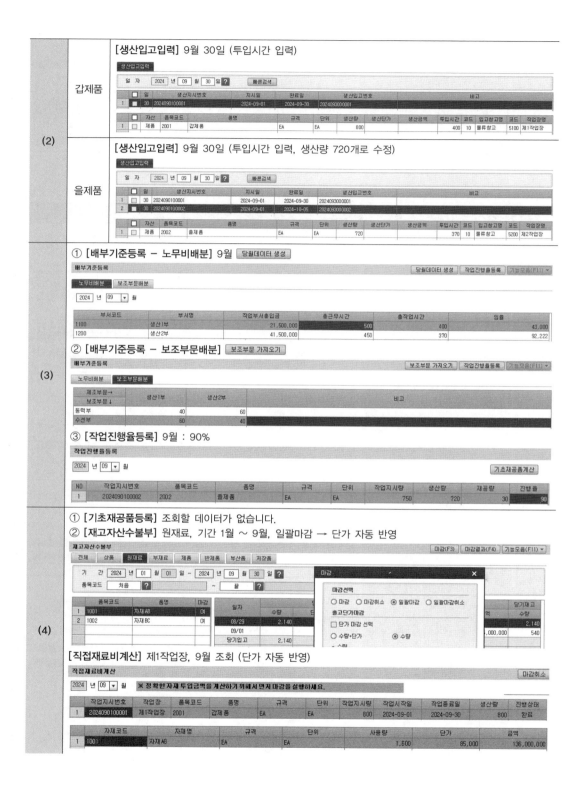

[생산입고입력] 9월 30일 (투입시간 입력)

(2) 갑제품

[생산입고입력] 9월 30일 (투입시간 입력, 생산량 720개로 수정)

을제품

(3)

① **[배부기준등록 – 노무비배분]** 9월 당월데이터 생성

② **[배부기준등록 – 보조부문배분]** 보조부문 가져오기

③ **[작업진행율등록]** 9월 : 90%

(4)

① **[기초재공품등록]** 조회할 데이터가 없습니다.

② **[재고자산수불부]** 원재료, 기간 1월 ~ 9월, 일괄마감 → 단가 자동 반영

[직접재료비계산] 제1작업장, 9월 조회 (단가 자동 반영)

[직접재료비계산] 제2작업장, 9월 조회 (단가 자동 반영)

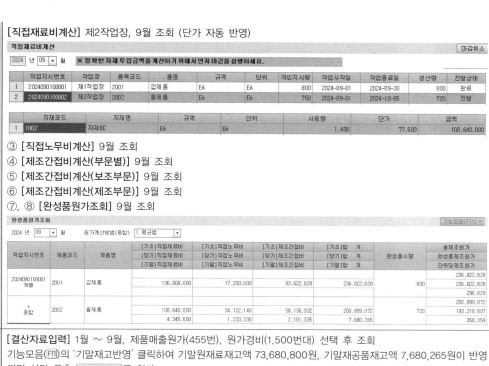

③ [직접노무비계산] 9월 조회
④ [제조간접비계산(부문별)] 9월 조회
⑤ [제조간접비계산(보조부문)] 9월 조회
⑥ [제조간접비계산(제조부문)] 9월 조회
⑦, ⑧ [완성품원가조회] 9월 조회

작업지시번호	제품코드	제품명	[기초]직접재료비 [당기]직접재료비 [기말]직접재료비	[기초]직접노무비 [당기]직접노무비 [기말]직접노무비	[기초]제조간접비 [당기]제조간접비 [기말]제조간접비	[기초]합 계 [당기]합 계 [기말]합 계	완성품수량	총제조원가 완성품제조원가 단위당제조원가
2024090100001 개별	2001	갑제품	136,000,000	17,200,000	83,622,828	236,822,828	800	236,822,828 236,822,828 296,029
* 종합	2002	을제품	108,640,000 4,345,600	34,122,140 1,233,330	58,136,932 2,101,335	200,899,072 7,680,265	720	200,899,072 193,218,807 268,359

[결산자료입력] 1월 ~ 9월, 제품매출원가(455번), 원가경비(1.500번대) 선택 후 조회
기능모음(F11)의 '기말재고반영' 클릭하여 기말원재료재고액 73,680,800원, 기말재공품재고액 7,680,265원이 반영
되면 상단 우측 전표추가(F3) 를 한다.

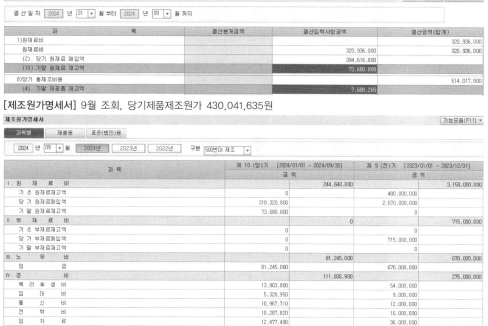

[제조원가명세서] 9월 조회, 당기제품제조원가 430,041,635원

과 목	제 10 (당)기 [2024/01/01 ~ 2024/09/30] 금 액	제 9 (전)기 [2023/01/01 ~ 2023/12/31] 금 액
I . 원 재 료 비	244,640,000	3,150,000,000
기 초 원재료재고액	0	480,000,000
당 기 원재료매입액	318,320,800	2,670,000,000
기 말 원재료재고액	73,680,800	0
II . 부 재 료 비	0	715,000,000
기 초 부재료재고액	0	0
당 기 부재료매입액	0	715,000,000
기 말 부재료재고액	0	0
III . 노 무 비	81,245,000	670,000,000
임 금	81,245,000	670,000,000
IV . 경 비	111,836,900	275,000,000
복 리 후 생 비	13,903,800	54,000,000
접 대 비	5,328,950	9,000,000
통 신 비	10,967,710	12,000,000
전 력 비	10,287,820	16,000,000
임 차 료	12,477,480	36,000,000
운 반 비	15,612,800	33,000,000
외 주 가 공 비	43,258,340	115,000,000
V . 당 기 총 제 조 비 용	437,721,900	4,810,000,000
VI . 기 초 재 공 품 재 고 액	0	0
VII . 합 계	437,721,900	4,810,000,000
VIII . 기 말 재 공 품 재 고 액	7,680,265	0
IX . 타 계 정 으 로 대 체 액	0	0
X . 당 기 제 품 제 조 원 가	430,041,635	4,810,000,000

(5)

제15회 모의고사 정답 및 해설

01 기준정보등록

02 매입매출전표입력

(1)

[입고입력] 12월 6일 : [2.건별 + 1.과세], 지급구분(혼합) → 전표추가(F3) → 전송

[매입매출전표입력] 12월 6일 : 1.전자입력, 지급어음을 받을어음((주)남대문상사)으로 수정하고, 받을어음 관리(자금관리 F3) 등록

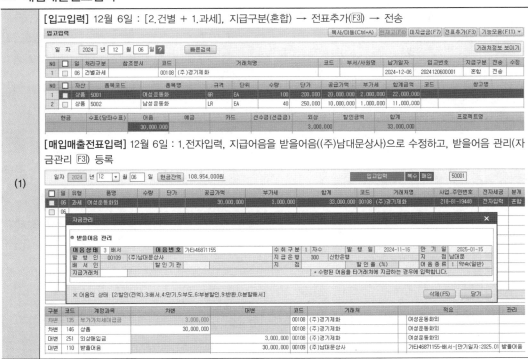

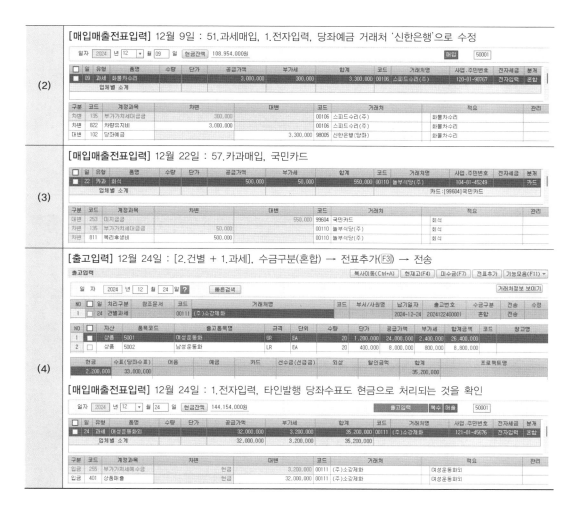

[매입매출전표입력] 12월 9일 : 51.과세매입, 1.전자입력, 당좌예금 거래처 '신한은행'으로 수정

[매입매출전표입력] 12월 22일 : 57.카과매입, 국민카드

[출고입력] 12월 24일 : [2.건별 + 1.과세], 수금구분(혼합) → 전표추가(F3) → 전송

[매입매출전표입력] 12월 24일 : 1.전자입력, 타인발행 당좌수표도 현금으로 처리되는 것을 확인

03 일반전표입력

[일반전표입력] 12월 8일									

월	일	번호	구분	코드	계정과목	코드	거래처	적요	차변	대변
12	8	00001	차변	102	당좌예금	98005	신한은행(당좌)		19,650,000	
12	8	00001	차변	931	이자비용				350,000	
12	8	00001	대변	260	단기차입금	98005	신한은행(당좌)			20,000,000

거래처원장에서 (주)건국제화의 받을어음 3건 중 해당 어음 20,000,000원 확인한 뒤, 매각거래가 아닌 차입거래의 할인료는 이자비용으로 처리한다. 차입거래는 받을어음을 즉시 제거하지 않고 단기차입금(금융기관)으로 인식하므로 어음관리(자금관리 F3)는 하지 않는다.

[일반전표입력] 12월 10일

월	일	번호	구분	코드	계정과목	코드	거래처	적요	차변	대변
12	10	00001	차변	214	건설중인자산	04001	(주)희망건설		18,000,000	
12	10	00001	대변	103	보통예금	98002	국민은행(보통)			18,000,000

[일반전표입력] 12월 18일

월	일	번호	구분	코드	계정과목	코드	거래처	적요	차변	대변
12	18	00001	차변	833	광고선전비				2,000,000	
12	18	00001	차변	812	여비교통비				12,500,000	
12	18	00001	차변	813	접대비				1,500,000	
12	18	00001	차변	101	현금				2,000,000	
12	18	00001	대변	134	가지급금	00333	박영미			18,000,000

[일반전표입력] 12월 27일

	월	일	번호	구분	코드	계정과목	코드	거래처	적요	차변	대변
(4)	12	27	00001	차변	131	선급금	00108	(주)경기제화		7,000,000	
	12	27	00001	대변	103	보통예금	98002	국민은행(보통)			7,000,000

[일반전표입력] 12월 30일

	월	일	번호	구분	코드	계정과목	코드	거래처	적요	차변	대변
(5)	12	30	00001	대변	108	외상매출금	00105	(주)상선제화			35,000,000
	12	30	00001	차변	109	대손충당금				2,000,000	
	12	30	00001	차변	835	대손상각비				33,000,000	

04 결 산

(1) **[일반전표입력]** 12월 31일

월	일	번호	구분	코드	계정과목	코드	거래처	적요	차변	대변
12	31	00001	차변	133	선급비용				2,100,000	
12	31	00001	대변	821	보험료					2,100,000

보험료 3,600,000원 중 미경과분(7개월) 2,100,000원을 선급비용으로 대체

(2) **[일반전표입력]** 12월 31일

12	31	00002	차변	293	장기차입금	98006	우리은행		50,000,000	
12	31	00002	대변	264	유동성장기부채	98006	우리은행			50,000,000

(3) **[일반전표입력]** 12월 31일

12	31	00003	차변	116	미수수익	03002	대진제화(주)		2,500,000	
12	31	00003	대변	901	이자수익					2,500,000

이자수익 : 50,000,000원 × 연 5% = 2,500,000원(당기 12개월분 이자)
미수수익에 '대진제화(주)' 거래처를 입력 ☞ 시험주관처 입장

(4) **[결산자료입력]**

결산일자 2024 년 01 월 부터 2024 년 12 월 까지

과	목	결산분개금액	결산입력사항금액	결산금액(합계)
2). 퇴직급여(전입액)			16,000,000	

퇴직급여추계액 50,000,000원 – 퇴직급여부채 잔액 34,000,000원 = 보충설정액 16,000,000원

(5) **[합계잔액시산표]** 매출채권과 대손충당금 잔액 확인하여 1% 보충설정액 계산
- 외상매출금 대손충당금 설정액 : (268,981,500 × 1%) – 0 = 2,689,815원
- 받을어음 대손충당금 설정액 : (150,549,000 × 1%) – 100,000 = 1,405,490원

[결산자료입력] 대손상각 매출채권 보충설정액 입력

5). 대손상각		33,000,000	4,095,305	37,095,305
외상매출금			2,689,815	
받을어음			1,405,490	

(6) **[원가경비별감가상각명세서]** 자산별 당기상각비 확인

유형자산 | 무형자산 | **유형자산총괄** | 무형자산총괄

경비구분 0.전체 자산구분 [1.전체표시]

	경비구분	계정	기초가액	당기증감	기말잔액	전기말상각누	상각대상금액	당기상각비	당기말상각누
1	800 번대	건물	170,800,000		170,800,000	10,000,000	170,800,000	8,540,000	18,540,000
2	800 번대	차량운반구	31,500,000		31,500,000	5,600,000	31,500,000	6,300,000	11,900,000
3	800 번대	비품	4,990,000		4,990,000	1,400,000	4,990,000	998,000	2,398,000

유형자산 | 무형자산 | 유형자산총괄 | **무형자산총괄**

경비구분 0.전체 자산구분 [1.전체표시]

	경비구분	계정	취득원가	기초가액	당기증가	당기감소	당기상각비	미상각잔액	상각방법
1	800 번대	개발비	36,000,000	30,000,000			4,500,000	25,500,000	정액법

[결산자료입력] 감가상각비 자산별 입력

4). 감가상각비			15,838,000	15,838,000
건물			8,540,000	
차량운반구			6,300,000	
비품			998,000	
6). 무형고정자산상각			4,500,000	4,500,000
개발비			4,500,000	

[재고자산수불부] 1월 ~ 12월, 상품 일괄마감
[재고자산명세서] 12월 조회, 기말상품재고액 119,560,000원 확인
[결산자료입력] 기말상품재고액란에 119,560,000원 입력

(7)

결산일자 2024 년 01 ▼ 월 부터 2024 년 12 ▼ 월 까지

과	목	결산분개금액	결산입력사항금액	결산금액(합계)
상품매출원가			149,420,000	149,420,000
(1). 기초 상품 재고액			70,000,000	
(2). 당기 상품 매입액			198,980,000	
(10).기말 상품 재고액			119,560,000	

[결산자료입력] → 전표추가(F3) → 일반전표 자동 생성 확인

(5)
~
(7)

12	31	00004	결차	451	상품매출원가		01 상품매출원가 대	149,420,000	
12	31	00004	결대	146	상품		04 상품매출원가 대		149,420,000
12	31	00005	결차	806	퇴직급여		01 퇴직충당금 당기	16,000,000	
12	31	00005	결대	295	퇴직급여부채		04 퇴직충당부채의		16,000,000
12	31	00006	결차	818	감가상각비		01 당기말 감가상각	15,838,000	
12	31	00006	결대	203	감가상각누계액		04 당기감가충당금		8,540,000
12	31	00006	결대	209	감가상각누계액		04 당기감가충당금		6,300,000
12	31	00006	결대	213	감가상각누계액		04 당기감가충당금		998,000
12	31	00007	결차	835	대손상각비		01 외상매출금의 대	4,095,305	
12	31	00007	결대	109	대손충당금		04 대손충당금 설정		2,689,815
12	31	00007	결대	111	대손충당금		04 대손충당금 설정		1,405,490
12	31	00008	결차	840	무형자산상각비		01 무형자산 당기상	4,500,000	
12	31	00008	결대	239	개발비				4,500,000

[재무제표마감] 잉여, 결손분개 자동 생성 확인
손익계산서 조회 → 이익잉여금처분계산서 전표추가(F3) 조회 → 재무상태표 조회

---

05 장부조회

[품목별 구매현황] 4월

(1)

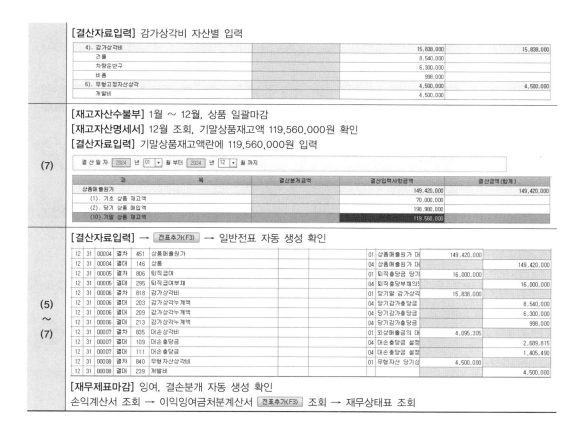

[재고자산수불부] 349개

(2)

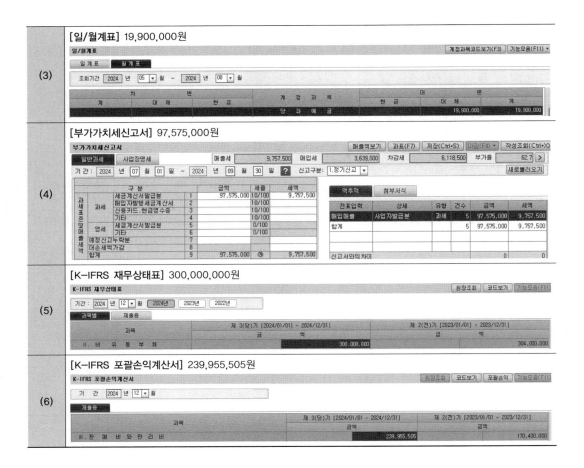

(3)	**[일/월계표]** 19,900,000원
(4)	**[부가가치세신고서]** 97,575,000원
(5)	**[K-IFRS 재무상태표]** 300,000,000원
(6)	**[K-IFRS 포괄손익계산서]** 239,955,505원

<문제2. 원가회계> (주)소라전자 [회사코드 : 5152]

7월 원가계산

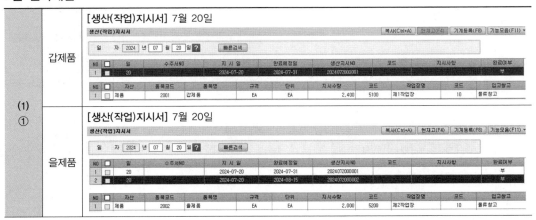

| (1) ① | 갑제품 | **[생산(작업)지시서]** 7월 20일 |
| | 을제품 | **[생산(작업)지시서]** 7월 20일 |

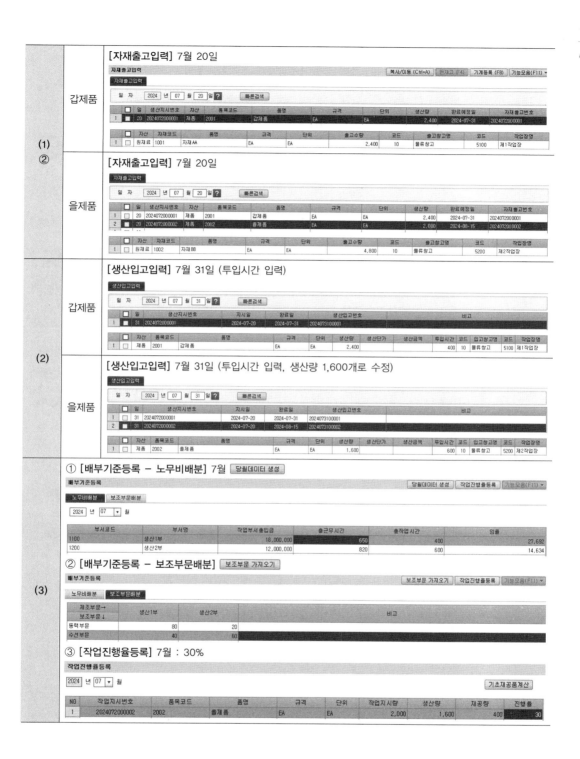

① **[기초재공품계산]** 조회할 데이터가 없습니다.
② **[재고자산수불부]** 원재료, 기간 1월 ~ 7월, 일괄마감 → 단가 자동 반영

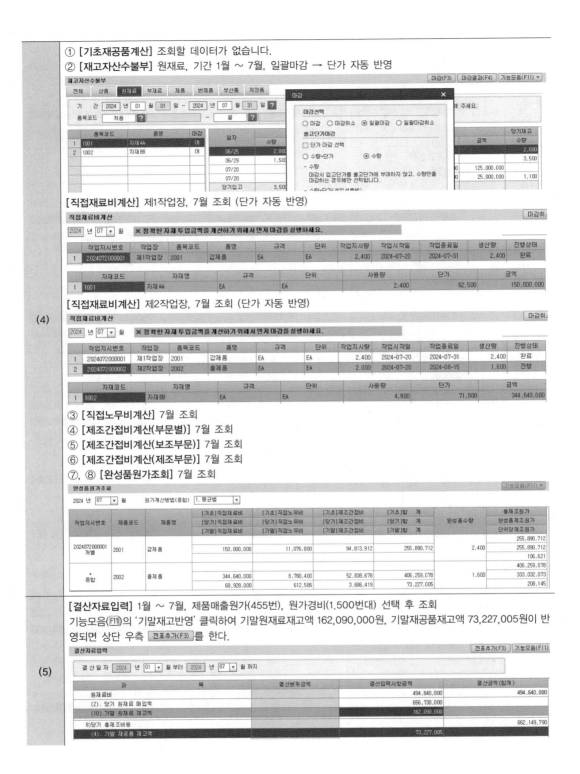

[직접재료비계산] 제1작업장, 7월 조회 (단가 자동 반영)

[직접재료비계산] 제2작업장, 7월 조회 (단가 자동 반영)

(4)

③ **[직접노무비계산]** 7월 조회
④ **[제조간접비계산(부문별)]** 7월 조회
⑤ **[제조간접비계산(보조부문)]** 7월 조회
⑥ **[제조간접비계산(제조부문)]** 7월 조회
⑦, ⑧ **[완성품원가조회]** 7월 조회

(5)

[결산자료입력] 1월 ~ 7월, 제품매출원가(455번), 원가경비(1,500번대) 선택 후 조회
기능모음(F11)의 '기말재고반영' 클릭하여 기말원재료재고액 162,090,000원, 기말재공품재고액 73,227,005원이 반영되면 상단 우측 전표추가(F3) 를 한다.

과	목	결산분개금액	결산입력사항금액	결산금액(합계)
원재료비			494,640,000	494,640,000
(2). 당기 원재료 매입액			656,730,000	
(10).기말 원재료 재고액			162,090,000	
8)당기 총제조비용				662,149,790
(4). 기말 재공품 재고액			73,227,005	

[제조원가명세서] 7월 조회, 당기제품제조원가 588,922,785원

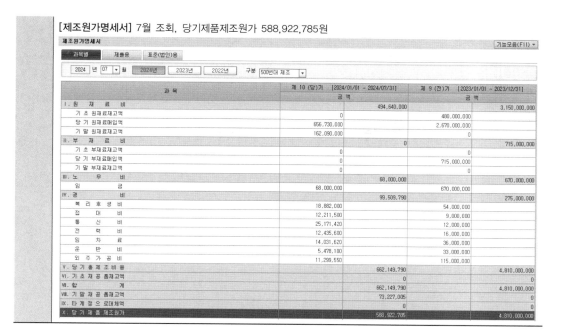

과 목	제 10 (당)기 [2024/01/01 ~ 2024/07/31] 금 액		제 9 (전)기 [2023/01/01 ~ 2023/12/31] 금 액	
I. 원 재 료 비		494,640,000		3,150,000,000
기 초 원재료재고액	0		480,000,000	
당 기 원재료매입액	656,730,000		2,670,000,000	
기 말 원재료재고액	162,090,000		0	
II. 부 재 료 비		0		715,000,000
기 초 부재료재고액	0		0	
당 기 부재료매입액	0		715,000,000	
기 말 부재료재고액	0		0	
III. 노 무 비		68,000,000		670,000,000
임 금	68,000,000		670,000,000	
IV. 경 비		99,509,790		275,000,000
복 리 후 생 비	18,882,000		54,000,000	
접 대 비	12,211,500		9,000,000	
통 신 비	25,171,420		12,000,000	
전 력 비	12,435,600		16,000,000	
임 차 료	14,031,620		36,000,000	
운 반 비	5,478,100		33,000,000	
외 주 가 공 비	11,299,550		115,000,000	
V. 당 기 총 제 조 비용		662,149,790		4,810,000,000
VI. 기 초 재 공 품재고액		0		0
VII. 합 계		662,149,790		4,810,000,000
VIII. 기 말 재 공 품재고액		73,227,005		0
IX. 타 계 정 으 로대체액		0		0
X. 당 기 제 품 제조원가		588,922,785		4,810,000,000

합격의 공식
SD에듀

훌륭한 가정만한 학교가 없고,
덕이 있는 부모만한 스승은 없다.

- 마하트마 간디 -

2024 무료 동영상 강의를 제공하는 전산회계운용사 2급 실기

개정1판1쇄 발행	2024년 4월 5일(인쇄 2024년 3월 28일)
발 행 인	박영일
책 임 편 집	이해욱
편 저	박명희
편 집 진 행	김은영, 백한강, 김홍석
표지디자인	조혜령
편집디자인	장하늬, 장성복
발 행 처	(주)시대고시기획
출 판 등 록	제10-1521호
주 소	서울시 마포구 큰우물로 75 [도화동 538 성지 B/D] 9F
전 화	1600-3600
팩 스	02-701-8823
홈 페 이 지	www.sdedu.co.kr

I S B N	979-11-383-6955-8 (13320)
정 가	20,000원